Abkürzungen in Europa:

A. = Albanien
B. = Bosnien-Herzegowina
Bel. = Belgien
Bul. = Bulgarien
Kro. = Kroatien
Lux. = Luxemburg
M. = Montenegro
Ma. = Mazedonien
Mol. = Moldawien
Ndl. = Niederlande
Öst. = Österreich
Rum. = Rumänien
S. = Schweiz
Sk. = Slowakei
Sl. = Slowenien
Srb. = Serbien
Tsch. = Tschechien
Ung. = Ungarn
Zyp. = Zypern

Abkürzungen in Afrika:

Ä.Gu. = Äquatorial Guinea
Be. = Benin
Bu. = Burundi
Ru. = Ruanda
To. = Togo

Abkürzungen in Amerika:

Dom. Rep. = Dominikanische Republik

Abkürzungen in Asien:

Arm. = Armenien
Aser. = Aserbaidschan
Ba. = Bahrain
Isr. = Israel
Jord. = Jordanien
K. = Katar
Ku. = Kuwait
Lib. = Libanon
Syr. = Syrien
V.A.E. = Vereinigte Arabische Emirate

Forum Geschichte kompakt 2

Nordrhein-Westfalen
Teilband 1

Von der Frühen Neuzeit
bis zum Ersten Weltkrieg

Herausgegeben von
Hans-Otto Regenhardt

Cornelsen

Forum Geschichte kompakt

Band 2.1 wurde erarbeitet von
Thomas P. Britt, Hans-Otto Regenhardt, Arnulf Siebeneicker, Claudia Tatsch, Ursula Winberger

Didaktische Beratung für die Nordrhein-Westfalen-Ausgabe: Christine Bruthier, Thorsten Jörger, Karin Laschewski-Müller, Jürgen Müller-Späth, Norbert Pabelick, Wolfgang Riechmann, Ralf-Rainer Schommartz, Frank Schweppenstette

Redaktion: Dagmar Scheich, Berlin, Friederike Terpitz
Bildassistenz: Dagmar Schmidt
Graphik: Peter Herlitze, Berlin; Eva Fleig, Berlin
Karten: Carlos Borrell, Berlin; Ing.-Büro für Kartographie Peter Kast, Schwerin
Umschlaggestaltung: Klein & Halm Grafikdesign, Berlin
(Unter Verwendung des so genannten „Rassler"-Denkmals in Pforzheim, das von dem Bildhauer Fritz Theilmann [1902–1991] 1982 geschaffen wurde und an die Schmuckwarenarbeiter erinnern soll, die seit Mitte des 19. Jahrhunderts aus der ländlichen Umgebung in die Stadt pendelten. Der Name „Rassler" ist auf die Geräusche zurückzuführen, die die genagelten Schuhe beim Laufen auf dem Kopfsteinpflaster erzeugten.)
Layout und technische Umsetzung: L101 Mediengestaltung, Berlin

www.cornelsen.de

1. Auflage, 2. Druck 2009

Alle Drucke dieser Auflage sind inhaltlich unverändert und können im Unterricht nebeneinander verwendet werden.

Druck: CS-Druck CornelsenStürtz, Berlin

ISBN 978-3-06-063969-4

Inhalt gedruckt auf säurefreiem Papier aus nachhaltiger Forstwirtschaft.

6 So arbeitest du mit diesem Buch

■ = Wahlthema

1. Was die Menschen im Mittelalter voneinander wussten

8 **Auftaktseite**

10 **Weltvorstellungen und geographische Kenntnisse**

11 Weltbilder in der Zeit des europäischen Mittelalters

12 Methode: Historische Karten lesen und vergleichen

14 Weltbilder im christlichen Europa

15 Weltbilder im islamischen Orient

16 Weltbilder in China

17 Kompetenz-Check

18 **Kulturelle Begegnungen und Konflikte**

19 Die islamische Welt und das mittelalterliche Europa

20 Muslime, Juden und Christen – das Beispiel Spanien

22 Die Kreuzzüge

24 Juden in Europa ■

26 Polen und Deutsche ■

28 Pilgerreisen im Mittelalter

30 Handelsreisen – das Beispiel Seidenstraße

32 Feindbilder – Fremdbilder – Erfahrungen

33 Kompetenz-Check

34 **Überblick**

2. Neue Welten – neue Horizonte

36 **Auftaktseite**

38 **Die Stadtgesellschaft als Ursprung von Renaissance und Humanismus**

39 Städtische Herrschaft und Kultur in Italien

40 Methode: Bilder vergleichen

42 Leonardo – ein Mensch der Renaissance?

44 Florenz – Stadt der Renaissance

46 Die Fugger: Von der Handelsgesellschaft zum Großunternehmen

48 Humanismus: Der Mensch im Mittelpunkt

50 Ein neues Bild vom menschlichen Körper ■

51 Kompetenz-Check

52 **Entdeckung und Eroberung**

53 Galileo Galilei – Die Entdeckung des Experiments

54 Himmelsbeobachtungen verändern das Weltbild

56 Christoph Kolumbus – eine Fahrt nach Westen

58 Die Völker des altamerikanischen Kontinents

60 Die Ankunft der „weißen Götter"

62 Die Kolonialherrschaft: Im Auftrag von Krone und Kreuz

64 Folgen der Eroberung

66 Werkstatt: Haben Chinesen Amerika entdeckt?

67 Kompetenz-Check

68 **Reformation: Glaubensstreit und Machtkampf**

69 Martin Luther – Streit um den richtigen Glauben

70 Die Reformation

71 Der Bauernkrieg

72 Die Gegenreformation der katholischen Kirche

73 Der Dreißigjährige Krieg – ein europäischer Krieg

74 Hexenverfolgung in der Frühen Neuzeit ■

76 Methode: Informationen präsentieren

77 Kompetenz-Check

78 **Überblick**

3. Europa wandelt sich

80 **Auftaktseite**

82 **Absolutismus und Aufklärung – das Beispiel Frankreich**

83 Der Machtanspruch Ludwigs XIV.
84 Ständestaat oder Fürstenstaat?
86 Die französische Gesellschaft im 18. Jahrhundert
88 Der Merkantilismus: staatlich gelenkte Wirtschaft?
90 Die Aufklärung: Gegenmodell zum Absolutismus?
92 Welchen Staat wollten die Aufklärer?
94 Werkstatt: England: Alternative zum Absolutismus? ■
95 Kompetenz-Check

96 **Die Französische Revolution und Europa**

97 Die Amerikanische Revolution – Vorbild für Frankreich? ■
98 Frankreich in der Krise
100 Methode: Karikaturen entschlüsseln
102 Die drei Revolutionen des Sommers 1789
104 Die Revolution geht weiter
106 Menschen sollen frei und gleich sein
108 Von der konstitutionellen Monarchie zur Republik
109 Methode: Ein Verfassungsmodell interpretieren
110 Konflikte im Inneren und Krieg nach außen
112 Methode: Eine Textquelle analysieren
114 Die Alleinherrschaft Napoleons
116 Wirkungen der französischen Vorherrschaft auf dem Kontinent
117 Kompetenz-Check

118 **Deutschland im 19. Jahrhundert – Restauration, Revolution und Reichsgründung**

119 Die Neuordnung Europas
120 Demonstrationen für Einheit und Freiheit
122 Methode: Politische Dichtung deuten und vergleichen
124 Die Krise des monarchischen Systems
126 1848 – die „Märzrevolution"
128 Die Nationalversammlung arbeitet die Verfassung aus
130 Ist die Revolution gescheitert?
132 Die Reichsgründung 1871

134 Methode: Historiengemälde deuten
136 Werkstatt: „Was ist des Deutschen Vaterland?"
137 Kompetenz-Check

138 **Die Industrialisierung und ihre Folgen**

139 Die Industrialisierung – eine Revolution der Lebensweise?
140 Faktoren der Industrialisierung – das Beispiel England
144 Methode: Statistiken auswerten und graphisch umsetzen
146 Faktoren der Industrialisierung in Deutschland
148 Industrialisierung in Rheinland-Westfalen
150 Leben und Arbeiten im „Ruhrpott"
152 Frühindustrielle Arbeits- und Lebensbedingungen
154 Methode: Fotos analysieren
156 Die soziale Frage in Staat und Gesellschaft
158 Sozialismus und politische Praxis
160 Industriegesellschaft – wohin? ■
161 Kompetenz-Check

162 **Überblick**

4. Imperialismus und Erster Weltkrieg

164 **Auftaktseite**

166 **Von der Vorherrschaft Europas zum Ersten Weltkrieg**

167 Der Imperialismus – Lernen an Stationen

168 Methode: Sachtexte exzerpieren

170 Station 1: Ziele und Methoden imperialistischer Politik
171 Station 2: Großbritannien – Handel und indirekte Herrschaft
172 Station 3: Frankreich – Kolonialismus als „Zivilisierung“
173 Station 4: Russland – Kolonialismus als kontinentale Expansion
174 Station 5: USA – Kolonialismus als Prinzip der „offenen Tür“
175 Station 6: Deutschland – Streben nach Weltmacht
176 Station 7: Konflikte in Kolonien – das Beispiel China
177 Station 8: Folgen der Kolonialherrschaft in Afrika – das Beispiel Ruanda

178 Stimmen zum Imperialismus – gestern und heute

180 Werkstatt: Imperialismus multiperspektivisch gesehen

181 Europa – noch im Gleichgewicht?
182 Der Weg in den Weltkrieg
184 Der Krieg des Industriezeitalters
186 Das Ende des Ersten Weltkriegs

188 Methode: Kriegerdenkmäler erkunden

189 Kompetenz-Check

190 **Überblick**

Anhang

192 **Lexikon**
194 **Methodenübersicht**
202 **Historische Sachverhalte beschreiben und erörtern**
204 **Register**
207 **Bildquellen**

Liebe Schülerin, lieber Schüler!

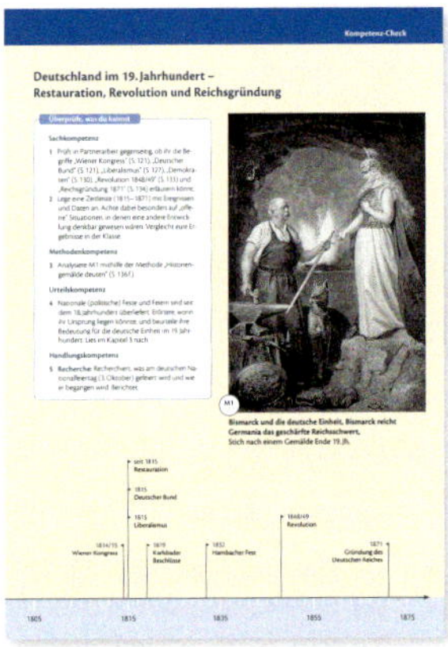

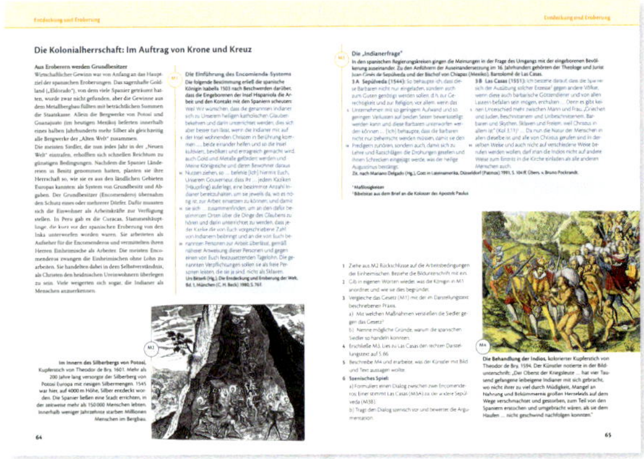

Vor dir liegt der Teilband 2.1 von **Forum Geschichte kompakt**, mit dem du in der nächsten Zeit arbeiten wirst. Die Verfasserinnen und Verfasser des Buches haben für dich viele Quellen und Informationen zusammengestellt. Diese geben Auskunft darüber, was Menschen vor langer Zeit bewegt hat und womit sie sich heute noch beschäftigen.

Auftaktseiten

Jedes Kapitel beginnt mit einer Auftaktdoppelseite. Bilder und Leitfragen geben dir eine erste Vorstellung von den Themen und Fragen, um die es in den folgenden Geschichtsstunden gehen wird.

Kompetenz-Seiten

Jedes Kapitel teilt sich in Themenabschnitte, die mit einer **Orientierungsseite** beginnen. Du findest hier eine Übersicht über die Fähigkeiten („Kompetenzen"), die du in diesem Abschnitt erwerben und anwenden kannst.
Der Themenabschnitt endet mit der **Kompetenz-Check-Seite**, auf der du deine Fähigkeiten überprüfen kannst.

Themenseiten

Die Themenseiten bilden den Kern des Kapitels. Meistens kannst du auf einer Doppelseite eine Themeneinheit zu einem wichtigen Problem aus der Geschichte erarbeiten. Dazu findest du Materialien wie schriftliche Quellen, Bilder, Karten, Schaubilder und Tabellen, die du mithilfe von Arbeitsaufträgen befragst und auswertest. Der Darstellungstext am Beginn der Themeneinheit vermittelt dir einen Überblick über das Thema. Er gibt dir einen roten Faden in die Hand, der dich durch die Arbeit mit den Materialien leitet.

M1
M1
M1

Alle **Textmaterialien** sind in Hellblau unterlegt, ihre Materialpunkte haben unterschiedliche Farben: Gelb für Quellen aus vergangener Zeit, Rot für heutige Darstellungen, z. B. von Wissenschaftlern oder Journalisten. Alle übrigen Materialien haben einen blauen Punkt.

Methoden- und Werkstattseiten

In jedem Kapitel findest du Werkstattseiten und Methodenseiten. Auf den **Methodenseiten** kannst du lernen, mit welchem „Handwerkszeug" du aus den Materialien Erkenntnisse und Urteile gewinnst. Du findest hier Arbeitsschritte, mit deren Hilfe du zum Beispiel ein Bild, eine Karte oder eine schriftliche Quelle auswertest.
Auf den **Werkstattseiten** kannst du immer etwas selbst machen.

Überblick

Am Ende des Kapitels kannst du dir mithilfe eines längeren Textes und eines Schaubildes noch einmal die wichtigsten historischen Zusammenhänge verdeutlichen.

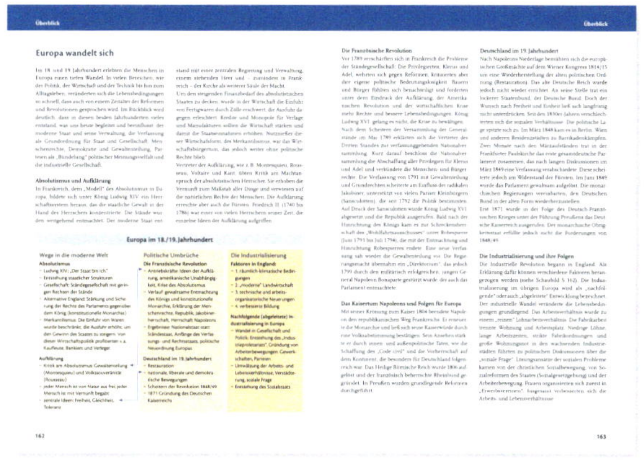

Anhang

– **Lexikon**
  Auf den Themenseiten sind manche Wörter mit einem * gekennzeichnet. Diese Begriffe werden im Lexikon erklärt.
– **Methodenübersicht**
  In der Methodenübersicht kannst du die Arbeitsschritte noch einmal nachschlagen, die du auf den Methodenseiten in Band 1 und 2.1 von Forum Geschichte kennen gelernt hast.
– **Historische Sachverhalte beschreiben und erörtern**
  Hier findest du Anregungen und Hilfen, wie du bei der Bearbeitung der Arbeitsaufträge historische Sachverhalte angemessen darstellen kannst.
– **Register**
  Das alphabetische Register am Ende des Buches hilft dir, Informationen über Personen, Ereignisse und wichtige Begriffe im Buch schnell zu finden.

Die **Kästen**, die mit einem blauen Balken gekennzeichnet sind, informieren dich über wichtige Personen, Begriffe oder Ereignisse. Sie geben dir aber auch Tipps für Bücher oder Internetseiten.

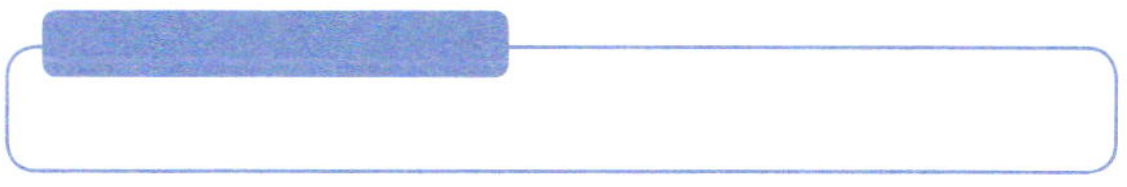

Die **Arbeitsaufträge** erkennst du an einer blauen Zahl. Wie die Materialien sind sie innerhalb einer Themeneinheit durchnummeriert. Einige Themen könnt ihr zu zweit oder in Gruppen erarbeiten. Darauf wirst du an entsprechender Stelle hingewiesen.

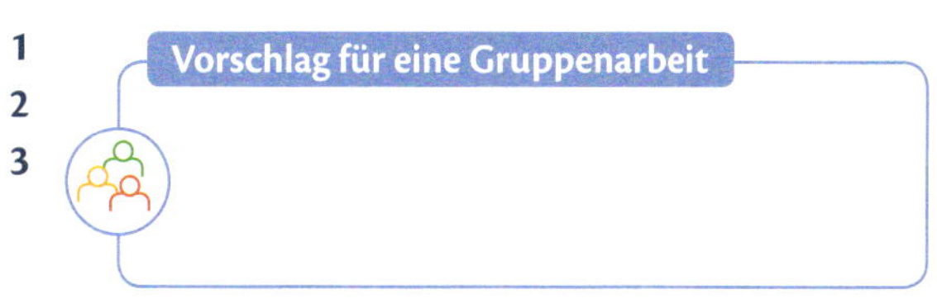

1. Was die Menschen im Mittelalter voneinander wussten

Die große Weltkarte wird von der Figur des Christus gehalten. In ihrem Zentrum befindet sich der „Nabel der Welt“: Jerusalem. Eine Karte, die nicht nach Norden ausgerichtet ist, sondern nach Osten – so erscheint uns heute die Weltkarte aus dem niedersächsischen Kloster Ebstorf ungewohnt und fremd. Sie ist im 13. Jahrhundert entstanden und gilt als die größte mittelalterliche Weltkarte. Vieles darüber, wie die Menschen damals die Welt gesehen haben, teilt sie uns mit. Manches bleibt rätselhaft, z. B. welchem Zweck sie dienen sollte.
Eine andere Art, sich im Mittelalter ein „Bild“ von der Welt zu machen, war das Reisen: Christen pilgerten z. B. nach Jerusalem, Muslime nach Mekka. Mobil waren Menschen aber auch aus wirtschaftlichen Gründen, etwa als Händler in Asien. Aus allen Formen des Unterwegsseins ergaben sich vielfältige Kontakte mit anderen Menschen und Völkern. Nicht immer verliefen sie friedlich, manche waren von vornherein auf Eroberung angelegt.

Folgende Fragen leiten dich durch das Kapitel:

- ***Wie sahen die Menschen im Mittelalter die Welt?***
- ***Welche geographischen Kenntnisse hatten sie?***
- ***Gab es in verschiedenen Regionen der Welt unterschiedliche „Weltbilder“?***
- ***Was passierte, wenn Menschen aus unterschiedlichen Kulturen zusammentrafen?***
- ***Welche Bilder entstanden über den jeweils anderen und auf welchen Voraussetzungen beruhten sie?***

1 Beschreibt die Ebstorfer Weltkarte mithilfe der Umzeichnung und tragt zusammen, welche Vorstellungen von der Welt an der Karte deutlich werden. Vergleicht mit eurer Vorstellung von der Erde. Beachtet das Satellitenfoto.

2 Formuliert eine mögliche Erklärung zu der Ebstorfer Weltkarte, die der Kaufmann aus der Abbildung rechts gegeben haben könnte.

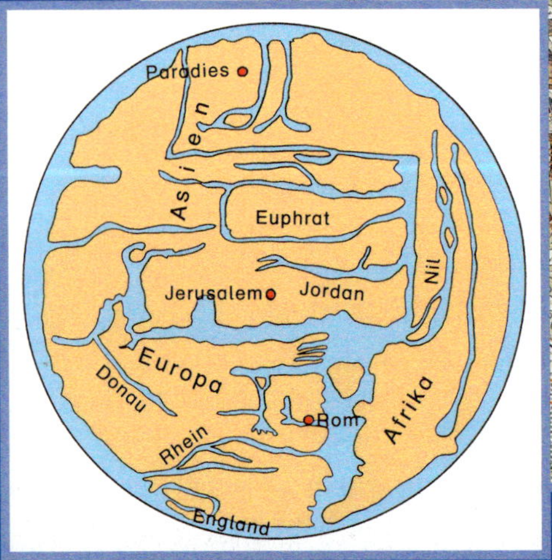

Moderne Umzeichnung der Ebstorfer Weltkarte

Weltkarte aus dem Kloster Ebstorf, ca. 3,5 m Durchmesser, um 1250

Satellitenaufnahme der Erde, Foto, 2004

Kaufmann auf einem mit Handelswaren beladenen Kamel, Terrakottafigur aus China (Tang-Zeit), 7.–10. Jahrhundert

Weltvorstellungen und geographische Kenntnisse

Wissen • Urteilen • Handeln • Methoden anwenden

Am Ende dieses Unterkapitels kannst du

- die Weltbilder, die Menschen in der Zeit des europäischen Mittelalters in verschiedenen Kulturen hatten, beschreiben
- die Voraussetzungen, auf denen ihre Weltvorstellungen beruhten, darstellen
- die Erkenntnisse, die sich aus den mittelalterlichen Weltbildern ziehen lassen, erklären
- **Methode** Historische Karten lesen und vergleichen

Weltreligionen im Mittelalter um 1500

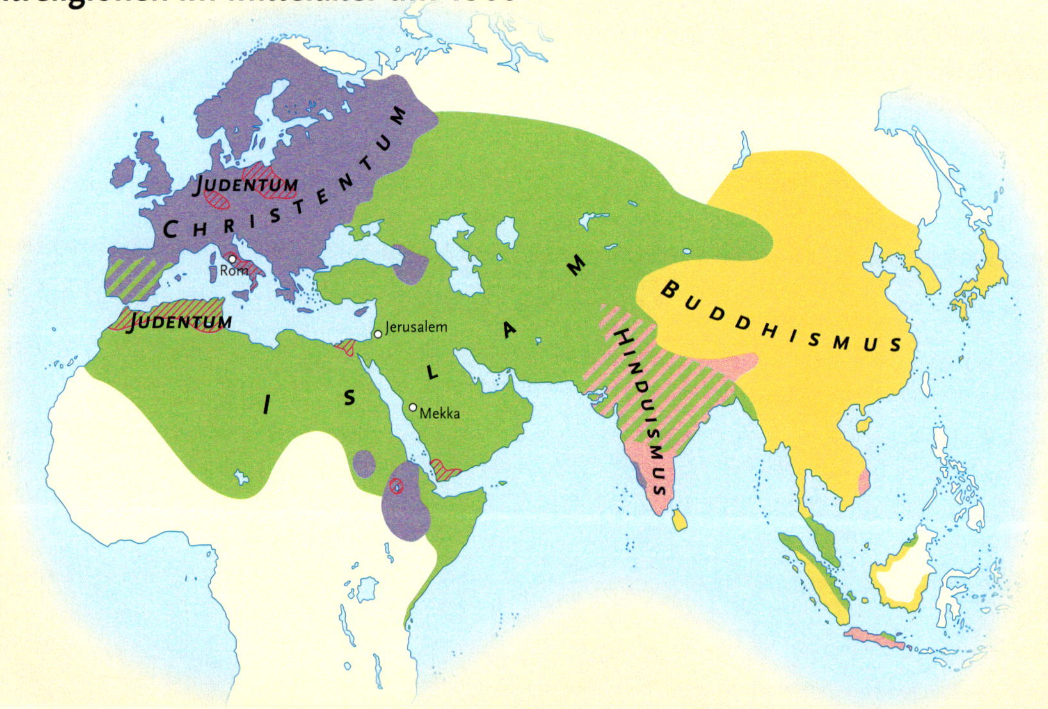

europäisches Mittelalter

500 bis 1500

europäische Neuzeit

seit um 1500

Weltbilder in der Zeit des europäischen Mittelalters

Glaube und Naturbeobachtung

Als „Weltbild“ wird in unserer Zeit das geographische Wissen über die Welt und das Weltall zusammen mit der damit verbundenen Lebenswirklichkeit verstanden. Daneben wird der Begriff bedeutungsgleich mit „Weltanschauung“ verwendet und enthält dann Wertungen und Urteile darüber, wie jemand die Welt sieht.
Im europäischen Mittelalter (etwa 500–1500 n. Chr.) gab es nicht nur ein Weltbild, sondern unterschiedliche „Bilder“ von der Welt. Sie wurzelten in der Überlieferung durch das Alte Testament und in Vorstellungen aus der griechischen Antike, die ihre Erkenntnisse aus der Naturbeobachtung gewonnen hatte. Ebenso sind aus anderen Regionen der Erde Weltbilder überliefert, z. B. dem arabisch-islamischen Raum und China.

Weltbilder spiegeln sich in Weltkarten

Mittelalterliche Weltkarten zeigen, welche Vorstellungen die Kartenzeichner oder Auftraggeber von der Welt hatten. Sie können auf drei Verwendungsgebiete bezogen werden: zum religiösen oder wissenschaftlichen Gebrauch, zur Landvermessung und als Routenkarten für Seefahrer oder Pilger. Seekarten („Portolane“) stellen eine wichtige Sammlung der damaligen nautischen Kenntnisse* dar. In der neueren Forschung werden sie aber wegen ihrer ungenauen Angaben bei Größen und Distanzen als weniger bedeutend für die praktische Schifffahrt angesehen.
Die Weltkarten lassen sich in zwei Gruppen unterscheiden: in so genannte T-O-Karten und in Zonenkarten, die die Welt in kalte, gemäßigte und heiße bzw. bewohnbare und unbewohnbare Klimazonen einteilten.

Begriffe und Daten

Mittelalterliche Weltbilder

Vereinfacht gesehen, lassen sich im Mittelalter religiöse und naturkundliche Weltbilder unterscheiden. Die religiösen Weltbilder sehen die göttliche Schöpfung als den Ursprung der Welt. Die Weltbilder, die sich an den überlieferten Naturbeobachtungen antiker Gelehrter orientierten, stellten die Erde als Kugel oder Scheibe dar, die vom Saum des Ozeans eingeschlossen war und im Zentrum des Weltalls stand.

M1

T-O-Weltkarte des spanischen Bischofs Isidor von Sevilla (ca. 560–636 n. Chr.). Die ca. 6,5 cm große Skizze erschien 1472 als erste gedruckte Karte in Europa. Die damals bekannte Welt ist O-förmig dargestellt, die Fläche des Festlandes ist durch das T-förmige Mittelmeer (die Flügel des T bilden die Flüsse Don und Nil) in die drei Kontinente Asien, Europa und Afrika unterteilt. Sem, Jafeth und Cham, drei Söhne Noahs, stehen nach biblischer Überlieferung als Urväter für die Besiedlung der Kontinente.

M2

„Die Leiden der Erde“

Der italienische Schriftsteller Giovanni Boccaccio (1313–1375) schrieb 1373:

Die Erde wird an ihrer Oberfläche von Hacken, Pflugscharen und Schaufeln umgegraben, ausgehoben und zerkleinert …; sie wird durch prächtige Tempel und üppige Bauwerke der großen Städte bedrückt, beladen und gepresst; sie wird von Tieren, Wagen und schwersten Lasten zerrieben und zerstampft; … sie wird durch Wälder und Gras und fortgesetzte Aussaaten ausgesaugt, ausgemergelt und ausgemolken … Wer könnte all die Belästigungen aufzählen, die sie unaufhörlich quälen und verletzen?

Zit. nach Hagen Schulze / Ina Ulrike Paul (Hg.), Europäische Geschichte, München (bsv) 1994, S. 657.

1 Erarbeite anhand des Darstellungstextes und des Kastens, wie sich Menschen im europäischen Mittelalter die Welt vorgestellt haben.

2 a) Beschreibe die Karte M1.
b) Handelt es sich eher um ein religiöses oder ein naturkundliches Weltbild? Begründe deine Antwort.

3 Äußere dich aus heutiger Sicht zu Boccaccios Weltbild (M2).

Historische Karten lesen und vergleichen

Das geographische Wissen vergangener Zeiten

In der Geschichtswissenschaft wird zwischen Geschichtskarten und historischen Karten unterschieden. Geschichtskarten zeigen heutige Ergebnisse der Geschichtswissenschaft. Historische Karten dagegen sind in der Vergangenheit entstanden. Sie geben uns als Quellen Aufschluss über das geographische Wissen vergangener Zeiten, über die technischen Möglichkeiten der Vermessung und über die Absichten der Auftraggeber und Kartenzeichner („Kartographen"). Dazu können historische Karten auch einen Einblick in das Weltbild vergangener Epochen geben, z. B. über das christliche Mittelalter in Europa. Beim Vergleich von historischen Karten können Veränderungen festgestellt und vielleicht auch neue Erkenntnisse gewonnen werden.

M1

Weltkarte aus einem englischen Gebetsbuch
(„Londoner Psalterkarte"), um 1260

Arbeitsschritte

1. Schritt: Jede Karte einzeln erschließen

- Was ist Thema der Karte (Inhalt, Raum, Zeit, Mittelpunkt)?
- Welche Informationen gibt die Bildunterschrift?
- Ist die Karte „genordet"?
- Welcher Raum ist dargestellt?
- Welche Zeichen, Symbole, Farben werden verwendet? Was könnten sie bedeuten?
- Zu welchem Zweck könnte die Karte angefertigt sein?
- Welche Aussage hat die Karte?
- Welche Rückschlüsse über Begegnungen zwischen verschiedenen Völkern und Kulturen kann man ziehen?
- Welche Fragen sind nur mithilfe weiterer Informationen zu beantworten?

2. Schritt: Gemeinsamkeiten und Unterschiede feststellen

- Welche Übereinstimmungen und Unterschiede gibt es, z. B. bei den Themen der Karten, bei der Genauigkeit geographischer Darstellung?
- Was ergibt der Vergleich der Zwecke, zu denen die Karten angefertigt wurden?
- Welche Erkenntnisse bringt ein erster Vergleich der jeweiligen Gesamtaussage der Karten?

3. Schritt: Ergebnisse auswerten

- Lässt der Vergleich zweier Karten Aussagen darüber zu, wie sich die Kenntnisse über die Welt verändert haben?
- Was bedeuten die Veränderungen für das Weltbild der damaligen Zeit?
- Welche Folgen hatte der veränderte Kenntnisstand, z. B. für die Politik, die Religion, die Wissenschaft, die Wirtschaft?
- Welche weiteren Informationen über die Karten hinaus sind noch vorhanden, z. B. in Begleittexten zu den Karten und in Sachbüchern?

M2

Katalanische Weltkarte („Mappa mundi"), um 1450.
Das Mittelmeerbecken und das Schwarze Meer sind genau wiedergegeben, doch Einzelheiten, die über diese bekannten Regionen hinausgehen, entspringen der Phantasie.

1 Bearbeite die Karten M1 und M2 mithilfe der Arbeitsschritte.

2 Sieh dir noch einmal die Karte M1 auf S. 11 an. Prüfe, welche der beiden Karten auf dieser Doppelseite dem Kartentyp von ihr entsprechen könnte. Begründe deine Entscheidung.

3 In der heutigen Kartographie werden Karten wie M1 als „Geschichtsgemälde" bezeichnet. Nimm dazu Stellung.

4 Übe die Arbeit mit historischen Karten an der Abbildung der Kapitelauftaktseite (S. 8/9).

Weltbilder im christlichen Europa

Die Welt als Schöpfung Gottes

Das Alte Testament in der Bibel sieht die Welt als Schöpfung Gottes und teilt sie in drei Teile: das Himmelsgewölbe (Firmament), in dem Gott und die Engel wohnen, die Erdscheibe und die unterirdische Welt, in der Ungeheuer hausen und sich die verlassenen Menschenseelen befinden. An der antiken Vorstellung, dass sich die Erde als Kugel im Zentrum des Kosmos befände, wurde im Mittelalter nicht gezweifelt. Beispielhaft dafür, wie mittelalterliche Forscher christlichen Glauben und Naturbetrachtung miteinander verbanden, steht Hildegard von Bingen (ca. 1098–1179). Sie sah die Welt als Kunstwerk Gottes, in dem alles aufeinander bezogen war. Die Welt glich nach ihrer Vorstellung einem Ei mit Schale (= Himmel), Luftkammer (= Äther / Atmosphäre), Eiklar (= wirbelnde Luft / Wasser) und Dotter / Keim (= Erde).

M1 **Erdkugel,** nach dem „Liber divinorum operum“ von Hildegard von Bingen, 1163–1174

M2

Begrenzte Horizonte

Der Historiker Arnold Bühler schrieb 2004:

Der Lebensraum der allermeisten Menschen bleibt zeitlebens das Dorf, der Weiler, das Gehöft, wo sie geboren wurden. Jenseits des Waldes liegt die unbekannte Ferne. Von dort haben die meisten nur ungewisse Kunde vom Hörensagen, und was man erzählen hört, von Dämonen, bösen Geistern, Zauberei, macht Angst …

Eng wie der Lebensraum ist auch der soziale Horizont. Wo Erfahrungen auf kleine Räume beschränkt sind, bieten überregionale, ethnische oder nationale Kategorien keine identitätsstiftenden [die Zusammengehörigkeit betreffenden] Merkmale.

Arnold Bühler, Von Dorf und Stamm zu Stadt und Staat. In: Ders. u. a., Das Mittelalter, Stuttgart (Theiss) 2004, S. 11.

M3

Gott als Baumeister

Die benediktinische Äbtissin Hildegard von Bingen schrieb im Jahre 1155:

Gott schuf auch die Elemente der Welt … Sie heißen aber: Feuer, Luft, Wasser, Erde. Diese vier Grundstoffe sind in sich selber dermaßen durchflochten und verbunden, dass keines vom anderen geschieden werden kann; und sie halten sich so im Gesamtverband zusammen, dass man sie das Firmament – das feste Gefüge des Weltalls – nennt. In diesem Weltgefüge ist die Sonne nahezu das Mächtigste: sie sendet über all dies ihren Glanz und ihre Glut … Die vier Hauptwinde [Ost, West, Süd, Nord] … sind die Flügel der Allmacht Gottes … Diese Winde sind unsichtbar, wie auch die Seele, die Gottes Geheimnis entstammt, nicht zu sehen ist … Das Firmament wird zusammengehalten durch die Sterne, damit es nicht auseinanderfallen kann.

Zit. nach Hagen Schulze / Ina Ulrike Paul (Hg.), Europäische Geschichte, München (bsv) 1994, S. 648 f.

1 Beschreibe M1. Ziehe M3 mit heran.

2 Erarbeite, wie bei Hildegard von Bingen christliche Glaubenslehre und Naturbeobachtung zusammenfließen (M1, M3).

3 Erkläre anhand von M2, inwieweit die mittelalterlichen Weltbilder durch das Leben der Menschen damals beeinflusst wurden.

Weltbilder im islamischen Orient

Die Welt als Schöpfung Allahs

Das Ziel religiöser Weltdarstellungen im Islam war nicht in erster Linie die genaue Kenntnis der Welt, vielmehr sollte die Allmacht Allahs, die sich in der Schöpfung zeigte, erfahrbar gemacht werden. Im Koran, dem heiligen Buch des Islams, finden sich nur wenige Angaben über die Erschaffung der Welt. Es ist von sieben Himmeln und einmal von sieben Erden die Rede, an anderer Stelle davon, dass der Himmel die Erde überwölbt und die Erde wie ein Teppich ausgebreitet und mit Bergen besetzt ist. Die Sterne dienen den Menschen als Wegweiser. Allahs Thron überspannt Himmel und Erde.

In der Tradition des Griechen Ptolemäus stellte man sich eine kugelförmige Erde in der Mitte des Weltalls vor, die von Himmelskörpern umgeben war. Die Erde sollte demnach zu drei Vierteln von einem Ozean bedeckt und die Nordhälfte der Erde festes Land sein.

Wie das Christentum nimmt auch der Islam ein Ende der Weltgeschichte an mit einem Gericht und der Unterscheidung von Guten und Bösen, von Paradies und Hölle.

Geographische Weltkarten aus dem islamischen Orient zeigen dagegen detaillierte Kenntnisse. Dies veranschaulicht die Weltkarte des Idrisi, die er auf der Basis eigener Reiseerfahrungen und der anderer Personen und Kaufleute zeichnete. In anderen orientalischen Karten wird Europa als der „Kleine Kontinent", die Landmasse von Asien und Afrika als „Großer Kontinent" bezeichnet und damit die europäische Dreiteilung in Europa, Asien und Afrika überwunden.

1 Beschreibe M1 mithilfe der Umzeichnung M2. Achte besonders auf die Art der Darstellung, die Form und den Rand der Erddarstellung.

2 Fasse die Informationen über das islamische Weltbild im Mittelalter zusammen (Darstellungstext und M1).

3 Ziehe aus der Karte M1 Rückschlüsse auf die Kenntnisse über andere Kulturen und die Begegnungen mit ihnen.

4 Vergleiche M1 mit der Erdkugel Hildegard von Bingens (S. 14) und der Ebstorfer Karte (S. 8/9). Nimm die Methode „Historische Karten lesen" (siehe S. 12 f.) zu Hilfe.

M1 **Weltkarte des arabischen Kartographen Idrisi, 12. Jh.**
Ursprünglich war die Karte nach Süden ausgerichtet.

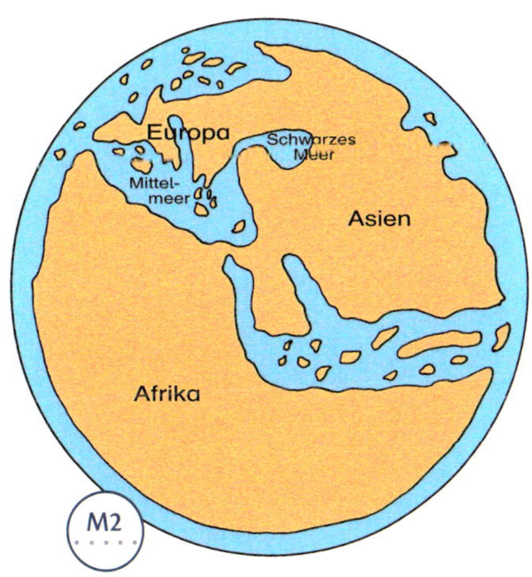

M2 **Weltkarte des Idrisi, 12. Jh.,**
Umzeichnung

Weltbilder in China

Die Erde als Quadrat

In der alten chinesischen Auffassung von der Welt wird der Himmel als rund, die Erde jedoch als quadratisch angenommen. Zusammengesetzte und ummauerte Quadrate stehen um einen Kern herum. Diese Sichtweise der Welt wurde auf die Städteplanung und den Städtebau übertragen. Der Plan einer Stadt sollte demnach das Abbild des Universums darstellen. Die ideale Stadt stellte ein Quadrat dar, von Mauern umgeben und mit zwölf Toren versehen, die der Zahl der Monate eines Jahres entsprachen. Ein solcher Grundriss findet sich bis heute in der Anlage chinesischer Städte und auch der Verbotenen Stadt in Peking wieder. Mauern gelten als Schutz und Kontrolle in der hierarchischen Rangabstufung der Gesellschaft und werden so zur Grenze zwischen Harmonie und Chaos, die Zivilisation von Barbarei scheiden sollte.

M2

Fremdbilder in China

Die Sinologin Ursula Ballin schrieb 1998:

Auch in China gibt es seit dem Altertum Fremdbilder von den … Randvölkern als Barbaren, die albern sprechen, sich grotesk kleiden und weder Sitte noch politische Ordnung (nämlich die chinesische) kennen. Wie im Westen sind solche Bilder durch politische Interessen gelenkt. Zwar schützt sich China gegen Invasionen im Norden durch die Große Mauer, doch ist es lange in den Grenzen seines … Selbstverständnisses weltoffen, treibt Überseehandel und nimmt kulturelle Fremdeinflüsse auf. Auch fremde Religionen (Judentum, … Christentum, Islam) werden toleriert. Erst seit der Ming-Zeit (1366 – 1644) verschließt sich das Reich der Mitte.

Ursula Ballin, Vorurteile und Illusionen: Europäische Chinabilder und Fremdbilder in China (1998), zit. nach http://www.dhm.de/ausstellungen/tsingtau/katalog/auf1_18.htm

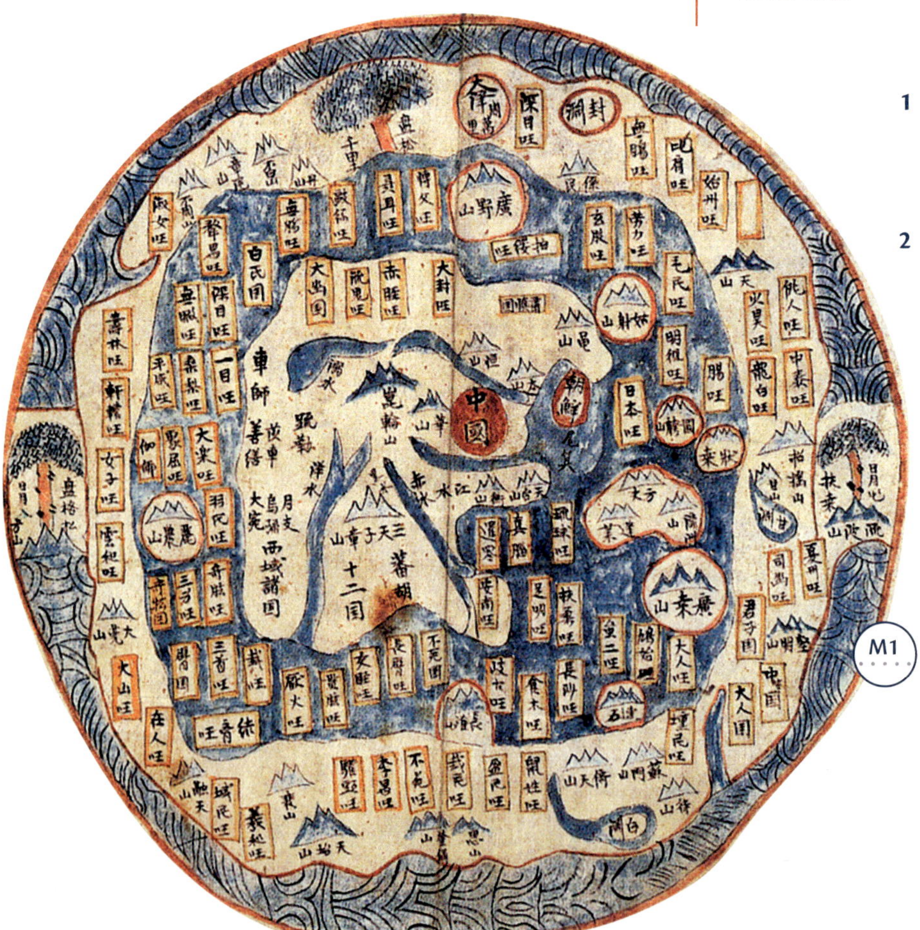

1 Untersuche M1 mithilfe der Methode „Historische Karten vergleichen" (siehe S. 12 f.) und des Darstellungstextes.

2 Fasse mithilfe des Darstellungstextes, M1 und M2 zusammen, wie sich Menschen in China, die in der Zeit des europäischen Mittelalters lebten, die Welt und fremde Menschen vorstellten.

M1 **Weltkarte aus dem alten China.** Übernahme aus einem koreanischen Atlas von ca. 1700. Im Zentrum: China; Nachbarländer: Korea, Japan, Annam. Inseln und ein ringförmiger Kontinent im umgebenden unendlichen Ozean stellen mythische Reiche dar. Im Osten und Westen: Inseln mit den Namen von Bergen.

Weltvorstellungen und geographische Kenntnisse

Überprüfe, was du kannst

Sachkompetenz

1 Übertrage die Tabelle (M2) in dein Geschichtsheft und fülle sie aus. Vergleicht eure Ergebnisse in der Klasse und formuliert zusammenfassend, was sich daraus über das Weltbild der mittelalterlichen Menschen ableiten lässt.

2 Nenne Merkmale und Voraussetzungen a) religiöser und b) naturkundlicher (= naturwissenschaftlicher) Weltbilder im Mittelalter.

Methodenkompetenz

3 Untersuche M1 nach der Methode „Historische Karten lesen" (siehe S. 12 f.).

Urteilskompetenz

4 Diskutiert die folgende Behauptung: Die mittelalterlichen Weltbilder zeigen die Rückständigkeit der Menschen in der damaligen Zeit.

M1

„Weltkarte" aus dem 13. Jahrhundert

M2

Weltbilder in der Zeit des europäischen Mittelalters

	Europa	Arabien / islamische Welt	Asien / China
Übereinstimmungen			
Unterschiede			

Kulturelle Begegnungen und Konflikte

Wissen • Urteilen • Handeln • Methoden anwenden

Am Ende dieses Unterkapitels kannst du

- das Aufeinandertreffen der arabisch-islamischen Eroberer und der Einheimischen der Iberischen Halbinsel, des heutigen Spanien und Portugal, beschreiben
- das Zusammenleben zwischen Christen, Juden und Muslimen darstellen
- die Motive, die den Kreuzzügen zugrunde lagen, erklären
- die Gründe, die zur deutschen Ostsiedlung im Mittelalter führten, darstellen
- den Einfluss der Pilger- und Handelsreisen auf kulturelle Begegnungen erläutern
- die Entstehung und Bedeutung von Feind- bzw. Fremdbildern erörtern

Begegnungen und Konflikte im Mittelalter

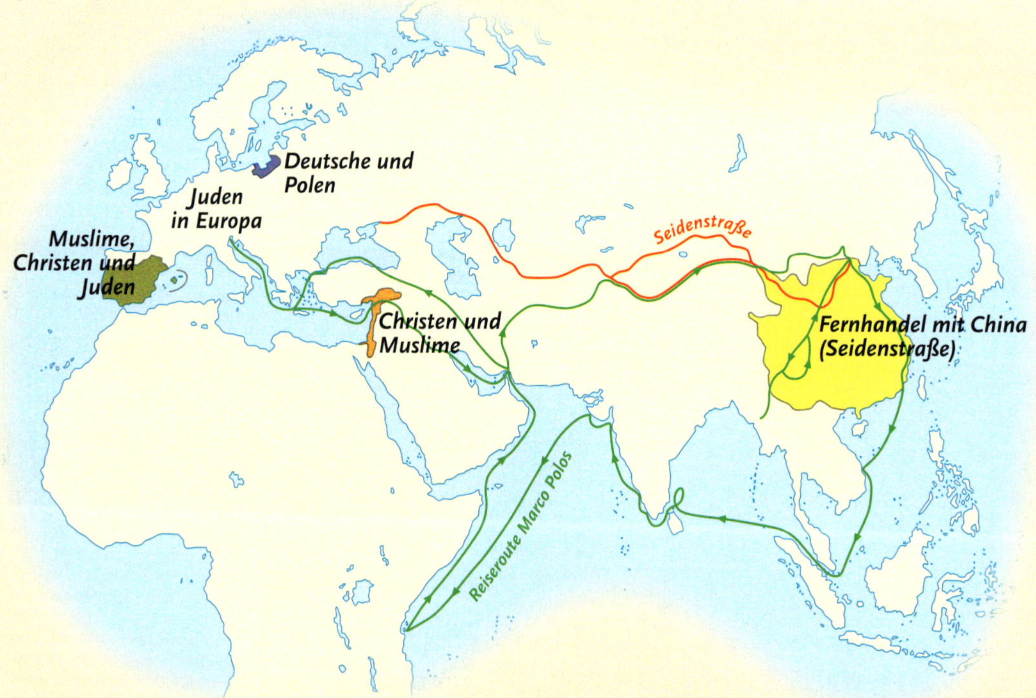

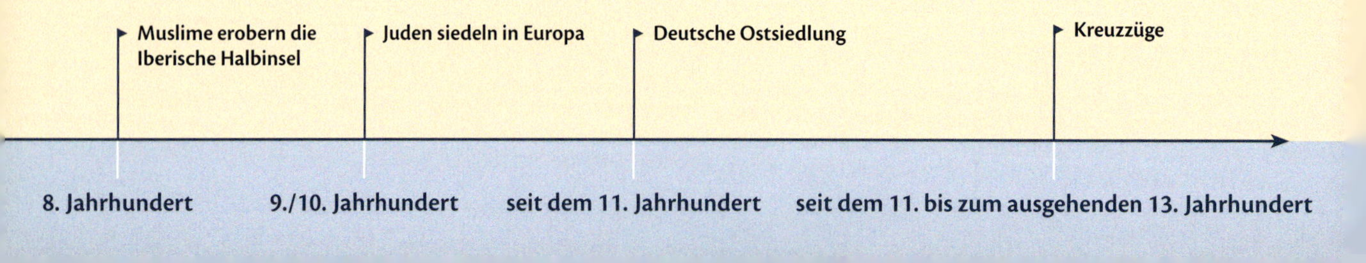

Die islamische Welt und das mittelalterliche Europa

Der Aufstieg des Islams zur politischen Macht

Die Ausbreitung des Islams hatte nach 630 n. Chr. ihren Anfang in Mekka genommen. Den Nachfolgern Mohammeds (570–632) gelang es, in mehreren Eroberungswellen ihr Herrschaftsgebiet nach Osten und Westen zu erweitern. Zu Beginn des 8. Jahrhunderts hatten sie die Iberische Halbinsel weitgehend erobert. Mit der muslimischen und der christlichen Bevölkerung trafen zwei Religionen aufeinander, die beide Anspruch auf Absolutheit ihrer jeweiligen Glaubenslehre erhoben.

In der Zeit, als der fränkische König Karl der Große 800 n. Chr. in Rom zum Kaiser gekrönt wurde, teilte sich die Mittelmeerwelt in drei Machtbereiche: den griechisch-orthodoxen Osten mit dem byzantinischen Staat (324–1453), den lateinisch-römischen Westen mit dem fränkischen Reich (498–843) und die islamische Kalifendynastie der Abbasiden (750–1258). Doch trotz konfliktreicher und kriegerischer Phasen profitierte der Okzident vom Kulturaustausch mit dem Orient.

M2

Europa und die Welt des Islams

Der Historiker Paul Kennedy schrieb 1989:

Vor 1500 war die Welt des Islams Europa jahrhundertelang kulturell und technologisch überlegen gewesen. Die islamischen Städte waren groß, wohl beleuchtet und mit Abflusskanälen versehen, und einige von ihnen besaßen Universitäten, Büchereien und überwältigend schöne Moscheen. In der Mathematik, der Kartographie, der Medizin und vielen anderen Bereichen der Wissenschaft und Industrie – Spinnereien, Waffengießereien, Leuchttürme, Pferdezucht – waren die Moslems führend … Die Toleranz gegenüber anderen … hatte manchen talentierten Griechen, Juden und Heiden in den Dienst des Sultans gezogen.

Paul Kennedy, Aufstieg und Fall der großen Mächte, Frankfurt a. M. (Fischer) 1989, S. 39 f.

M1

Christlicher und muslimischer Ritter im Zweikampf, Buchmalerei, um 1340

1 Beschreibe deine Eindrücke von dem Zweikampf in M1.
2 Fasse mithilfe von M2 den kulturellen und technischen Stand des Islams im Mittelalter zusammen.
3 Vergleiche die Aussagen in M2 mit dem Darstellungstext. Achte auf die Rolle des Islams als politische Macht und die Wertung am Schluss des Darstellungstextes.

Muslime, Juden und Christen – das Beispiel Spanien

Arabische Herrschaft in Spanien

Im Jahre 711 setzte ein arabisches Kommando von Afrika auf die Iberische Halbinsel über und schlug die Truppen des Westgotenkönigs Roderich. In den folgenden Jahren eroberte eine arabische Armee fast die gesamte Halbinsel und den Südwesten Frankreichs. Die Ausdehnung der arabischen Herrschaft kam 732 zum Stillstand, als fränkische Heere unter Karl Martell die Sarazenen – so wurden die Araber von christlichen Europäern genannt – bei Poitiers schlugen.

Stammesrivalitäten und Sippenfehden bestimmten die ersten Jahrzehnte der arabischen Herrschaft in al-Andalus, dem islamischen Süden der Iberischen Halbinsel. Unter dem Kalifen Abd ar-Rahman III. (912–961) erlebte al-Andalus eine Blütezeit. Davon zeugt die Residenzstadt Córdoba mit der Mezquita-Catedral noch heute. Die politische und militärische Schwäche der christlichen nordspanischen Fürstentümer verhinderte zunächst eine Rückeroberung (span. Reconquista) muslimischer Gebiete. Erst 1212 wurden die arabischen Heere bei Las Navas de Tolosa von den Fürstentümern Léon, Kastilien, Navarra und Aragón besiegt, 1236 folgte die Eroberung von Córdoba und 1248 von Sevilla. Nur das Nasridenreich von Granada konnte sich bis 1491 halten.

Kampf der Kulturen?

In al-Andalus lebten unter arabischer Herrschaft Muslime, Juden und Christen zusammen. Ihre kulturellen Traditionen, wissenschaftlichen Kenntnisse und die am Glauben orientierten Wertvorstellungen verschmolzen im Laufe der Zeit. Das führte dazu, dass Kultur und Wissenschaften in al-Andalus viel weiter entwickelt waren als im übrigen Europa. Den größten Anteil daran hatte die islamische Kultur, die der abendländischen in vielen Bereichen der Philosophie, Medizin, Astronomie und Mathematik voraus war. Sie führten ein ausgeklügeltes Bewässerungssystem ein, machten Bodenprodukte wie Zuckerrohr, Baumwolle, Pfirsichbaum und Dattelpalme in Andalusien heimisch und trieben intensiven Handel mit dem afrikanischen Kontinent.

Bereits unter der arabischen Herrschaft traten Teile der christlichen Bevölkerung zum Islam über. Wer Christ blieb musste in eigens für Christen vorgesehenen Stadtvierteln leben. Als „Nichtgläubige" mussten sie – wie auch die Juden – eine Kopfsteuer zahlen. Unter dem Eindruck der Kreuzzüge verschärften sich die Gegensätze. Verfolgung und Vertreibung prägten zunehmend das Zusammenleben. Nach der Rückeroberung durch christliche Herrscher wurden Juden und Muslime zur Taufe oder zur Emigration gezwungen.

Lesetipp

Nabil Osman, Kleines Lexikon deutscher Wörter arabischer Herkunft, München (C. H. Beck) 2002.

M1

Blick in das Innere der Mezquita-Catedral in Córdoba, Foto, 1986. Córdoba war die Residenz der islamischen Machthaber von al-Andalus. Im hohen Mittelalter hatte die Stadt zeitweise 100 000 Einwohner. Die Mezquita (span. Moschee) wurde 786/87 erbaut und bis zum Ende des 10. Jh. erweitert. In der Mitte des Betsaals wurden nach der christlichen Rückeroberung 63 Säulen herausgebrochen, um darin die Kathedrale zu errichten.

M2

Arabisch-islamische Wissenschaften

Der Journalist Arnold Hottinger zum Ursprung des x-Symbols in der Mathematik (1995):

Die Araber haben Gleichungen ersten und zweiten Grades eifrig studiert und die Formeln, die sie aus der griechischen Mathematik hatten, ausgebaut und verfeinert. Sie benötigten solche Gleichungen für das persönliche, alltägliche Leben: für die komplexen [komplizierten] Erbteilungen, die in den arabischen Großfamilien mit mehreren Frauen und Kindern stets nach dem im Koran festgelegten Prinzip durchgeführt werden mussten ... Bei den Formeln ... verwendeten die Araber einen Buchstaben (= sch) für „Schay" (= Sache) in der Funktion unseres heutigen x. Das Altspanische und das Lateinische der Epoche pflegten ihrerseits den Buchstaben „x" für die Wiedergabe des arabischen „sch"-Lautes zu verwenden ... So kam es zu altspanischen Schreibungen wie ... Don Quixote ... für den heutigen Quijote ... Aus diesem Grunde war es auch logisch, dass die alten Spanier x für die arabische Abkürzung „Sch" in mathematischen Formeln setzten, und dieses Symbol ist dann weltweit gültig geworden.

Arnold Hottinger, Die Mauren, München (Wilhelm Fink) 1995, S. 419.

M4

Geschichtsschreibung über al-Andalus

Der Historiker Gottfried Liedl schrieb 1993:

Auf ihrem Epitaph[1] aus dem 16. Jahrhundert werden die katholischen Könige als „prostratores"[2] und „extinctores"[3] der Mauren und Juden gerühmt. Eine ganze Chronistenzunft beteiligte sich am Geschäft dieses „Niederwerfens" und „Ausrottens" und produzierte eine Geschichte Spaniens, worin 800 Jahre Zugehörigkeit zum islamischen Kulturkreis einfach nicht stattgefunden haben sollten. So hatte schon im 15. Jahrhundert der Historiograph[4] Fernán Pérez de Guzmán – wenn man der Überlieferung Glauben schenken darf – die Geschichte der Araber Spaniens für ... nicht wert [gehalten], schriftlich bezeugt zu werden ... Dieser Wille zur Lücke ist bemerkenswert und findet sich nicht nur in der spanischen Geschichtsschreibung, sondern durchzieht die gesamte Historiographie des Abendlandes, wo die Jahrhunderte des Islams, wenn überhaupt, dann nur in seltsamen Verkleidungen Eingang in die Archive fanden.

Gottfried Liedl, Dokumente der Araber in Spanien, Bd. 2, Wien (Turia & Kant) 1993, S. 9 f.

[1] Grabinschrift [2] Vernichter [3] Auslöscher
[4] Geschichtsschreiber

1 Erstelle anhand des Darstellungstextes eine Zeittafel zu der Frage, wann und wie die Muslime die Iberische Halbinsel eroberten und wieder verloren.

2 Beschreibe mithilfe des Darstellungstextes (rechte Spalte) das Zusammenleben in al-Andalus.

3 Erstelle anhand von M1 bis M3 eine zweispaltige Tabelle: Kulturelle Leistungen der Araber / Nutzen.

4 a) Gib die Aussagen des Autors von M4 zur spanischen Geschichtsschreibung über al-Andalus mit eigenen Worten wieder.
b) Nimm Stellung zu dieser Art von Erinnerung.

M3 **Arabische Wissenschaftler,** türkische Buchmalerei, 16. Jh. Die Wissenschaftler benutzen verschiedene Messgeräte: beispielsweise Zirkel, Lineal, Globus, Sanduhr und diverse Winkelmesser. Die Astronomen rechts oben beschäftigen sich mit dem Astrolabium, einem scheibenförmigen Messgerät zur Bestimmung der geographischen Breite, das von den Arabern im 11. Jahrhundert in Europa eingeführt wurde und bis zur Erfindung des Fernrohrs in Gebrauch blieb.

Die Kreuzzüge

Krieg mit christlichen Motiven?

Im Herbst 1095 rief Papst Urban II. die „christliche Ritterschaft“ zu einem Befreiungskrieg – einem Kreuzzug – gegen die muslimische Herrschaft über die Heiligen Stätten in Jerusalem auf. Aus mittelalterlicher christlicher Sicht waren Kriege dann gerechtfertigt, wenn ihnen als Motiv Liebe und Barmherzigkeit zugrunde lagen und die Angegriffenen damit zur „rechten Lehre“ zurückgeführt wurden. Tatsächlich wurden viele von religiösen Sehnsüchten und Hoffnungen, darunter die Aussicht auf den Erlass aller Sünden, sowie sozialen und wirtschaftlichen Problemen in ihrer Heimat zum Zug nach Jerusalem motiviert. Die Menschen, die im Einsatz für den Glauben starben, bezeichnete die Kirche seit dem 9. Jahrhundert als „Märtyrer“.

Vier Jahre nach dem Aufruf Urbans eroberten Kreuzritter Jerusalem und richteten ein Blutbad unter Muslimen an. Auch die anschließende Gründung von Kreuzfahrerstaaten im Nahen Osten forderte einen hohen Blutzoll unter der muslimischen Bevölkerung. Die Zeit der Kreuzritter währte allerdings nicht lange: Zwischen 1265 und 1291 wurden sie aus den Gebieten vertrieben.

Feindbilder und Erfahrungen

Während der Kreuzzüge dienten Feindbilder, sowohl auf christlicher als auch auf muslimischer Seite, dazu, Hass und Kampfbereitschaft zu schüren. So ist in zeitgenössischen muslimischen Quellen von „ungläubigen Franken“ die Rede, denen man keine Achtung entgegenbrachte. Auf der anderen Seite sollen Christen für die Kreuzzugswerbung ein Bild des Messias (Jesus), der gerade von einem Araber erschlagen wurde, verwendet haben.

In den Kreuzfahrerstaaten kam es dennoch häufig zu Verträgen und friedlichen Kontakten, sogar engen Freundschaften zwischen Christen und Muslimen. Aber in den Quellen ist auch von unüberbrückbaren religiösen und kulturellen Gegensätzen die Rede.

Im Laufe der Kreuzzugsbewegung setzte sich in der Kirchenlehre die Auffassung durch, dass Muslime nicht allein wegen ihres Glaubens angegriffen werden dürften. Vielmehr ginge es um den Schutz der heiligen Stätten und den Einsatz für die Kirche.

M1

Der Aufruf zum Kreuzzug

Papst Urban II. (1088–1099) hielt 1095 in der französischen Stadt Clermont-Ferrand eine Rede. Ihr Inhalt wurde von dem Mönch Robert von Reims zwölf Jahre später aufgeschrieben:

Ihr Volk der Franken, ihr Volk nördlich der Alpen, ihr seid ... Gottes geliebtes und auserwähltes Volk ...

Aus dem Land Jerusalem und der Stadt Konstantinopel kam schlimme Nachricht und drang schon oft an unser Ohr: Das Volk im Perserreich, ein fremdes Volk, ein ganz gottfernes Volk, eine Brut von ziellosem Gemüt und ohne Vertrauen auf Gott ... hat die Länder der dortigen Christen besetzt, durch Mord, Raub und Brand entvölkert und die Gefangenen teils in sein Land abgeführt, teils elend umgebracht ...

Wem anders obliegt nun die Aufgabe, diese Schmach zu rächen, dieses Land zu befreien, als euch? Euch verlieh Gott mehr als den übrigen Völkern ausgezeichneten Waffenruhm, hohen Mut ...

Bewegen und zu mannhaftem Entschluss aufstacheln mögen euch die Taten eurer Vorgänger, die Heldengröße Karls des Großen, seines Sohnes Ludwig und eurer anderen Könige ...

Wenn euch zärtliche Liebe zu Kindern, Verwandten und Gattinnen festhält, dann bedenkt, was der Herr im Evangelium sagt: ... Jeder, der sein Haus, Vater, Mutter, Gemahlin, Kinder und Äcker um meines Namens willen verlässt, wird Hundertfältiges erhalten und ewiges Leben haben ... Kein Besitz, keine Haussorge soll euch fesseln. Denn dieses Land, in dem ihr wohnt, ist ... von Meeren und Gebirgszügen umschlossen und von euch beängstigend dicht bevölkert. Es ... liefert seinen Bauern kaum die bloße Nahrung. Daher kommt es, dass ihr euch gegenseitig beißt und bekämpft ... Aufhören soll unter euch der Hass ...! Tretet den Weg zum Heiligen Grab an, nehmt das Land dort dem gottlosen Volk, macht es euch untertan! ... Jerusalem ist der Mittelpunkt der Erde, das fruchtbarste aller Länder ... Der Erlöser der Menschheit hat es durch seine Ankunft verherrlicht, ... durch sein Grab ausgezeichnet. Diese Königsstadt ... erbittet und ersehnt Befreiung.

Zit. nach Arno Borst, Lebensformen im Mittelalter, Frankfurt a. M. / Berlin (Ullstein) 1979, S. 318 ff.

M2

Die Erwartungen der Kreuzfahrer

Für die Jahrbücher von Würzburg wurde 1146 von einem unbekannten Verfasser folgender Eintrag notiert:

Es erhoben sich nämlich einige falsche Propheten, die mit nichtigen Worten die Christen verführten und mit hohlen Predigten das ganze Menschengeschlecht antrieben, wegen der Befreiung Jerusalems gegen die Sarazenen zu ziehen. Ihre Predigt hatte so große Wirkung, dass sich Bewohner aller Regionen ... freiwillig zum gemeinsamen Opfergang anboten ... Aber ihre Absichten waren verschieden. Einige Neugierige zogen los, weil sie neue Gegenden besuchen wollten. Andere zwang die Armut; weil es bei ihnen zu Hause knapp zuging, kämpften sie, um der Armut abzuhelfen ... Andere wurden von Schulden bedrückt oder wollten die ihren Herren geschuldeten Dienste verlassen oder hatten wegen Verfehlungen Strafen zu erwarten.

Würzburger Annalen zum Jahr 1147, MGH SS 16, S. 3. Übers. d. Verf.

M3

Papst Urban II. predigt den Kreuzzug, kolorierter Holzschnitt, 1482. Auf dem lateinischen Spruchband steht: „Gott will es."

M1

Das Leben in den Kreuzfahrerstaaten

Der französische Geistliche Fulcher von Chartres schrieb 1110:

Wir, die wir Abendländer waren, sind Orientalen geworden. Wir haben schon unsere Geburtsorte vergessen ... Manche von uns besitzen in diesem Land Häuser und Diener, die ihnen gehören wie nach Erbrecht. Ein anderer hat eine Frau geheiratet, die durchaus nicht seine Landsmännin ist, eine Syrerin ..., die die Gnade der Taufe empfangen hat ... Sie sprechen verschiedene Sprachen und haben es doch alle schon fertiggebracht, sich zu verstehen.

Zit. nach Reinhard Barth, Taschenlexikon Kreuzzüge, München (Piper) 1999, S. 169.

Begriffe und Daten

Kreuzzug

Im weiteren Sinne ist unter einem Kreuzzug ein von der Kirche im Mittelalter geförderter Kriegszug gegen „Heiden" (Ungläubige) und Ketzer (vom rechten Glauben Abgewichene) zu verstehen. Ziel war die Ausbreitung oder Wiederherstellung des katholischen Glaubens. Vom Ende des 11. bis zum Ende des 13. Jahrhunderts waren die Kreuzzüge kriegerische Unternehmungen, um das Heilige Land zu erobern. In der Kreuzzugsidee verband sich der Gedanke der Pilgerfahrt und des Kampfes gegen die „Heiden" mit dem Ziel, das Heilige Grab in Jerusalem zu befreien. Militärische Gewalt und der „Opfertod" wurden dabei als Akt der Buße gerechtfertigt.

1 a) Untersuche M1. Stelle die Argumente Urbans zusammen.
b) Um seine Zuhörer zu überzeugen, verwendet Urban bestimmte sprachliche Mittel. Nenne Beispiele und erkläre, welchen Zweck Urban damit verfolgte (siehe Anhang „Historische Sachverhalte beschreiben").

2 Vergleiche die Aussagen in M1 mit M2.

3 Beschreibe M3. Welchen Eindruck vermittelt die Abbildung über den Aufruf und den Aufbruch? Achte auf die Datierung des Bildes.

4 a) Erarbeite aus dem linken Darstellungstext, wie Kreuzzüge gerechtfertigt worden sind.
b) Erläutere anhand des rechten Darstellungstextes und M4, ob die Feindbilder aus alltäglichen Erfahrungen herrührten.

Juden in Europa

Zusammenleben im frühmittelalterlichen Europa

Die ältesten Quellen jüdischer Ansiedlungen im Westen des mittelalterlichen Reiches, z. B. am Rhein, reichten in die Zeit der Römer zurück. Für eine Anwesenheit von Juden nach dem 5. Jahrhundert n. Chr. gibt es keine eindeutigen Quellen. Erst im 9. und 10. Jahrhundert ist bezeugt, dass sich im rheinischen Raum wieder Juden niederließen, wahrscheinlich Kaufleute und Fernhändler aus Spanien, Frankreich und Italien. Mainz war im 10. Jahrhundert mit der Gründung einer Hochschule zum Zentrum jüdischer Gelehrsamkeit geworden, dem später weitere in Speyer und Worms folgten. Am Anfang des 11. Jahrhunderts lebten etwa 5000 Juden im Deutschen Reich, 100 Jahre später waren es etwa 20 000. Die meisten von ihnen wohnten an den für Kaufleute wichtigen Wasserstraßen Rhein, Main, Donau, Elbe und Saale. Im Gegensatz zur Mehrheit der christlichen Bevölkerung konnten fast alle Juden, Männer wie Frauen, lesen und schreiben, einige beherrschten mehrere Sprachen. Im 11. Jahrhundert gab es noch keine Ghettos, die Juden von Christen trennten, keine Handelsbeschränkungen und keine gekennzeichnete Kleidung. Es bestanden viele private und berufliche Kontakte.

M1 **Wichtige jüdische Gemeinden und Siedlungsgebiete 100 bis nach 1400**

Der Weg in die Außenseiterrolle

Die bäuerlich-adlige Gesellschaft des frühen Mittelalters mit ihren kleinen familiären und dörflichen Einheiten achtete auf ihre jeweiligen Rechte und die engen Beziehungen zu den Nachbarn. Die oft weitgereisten, welterfahrenen Juden bildeten Brücken zwischen den zerstreuten Ortschaften. Die Begegnungen zwischen Juden und Christen waren bis zum Beginn des 11. Jahrhunderts unbefangen: Doch schon vor dem ersten Kreuzzug gab es eine prinzipielle Ablehnung von Juden durch die Kirche. Worin werden nach Erkenntnissen der Geschichtsforschung die Ursachen dafür gesehen? Zum einen begriffen sich die Christen seit den Kirchenreformen des 11. Jahrhunderts als einheitliches „Gottesvolk" und grenzten sich damit von Juden und Muslimen ab. Zum anderen wurden wirtschaftliche und soziale Unterschiede deutlicher, als sich christliche Kaufleute und Handwerker in den neu entstehenden Städten im Wettbewerb mit jüdischen Unternehmungen sahen und diese als Konkurrenz betrachteten. Die Angehörigen der jüdischen Gesellschaft wurden mehr und mehr zu Außenseitern, die aus christlicher Sicht das Zusammenleben bedrohten. Einen Tiefpunkt bildeten die Zerstörungen jüdischer Gemeinden im Gefolge der Pest 1348/49. Den Juden wurde unterstellt, durch Brunnenvergiftung schuld daran zu sein. Mit der Vertreibung aus den Städten suchten sie sich Nischen in der ländlichen Wirtschaft. So breitete sich der Agrarhandel allmählich aus.

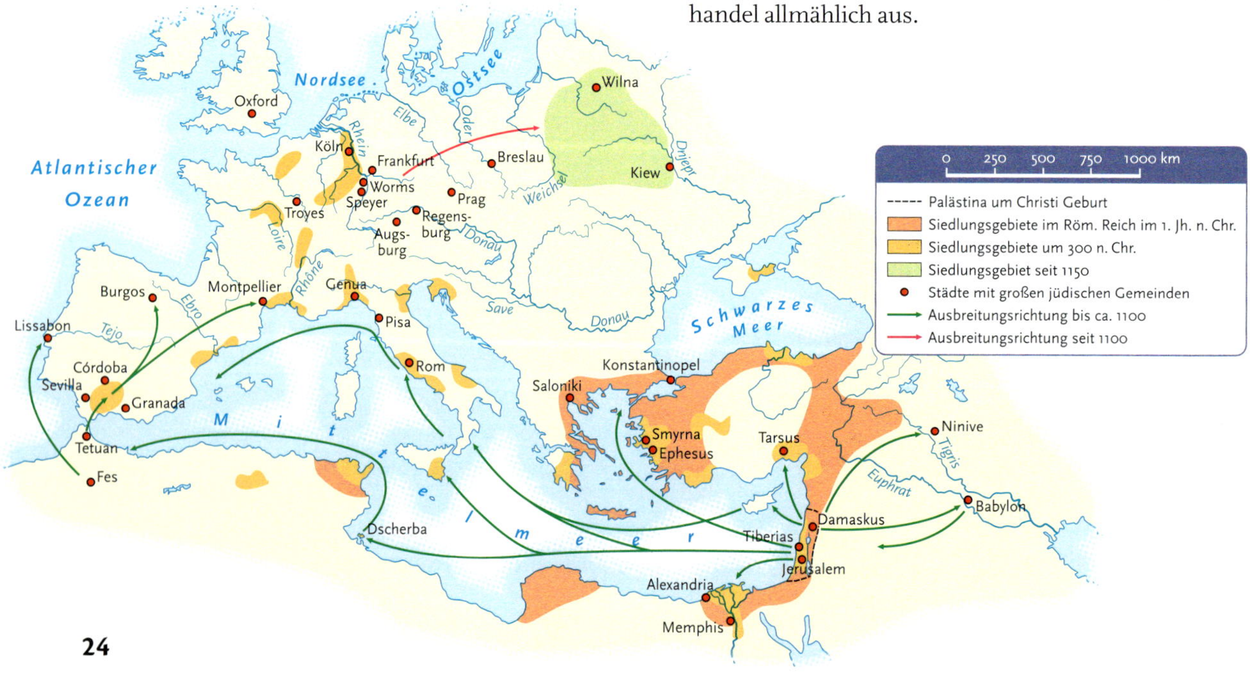

M2

Über den Umgang mit den Juden

In einem Brief an den französischen König Ludwig VII. schrieb der Abt Peter von Cluny über das Verhältnis von Kirche und Judentum (1146):

2 A Was nützt es aber, die Feinde des christlichen Glaubens in fernen Ländern aufzusuchen und zu bekämpfen, wenn die liederlichen und lästernden Juden, die weitaus übler als die Sarazenen sind, nicht in fernen Ländern, sondern in unserer Mitte so ungehemmt und so verwegen Christum … ungestraft schmähen, mit den Füßen treten, verächtlich machen? … Ich sage dies nicht, um das Schwert des Königs oder der Christen zu ihrem Tode zu schärfen … Gott will nämlich nicht, dass sie ganz getötet werden, … sondern dass sie zur größeren Qual und zur größeren Schmach … zu einem Leben schlimmer als der Tod bewahrt bleiben … Das Leben mag ihnen bewahrt bleiben, aber ihr Geld soll ihnen weggenommen werden, damit durch die Arme der Christen, die durch das Geld der lästernden Juden unterstützt werden, die Verwegenheit der ungläubigen Sarazenen bekämpft [wird].

Der Abt und Kirchenlehrer Bernhard von Clairvaux äußerte sich im selben Jahr:

2 B Nicht die Juden soll man verfolgen, nicht sie totschlagen, nicht einmal sie verjagen. Befragt darum die göttliche Schrift. Ich weiß, was man im Psalm prophetisch von den Juden liest: „Gott hat mich – so spricht die Kirche – über meine Feinde unterwiesen: töte sie nicht, damit meine Völker niemals vergessen." – Lebendige Zeichen sind sie uns, die Passion [Leiden] des Herrn darstellend. Deswegen sind sie in alle Gegenden verstreut; denn während sie gerechte Strafe für ihre Missetat leiden, sollen sie Zeugen unserer Erlösung sein … Ich schweige davon, dass, wo keine Juden sind, christliche Wucherer nur umso ärger die Juden machen, wenn man sie überhaupt Christen und nicht eher getaufte Juden nennen soll … Doch gehört es zur christlichen Milde, wie die Trotzigen niederzukriegen, so auch die Unterworfenen zu schonen.

M2 A und M2 B: Hagen Schulze / Ina Ulrike Paul (Hg.), Europäische Geschichte, München (bsv) 1994, S. 905 f.

M3

Kirche und Synagoge, symbolische Steinfiguren am Straßburger Münster, 13. Jh.

Lesetipp

Günther Bentele, Schwarzer Valentinstag: Ein Kriminalfall aus dem Mittelalter,
München (Bertelsmann) 2005.

1 Beschreibe anhand von M1, wo sich die Juden nach ihrer Vertreibung aus Palästina ansiedelten. Achte auf die zeitliche Abfolge (siehe Anhang „Historische Sachverhalte beschreiben").

2 Erarbeite anhand des Darstellungstextes, wie sich das Zusammenleben zwischen Juden und Christen im europäischen Mittelalter entwickelte.

3 Vergleiche anhand von M2A und M2B die Einstellungen gegenüber den Juden.

4 Kläre, welcher Phase des Zusammenlebens zwischen Juden und Christen die beiden Steinfiguren in M3 zugeordnet werden können. Begründe.

5 Bewerte das Verhalten von Christen und Juden.

Polen und Deutsche

Deutsche Siedler ziehen nach Osten

Als deutsche Fürsten im 11. Jahrhundert slawische Stämme, die seit dem 10. Jahrhundert zum polnischen Volk gehörten, zwischen Oder und Elbe unterworfen hatten, suchten sie für das neue Territorium des Reiches Siedler. Da in verschiedenen Gegenden des Reiches die Bevölkerung stark angewachsen und die Bauern gezwungen waren, schlechte Böden zu bewirtschaften, folgten viele ihrem Ruf. Zudem wurden Bauern, Handwerker, Kaufleute und jüdische Familien, die aus Westeuropa vertrieben worden waren, mit Sonderrechten angelockt. Siedlungsunternehmer organisierten den planmäßigen Aufbau von Dörfern und Städten „nach deutschem Recht“. Dort lebten die Neuankömmlinge in enger Nachbarschaft mit den einheimischen Polen. Im Gegensatz zu den Neusiedlern blieben diese noch lange unfrei und waren mit hohen Abgaben und Diensten belastet.

Polen und Deutschland – ein schwieriges Verhältnis

Seit dem 12. Jahrhundert riefen auch die Herzöge des benachbarten Polen immer mehr Deutsche in ihr Land. Sie förderten die Gründung von Städten und Dörfern durch deutsche Kaufleute, indem sie günstige Privilegien verliehen. Das Verhältnis verschlechterte sich jedoch, als der Deutsche Orden* einen eigenen Staat gründete. Zwar trugen die Ordensritter zum Ausbau des Landes bei, ihre Eroberungspolitik führte aber zum militärischen Konflikt mit Polen und Litauen. Schließlich wurde der Orden 1410 bei dem Dorf Tannenberg von polnisch-litauischen Truppen besiegt. Diese Schlacht, die auf beiden Seiten mehr als 8000 Opfer forderte, hat das polnisch-deutsche Verhältnis nachhaltig belastet: Wenn die Polen vom Deutschen Orden sprechen, heben sie die blutige Unterdrückung hervor. „Kreuzritter“ ist daher bis heute in Polen ein Schimpfwort. Auch später wurde Polen wiederholt das Opfer deutscher Eroberungspolitik, besonders in der Zeit des Nationalsozialismus (1933–1945).

M1 Die deutsche Ostsiedlung

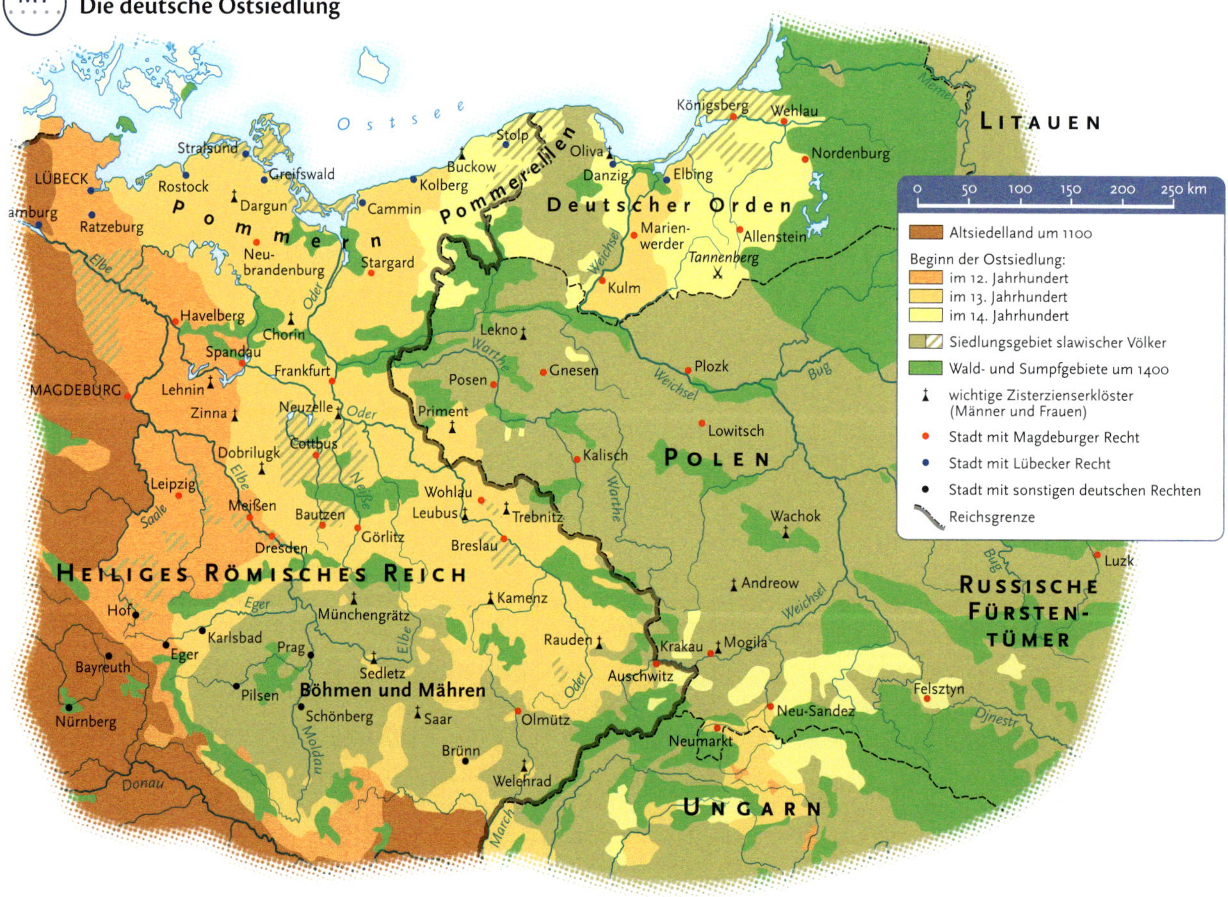

M2

Die Ziele des Deutschen Ordens

Über die Eroberung des bereits christianisierten polnischen Herzogtums Pommerellen schrieb der Historiker Dieter Zimmerling 1988:

Der Einmarsch nach Danzig und Pommerellen markiert einen bedeutsamen Umschwung im Dasein des Deutschen Ritterordens. Es ist eine Wende zum Schlimmen ..., die ihn wegführt von seinen eigentlichen Aufgaben und Zielen, nämlich die Heiden zu unterwerfen und dafür zu sorgen, dass sie sich – wenn auch zwangsweise – zum Christentum bekennen.
Diese Ziele ... hat der Deutsche Orden in dem Augenblick verraten, als er das polnische Herzogtum Pommerellen annektiert[1]. Es ist der Verrat an Gesetzen, nach denen der Orden in Preußen angetreten ist und nach denen er ein Staatswesen begründet hat. Jetzt spätestens, in den Jahren 1308 und 1309, ... entlarvt er sich als ein Raubstaat – ein Raubstaat, der nicht davor zurückschreckt, christliche Völker zu unterjochen.

Dieter Zimmerling, Der Deutsche Ritterorden, Düsseldorf (Econ) 1988, S. 189 f.

[1] in Besitz nehmen

M3

Ein Krieg gegen Heiden

Der Historiker Hartmut Boockmann schrieb 1981 über den Krieg des Deutschen Ordens gegen die heidnischen Preußen:

Freilich hier ... kommt zur Schädigung der Lebensgrundlagen des Gegners die erklärte Absicht hinzu, die Männer zu töten – während man beim Krieg zwischen christlichen Gegnern dieses Ziel in der Regel nicht hatte: Der tote Gegner hätte ja kein Lösegeld gebracht. Zu dem normalen Typus des Krieges im Mittelalter kommen hier die Elemente des Heidenkrieges hinzu. Denn dass hier die Männer getötet werden sollen, erklärt sich daraus, dass sie Heiden sind und als Feinde des christlichen Glaubens angesehen werden. Nach dem Verständnis derer, die diese Kriege rechtfertigten und die Tötung der Gegner forderten, wurde dabei ein Lebenskampf zwischen Christentum und Heidentum ausgetragen. Es ging um Überleben oder Untergang der christlichen Religion.

Hartmut Boockmann, Der Deutsche Orden, München (C. H. Beck) 1981, S. 107.

M4

Ein Ordensritter überwacht Bauarbeiten, Gemälde, 16. Jh.

Begriffe und Daten

Deutsche Ostsiedlung

Deutsche Siedler folgten dem Ruf deutscher und polnischer Fürsten und gründeten seit dem 11. Jahrhundert Dörfer und Städte zwischen Elbe und Oder sowie auf polnischem Herrschaftsgebiet. Die gewaltsame Gründung eines deutschen Ordensstaates belastete die zumeist friedlichen Beziehungen zwischen Deutschen und Polen.

1 Erarbeite aus dem Darstellungstext und M1 Gründe und Verlauf der Ostsiedlung. Ziehe M4 heran.

2 Prüfe, wie der Verfasser von M2 die Motive des Deutschen Ordens bewertet.

3 Erläutere den Begriff „Heidenkrieg" (M3) und zeige, welche Auffassung vom Krieg zu erkennen ist.

4 Bewerte anhand der Informationen auf dieser Doppelseite die Begegnung zwischen Deutschen und Polen im Mittelalter.

5 **Recherche:** Im heutigen Polen lebt eine deutsche Minderheit. Erkundet, warum das so ist. Nutzt Internet, Lexika und Fachbücher und präsentiert eure Ergebnisse der Klasse.

Pilgerreisen im Mittelalter

Ziele und Motive der Pilger

Schon im Altertum bei vielen Stammeskulturen, später auch im Judentum, im Islam und Buddhismus, gehörten bzw. gehören Wallfahrten zu den überlieferten Glaubensgrundsätzen. Dabei geht der Pilger (lat. pelegrinus: Fremder, Wanderer) von der Hoffnung aus, dass sich an bestimmten, geheiligten Orten Gott offenbaren könnte. Jerusalem, Rom und das Grab des Apostels Jakobus im spanischen Santiago de Compostela zählten zu den bekanntesten Zielen der heiligen Stätten, zu denen Christen im Mittelalter pilgerten. Wallfahrtsorte können im Christentum auf die Verehrung Heiliger zurückgeführt werden, die für die Gläubigen als Mittler eine spürbare Nähe zu Gott herbeiführen sollten. Unglücke und Missgeschicke des Alltags wurden einzelnen Heiligen zugeordnet, die dem Volk als Bitt- und Hilfsadressaten dienten. Motive der Pilger waren beispielsweise der Dank für die Erfüllung eines Wunsches, die Errettung aus höchster Not, das Abgelten einer kirchlichen oder weltlichen Strafe, aber auch der Erwerb von Reliquien. Diese Erinnerungsstücke von Heiligen wurden für Kirchenbauten verwendet.

Aufbruch zur Pilgerreise, Fresko, spätes 11. Jahrhundert, Piemont. Ein Priester übergibt dem heiligen Eldrad vor seinem Aufbruch nach Santiago de Compostela Pilgerstab und Pilgertasche.

M1

Auf der Reise

Männer und Frauen, Gesunde und Kranke, Kleriker und Laien, Reiche und Arme, Fromme und Abenteurer pilgerten zu den Wallfahrtsorten. Sie setzten sich den Gefahren und Unwägbarkeiten einer weiten Reise aus: Hunger und Durst, Hitze und Kälte, Krankheit und Tod. Deshalb startete man – zu Fuß wie die Apostel – mit dem Gefühl, möglicherweise Haus und Heimat nicht wiederzusehen, bezahlte seine Schulden, bat Mitmenschen um Verzeihung für Unrecht und machte sein Testament. Mehr Sicherheit als das individuelle Reisen boten kleine Pilgergruppen. Auf Hilfe während der Reise waren alle Pilger angewiesen, die nicht zu den Reichen gehörten. Übernachtet wurde im Sommer im Freien, im Winter in Klöstern und Hospizen, deren Hilfsbereitschaft für das Erreichen des Pilgerziels unverzichtbar und hoch angesehen war. Informationen zur Vorbereitung der Reise gab es aus Erzählungen, Predigten und handgeschriebenen Pilgerführern.

M2

Die Aufforderung des Apostels Jakob

Im 12. Jahrhundert verfasste ein unbekannter Autor das Werk „Historia Karoli Magni", in dem Karl der Große als Beschützer des Jakobsweges verherrlicht wurde. Darin wird berichtet, wie der Apostel Jakob zu Karl im Traum sprach:

Ich bin der Apostel Jakobus, der Jünger Christi …, den König Herodes mit dem Schwert erschlug und dessen Leichnam vergessen in Galicien begraben liegt, das immer noch unter dem schmachvollen Joch der Sarazenen steht … Der Sternenweg, den du am Himmel gesehen hast, befiehlt dir, von hier aus nach Galicien aufzubrechen, mit einem großen Heer, um die treulosen Heiden zu unterwerfen und meinen Weg und mein Land zu befreien sowie meine Basilika[1] und mein Grab zu besuchen. Nach dir sollen sich alle Völker von Meer zu Meer auf Pilgerfahrt dorthin begeben, um den Herrn um Vergebung ihrer Sünden zu bitten und sein Lob, seine Macht und die Wunder, die er vollbracht, zu verkünden. Und sie werden pilgern von dieser deiner Lebenszeit bis zum Ende des Jahrhunderts.

Zit. nach Hans-Günther Kaufmann / Millán Bravo Lozano, Santiago de Compostela: Auf alten Wegen Europa neu entdecken, Wien (Tyrolia) 1992, S. 38.

[1] Kirche

M3

Pilger vor Santa Croce in Rom. Während im Vordergrund eine Gruppenführung stattfindet, ruht im Hintergrund ein Pilger. Gemälde von Hans Burgkmair, um 1500.

M4

Europäisches Bewusstsein?

Der Historiker Norbert Ohler schrieb 2005:

Pilger gehörten zu den Gruppen, die, aus vielen Völkern und Sprachen stammend, die abendländische Christenheit zusammenhielten. Fahrten an die Peripherie [Rand] der lateinischen Christenheit – man denke an Jerusalem, Bari, Santiago und Tschenstochau – haben Bindungen Süditaliens, Spaniens und Polens an das übrige Europa gefestigt ... In einer Zeit, da zentrifugale [auseinanderstrebende] Kräfte die Einheit des Reichs lockerten, sorgten Wallfahrer für ein Gegengewicht: Wer von Stettin nach Thann zog, entwickelte ein Wir-Gefühl, das die Menschen in Nordost- und Südwestdeutschland miteinander verband ... Es lassen sich sogar Ansätze zu einem gemeineuropäischen Bewusstsein erkennen. Dies konnte zur arroganten Abschottung gegen die „anderen" führen, seit dem Spätmittelalter vor allem gegen „die Türken".

Zit. nach Klaus Herbers u. a., Pilgerwege im Mittelalter, Darmstadt (WB) 2005, S. 25f.

1 Erstelle eine Mindmap, die über Ziele, Motive und Reisewege von Pilgern im Mittelalter informiert.

2 Erarbeite anhand von M1 und M3, wie die Künstler das Thema Pilgerreise dargestellt haben. Nimm die Methode „Bildanalyse" (siehe Anhang) zu Hilfe.

3 Erkläre mithilfe von M2, warum der Jakobsweg zu einer der wichtigsten Pilgerrouten wurde.

4 Untersuche M4 unter der Fragestellung, wie der Autor den Zusammenhang zwischen Pilgerreisen und europäischem Bewusstsein sieht. Nimm Stellung, indem du die Informationen auf dieser Seite mit heranziehst.

5 **Recherche:**

a) Sammelt Informationen über Wallfahrtsorte in Deutschland und Europa, ihre Geschichte und ihre heutige Bedeutung (Reisebüro, Kirche, Internet).

b) Diskutiert anschließend die Frage: „Wallfahrt – ein Geschäft?"

Handelsreisen – das Beispiel Seidenstraße

Fernhandel auf der Seidenstraße

Reisen im Mittelalter war beschwerlich. Nicht nur im christlich-europäischen, sondern auch im muslimischen und im asiatischen Kulturkreis. Dennoch haben Menschen – vor allem seit dem Spätmittelalter – aus unterschiedlichen Motiven immer wieder Reisen unternommen, um ihre angestammten Regionen zu verlassen und die damalige Welt zu erkunden. Pilgerwege, Fernhandels- und Kreuzzugsrouten dienten als Verbindungswege. Etappenstationen und Ziele waren oftmals die großen Städte.

Als der Berliner Geograph Ferdinand von Richthofen 1877 den Begriff „Seidenstraße" prägte, meinte er damit eine Anzahl von Routen, die quer durch Innerasien führten und bereits im Mittelalter den Handel zwischen Europa und China ermöglichten. Haupttransportgut war Seide, eine chinesische Erfindung, die bereits im 5. Jahrhundert v. Chr. in einem keltischen Hügelgrab an der Donau nachweisbar ist. Neben Seide wurde mit Moschus, Diamanten, Jade, Perlen und Rhabarberwurzeln, die als Medizin dienten, gehandelt. Die Waren wurden nicht kontinuierlich transportiert, sondern gelangten über verschiedene Händler nach Europa.

Reisende auf der Seidenstraße

In den Jahren 1253–1255 unternahm der flämische Franziskaner Wilhelm von Rubruk im päpstlichen und königlichen Auftrag eine Gesandtschaftsreise an den Hof des Mongolenfürsten in die Hauptstadt Karakorum. In seinem Reisebericht beschrieb er Tempel, Märkte, Stadtmauern und getrennte Wohnviertel für Muslime und chinesische Handwerker sowie die für ihn überraschend weltoffenen Stadtbürger. Ein weiterer Franziskaner, Johannes von Montecorvino (1247 bis 1328), unternahm eine Reise nach China und ließ dort eine mit Glocken ausgestattete Kirche bauen. Zur selben Zeit soll sich auch der berühmteste Reisende der Seidenstraße in Peking aufgehalten haben: Marco Polo, der zwischen 1271 und 1295 über Konstantinopel auf dem Landweg ganz China, Tibet und das Grenzgebiet zu Burma bereiste. Marco Polos „Beschreibung der Welt" ist in der neueren Geschichtsforschung in seinem Aussagewert vor allem wegen inhaltlicher Ungenauigkeiten und Widersprüche umstritten. Trotzdem gilt sie als nützliche Informationsquelle über das europäische Interesse an China und Zentralasien im späten Mittelalter.

M1 **Bedeutende Weltreisende,** 13. bis 15. Jahrhundert

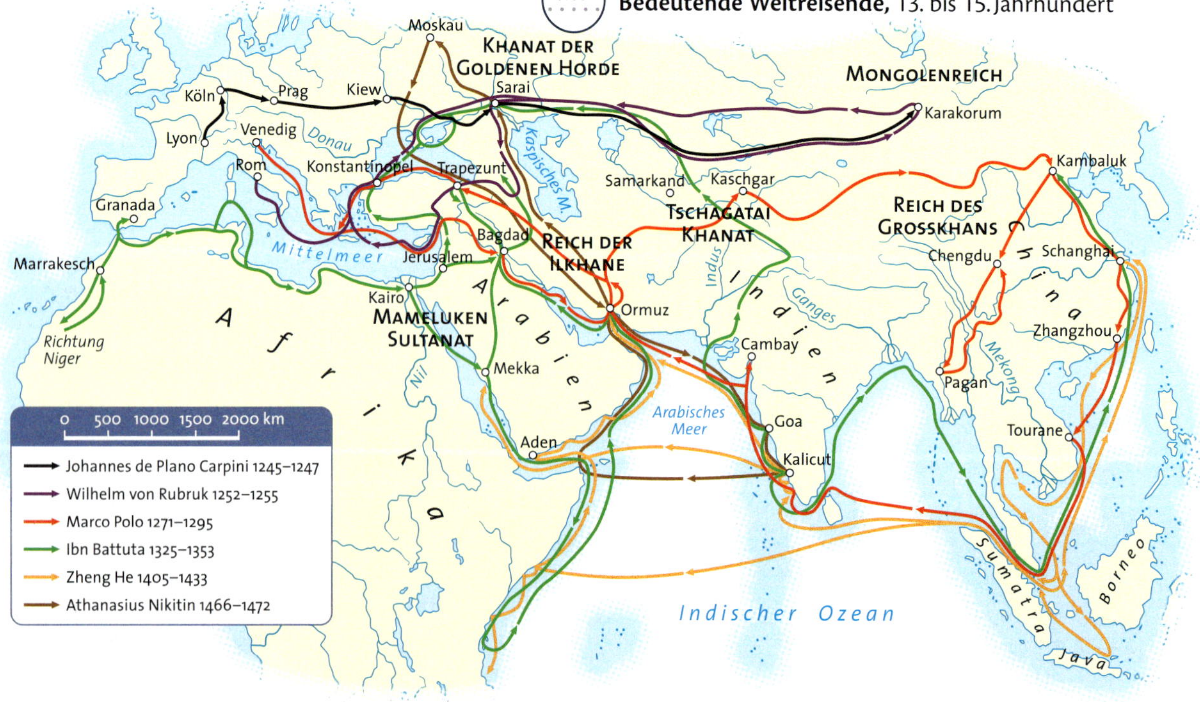

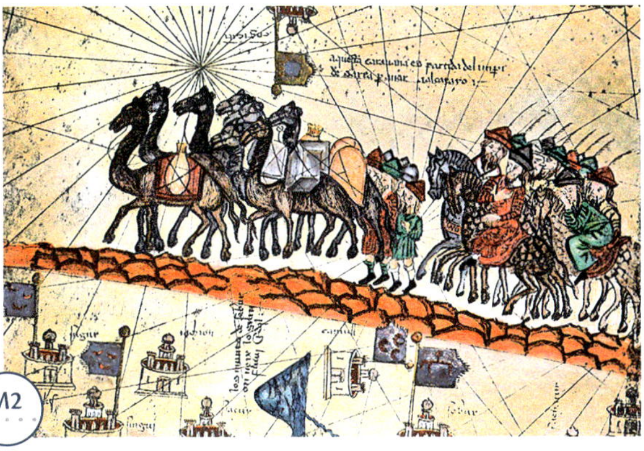

M2

Marco Polo während seiner Wüstendurchquerung, Ausschnitt aus dem Katalanischen Weltatlas, um 1375

M4

Lastwagenstau auf dem Karakorum-Highway zwischen Pakistan und China. Mann mit seinem Kamel auf der Seidenstraße zwischen Jalalabad und Kabul. Fotos um 2003

M3

Kultureller Austausch auf der Seidenstraße

Die englische Historikerin Frances Wood schrieb 2007:

Schon etwa 7000 Jahre bevor die Seidenstraße ihren Namen erhielt, wurde zwischen den Oasenstädten am Rand der zentralasiatischen Wüsten und China Handel getrieben. Eines der ersten Materialien, das ... transportiert wurde, war Jade ... Chinesische Seide scheint erstmals im 2. Jh. v. Chr. in das Mittelmeergebiet gelangt zu sein. Sie war somit der erste Handelsartikel, der vom Osten in den Westen exportiert wurde. Die Kenntnis der Römer über ihren Ursprung war allerdings sehr nebulös. Man bezeichnete daher nicht allein die Chinesen, sondern alle Bewohner des Fernen Ostens als „Seres" oder „Seidenmenschen" ... Während der Tang-Zeit [7.–10. Jahrhundert] waren auch fremde Nahrungsmittel begehrte Importwaren. Damals gelangte der Kohlrabi erstmals ... ins Land. Die Zuckerrübe ... könnte durch Araber eingeführt worden sein. 647 n. Chr. sandte der König von Neapel verschiedene exotische ... Gemüse nach China ... Durch den Handel auf der Seidenstraße wurde u. a. auch das chinesische Arzneimittelangebot beträchtlich erweitert ... Ein Importgegenstand, der sowohl die Kleidung als auch die Architektur und den Lebensstil der Chinesen nachhaltig verändern sollte, war der Stuhl ... Der über die Seidenstraße nach China gelangte Glauben [Buddhismus] war von der Bevölkerung begeistert aufgenommen worden und hielt sich über Jahrhunderte.

Frances Wood, Entlang der Seidenstraße, Stuttgart (Theiss) 2007, S. 17 ff.

M5

„Eigentümlicher Brauch"

Marco Polo schrieb über die Menschen in der Provinz Zardandam:

Dieses Volk hat folgenden eigentümlichen Brauch. Wenn ein Weib ein Kind geboren, das Bett verlassen und den Säugling gewaschen und eingewickelt hat, so nimmt der Mann sogleich den Platz ein, den sie verlassen hat, und das Kind zu sich, das er vierzehn Tage lang nährt. In dieser Zeit besuchen ihn die Freunde und Verwandten der Familie und bringen ihm ihre Glückwünsche, während die Frau die häuslichen Geschäfte verrichtet, dem Mann Speise und Trank ans Bett bringt und den Säugling an seiner Stelle stillt.

Detlef Brennecke (Hg.), Marco Polo. Die Beschreibung der Welt 1271–1295, München (Frederking & Thaler) 2004, S. 219.

1 Verfasse mithilfe des Darstellungstextes einen Jugendlexikonartikel über die Seidenstraße. Gehe dabei auf den Begriff „Seidenstraße" ein und erläutere, warum sie als Beispiel für kulturelle Begegnungen gilt.

2 Vergleiche M2 und M4.

3 Nimm zu den Aussagen in M5 Stellung.

4 Prüfe mithilfe von M3 die Behauptung, dass der Handel auf der Seidenstraße zu einem kulturellen und religiösen Austausch führte.

5 **Präsentation:** Beschafft euch Informationen über die Biographien und Reisewege der in M1 genannten Weltreisenden. Berichtet in der Klasse.

Feindbilder – Fremdbilder – Erfahrungen

Das Eigene und das Fremde

Die Kontaktmöglichkeiten der Menschen im Mittelalter waren vorwiegend auf ihren unmittelbaren Lebensbereich beschränkt. Größere Mobilität war nur bei Fernhändlern, Diplomaten, Pilgern oder Kriegern zu finden. Für den Dorfbewohner, der in seinem Leben nicht oder nur selten seinen Ort verließ, waren die Einwohner des Nachbarortes die Anderen oder die Fremden, während der Reisende umfassende kulturelle und religiöse Unterschiede erlebte.

Das Andere konnte zum Feindbild werden, wie es sich beispielhaft an den Kreuzzügen, der Verfolgung der Juden und an al-Andalus zeigen lässt. Ein Gefühl der Bedrohung scheint im mittelalterlichen Europa besonders in Krisenzeiten, bei Missernten, Hungersnöten, Kriegen und Krankheitsepidemien, die Entstehung von Feindbildern verstärkt zu haben.

M2

Illustration auf einer Handschrift des Epos „Willehalm" von Wolfram von Eschenbach, um 1270. Dargestellt sind ein Kreuzfahrer, ein Muslim, ein Jude und der Dichter Wolfram.

M1

Kulturkontakt – Kulturkonflikt?

Der amerikanische Historiker Mark R. Cohen schrieb 2005:

In der islamischen Welt galten Juden und Christen, obwohl sie als „dhimmis" Schutz genossen, als Ungläubige und hatten Demütigungen und verächtliche Behandlung vonseiten der dominierenden Gruppe zu erdulden ... Im wirtschaftlichen Bereich waren die Juden unter islamischer Herrschaft offenbar ihren Pendants [Gegenüber] in der islamischen umma [Gemeinschaft aller Muslime] gleichberechtigt ... Im Bereich der Medizin ... dürfte sich die lange vorislamische Tradition der Übermittlung griechischer medizinischer Kenntnisse durch nichtmuslimische (überwiegend christliche) Ärzte ausgewirkt haben. Außerdem überwanden die Muslime in dem Maße, in dem sie dank der neu übersetzten griechischen Literatur im Bereich der Medizin Ebenbürtigkeit erlangten, bereits sehr früh jegliche Minderwertigkeitsgefühle ... Der Gegensatz zu Nordeuropa ist in dieser Hinsicht sehr ausgeprägt. Dort verlieh die allgemeine Rückständigkeit im Bereich medizinischen Wissens jüdischen Ärzten eine Überlegenheit, die bei Christen Neid und oft sogar den Verdacht hervorrief, sie bedienten sich bei der Behandlung christlicher Patienten feindlicher Praktiken ...
Die Situation der jüdischen „Ungläubigen" im Bereich der lateinischen Christenheit ... war ... erheblich prekärer [schwieriger] als die Lage ... unter islamischer Herrschaft. Im lateinischen Westen verstärkte ... die jüdische Wirtschaftstätigkeit die antijüdischen Gefühle des Christentums ... Der tief verwurzelte theologische Hass übte zudem eine zutiefst negative Wirkung auf das Recht und die Politik aus ... In der „Verfolgungsgesellschaft" der Christenheit, um mit Robert Ian Moore zu sprechen, widersetzten sich die Juden ihrem entsetzlichen Schicksal mit einer kraftvollen antichristlichen Polemik [Feindseligkeit]. Unter der Herrschaft des Islams ... nahmen die Juden eine ergebenere Haltung ... ein.

Mark R. Cohen, Die Juden im Mittelalter, München (C. H. Beck) 2005, S. 197 ff.

1 Finde mithilfe des Darstellungstextes heraus, was die Menschen im Mittelalter als „fremd" oder „anders" ansahen.

2 Fasse zusammen, wie Cohen (M1) das Zusammenleben zwischen Juden, Christen und Muslimen beschreibt, und kläre den Begriff „Verfolgungsgesellschaft".

3 Erarbeite die Aussage der Abbildung M2. Ziehe Informationen über das Epos und den Dichter heran.

Kulturelle Begegnungen und Konflikte

Überprüfe, was du kannst

Sachkompetenz

1 „Kulturelle Begegnungen und Konflikte“: Erläutere diese Formulierung am Beispiel
a) der Kreuzzüge (S. 22/23) und
b) der deutschen Ostsiedlung (S. 26/27).

Urteilskompetenz

2 Beschreibe M1 und erörtere, was darin über die gemeinsame Geschichte von Polen und Deutschen ausgesagt wird (S. 26/27).

Handlungskompetenz

3 **Erkundung:** In der Gegenwart, vor allem seit dem islamistischen Terroranschlag gegen die USA vom 11. September 2001, sind in öffentlichen Medien wiederholt die Begriffe „Kreuzzug“ und „Heiliger Krieg“ zu lesen bzw. zu hören. Erkundet, was heute damit gemeint sein könnte. Lest noch einmal auf den Seiten 22/23 nach und erörtert, ob sich historische Begriffe in unsere Zeit übertragen lassen.

M1

Denkmal zur Erinnerung an die Schlacht bei Grunwald (dt. Tannenberg) 1410, erbaut 1910 in Krakau. Das Reiterdenkmal zeigt den polnischen König Ladislaus II. Jagiello (1386–1434). Am Sockel steht der litauische Großfürst Witold über der Leiche des Hochmeisters (oberster Leiter) des Deutschen Ordens.

- 8. Jahrhundert: Muslime erobern die Iberische Halbinsel
- 9./10. Jahrhundert: Juden siedeln in Europa
- 9. bis 12. Jahrhundert: Zusammenleben von Muslimen, Christen und Juden in al-Andalus
- 1095: Papst Urban II. ruft zum Kreuzzug auf
- 10. bis 12. Jahrhundert: Entstehung großer jüdischer Gemeinden im Deutschen Reich
- 1099: Eroberung Jerusalems durch die Kreuzfahrer
- seit dem 11. Jahrhundert: Deutsche Ostsiedlung
- seit dem 11. bis zum ausgehenden 13. Jahrhundert: Kreuzzüge
- 11. bis 14. Jahrhundert: Deutsche Ostsiedlung
- 1271 bis 1295: Marco Polo reist nach China und Tibet
- 1410: Schlacht bei Tannenberg

900 | 1000 | 1100 | 1200 | 1300 | 1400

Was die Menschen im Mittelalter voneinander wussten

Das Universum stellen wir uns heute als einen unendlichen Raum mit Sternen, Planeten, Asteroiden usw. vor. Es hat keine bestimmte Form und kein für uns erkennbares Ende. Wir wissen von den unvorstellbaren Entfernungen zu anderen Sternen und können die Abstände rechnerisch erfassen.
Im Gegensatz zu unserer Vorstellung sahen die Menschen im Mittelalter das Weltall als eindeutig begrenzt an. In vielen Darstellungen findet sich der Schöpfer der Welt thronend über der Erdkugel oder hält sie in seinen Händen.
Verschiedene Schichten, die „Sphären", umhüllten die Erde als Kern. Die äußerste Sphäre war das Licht, das Symbol des Geistes. Dieses „Modell" lag sowohl dem christlichen als auch dem islamischen Denken zugrunde. Die Erde stellte den Raum für Entstehung und Verfall, Geburt und Tod, Sorgen und Not dar. Die höheren Sphären standen für Stetigkeit und Dauer, Licht und Ewigkeit. „Himmlische" Körper bewegten sich auf perfekten, ewigen Bahnen.
Alle Teile dieser Hierarchie standen nach mittelalterlicher Auffassung miteinander in Beziehungen, wie z. B. die Jahreszeiten mit ihren vier Eigenschaften (heiß, kalt, feucht, trocken), mit den vier Elementen (Erde, Wasser, Luft, Feuer) und den vier Lebensaltern (Kindheit, Jugend, Alter, Zeit des Ablebens).
Die mittelalterlichen Geographen interpretierten die Bedeutung von Aussagen der Bibel oder des Korans und versuchten, ihre eigenen Beobachtungen damit in Einklang zu bringen, wie z. B. die Bemerkung Hiobs im Alten Testament der Bibel, dass die Erde an nichts hänge.

Mittelalterliche Weltbilder

Religiöse Weltbilder
- Die Welt ist die Schöpfung Gottes und das Zeichen seiner Allmacht.
- Gut und Böse, Paradies und Hölle werden unterschieden.
- Das Gericht Gottes ist das Ende der Weltgeschichte.

Christentum
- Bestandteile: Himmelsgewölbe, Erdscheibe, Unterwelt

Islam
- Der Himmel wölbt sich über der Erde.
- Die Erde wird als ein ausgebreiteter Teppich mit Bergen dargestellt. Sie ist kugelförmig, von Himmelskörpern umgeben.

Naturkundliche Weltbilder
- Die Grundlage sind antike griechische Überlieferungen. Im 8. Jahrhundert ist Bagdad das Zentrum der Übersetzung griechischer Schriften, die in Europa wenig oder nicht bekannt sind. Die Schriften erklären die Bewegungen von der Sonne, dem Mond, den Planeten und den so genannten Fixsternen.
- Die kugelförmige Erde ist das Zentrum, das von der großen Sphäre des Himmels umgeben ist.
- Planeten drehen sich in bestimmten Kreisbewegungen um die unbewegliche Erde.
- Man nimmt an, dass der Schöpfer die Naturgesetze eingerichtet hat.

Kulturelle Begegnungen und Konflikte
- Muslime, Juden und Christen lebten unter arabischer Herrschaft in al-Andalus zusammen. Während die verschiedenen Kulturen verschmolzen und es zu einer Blüte kam, wurden jedoch Juden und Christen, die nicht zum Islam übertraten, diskriminiert.
- Kreuzfahrerstaaten: Zusammenleben von Christen und Muslimen teils von friedlichen Kontakten, teils von Vorurteilen und Feindschaft geprägt.
- Juden im mittelalterlichen Europa: Das Zusammenleben mit der christlichen Bevölkerung verlief zunächst friedlich, seit Beginn des 11. Jahrhunderts wurden sie zunehmend in eine Außenseiterrolle gedrängt und sahen sich zahlreichen Verleumdungen ausgesetzt.
- Die deutsche Ostsiedlung: Die Eroberungspolitik des Deutschen Ordens führte zu Konflikten mit Polen und Litauen und mündete schließlich in die Schlacht bei Tannenberg, die tausende Opfer forderte.
- Pilgerreisen: Pilgerer durchquerten auf ihren Wallfahrten fremde Länder und trafen auf fremde Kulturen.
- Handels- und Entdeckungsreisen: Fernhandel mit China über die so genannte Seidenstraße, Entdeckungen von Reisenden wie Marco Polo.
- Feind- und Fremdbilder: begrenzte Kontakte lassen alles Unbekannte als fremd bzw. feindlich erscheinen.

Weltbilder im christlichen Europa

Viele Kenntnisse mittelalterlicher Geographen waren aus der Antike überliefert. Die Vorstellungen von der Erde als Kugel oder als Scheibe bestanden im Mittelalter nebeneinander.
Die T-O-Karte ist im Mittelalter das bekannteste Schema für die Darstellung der bewohnten Welt. Die Welt wurde O-förmig dargestellt und das Festland in die drei Kontinente Asien, Europa und Afrika unterteilt. Nach biblischer Tradition waren Karten grundsätzlich nach Osten ausgerichtet, weil dort die Sonne aufgeht, die Licht und Wärme bringt. Deshalb befindet sich nach christlicher Vorstellung dort das Paradies. Außerdem fuhr Christus nach der Bibel gen Osten in den Himmel.
Die Zonenkarten stellten die Erde in ihren Klimazonen dar. Die Begrenztheit des Raumes wurde durch einen Rand, z. B. um die Ozeane herum, angezeigt.
Verwendung fanden geographische Karten sowohl im religiösen als auch im wissenschaftlichen Bereich, z. B. in der Landvermessung und als Routenkarten für Seefahrer oder Pilger. Mittelalterliche Karten waren vor allem Weltkarten. Sie waren jedoch keine maßstabsgetreuen Abbildungen der realen Welt, sondern Versuche, das Universum aus religiöser und geschichtlicher Sicht zu erklären. Deshalb zeigen manche am östlichen Ende Adam und Eva bei der Vertreibung aus dem Paradies, dem Beginn menschlicher Zeitvorstellung und der „Eroberung" des irdischen Raumes.

Weltbilder im islamischen Orient

Islamische Gelehrte des 9. Jahrhunderts hatten ihre Kenntnisse direkt aus wissenschaftlichen Schriften der Griechen, zum Teil in arabischer Sprache. Römische und frühchristliche Abhandlungen waren ihnen nicht zugänglich. Das führte z. B. dazu, dass T-O-Karten in der islamischen Kartographie nicht bekannt waren.
Im Gegensatz zu christlichen sind auf islamischen Karten keine religiösen Abbildungen zu finden, da nach dem Koran die bildliche Darstellung von Gott nicht üblich war. Obwohl sich im Koran Hinweise über die Erschaffung der Welt finden, war das Motiv für die Herstellung von Karten wohl vorrangig weltlich: Sie waren für praktische Zwecke gedacht, wie Handel, Reisen und Seefahrt.
Islamische Regionalkarten gab es in verschiedenen Typen: Ältere Karten stellten nur das islamische Reich dar, Entfernungen zwischen den Wegstationen wurden markiert und geographische Details der Erdoberfläche weggelassen. Jüngere Karten zeigen Zonen mit bestimmten Abschnitten und in stilisierter Form Flüsse und bedeutende Erhebungen. Andere enthalten Legenden und Begleittexte, die auf spezielle Kenntnisse, z. B. über das östliche Mittelmeer, schließen lassen.

Weltbilder in China

Ältere chinesische Weltbilder aus der Zeit des europäischen Mittelalters zeigen den Zusammenhang zwischen dem Weltbild und der Städteplanung bzw. dem Städtebau. Die Stadt sollte Abbild des Universums sein. Mauern dienten dem Schutz und der Kontrolle in der hierarchisch gegliederten Gesellschaft.

Kulturelle Begegnungen und Konflikte

Mittelalterliche Weltbilder erscheinen uns heute starr und unbeweglich. Tatsächlich können wir aber davon ausgehen, dass die Vorstellungen der Menschen durch vielerlei Begegnungen beeinflusst wurden – einerseits infolge von Konflikten und Kriegen, andererseits durch Reisen oder den Umzug in neue Siedlungsgebiete, wie die Ostsiedlung zeigt. Beispiele für konfliktreiche Begegnungen sind die Kreuzzüge des 11. bis 13. Jahrhunderts. Das Zusammenleben von Muslimen, Christen und Juden in al-Andalus verlief nur zeitweise friedlich, meist war es von Ausgrenzung bis hin zu Verfolgung geprägt. Auch die Begegnung von Christen mit den sich in Europa ansiedelnden Juden veränderte sich von friedlichem Zusammenleben bis zur Verfolgung und Gewalt gegen Juden durch Christen. Bilder von anderen wurden zu Feindbildern, die gewaltsame Konflikte auslösen konnten.
Obwohl das Reisen im Mittelalter zeitaufwendig und voller Risiken war, begaben sich Menschen in entfernte Länder und Regionen. Ein wichtiger Anlass waren Pilgerfahrten, z. B. zu den nächstgelegenen Wallfahrtsorten oder nach Jerusalem und Mekka. Ein weiterer wichtiger Grund zum Reisen war der Handel. Viele Informationen z. B. über den Handel auf der Seidenstraße, den Verkehr der Handelsschiffe auf dem Mittelmeer sowie von Messen, zu denen Kaufleute aus ganz Europa fuhren, sind überliefert. Das Weltbild der Menschen im Mittelalter erweiterte sich deshalb zunehmend.

2. Neue Welten – neue Horizonte

Zwei Männer, links ein Diplomat, rechts ein Gelehrter und Kirchenmann, wurden mit einer Anzahl von Gegenständen abgebildet: einem Kruzifix, einem Himmelsglobus, einer Sonnenuhr, einem Zirkel, einem Globus, einer Rechenlehre, einer Laute, Flöten und einem Gesangbuch. Im Vordergrund ist ein Totenschädel zu sehen – so verzerrt, dass man nur aus spitzem Winkel von links unten etwas erkennen kann.
Der Maler Hans Holbein der Jüngere stellte 1533 nicht zufällig diese Figuren und diese Gegenstände zusammen. Die Komposition kann als „Schlüssel“ für eine neue Zeit gesehen werden, die im 13. Jahrhundert ihren Anfang nahm. Es ist eine Zeit der Entdeckung „neuer Welten“ und „neuer Horizonte“ mit abenteuerlichen Erfindungen und Erkenntnissen von Naturforschern, Astronomen, Medizinern, Künstlern und Seefahrern. Aber auch eine Zeit der Begegnung zwischen Menschen unterschiedlicher Kulturen sowie Konflikte und Kriege um Glaubensfragen.

Folgende Fragen leiten dich durch das Kapitel:

- ***Wo liegen die Ursprünge der „neuen“ Zeit und welche Merkmale kennzeichnen sie?***
- ***Wie veränderte sich das Welt- und Menschenbild durch die Erfindungen und Entdeckungen?***
- ***Welche Ursachen und Folgen hatte die Spaltung der römischen Kirche?***

---

1 Erarbeite, welche Informationen über die „neue Zeit“ den Abbildungen zu entnehmen sind. Zieht den Darstellungstext heran.

2 Diskutiert in der Klasse, ob sich in den Bildern etwas finden lässt, was ihr als „modern“ bezeichnen würdet.

Die Gesandten, Gemälde (2 × 2 m) von Hans Holbein dem Jüngeren, 1533

Der Reformator Martin Luther, Altarbild von Lucas Cranach dem Älteren (Ausschnitt), um 1550

Fahnenträger des historischen „Bundschuh" im Bauernkrieg von 1525

Die Stadtgesellschaft als Ursprung von Renaissance und Humanismus

Wissen • Urteilen • Handeln • Methoden anwenden

Am Ende dieses Unterkapitels kannst du

- den Wandel der Gesellschaft in den italienischen Stadtstaaten im 14. Jahrhundert erläutern
- Merkmale der Renaissance nennen
- darlegen, inwieweit Leonardo da Vinci als Beispiel eines „Renaissancemenschen“ gelten kann
- die Verbindung von politischer und wirtschaftlicher Macht am Beispiel der Republik Florenz erklären
- am Beispiel der Fugger Merkmale des Frühkapitalismus nennen
- Merkmale des Humanismus als geistige und kulturelle Bewegung der Renaissance erläutern
- **Methode** Bilder vergleichen

Italienische Stadtstaaten im 14. Jahrhundert

Mittelalter – um 500 bis 1500

Renaissance und Humanismus – um 1300 bis 1600

Neuzeit – seit um 1500

Städtische Herrschaft und Kultur in Italien

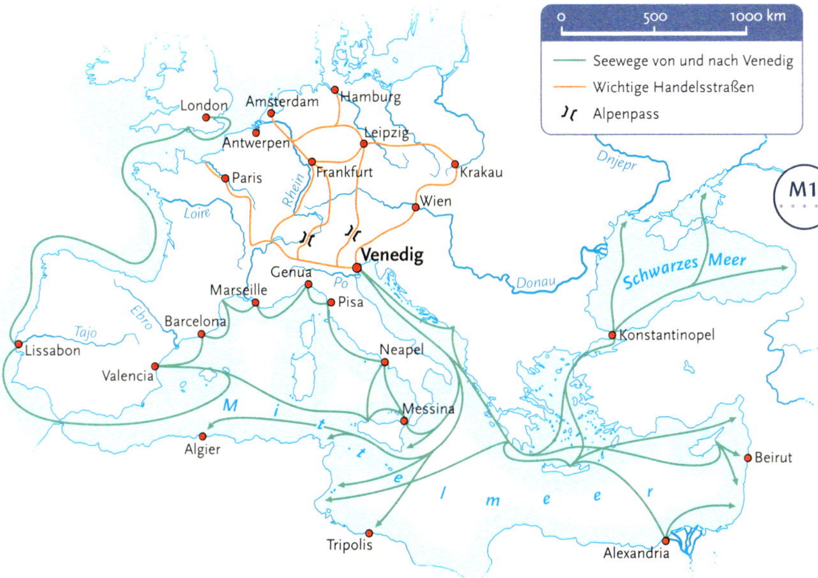

M1 **Handelsverbindungen Venedigs um 1500**

M2

Eine neue Gesellschaft?

Der Historiker Volker Reinhardt schrieb 1990 über die Entstehung der Renaissance in Italien:

Bereits im 14. Jahrhundert zeigen sich fundamentale [grundlegende] Veränderungen im Gefüge der Apennin-Halbinsel: ... Obwohl uralte Lehnsgesetze Stadtrepubliken wie Florenz nach wie vor an den Kaiser binden, verwalten diese sich nunmehr weitestgehend selbst ... Die städtische Elite steigt auf, wird reich und selbstbewusst ... Intellektuelle [prägen] ein neues Bild vom Menschen ... Gelehrte wie Francesco Petrarca schulen ihre Sprache am Latein Ciceros ... Bald wird man sie Humanisten nennen, und sie prägen das Bildungsideal des Abendlandes bis heute ... Die politischen Verhältnisse in der italienischen Staatenwelt stabilisieren sich ... Im Zuge dieser Entwicklung bilden sich ab etwa 1430 Fürstenhöfe eines völlig neuen Typs ... Die Höfe müssen Prunk und Glanz produzieren, um sich die nötige Legitimation [Rechtfertigung] zu verschaffen. Dazu werden alle verfügbaren Medien genutzt: ... kunstvoll komponierte Fresken, monumentale Bauten und antikisierende Statuen ... [Die Renaissance] formt eine neue Gesellschaft, ... [in der] sich eine schmale ... Oberschicht durch den Kult der schönen Dinge über das Volk erhebt, das es zu beherrschen gilt ... Für die kleinen Leute aber gibt es keine Renaissance.

Volker Reinhardt, Aufbruch zu neuen Horizonten. In: Geo Epoche (19), 2005, S. 22 f.

Begriffe und Daten

Renaissance

(franz., nach ital. rinascimento = Wiedergeburt). Bezeichnung für die Wiederentdeckung der Epoche der Antike. Die Bewegung der Renaissance begann im ausgehenden 13. Jahrhundert in den italienischen Stadtstaaten und breitete sich über etwa 300 Jahre lang in ganz Europa aus. Diese Zeitspanne wird heute als der Übergang vom Mittelalter zur Neuzeit gesehen. Als wesentliche Merkmale der Renaissance gelten: ein Bewusstsein von der individuellen Persönlichkeit, ein neuer Kunststil in der Malerei, Bildhauerei und Architektur, ein verstärktes Interesse an den Naturwissenschaften und ein wirtschaftlicher Wandel (Entstehen großer Handelsgesellschaften und Bankhäuser, Entfaltung der Geldwirtschaft, Ausweitung der Handelsräume).

1 Liste die gesellschaftlichen Veränderungen auf, die der Autor von M2 nennt.

2 Prüfe, ob der Kasten ergänzende Merkmale zur Beschreibung der Renaissance enthält.

3 Beschreibe anhand der Karte auf S. 38, welche Länder es im 14. Jahrhundert in Italien gab.

4 Erkläre, ausgehend von M1, warum sich in den Stadtstaaten eine neue Oberschicht herausbilden konnte.

Bilder vergleichen

Bilder zeigen Veränderungen

Das Neue an der Malerei der Renaissance lässt sich gut erkennen, wenn sie mit einer Darstellung aus dem Mittelalter verglichen wird. Die Künstler der Renaissance verwendeten nicht nur andere Techniken als die Künstler des Mittelalters, sie verbanden mit ihrer Arbeit auch ein anderes Ziel: Jede Einzelheit ihrer Bilder sollte „für sich" sprechen, d. h. dem Betrachter über sich selbst und ihre Beziehung zu anderen Bildelementen Auskunft geben. Die Menschen sollten in ihrer realen Umwelt, die Figuren körperlich statt flächig dargestellt werden und der Raum „täuschend" echt erscheinen.

Bernger von Horheim, mittelalterliche Illustration aus einer Sammlung von Minneliedern, 14. Jh. Der abgebildete Bernger von Horheim stand im Dienst der Staufer. Er gehörte zwischen 1180 und 1190 zum Kreis des Minnesängers Friedrich von Hausen, der zu den bekanntesten Dichtern des 12. Jahrhunderts zählte.

M2

Hochzeitsbild des Ehepaares Jakob Fugger und Sibylla Artzt, Gemälde von Thomas Burgkmair, 1498. Jakob Fugger war 39 Jahre alt, als er Sibylla Artzt heiratete. Ihr Geburtsdatum ist nicht urkundlich bekannt, aber man nimmt an, dass sie im Jahr 1480 geboren wurde. Sibylla war an Musik, Kunst und Wissenschaften interessiert. Sie stammte aus einer wohlhabenden Augsburger Patrizierfamilie. Die Ehe zwischen ihr und Jakob Fugger blieb kinderlos.

1 Vergleiche die beiden Paardarstellungen mithilfe der Arbeitsschritte. Achte bei Schritt 1 darauf, wie in den Bildern deutlich gemacht wird, dass die Personen ein Paar sind.

Arbeitsschritte

1. Schritt: Einzelheiten der Bilder erfassen

- Darstellung von Personen, Gegenständen und Umgebung: Wirken sie lebensecht? Gibt es Merkmale, die den Charakter, bestimmte Eigenschaften, Beruf oder die Vermögensverhältnisse erschließen lassen?
- Aufbau des Bildes: Wie wird der Blick des Betrachters auf das Bildzentrum gelenkt? Wie gestaltet der Künstler den Hintergrund des Bildes? Gibt es eine Verbindung zwischen Vorder- und Hintergrund, zwischen Mittelpunkt und Umgebung?

2. Schritt: Gemeinsamkeiten und Unterschiede erarbeiten

Notiere die Unterschiede, die du zwischen beiden Bildern gefunden hast, in einer Tabelle.

3. Schritt: Die Aussage der Bilder erschließen

- Wer sind die Personen, die dargestellt sind? Waren sie z. B. arm oder reich, unbekannt oder berühmt, machtlos oder mächtig?
- Wie zeigt sich die Einstellung des Künstlers zu den abgebildeten Personen?
- Lebten die abgebildeten Personen wirklich?
- Unter welchen Bedingungen sind die Bilder entstanden? Informationen über Künstler, Auftraggeber und Absicht findest du z. B. in der Bildlegende.

4. Schritt: Gesamtaussage vergleichen

Gib die Aussage der beiden Bilder wieder. Mache deutlich, was der Künstler jeweils ausdrücken wollte. Weise insbesondere auf Unterschiede zwischen beiden Bildern hin und finde eine Erklärung.

Leonardo – ein Mensch der Renaissance?

Ein Genie für alle Fälle

Studien über die Anatomie des Menschen, Landkarten, mathematische Formeln und viele Skizzen utopischer Objekte stammen aus der Hand des Italieners Leonardo. Sie erinnern an Segelflugzeuge, Hubschrauber oder Panzer. „Ein Genie für alle Fälle", ein „uomo universale" (ital. ein Universalgelehrter), so wird Leonardo da Vinci immer wieder genannt. Es wird berichtet, dass Leonardo, wenn er auf dem Gerüst an einer Wandmalerei arbeitete, den Pinsel von Sonnenaufgang bis Sonnenuntergang nicht aus der Hand legte. Manchmal soll er aber auch das Werk tagelang nicht angerührt haben, um stattdessen stundenlang in kritischer Versunkenheit die Figuren zu betrachten. 6000 Blätter mit Notizen und etwa 100 000 zum Teil winzige Skizzen sind erhalten geblieben.

Biographie

Leonardo da Vinci (1452–1519)

Der italienische Maler, Bildhauer, Architekt, Naturforscher, Ingenieur und Kunsttheoretiker gilt als Universalgenie. Er arbeitete am Mailänder Hof, in Florenz, Rom und Frankreich. Berühmt wurde Leonardo durch ungewöhnliche Beobachtungsschärfe, sensibles Naturgefühl und psychologisches Einfühlungsvermögen, wie sie in seinen Werken deutlich werden. Viele seiner Werke blieben unvollendet. Unklar ist auch, ob das abgebildete „Selbstporträt" nur eine Vorstudie für eine Gemälde-Figur ist.

M1

Mona Lisa (oder: La Gioconda), Gemälde von Leonardo da Vinci, 1503–1506

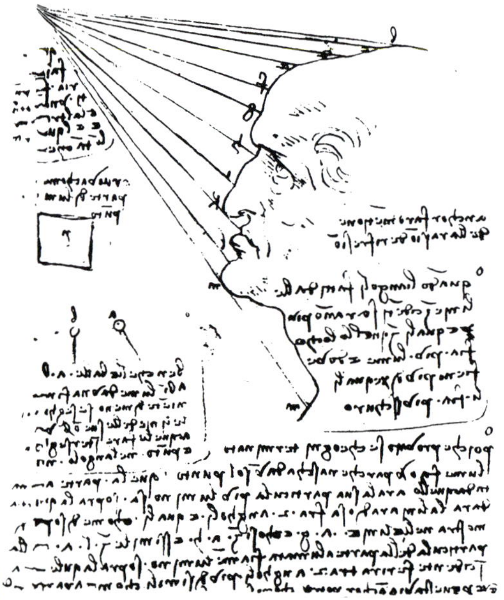

M2

Profilbild eines Mannes, Zeichnung von Leonardo da Vinci, 1490. Leonardo versah seine technischen Zeichnungen mit Spiegelschrift. Er notierte: „Da bewiesen ist, dass jedes bestimmte Licht von einem einzigen Punkt stammt oder zu stammen scheint, wird die von ihm beleuchtete Seite ihr hellstes Licht in dem Abschnitt haben, auf den die Linie des Lichtstrahls senkrecht fällt ... und dieser Abschnitt der beleuchteten Seiten wird dort weniger hell sein, wo die Einfallslinie ihn zwischen zwei ungleichen Winkeln trifft."

M3

„Mailänder Abendmahl", Wandgemälde von Leonardo da Vinci im Kloster Santa Maria delle Grazie in Mailand, 1495 bis 1497, 4,60 × 8,80 m. Leonardo verwendet die heute noch gebräuchliche Zentralperspektive. Diese Abbildungsart lässt durch das Vorhandensein eines Fluchtpunkts auf einer Fläche den Eindruck einer dreidimensionalen „Welt" entstehen. Der Fluchtpunkt befindet sich beim Abendmahl in der Schläfe der Christusfigur im Zentrum des Bildes und ist zugleich der Punkt, in dem sich alle (perspektivischen) Strahlen treffen. Leonardo hat die Strahlen mittels eines Nagels und gespannter Schnüre ermittelt.

M4

„Die wahren Wissenschaften"

Leonardo da Vinci schrieb 1508:

Doch die wahren Wissenschaften sind diejenigen, die Dank der Erfahrung durch die Sinne gegangen sind … und die ihre Erforscher nicht mit Träumen abspeisen, sondern immer, aufgrund von ersten, wahren und bekannten Prinzipien, Schritt für Schritt fortschreiten mit wahren Folgerungen bis zum Ende, wie dies in den ersten mathematischen Wissenschaften offenbar ist, das heißt bei Zahl und Maß, genannt Arithmetik und Geometrie … Hier wird man nicht herumstreiten, ob zweimal drei mehr oder weniger als sechs ausmachen oder ob ein Dreieck weniger als zwei rechte Winkel hat, sondern mit ewigem Schweigen wird jeder Streit erstickt, und friedlich erfreuen sich (an diesen Wissenschaften) ihre Anhänger, was die lügnerischen, rein verstandesmäßigen Wissenschaften nicht erreichen können.

Zit. nach Hagen Schulze / Ina Ulrike Paul (Hg.), Europäische Geschichte, München (bsv) 1994, S. 663.

1 Untersuche M1 und M3 mithilfe der Methode „Bilder vergleichen" (siehe S. 40 f.). Nenne Merkmale der Renaissance.

2 Erkläre, welche Absicht Leonardo mit der Zeichnung M2 verfolgte.

3 Untersuche, wie Leonardo in M4 die Rolle der Erfahrung bei der Gewinnung von wissenschaftlichen Erkenntnissen sieht. Nimm begründet dazu Stellung.

4 Erörtere: Leonardo – ein „Renaissancemensch"? (siehe Anhang „Historische Sachverhalte beschreiben").

5 **Recherche:**

a) Sucht Beispiele für die Tätigkeiten Leonardos als Maler, Bildhauer, Naturforscher und Architekt. Stellt sie der Klasse vor (Lexika, Sachbücher, Internet).

b) Leonardos „Mona Lisa" gehört zu den berühmtesten Gemälden der Welt. Recherchiert, warum das Bild eine solche Bedeutung erlangt hat.

Florenz – Stadt der Renaissance

Eine andere Renaissance?

Die oberitalienischen Stadtstaaten wie Genua, Mailand, Venedig und Florenz hatten sich im 12. und 13. Jahrhundert die Freiheit zur Selbstverwaltung erkämpft. Um 1300 zählte Florenz zu den nach Bevölkerungszahl und Wirtschaftskraft bedeutendsten Städten in Europa. Wollproduzenten, Großkaufleute und Bankiers förderten den Reichtum der Stadt. Politische Instabilität und soziale Spannungen beeinträchtigten jedoch ihren inneren Zustand. Politische Ämter konnten nur männliche Angehörige der Zünfte einnehmen. Innerhalb der gesamten Bevölkerung von etwa 60 000 waren das rund 4000. Da sieben der neun Mitglieder des obersten Rates aus den bedeutenderen Zünften der Bankiers und Großkaufleute kommen mussten, lag die Macht bei wenigen patrizischen Familien.
Im Kampf zwischen der städtischen Oberschicht („Optimaten“) und den Vertretern des Volkes („Popolani“) gelang es der Familie der Medici, einer Bankiersfamilie, die Macht in der Stadt zu übernehmen. Cosimo der Ältere (1389 bis 1464) lenkte die Politik der Republik – ohne eigenes Amt – durch ein enges Netz an Beziehungen und finanziellen Abhängigkeiten durch gezielte Kreditvergaben und Spenden. Da der oberste Rat über die Wahlausschüsse bestimmte, welcher Bürger von Florenz wählbar war und welche Namen überhaupt in den Losbeutel (Wahlbeutel) kamen, war es machtpolitisch am wichtigsten, einen Medici-freundlichen Rat zu schaffen. 1434 hatte es Cosimo geschafft: Für den Wahlbeutel kamen nur noch 50 durch ihn handverlesene Kandidaten in Frage. Lorenzo de Medici (1449–1492), Enkel Cosimos und Förderer von Architekten, Malern und Schriftstellern, festigte die Macht der Familie Medici mithilfe von Gesetzen und Steuern, die seine Gegner schädigten.

M1

Ansicht von Florenz, Darstellung aus der Werkstatt des Künstlers Francesco Roselli, 1490

M2

Lorenzo de Medici (1449–1492) war 1469 bis 1492 Stadtherr von Florenz. In seiner Zeit war Florenz Wirkungsstätte u. a. von Leonardo da Vinci, Michelangelo und Botticelli.

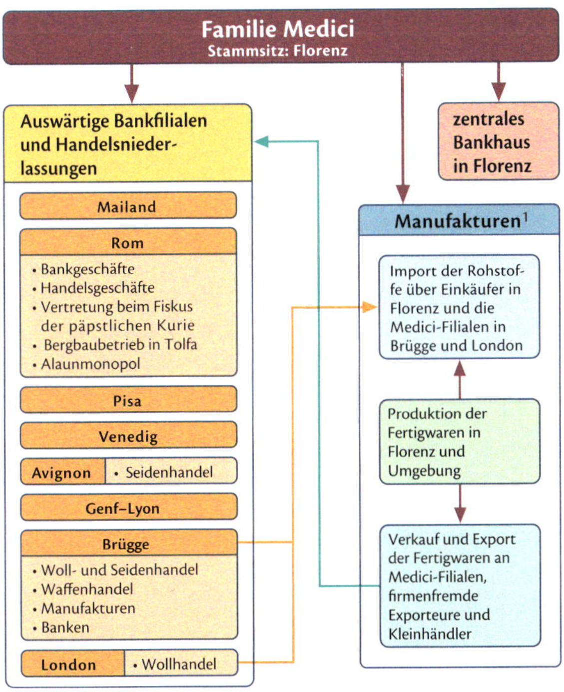

[1] Manufaktur: handwerkartiger Betrieb mit stärkerer Arbeitsteilung und Massenanfertigung

M3 **Das Handelshaus der Medici**

M4

Bewusstsein von einer „neuen Zeit"?

Der Historiker Volker Reinhardt schrieb 2007:

In den Aufzeichnungen des florentinischen Gewürzhändlers Luca Landucci zwischen 1450 und 1516 etwa ist so gut wie nichts vom Glanz des mediceischen Florenz, sehr viel dagegen vom Elend des Alltags eingefangen. Geschichte erscheint hier als Kreislauf von Krieg, Hungersnot, Überschwemmungen, Hinrichtungen und anderen Kalamitäten[1], die Gott als Strafe für die Sünden, speziell den Hochmut, des Menschen verhängt … Die wahre Größe des Menschen aber ist die Demut vor Gott, der allein die Geschichte lenkt …

Doch ist auch dieser prinzipienfeste Kleinbürger nicht völlig immun gegen deren Wirkungen, wie sein Nachruf auf Lorenzo de Medici im April 1492 zeigt. Bevor er sich über die Nichtigkeit irdischer Herrlichkeit ergeht, listet er nämlich die Erfolge des Verstorbenen in so hohen Tönen auf, dass dieser seine Freude daran gehabt hätte. Mit aller Vorsicht lässt sich dieses Beispiel verallgemeinern: Zwischen oben und unten findet, zumindest in den Städten, Kommunikation der verschiedenen Art, auch Austausch von Ideen und Wertbegriffen statt. Dabei treffen die kleinen Leute ihre Beobachtungen und ziehen ihre Schlüsse, die sie dann in ein sehr eigenständiges, traditionellen Werten verpflichtetes Weltbild … einfügen.

Volker Reinhardt, Die Renaissance in Italien, 2. Aufl., München (C. H. Beck) 2007, S. 115 f.

[1] Notlagen

M5

Geld- und Wechselgeschäfte in einem Florentiner Bankhaus, später kolorierter Holzschnitt, 1490. Der Wechsel ist ein Wert-(Kredit-)papier, das eine Verpflichtung beinhaltet, eine festgelegte Geldsumme an einen bestimmten Inhaber des Wechsels, z. B. über eine Bank, zu zahlen.

1. Beschreibe M1 und nenne Merkmale, die an Florenz über den Eindruck einer mittelalterlichen Stadt hinausweisen könnten.
2. Stelle anhand des Darstellungstextes, M3 und M5 die politischen und wirtschaftlichen Aktivitäten der Medici zusammen und beurteile die Motive der Familie.
3. Lebten die Menschen in der Renaissance in dem Gefühl, dass ein neues Zeitalter angebrochen sei? Erarbeite, welche Position der Historiker Reinhardt (M4) zu dieser Frage einnimmt.
4. Beantworte die Frage in der Überschrift des Darstellungstextes.

Die Fugger: Von der Handelsgesellschaft zum Großunternehmen

Eine Ausbildung zahlt sich aus

Hans Fugger, ein Weber, war 1367 in die süddeutsche Stadt Augsburg gekommen. In kurzer Zeit erwarb sein Familienunternehmen durch Erfolge im Verlagswesen, im Fernhandel und durch Einheirat in die alteingesessenen Familien der Stadt Reichtum und Ansehen. Der Enkel, Jakob Fugger (1459–1525), erhielt in Italien seine Ausbildung zum Kaufmann. Von dort brachte er neue Methoden mit: Zum Beispiel erleichterte die doppelte Buchführung die Leitung des Unternehmens erheblich. Nach dem Tod seiner beiden Brüder übernahm Jakob Fugger die Firma. Er vervielfachte das Firmenkapital durch Gewinn bringende Handelsgeschäfte, vor allem mit Textilien, Metallen und Gewürzen, mit Bankgeschäften und im Bergbau. Seine Handelsgesellschaft hatte Niederlassungen unter anderem in Lissabon, Antwerpen, Rom und Krakau. Handel, Bankwesen und Politik waren durch ein enges Netz aus „silbernen Fäden" – Geld – miteinander verbunden.

Edelmetalle – Schlüssel zur Macht

Fürsten und Kaiser führten ein aufwändiges Leben und waren die Hauptabnehmer teurer Luxusartikel. Fast immer hatten sie Zahlungsschwierigkeiten, besonders durch die Kosten der Kriegsführung. Davon profitierte Jakob Fugger: Er gewährte ihnen Kredit und ließ sich als Sicherheiten deren Schürfrechte in Silber- und Kupferminen übertragen. Denn er hatte erkannt, dass die Ausweitung des Handels immer mehr Geld, d. h. Silbermünzen, notwendig machte. Auch Kupfer war als Rohstoff in der Silbergewinnung und Waffenproduktion sehr begehrt und brachte hohe Gewinne. Jakob Fugger ließ in seinen Bergwerken moderne Förderanlagen errichten und verfügte über große Mengen an Edelmetallen, die er zu günstigeren Preisen als alle anderen Handelsgesellschaften anbot. Bald beherrschte er als einziger Anbieter – in einer Monopolstellung – den europäischen Kupfermarkt. Zwar verabschiedete der Reichstag 1523 ein Monopolgesetz gegen zu große Handelsfirmen, doch Kaiser Karl V. (1519–1556) verhinderte dessen Anwendung.

M1 **Aufbau einer Handelsgesellschaft um 1500**

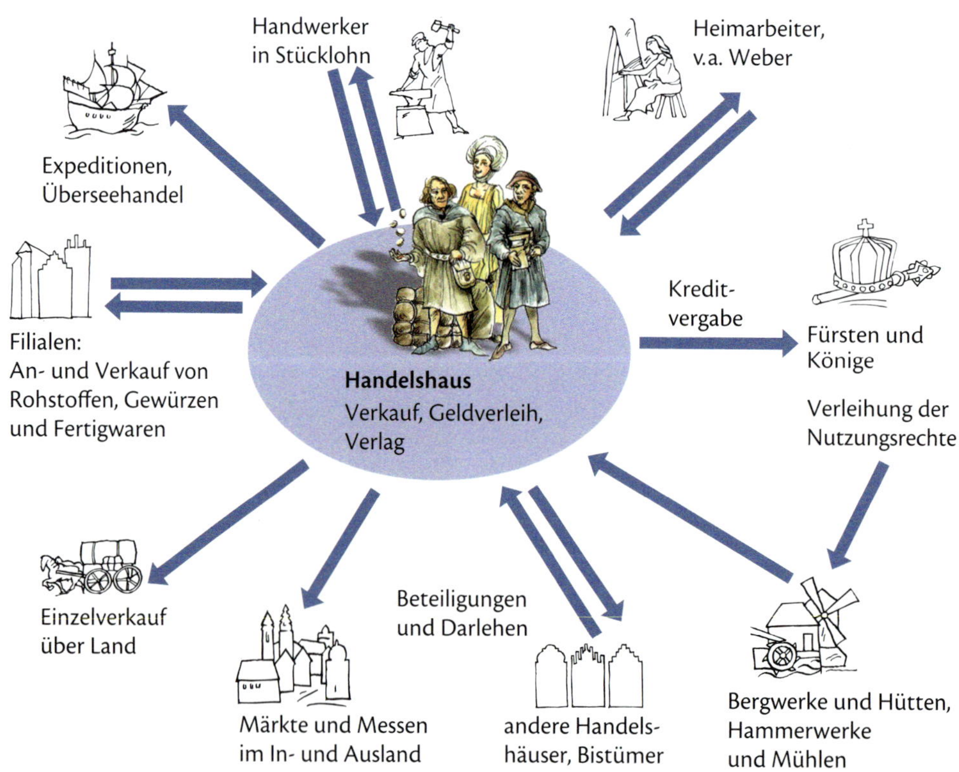

M2

Jakob Fugger schreibt an Kaiser Karl V.

1519 fiel die Wahl des deutschen Königs und erwählten römischen Kaisers dank eines Kredits von Jakob Fugger auf Karl I., ein Mitglied der österreichischen Fürstenfamilie. Karl hatte sich mit Fuggers Geld die Stimmen der Kurfürsten erkauft. Er bestieg als Kaiser Karl V. den Thron. Verlierer war der französische König Franz I. Jakob Fugger schrieb 1523 folgenden Brief an Karl V.:

Eure Kaiserliche Majestät tragen ungezweifelt gut Wissen, wie ich und meine Neffen bisher dem Haus Österreich zu dessen Wohlfahrt und Aufstieg in aller Untertänigkeit zu dienen geneigt sind. Deshalb haben wir uns auch mit … Kaiser Maximilian, Eurer Kaiserlichen Majestät Ahnherrn, eingelassen und zur Erlangung der römischen Krone für Eure Kaiserliche Majestät uns gegen etliche Kurfürsten verschrieben, die ihr Trauen und Glauben auf mich und vielleicht sonst niemanden setzen wollten. Auch haben wir … ein trefflich Summa Geldes dargestreckt, die ich nicht allein bei mir und meinen Neffen, sondern auch bei anderen meinen guten Freunden mit großem Schaden aufgebracht … So hab ich auch hierin meinen eigenen Nutzen nicht angesehen. Dann wo ich von dem Hause Österreich abstehen und Frankreich fördern hätte wollen, würd ich groß Gut und Geld, wie mir dann angeboten worden, erlangt haben. Was aber Eurer Kaiserlichen Majestät und dem Hause Österreich für Nachteil daraus entstanden wäre, das haben Eure Majestät aus hohem Verstande wohl zu erwägen … So ist an Eure Kaiserliche Majestät mein untertäniges Bitten, die wolle solche meine getreuen, untertänigen Dienste … gnädiglich bedenken und verordnen, dass mir solch mein ausliegend Summa Gelds samt dem Interesse ohne längeren Verzug entrichtet und bezahlt werde.

Zit. nach Jakob Strieder, Augsburger Wirtschaftsleben und Wirtschaftsgeist im Zeitalter der Fugger. In: Heinz F. Deininger (Hg.), Das reiche Augsburg, München (Duncker & Humblot) 1938, S. 77 f.

M3

Jakob Fugger und sein Hauptbuchhalter Matthäus Schwarz, Zeichnung, 1525. Die Fugger arbeiteten mit „doppelter Buchführung". Jeder Geschäftsvorgang wurde dabei auf zwei Konten verrechnet, einmal als Belastung und einmal als Gutschrift. So konnten Gewinne und Verluste einer Firma sofort erkannt werden.

Begriffe und Daten

Frühkapitalismus

Bezeichnung für die vom 15. bis zum 18. Jahrhundert in Europa bestehende Wirtschaftsform. Mit der Ausbildung der Stadtwirtschaft bildete sich neben der Landwirtschaft eine kapitalintensive Wirtschaftsweise heraus, in der das so genannte Verlagssystem bedeutend wurde: Einzelne Unternehmer oder Handelsgesellschaften (Verleger*) besitzen alle notwendigen Mittel zur Herstellung und zum Verkauf von Waren wie Geld, Gebäude, Werkzeuge und Rohstoffe. Den Personen, z. B. Handwerkern oder Heimarbeitern, die die Waren produzieren sollen, werden diese Mittel zur Verfügung gestellt. Die Bedingungen diktiert der Verleger* (z. B. Höhe des Lohns, Arbeitszeit, Preis des Produkts). Wichtige frühkapitalistische Produktionsbereiche waren der Bergbau, das Verlagswesen und ein sich erweiternder Fernhandel, in denen sich – zum Teil durch herrschaftliche Privilegien bedingt – Monopole bildeten, die den jeweiligen Markt als „Alleinanbieter" beherrschen konnten.

1 Stelle anhand des Darstellungstextes, M1 und M3 die wesentlichen Veränderungen in der Wirtschaft des 14./15. Jahrhunderts zusammen. ✗

2 Erschließe aus dem Brief M2 die Beziehung zwischen dem Hause Fugger und Karl V. Berücksichtige den gesellschaftlichen Rang der beiden.

3 Erkläre den Begriff „Frühkapitalismus" (Kasten) an den Beispielen der Fugger und der Medici (S. 44–47).

Frage ist schlecht gestellt, sie suggeriert, dass man einen Vergleich aufstellen soll

Humanismus: Der Mensch im Mittelpunkt

Ein „neuer" Mensch in einer „neuen" Welt?

Der Humanismus als Teil der Renaissance-Bewegung hatte seinen Ursprung im 14. Jahrhundert, das Zeitgenossen als eine sehr unglückliche Zeit beklagten: Kriege, Verwüstung und Massensterben, wie z. B. durch die Pest, erschütterten Europa. In dieser Zeit prägten Gelehrte ein neues Bild vom Menschen: Auch außerhalb der Klostermauern sollten die Menschen in einer Welt des Friedens, zum Besten der Mitmenschen und der Gesellschaft ein gottgefälliges Leben führen.

M1

Optimismus für die Zukunft?

Der Humanist Erasmus von Rotterdam schrieb 1517:

Da ich sehe, dass die mächtigsten Fürsten der Erde ... alle Kriegsvorbereitungen von Grund aus aufgegeben und das Band des Friedens fest und ... unzerreißbar geknüpft haben, habe ich die bestimmte Hoffnung, dass nicht nur die guten Sitten und die christliche Frömmigkeit, sondern auch die geläuterte, echte Wissenschaft und die schönen Künste teils wieder aufblühen, teils in vollem Glanze sich zeigen.

Zit. nach Hagen Schulze / Ina Ulrike Paul (Hg.), Europäische Geschichte, München (bsv) 1994, S. 666.

M2

Womit sich Schüler beschäftigen sollen

In seinem Buch „Gargantua und Pantagruel" gab der humanistische Schriftsteller François Rabelais (um 1494 bis 1553) den Brief eines Vaters an seinen Sohn wieder:

Alle Künste und Wissenschaften sind bei uns wieder heimisch, vorab das Griechische, ohne das kein Gelehrter bestehen kann, und mit ihm das Hebräische und das Lateinische ... Darum ermahne ich dich, geliebter Sohn, deine Zeit ersprießlichen Studien zu widmen, und wünsche mir, dass du diese Sprachen vollständig lernst. Im Griechischen bilde deinen Stil an Platon, im Latein an Cicero. Vervollkommne dich in Geometrie, Arithmetik und Musik, erforsche auch die Astronomie ... Vertiefe dich ernsthaft in die Naturkunde, damit dir kein Fisch, kein Gewässer, kein Vogel, Baum, Busch, Gesträuch, Metall und Edelgestein fremd bleibt.

François Rabelais, Gargantua und Pantagruel, München (Biederstein) 1955, S. 327.

M3

Sind Wissenschaften und Künste schädlich?

Der Naturphilosoph und Okkultist (Okkultismus = Lehre von vermuteten übersinnlichen Kräften) Agrippa von Nettesheim urteilte über Wissenschaften und Künste 1530:

Ich aber ... halte dafür, dass nichts Schädlicheres, nichts Giftigeres ... erfunden werden könne als eben die Künste und Wissenschaften ... Nun bedenke doch, wenn die Wissenschaften auf einen bösen Menschen fallen, so tut er Schaden ... Nichts aber ist unseliger als eine von Gottlosigkeit herrührende Kunst und Wissenschaft ... Denn nicht die Wissenschaft, sondern der gute Wille vereinigt den Menschen mit Gott, und die Wissenschaften, die äußerlich gebraucht werden, tun nichts anderes, als dass sie uns etlichermaßen Gelegenheit zu einem besseren Leben geben ... Aber darf ich mich erkühnen, die rechte reine Wahrheit zu sagen, so muss ich frei bekennen, ... dass es weit sicherer ist, nichts [zu] wissen, als was [zu] wissen ... [mit dem Prediger Salomo gesagt:] ... aber ein Mensch kann das Werk [Gottes] nicht finden, das unter der Sonne geschieht, je mehr der Mensch arbeitet zu suchen, je weniger er findet, wenn er gleich spricht: ich bin weise und weiß es, so kann er es doch nicht finden.

Zit. nach Hagen Schulze / Ina Ulrike Paul (Hg.), Europäische Geschichte, München (bsv) 1994, S. 669 f.

M4 **Humanistischer Schulunterricht,** Holzschnitt, 1496

M5

„Die Schule von Athen", Ausschnitt aus einem Wandgemälde im Vatikan von Raffael, 1510. In der Mitte des Bildes sind die beiden bedeutendsten Philosophen der Antike, Platon und Aristoteles, dargestellt.

M6

Frauen als Künstlerinnen

Der italienische Kunsttheoretiker Giorgio Vasari schrieb 1550 über die Malerin und Dichterin Properzia de' Rossi (1491–1530):

Sicherlich hat man aber in keinem anderen Zeitalter dies besser erkennen können als in dem unseren, in welchem die Frauen sich größten Ruhm erworben haben, zunächst durch Beschäftigung mit der Literatur, wie es die Frauen Vittoria del Vasto, Veronica Gambara … und hundert andere getan haben, welche in der Vulgärsprache[1] sowohl als im Lateinischen und Griechischen von großer Gelehrsamkeit waren; aber auch auf allen anderen Gebieten haben sie sich hervorgetan. Als ob sie uns den Ruhm der Überlegenheit nehmen wollten, haben sie sich keineswegs geschämt, mit ihren zarten und weißen Händen die mechanischen Gewerbe, den rauen Marmor und das scharfe Eisen anzugreifen, um ihren Ehrgeiz zu befriedigen und Ruhm davonzutragen, so wie es in unseren Tagen Properzia de' Rossi aus Bologna tat …, sodass nicht nur die Frauen, sondern alle Männer gegen sie voller Neid waren.

Zit. nach Hagen Schulze / Ina Ulrike Paul (Hg.), Europäische Geschichte, München (bsv) 1994, S. 678.

[1] Volks-, Umgangssprache

Begriffe und Daten

Humanismus

(von lat. humanus = menschlich, menschenfreundlich, gebildet). Mit dem Begriff wird eine Lebensanschauung bezeichnet, die unter den Gelehrten im Zeitalter der Renaissance vorherrschte. Die Humanisten traten für eine umfassende Bildung des Menschen ein. Sie studierten die Quellen der antiken Schriftsteller und beschäftigten sich wissenschaftlich mit Sprachen, Geschichte und Philosophie. Der Humanismus hat seinen Ursprung im 14. Jahrhundert in Italien und breitete sich von dort im Laufe der beiden folgenden Jahrhunderte nach Europa aus.

1 Erarbeite anhand des Darstellungstextes M1 und M4, welche Vorstellungen aus Sicht der Humanisten das Leben bestimmen sollten. Vergleiche mit M3.

2 Werte M2 aus: Warum sollten sich Schüler in den genannten Fächern bilden?

3 Begründe, warum es sich bei M5 um ein typisches Bild aus der Zeit der Renaissance und des Humanismus handelt. Nimm den Kasten zu Hilfe.

4 Ordne M6 in die Renaissancebewegung ein.

Ein neues Bild vom menschlichen Körper

Auf dem Weg zu einer neuen Medizin

Seit der Antike machte die Medizin keine bedeutenden Fortschritte. Man begnügte sich mit dem Kopieren und Auslegen alter Schriften, hauptsächlich jener des griechisch-römischen Arztes Galen (129–199 n. Chr.), der das Wissen der Antike nahezu lückenlos zusammengefasst hatte. Es besaß im Mittelalter unangefochtene Autorität. Exakte Beobachtungen am Krankenbett oder auch Tierexperimente waren nicht üblich und verstießen gegen die traditionellen Lehrsätze. Erst in der Renaissance wurde dieses Denken durchbrochen. Andreas Vesal (latinisiert Vesalius; 1514/15–1564), ein flämischer Anatom deutscher Herkunft, erschütterte die Glaubenssätze Galens. Er forderte die Untersuchung der menschlichen Leiche als wichtigste Methode, Erkenntnisse über den Körperbau zu gewinnen. Seine Arbeit revolutionierte die Medizin und machte ihn zum Begründer der modernen Anatomie.

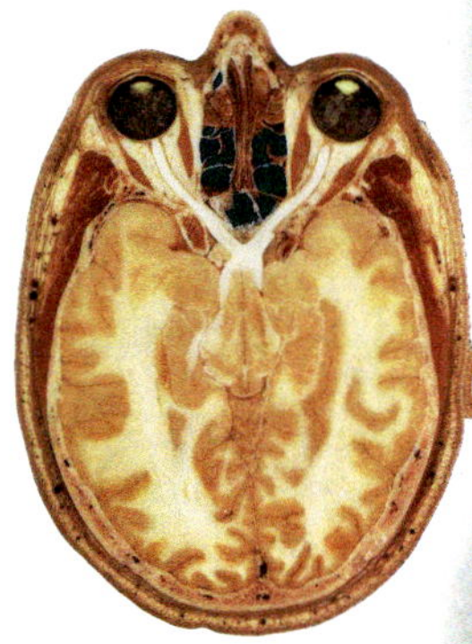

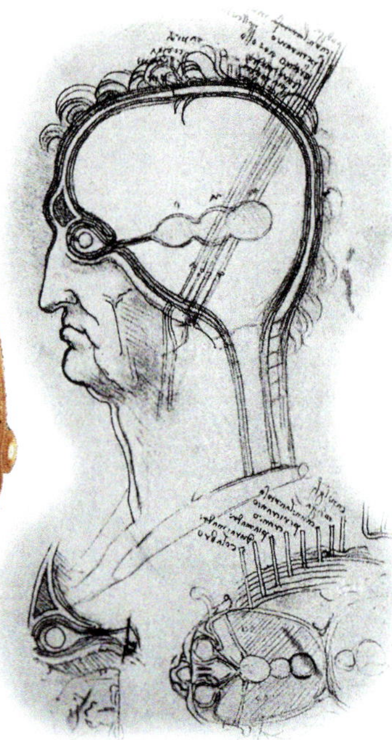

M1

Rechts: Anatomische Darstellung der Nervenleitungen des Auges zum Gehirn, Rötelzeichnung von Leonardo da Vinci, um 1510. Leonardo sezierte Leichen, um möglichst genaue Kenntnisse über den menschlichen Körper zu gewinnen. **Links: moderne Computergraphik von Augen und Gehirn, 1998.**

M2

Die Entdeckung des Blutkreislaufs

Der französische Mediziner Fabiani schrieb 2004:

Als der Engländer William Harvey (1578–1657) 1628 seine Theorie vom Blutkreislauf vorbrachte, stieß er auf heftigen Widerspruch, denn die Idee stand im Widerspruch zu den Lehren Galens ... Doch auch wenn einige ... Beobachtungen [Galens] richtig waren, erwiesen sich insbesondere seine Hypothesen zur Blutversorgung als falsch. Ein steter, von einer physiologischen Pumpe angetriebener Strom entsprach nicht seiner Vorstellungswelt. Vielmehr sollte das Blut in einem Organ entstehen und in anderen verbraucht werden ... Als Quelle sah er die Leber: Aus den Eingeweiden nehme sie verdaute Nahrung in Form von „Milchsaft" auf und verwandle sie in Blut ... Allerdings nahmen arabische Ärzte – vom Abendland nahezu unbemerkt – bedeutende Korrekturen vor. So beschrieb der 1211 in Damaskus geborene Ibn an-Nafis den kleinen Blutkreislauf, auch Lungenkreislauf genannt ... Nach Vesalius versuchten sich noch weitere Mediziner und Anatomen in der Beschreibung zumindest des kleinen Blutkreislaufs. Doch den entscheidenden Schritt vollzog William Harvey.
Als Versuchsobjekt dienten Harvey oft „Kaltblüter" wie Frösche, Schlangen und Fische, deren Herz von Natur aus langsamer schlägt, wodurch sie sich gut zur Beobachtung eignen. Er band zum Beispiel Hohlvene und Hauptschlagader ab, um so die Fließrichtung des Bluts zu ermitteln. Dabei erkannte der Forscher, dass das Herz als Motor des Kreislaufs dienen musste.

Jean-Noël Fabiani, Herz oder Leber? In: Spektrum der Wissenschaft Spezial, Nr. 4, 2004, S. 78 ff.

1 Beschreibe M1 und erarbeite, welche Absicht Leonardo da Vinci mit der Darstellung verfolgte. Nimm deine Kenntnisse über den Künstler (S. 42 f.) zu Hilfe.

2 Zeige anhand von M2, welche Bedeutung empirisches Vorgehen für Harvey hatte.

Die Stadtgesellschaft als Ursprung von Renaissance und Humanismus

M1

Krönung des Dichters Enea Silvio Piccolomini zum „poeta laureta", Fresko von Bernardino Pinturicchio, 1507. In der Renaissance wurde der antike Brauch, hervorragende Dichter mit einem Lorbeerkranz zu ehren, wieder aufgenommen.

Überprüfe, was du kannst

Sachkompetenz

1 Erläutere die Begriffe Renaissance (S. 39), Frühkapitalismus (S. 47) und Humanismus (S. 49).

Methodenkompetenz

2 Untersuche M1 und prüfe, ob die Merkmale eines Renaissancegemäldes erfüllt sind (S. 40–43).

Handlungskompetenz

3 In der Schule soll das Fach Humanismus eingeführt werden. Stelle zusammen, was Schülerinnen und Schüler in diesem Fach alles lernen sollten.

um 500 bis 1500 Mittelalter

um 1300 bis 1600 Renaissance und Humanismus

14. Jahrhundert Blütezeit der italienischen Stadtstaaten

14. bis 18. Jahrhundert Frühkapitalismus

1449 bis 1492 Lorenzo de Medici

1452 bis 1519 Leonardo da Vinci

1459 bis 1525 Jakob Fugger

seit um 1500 Neuzeit

1519 bis 1556 Kaiser Karl V.

1523 Reichstag verabschiedet Monopolgesetz

500 1300 1350 1400 1450 1500 1550

Entdeckung und Eroberung

Wissen • Urteilen • Handeln • Methoden anwenden

Am Ende dieses Unterkapitels kannst du

- die „empirische" Arbeitsweise Galileis nachvollziehen
- erklären, wie sich in der Frühen Neuzeit das Weltbild der Menschen veränderte
- Voraussetzungen und Folgen der Entdeckung Amerikas darstellen
- Methoden der Kolonisierung in Amerika im 15./16. Jahrhundert beurteilen
- Sichtweisen bei der Beurteilung von Entdeckung und Eroberung unterscheiden

Entdeckungsreisen im 15./16. Jahrhundert

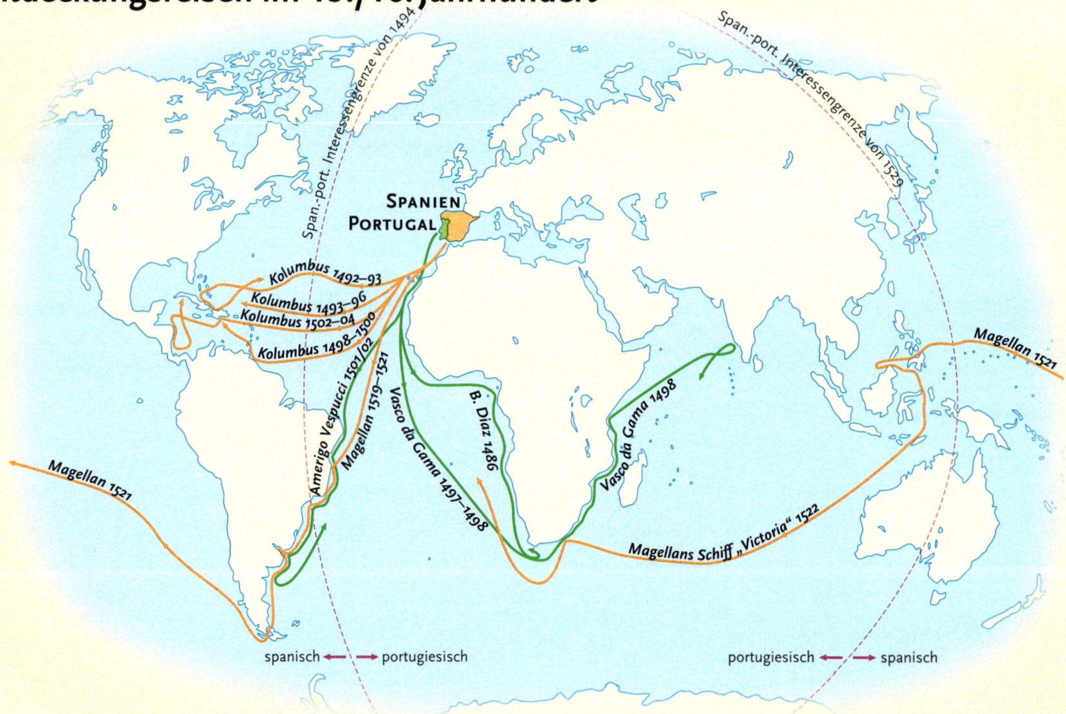

Reiche der Inka und Azteken — seit 1200

Eroberung und Kolonisierung Amerikas durch die Europäer — seit 1492

Galileo Galilei – Die Entdeckung des Experiments

Biographie

Galileo Galilei

Der Forscher (1564–1642) lehrte an der Universität von Padua Mathematik, als er 1610 seine astronomischen Beobachtungen veröffentlichte und damit heftige Diskussionen unter Wissenschaftlern und mit der Kirche auslöste. Fünf Jahre später wurde Galilei vom höchsten kirchlichen Gericht ermahnt, die Ansichten von der um die Sonne kreisenden Erde aufzugeben. Obwohl er immer wieder das Gespräch mit führenden Kirchenvertretern suchte, wurde Galilei 1632 nach Rom befohlen und dazu verurteilt, seinen „Ketzereien" abzuschwören. Unter Hausarrest gestellt hielt er trotzdem Briefkontakt zu anderen Wissenschaftlern im Ausland und veröffentlichte zwei wissenschaftliche Schriften. Erst 1979 zeigte sich die katholische Kirche bereit, Galileis Ansehen wiederherzustellen: Papst Johannes Paul II. würdigte ihn in einer Gedenkrede für Albert Einstein.

M1

Forschungsinstrumente des Galileo Galilei, 1. Hälfte 17. Jh., Foto, 1998

M2

Das Experiment der „schiefen Ebene"

In dem Roman „Sofies Welt" (1993) von Jostein Gaarder stellt der Philosophielehrer Alberto Knox dem Mädchen Sofie die Forschungen und Ergebnisse Galileo Galileis vor:

„Das Wichtigste aber war, dass Galilei das so genannte Trägheitsgesetz entdeckte ... ‚Jeder Körper verharrt im Zustand der Ruhe oder der gleichförmigen Bewegung in geradliniger Bahn, solange er nicht durch von außen wirkende Kräfte gezwungen wird, diesen Zustand zu ändern.'" [Alberto Knox holte eine Holzplatte, die am einen Ende einige Millimeter dick und am anderen ganz dünn war. Neben die Holzplatte legte er eine Murmel.] „Was, glaubst du, wird geschehen, wenn ich die Murmel hier oben loslasse, wo die Platte am dicksten ist?" Sofie seufzte. „Ich wette zehn Kronen, dass sie auf den Tisch hinunterkollert und am Ende auf den Boden fällt." ... Alberto ließ die Murmel los und sie verhielt sich genau so, wie Sofie prophezeit hatte ...

„Jetzt werde ich versuchen, die Murmel quer über die schiefe Ebene zu rollen", sagte er. „Sieh dir genau an, wie sie sich bewegt." Er bückte sich und zielte ... Er griff zu einem Filzstift und färbte die Murmel schwarz. Dann ließ er sie wieder rollen. Sofie konnte die Bahn der Murmel auf der schiefen Ebene genau erkennen, denn sie hatte eine schwarze Spur hinterlassen. „Diese Figur nennt man Parabel ... Warum bewegt sich die Kugel genau so?" Sofie dachte gut nach. Schließlich sagte sie: „Weil die Platte eine Neigung hat, wird die Kugel von der Schwerkraft zu Boden gezogen." „Ja ... du hast gesehen, was passiert, wenn zwei Kräfte gleichzeitig auf denselben Gegenstand einwirken."

Jostein Gaarder, Sofies Welt, übers. von Gabriele Haefs, München (Hanser) 1993, S. 245 ff.

1 Besorgt euch das in M2 beschriebene Material und gestaltet das Experiment nach.

2 Galileis Arbeitsweise wird oft als „empirische" (= auf Erfahrung beruhende) Methode bezeichnet. Erläutere den Begriff aufgrund deiner Erkenntnisse aus M2.

3 Stelle Vermutungen an, was Galilei mit seinen Werkzeugen (M1) erforscht haben könnte. Kann m. E. nicht mit dem kleinen Bild erarbeitet werden. Besser - Recherche über Gal. Gal.

Himmelsbeobachtungen verändern das Weltbild

Das neue Denken – ein Angriff auf die Kirche?

Für uns scheint es heute selbstverständlich, dass wir Naturerscheinungen mit wissenschaftlichen Gesetzen erklären, die immer wieder überprüft und weiterentwickelt werden. Für die Menschen der Renaissance aber war es eine neue Erkenntnis, dass allein die eigenständige Beobachtung und Vernunft und nicht die kirchliche Obrigkeit ihr Handeln und Forschen bestimmen sollten. Der Astronom Nikolaus Kopernikus (1473 bis 1543) veröffentlichte kurz vor seinem Tod das Buch „Über die Kreisbewegung der Körper". Darin behauptete er, dass alle Planeten, also auch die Erde, die Sonne umkreisten. Deshalb spricht man von einem heliozentrischen Weltbild (griech. helios = Sonne). Ein halbes Jahrhundert später bestätigte der italienische Mathematiker und Physiker Galileo Galilei aufgrund eigener Arbeiten die Aussagen von Kopernikus. Galilei benutzte für seine astronomischen Forschungen ein extrem starkes Fernrohr, das er selbst entwickelt hatte. Er hatte dazu die Erfindung eines niederländischen Linsenmachers genutzt.

Die Argumentation der römischen Kirche

Die Kirche wertete Forschungen von Naturwissenschaftlern wie Kopernikus und Galilei als Angriff auf das geozentrische Weltbild der Bibel, nach deren Aussage sich die Erde im Mittelpunkt des Universums befindet (griech. ge = Erde). Vertreter der vatikanischen Glaubensbehörde argumentierten so, dass man mit der neuen Auffassung alle Philosophen und Theologen reize und dem Glauben schade, indem die Heilige Schrift als unwahr hingestellt werde. Selbst wenn ein tatsächlicher Beweis für die Sonne als Mittelpunkt der Welt vorliege, solle man bei den Bibelstellen, die das Gegenteil sagen, nicht behaupten, dass sie falsch seien, sondern dass wir sie nicht verständen. Die Bibel könne nicht lügen, wenn man ihren wahren Sinn erfasst habe.

M1

Neue Messinstrumente

In der Antike und im Mittelalter fuhren die Schiffe meist in Küstennähe. Die Entdeckungsreisen der frühen Neuzeit waren nur mit der Hilfe neuer Messinstrumente möglich:

1 A Mit einem Nocturnum (Nachtweiser) wurde in der Nacht die Ortszeit geschätzt. Der Polarstern wurde durch die Öffnung in der Mitte des Nocturnums angepeilt und der lange Zeiger des Instruments auf den umlaufenden Stern gerichtet. Die Zeit wurde auf der gezackten Stundenscheibe abgelesen.

1 B Der Seemann hielt ein Ende des Jakobsstabes an sein Auge und richtete das andere auf die Sonne oder einen Stern. Dann setzte er auf den Stab ein Querstück. Aus dem Winkel zwischen Stern und Horizontlinie errechnete er die Position des Schiffes.

1 C Der Quadrant (Höhenmesser) bestand aus einem aus Holz oder Messing ausgeschnittenen Viertelkreis. Eine Person peilte durch die Visierlöcher die Sonne oder einen Stern an, während eine zweite den vom Lot angezeigten Höhenwinkel ablas.

1 D Das Astrolabium wurde mit einer Kordel senkrecht zur Meeresfläche aufgehängt; dann peilte man durch zwei kleine Löcher in den Platten des verstellbaren Ableseschiebers einen Stern an. Die Höhe des Sterns wurde von der Gradeinteilung am Rand abgelesen.

Nach Richard Humble, Die Entdecker, übers. von B. Sauerwein-Reznicek, 4. Aufl., Amsterdam (Time-Life Books) 1987, S. 94 f.

M2

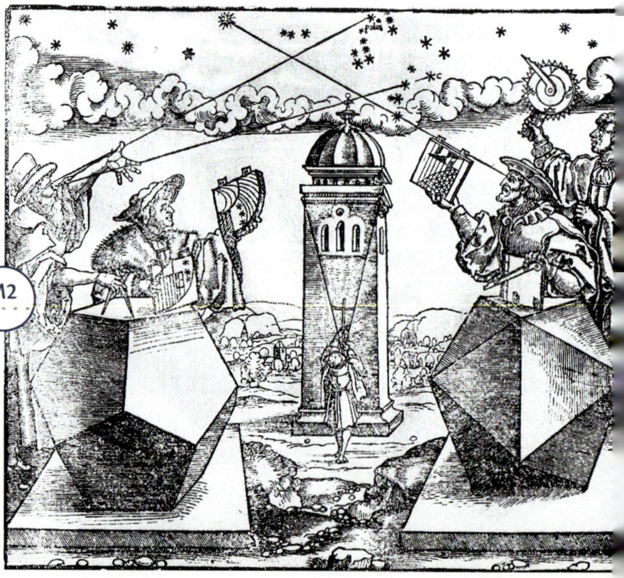

Positionsbestimmung auf See, Kupferstich, 1533.
Das Titelblatt des „Instrumentbuchs" von Peter Apian zeigt mehrere Verfahren, mit deren Hilfe Seefahrer prüften, ob ihr Schiff noch auf dem geplanten Kurs war.

M3

Ein neues Weltbild für „einfache Leute“?

Der deutsche Dramatiker Bertolt Brecht (1898 bis 1956) verfasste 1938 das Schauspiel „Leben des Galilei“. Darin äußert ein Mönch gegenüber Galilei:

Ich bin als Sohn von Bauern … aufgewachsen. Es sind einfache Leute. Sie wissen alles über den Ölbaum, aber sonst recht wenig … Sie schöpfen die Kraft, ihre Körbe schweißtriefend den steinigen Pfad hinaufzuschleppen, Kinder zu gebären, ja zu essen aus dem Gefühl der Stetigkeit und Notwendigkeit, das der Anblick des Bodens, der jedes Jahr von neuem grünenden Bäume, der kleinen Kirche und das Anhören der sonntäglichen Bibeltexte ihnen verleihen können. Es ist ihnen versichert worden, dass das Auge der Gottheit auf ihnen liegt …, dass das ganze Welttheater um sie aufgebaut ist, damit sie … sich bewähren können. Was würden meine Leute sagen, wenn sie von mir erführen, dass sie sich auf einem kleinen Steinklumpen befinden, der sich unaufhörlich drehend im leeren Raum um ein anderes Gestirn bewegt? … Wozu ist die Heilige Schrift noch gut, die alles erklärt und als notwendig begründet hat, den Schweiß, die Geduld, den Hunger, die Unterwerfung, und die jetzt voll von Irrtümern befunden wird?

Bertolt Brecht, Leben des Galilei, 56. Aufl., Frankfurt a. M. (Suhrkamp) 1998, S. 63.

fragwürdiger Einsatz des Materials (Brechts Intention wird nicht thematisiert.)

1 In M1 werden vier Messgeräte vorgestellt, von denen drei in M2 abgebildet sind.
a) Finde heraus, zu welchem Instrument welche Erläuterung passt.
b) Suche in Lexika oder in diesem Buch eine Abbildung des vierten Messgerätes.

2 Verfasse zu M3 einen Antwortbrief, den Galilei dem Mönch geschrieben haben könnte. → 1 0.

3 Vergleiche das in M5 dargestellte Weltbild mit dem mittelalterlichen Weltbild. Lies auf den Seiten 8 bis 16 nach.

4 a) Erstelle im Heft eine Skizze zum Bildaufbau von M4 und beschrifte die einzelnen Elemente.
b) Formuliere eine mögliche Aussage, die der Künstler mit diesem Bild machen wollte.

5 Beantworte die Frage in der Überschrift des Darstellungstextes. Nimm zur Argumentation der römischen Kirche begründet Stellung.

M4

Zwei Weltbilder, Kupferstich, 1700. Das Titelbild von Galileis Schrift „Dialog über die zwei Weltsysteme“ zeigt in der Mitte den Astronomen Ptolemäus (um 100 bis 160 n. Chr.) mit einem Modell des geozentrischen Weltbildes, rechts Nikolaus Kopernikus mit einem Modell des heliozentrischen Weltbildes. Sitzend: der antike Philosoph Aristoteles.

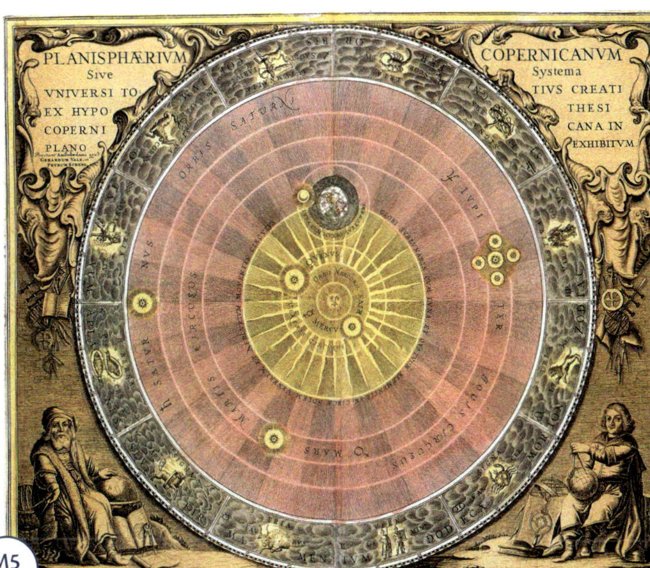

M5

Weltgebäude nach der Vorstellung von Nikolaus Kopernikus, Buchmalerei aus der „Harmonica Macrocosmica“ des Andreas Cellarius, 1660

Christoph Kolumbus – eine Fahrt nach Westen

Die schnellste Route nach Asien?

Als Christoph Kolumbus am 3. August 1492 Kurs nach Westen nahm, hoffte er für das spanische Königspaar Isabella von Kastilien und Ferdinand von Aragon eine neue Route nach Indien zu finden. Denn die alten Wege waren durch die Ausdehnung des Osmanischen Reiches versperrt, und die Seewege um Afrika hatte Spanien 1479 Portugal zugesprochen. Als am 12. Oktober 1492 Land in Sicht kam, hatte Kolumbus jedoch nicht Indien erreicht, sondern eine der Bahama-Inseln, die in der Sprache ihrer Bewohner Guanahaní hieß. Kolumbus nannte sie zu Ehren Gottes San Salvador („Heiliger Erlöser"). Er ließ die spanische Fahne hissen und nahm das Land im Namen der spanischen Könige in Besitz. Die von ihm als „Indianer" bezeichneten Einheimischen waren ab sofort spanische Untertanen. Doch der aus Florenz stammende Seefahrer Amerigo Vespucci äußerte bald die Vermutung, dass es sich bei dem entdeckten Land nicht um Asien handeln konnte. Als der Spanier Vasco Núñez de Balboa 1513 über eine Landenge von Mittelamerika den Pazifik erreichte, wussten die Europäer es sicher: Kolumbus hatte einen unbekannten Kontinent entdeckt, der zu Ehren von Amerigo Vespucci „Amerika" genannt wurde.

M2

Brief des Toscanelli an Kolumbus

Der Gelehrte Paolo Toscanelli schrieb an Christoph Kolumbus (um 1480):

Unzweifelhaft ist die Reise ehrenvoll und vermag unberechenbaren Gewinn und höchsten Ruhm in der ganzen Christenheit zu bringen … Eine derartige Reise führt zu mächtigen Königreichen, berühmten Städten und Provinzen, die alles im Überfluss besitzen, was wir benötigen, auch alle Arten von Gewürzen in reicher Fülle sowie Edelsteine in großer Menge aufweisen. Die Fürsten und Könige, zu denen man gelangt, dürften noch erfreuter als wir sein, dass sie mit Christen unsrer Länder in Verbindung kommen, da viele von ihnen Christen sind, und auch weil sie mit gelehrten, geistvollen Männern von hier über die Religion und Wissenschaft sich werden unterhalten können.

Zit. nach Eberhard Schmitt (Hg.), Dokumente zur Geschichte der europäischen Expansion, Bd. 2, Die großen Entdeckungen, München (C. H. Beck) 1984, S. 99.

M1

Rekonstruktionszeichnung der Weltkarte von Toscanelli, um 1470. Die Umrisse Amerikas (grau) wurden nachträglich eingezeichnet.

M3

Die Begegnung der Einheimischen mit den Seeleuten

Von der Landung der Spanier auf Guanahani 1492 wissen wir nur aus dem Bordtagebuch des Kolumbus, mit dem er seine Auftraggeber über die Expedition informieren sollte. Der Portugiese Pero Vaz de Caminha berichtete 1500 als königlicher Chronist über seine Ankunft in Brasilien.

3 A Kolumbus (1492): Sie nahmen einfach alles und gaben bereitwillig von allem, was sie besaßen. Aber mir schien es, als seien sie in jeder Hinsicht außerordentlich arme Leute. Sie gehen allesamt nackt herum … Ich sah keinen, der älter als dreißig Jahr gewesen wäre: Sie waren sehr gut gebaut, von sehr schöner Gestalt und sehr angenehmen Gesichtszügen; ihre Haare waren fast so dick wie die von Pferdeschwänzen und recht kurz. Sie tragen sie vorn bis zu den Augenbrauen, hinten lassen sie einige Strähnen länger wachsen, die sie niemals abschneiden … Sie tragen keine Waffen und kennen sie auch nicht, denn ich zeigte ihnen Schwerter und sie fassten sie an der Schneide und schnitten sich aus Unwissenheit … Sie sind sicher hervorragende Arbeitskräfte; sie haben einen aufgeweckten Verstand, denn ich sehe, dass sie sehr schnell alles nachsagen können, was man ihnen vorspricht. Außerdem glaube ich, dass man sie leicht zum Christentum bekehren könnte, denn es scheint mir, dass sie noch keine Religion haben.

3 B Vaz de Caminha (1500): Der Kapitän saß, als sie kamen, auf einem Stuhl … Aber sie machten keine Ehrerbietungen, sie sprachen weder zum Kapitän noch zu jemand anderem. Einer warf jedoch den Blick auf die Kette des Kapitäns und begann, mit der Hand zum Land zu weisen und dann zur Kette, als wollte er sagen, dass es dort Gold gäbe. Er blickte auch zu einem silbernen Leuchter und zeigte gleichermaßen zum Land und zum Leuchter, als ob es dort auch Silber gäbe. Man zeigte ihnen einen grauen Papagei, den der Kapitän mit sich führte; sie nahmen ihn gleich in die Hand und winkten zum Land … Man zeigte ihnen ein Schaf; sie kümmerten sich nicht darum. Man zeigte ihnen ein Huhn; sie hatten fast Angst davor: Sie wollten es nicht anfassen; später nahmen sie es und wirkten sehr erschreckt.

M3 A zit. nach Eberhard Schmitt (Hg.), Dokumente zur Geschichte der europäischen Expansion, Bd. 2, Die großen Entdeckungen, München (C. H. Beck) 1984, S. 113 f.
M3 B zit. nach Emir Rodriguez Mondegal (Hg.), Die Neue Welt, Frankfurt a. M. (Suhrkamp) 1982, S. 78 f.

M4

Die Landung des Kolumbus 1492, kolorierter Kupferstich von Theodor de Bry, 1594. Die Spanier nehmen die Insel Guanahaní in Besitz.

Begriffe und Daten

Entdeckungen

Die Entdeckungen 1492 und 1513 lockten nicht nur viele Europäer in die „Neue Welt", sondern sie führten auch zu politischen Spannungen zwischen Spanien und Portugal. Im Vertrag von Tordesillas (1494) wurde zwischen den beiden Mächten vereinbart und vom Papst bestätigt, die „Neue Welt" in einen spanischen und einen portugiesischen Einflussbereich zu teilen. Die Trennlinie verlief – von Pol zu Pol – 370 Meilen westwärts von den Kapverdischen Inseln (siehe Karte S. 52).

1 Schreibe eine Erzählung zu dem Ereignis, das der Kupferstecher in M4 darstellte. Lässt sich eine bestimmte Einstellung des Künstlers erkennen? Ziehe den Darstellungstext heran.
2 Untersuche, welche Erwartungen durch M1 geweckt werden.
3 Stelle einen Zusammenhang zwischen M1 und den von Toscanelli geäußerten Erwartungen in M2 her.
4 Notiere nach M3A und M3B, was über die Begegnung mit Einheimischen in Amerika jeweils überliefert wurde. Berichte.

Die Völker des altamerikanischen Kontinents

M1 **Kulturformen auf dem amerikanischen Kontinent 1492**

Alte Kulturen in der „Neuen Welt"

Die Spanier glaubten, dass sie die ersten Europäer wären, die auf dem amerikanischen Kontinent vor Anker gingen. Ausgrabungen beweisen jedoch: Bereits 1000 n. Chr. haben die Wikinger, Seefahrer aus Nordeuropa, Handelsfahrten an die Küste Neufundlands unternommen.

Auf Karten des 16. Jahrhunderts werden die entdeckten Gebiete als „Neue Welt" bezeichnet. Für die Spanier und Portugiesen war es tatsächlich eine „Neue Welt", die sie betraten und eroberten. Aber „neu" war dieser Erdteil natürlich nicht – und er war auch nicht von Fabelwesen bewohnt, wie es zeitgenössische Darstellungen den Menschen in Europa vermittelten. Während und nach der letzten Eiszeit (vor ca. 10 000 Jahren) waren Einwanderer aus Asien über die zugefrorene Beringstraße nach Amerika gekommen und in Gruppen von Norden nach Süden gezogen. Im Laufe der Jahrtausende war so eine Vielzahl von Völkern entstanden, die auf unterschiedliche Weise das Leben in ihren Gemeinschaften organisierten. Überlieferte Bilderhandschriften lassen erkennen, dass in den Hochkulturen der Maya, Azteken und Inka die Pflichten und Tätigkeiten des Einzelnen genau festgelegt waren.

M2 **Tenochtitlán,** Wandgemälde (Ausschnitt) des mexikanischen Künstlers Diego Rivera, 1945. Rivera hat die Stadt so gemalt, wie sie zu Beginn des 16. Jh. ausgesehen haben könnte. Sie war damals mit ca. 300 000 Einwohnern die größte Stadt des amerikanischen Kontinents. Als Vorlage für sein Bild dienten Rivera zeitgenössische spanische Berichte.

Die Lebenswelt der Azteken

Zur Zeit der spanischen Eroberung hatten auf dem Gebiet des heutigen Mexiko die Azteken die größte Macht. Den Kern des Reiches bildete ein Dreistädtebund um die Hauptstadt Tenochtitlán. Um den Städtebund gruppierten sich zahlreiche Provinzen, die genau berechnete Tribute entrichten mussten: Gold, Waren und Menschen – zur Verstärkung der Truppen und als Opfer für den Sonnen- und Kriegsgott Huitzilopochtli. Um ihre militärischen Erfolge zu sichern, glaubten die Azteken, Huitzilopochtli milde stimmen zu müssen. Deshalb opferten sie in ihren pyramidenförmigen Tempeln unzählige Menschen, deren Herz und Blut dem Gott neue Kraft geben sollten. Die meisten der Getöteten waren Kriegsgefangene.

Die Grundlage der aztekischen Wirtschaft war der Feldanbau. Bohnen, Mais und Kürbis waren wichtige Anbauprodukte. Daneben war der Handel besonders bedeutend. Die Handwerker arbeiteten in Berufen, die Schulung und Fachkenntnis voraussetzten. Technische Geräte waren aus Holz oder Stein gefertigt, jedoch war Eisen ebenso unbekannt wie das Rad.

Die Lebenswelt der Inka

Das Reich der Inka erstreckte sich zu Beginn des 16. Jahrhunderts an der Westküste des südlichen Teils des Kontinents entlang. Die Bewohner des Inkareiches gehörten verschiedenen Volksgruppen an, die alle ihre eigene Sprache, Religion und Lebensweise hatten. Dies machte es nach Ansicht der Inka notwendig, das Reich straff zu organisieren. Sie bauten eine staatliche Verwaltung auf, die in ihrer Zeit einzigartig war. Durch ein dichtes Netz gepflasterter Straßen und Wege sorgten sie dafür, dass Nachrichten, Waren und Armeen in kürzester Zeit von einem Ort zum anderen gelangten. Entlang der Straßen standen Raststätten. Boten transportierten Befehle, Berichte, Abrechnungen und Bedarfslisten als verschlüsselte Botschaften in Form von Knotenschnüren („Quipu“).

Die Verwaltung des Inkareiches war mit einer gelenkten Wirtschaftsform verbunden: Jede Arbeit war zentral organisiert. Alle Steuerzahler mussten beim Bau von Tempeln, Festungen und Städten helfen, in der Armee dienen, auf den Feldern und in den Bergbauminen des Herrschers arbeiten. Die Landwirtschaft unterstand ebenfalls staatlicher Kontrolle. Auch die Inka kannten weder das Rad noch Eisen.

M3

Der Markt von Tenochtitlán

Der spanische Hauptmann Bernal Díaz kam 1519 nach Tenochtitlán. Über den Markt der Stadt schrieb er:

Dort fanden wir eine unerwartet große Menge Menschen, zahlreiche Verkaufsstände und eine ausgezeichnete Ordnungspolizei … Jede Warengattung hatte ihre Plätze. Da gab es Gold- und Silberarbeiten, Juwelen, Stoffe aller Art, Federn, Baumwolle und Sklaven … Dann kamen die Stände mit einfacheren Waren, mit grobem Zeug, mit Zwirn und Kakao zum Beispiel. Ganz Neu-Spanien bot hier seine Erzeugnisse an … Da gab es Sisalstoffe, Seile und Strickschuhe … Es gab rohe und gegerbte Häute von Tigern, Löwen, Schakalen … In den Ständen der Töpfer fanden wir von großen irdenen Gefäßen bis zum kleinsten Nachttopf alles. Wir gingen an den Verkäufern von Honig, Honigkuchen und anderen Leckereien vorbei, an Möbel-, Holz- und Kohlehändlern … Ich [habe] das Papier, die Röhren mit dem flüssigen Eukalyptusöl und mit dem Tabak, die wohlriechenden Salben und die Hallen mit Heilkräutern gesehen … Es gab übrigens auch eine Art Marktgericht mit … drei Richtern und mehreren Gehilfen, die für die Warenschau verantwortlich waren.

Zit. nach Eberhard Schmitt (Hg.), Die großen Entdeckungen, Bd. 2, München (C. H. Beck) 1984, S. 328.

Lesetipp

John Tully, Das gläserne Messer, Weinheim (Beltz & Gelberg) 2004.
Tio ist auserwählt, um den Göttern geopfert zu werden. Die Geschichte führt ins Südamerika vor der Ankunft der Europäer.

1 Erkläre mithilfe von M1 den Zusammenhang zwischen der Lebensweise altamerikanischer Völker und den Bedingungen von Klima, Pflanzenwelt und Landschaft. Nimm gegebenenfalls einen Atlas zu Hilfe.
2 Vergleiche die Lebenswelt der Inka und der Azteken.
3 Verfasse anhand der Befunde, die du M2 und M3 entnehmen kannst, eine Reportage über die Stadt Tenochtitlán in der Zeit um 1500.
4 Prüfe die Behauptung, die Azteken- und Inka-Reiche seien „Hochkulturen“ gewesen.
5 Beurteile anhand von M1 die im Darstellungstext genannte These von der „Neuen Welt“.

Die Ankunft der „weißen Götter"

Konquistadoren – Freunde oder Feinde?

Sie wurden Konquistadoren, d.h. Eroberer (spanisch: Conquista = Eroberung), genannt und standen unter der Führung des spanischen Kommandanten Hernán Cortés. 1519 landete seine Flotte in Mexiko, dem Land der Azteken – mit dem Auftrag, das Gebiet zu erkunden und Handel zu treiben. Aber er hatte noch andere Motive: Er wollte das Reich der Azteken mit seinen unermesslichen Goldschätzen erobern.

Die Azteken, deren Herrschaft seit Jahrzehnten Angst und Schrecken unter den Völkern des mexikanischen Hochlandes verbreitete, zeigten sich bei dem Einmarsch der Fremden merkwürdig unentschlossen. Als Cortés' Truppen Tenochtitlán erreichten, empfing der aztekische Herrscher Moctezuma sie mit großen Ehren. Denn für ihn und sein Volk schien nun eine Voraussage in Erfüllung zu gehen: Die Götter, die nach alter aztekischer Überlieferung vor langer Zeit im Osten verschwunden waren, kehrten zurück. Tatsächlich hatten die spanischen Ankömmlinge Ähnlichkeit mit dem Bild, das sich die Azteken von ihrem Gott Quetzalcóatl machten: Er hatte weiße Haut und trug einen Bart. Die Spanier erreichten Tenochtitlán genau zu dem Zeitpunkt, an dem nach aztekischem Kalender mit der Rückkehr der Götter zu rechnen war.

Doch als die Spanier begannen, Tempel zu plündern, Götterbilder umzustürzen und dabei viele Azteken umbrachten, schlug die Stimmung unter den Einwohnern um. Wenige Tage nach seiner Ankunft ließ Cortés Moctezuma in dessen Palast als Geisel nehmen. Aber auch die aztekische Bevölkerung wandte sich gegen Moctezuma: Sie warf ihm Verrat an seinem eigenen Volk vor. Bei einem Angriff der Azteken gegen die Spanier kam er wenige Tage später ums Leben.

Je länger die spanische Besetzung Tenochtitláns dauerte, desto größer wurden die Spannungen zwischen den Einwohnern und den spanischen Besatzern. Im Juni 1520 gelang es den Azteken, die Spanier für einige Monate zu vertreiben. Cortés verstärkte sein Heer durch Soldaten aus nahen spanischen Kolonien und durch Hilfstruppen der verbündeten Stämme. Fast drei Monate lang belagerte er Tenochtitlán. Dann ergaben sich die Azteken – geschwächt durch Krankheiten, die die Spanier eingeschleppt hatten, ausgehungert und verzweifelt. Tausende Männer, Frauen und Kinder wurden getötet. Die Spanier machten die Stadt dem Erdboden gleich und bauten an gleicher Stelle Mexiko, die Hauptstadt von Neu-Spanien.

M1 **Cortez mit seinem Gefolge auf dem Wege zu Moctezuma,** Bilderhandschrift, 16. Jh.

ungenaue Quellenangabe

M2 Quetzalcóatls Traum – ein Gedicht

Die 1948 in Nikaragua geborene Schriftstellerin Gioconda Belli beschäftigt sich in vielen ihrer Texte mit der Eroberung Lateinamerikas durch die Europäer. In einem Gedicht fragt sie nach den Folgen der Conquista für die Gegenwart:

Wer sind wir?
Wer sind diese Männer, diese Frauen ohne Sprache,
verspottet aufgrund ihrer Farbe,
ihrer Haut, ihrer Federn und ihres Schmuckes wegen?
Damit wir nur ihre Schriften lasen,
verbrannten sie die unseren auf hohen Scheiterhaufen.
Unsere Geschichte, unsere Dichtung,
die Annalen unserer Völker,
sie füllten mit Rauch uns die Höhlen der Augen,
sie füllten mit Tränen unsere Eingeweide.
Es brannten die Amátes[1], sorgsam von Schreibern bemalt.
Es brannten die Geschichten, die uns zu dem gemacht,
was wir waren.
Wie heulten die Alten auf den Plätzen,
als sie brennen sahen die Namen ihrer Väter im Feuer.
O lange Nacht, Noche Triste[2] der Asche.
Nacht, in der wir unsere Hände verloren,
unsere Sprache und unser Gedächtnis
verwandelt in Sklaven, nachtwandelnde Schatten.

Gioconda Belli, Wenn du mich lieben willst, Wuppertal (Peter Hammer Verlag) 1993, S. 13.

[1] Inka oder Maya schrieben ihre Geschichte, aber auch wissenschaftliche Erkenntnisse in Form von Bildern auf mit Kalk bestrichene Baumrinde oder auf Hirschleder. Ein großer Teil dieser Handschriften (Amátes) wurde auf Anordnung des spanischen Bischofs Diego de Landa verbrannt.

[2] Traurige Nacht

M3

Moctezuma und Cortés bei ihrer ersten Begegnung, mexikanische Darstellung auf einem Baumwolltuch, 1590 ↳ ungenaue Quellenangabe

M4 Der Empfang der Spanier in Tenochtitlán

Der Geschichtsschreiber am spanischen Königshof, Peter Martyr von Anghiera, berichtete 1520 vom ersten Zusammentreffen Moctezumas mit Cortés:

[Moctezuma sprach:] „Alle Reiche, die wir besitzen, gehören euch. Wer immer du auch sein magst, der du als Führer hierhergeschickt worden bist, du sollst als Fürst über alle Reiche gebieten, die bislang mir untertan waren … Meine Schatzhäuser bergen goldenen Schmuck. Der gehört dir …" Als er geendet hatte, tröstete Cortés ihn und machte ihm Hoffnung auf einen guten Ausgang.

Hiernach verließ Moctezuma mit ziemlich heiterem Antlitz den Palast … Ob man gewaltsam aufgedrängte Gäste gern aufnimmt, dazu mögen die etwas sagen, die darin Erfahrung haben … Unter Tränen … hatten sie [die Fürsten des Reiches] den Vorgang hingenommen.

Zit. nach Eberhard Schmitt (Hg.), Dokumente zur Geschichte der europäischen Expansion, Bd. 2, München (C. H. Beck) 1984, S. 326 f.

1 Beschreibe die Abbildung M1. Schildere, welche Eindrücke die abgebildeten Personen bei dir erwecken.

2 Vergleiche M4 auf S. 57 mit M1.

3 Beschreibe M3. Finde mithilfe des Darstellungstextes S. 60 heraus, was oben gezeigt wird.

4 Erkläre das Verhalten Moctezumas (M4). Beachte den Urheber (Autor) des Textes.

5 Erläutere anhand des Darstellungstextes Einstellung und Verhalten der spanischen Eroberer sowie die Erwartungen der Azteken.

6 Erörtert gemeinsam die Aussage des Gedichts M2. Welche Folgen hatte die Conquista nach Ansicht der Dichterin?

Die Kolonialherrschaft: Im Auftrag von Krone und Kreuz

Aus Eroberern werden Grundbesitzer

Wirtschaftlicher Gewinn war von Anfang an das Hauptziel der spanischen Eroberungen. Das sagenhafte Goldland („Eldorado"), von dem viele Spanier geträumt hatten, wurde zwar nicht gefunden, aber die Gewinne aus dem Metallbergbau füllten mit beträchtlichen Summen die Staatskasse. Allein die Bergwerke von Potosí und Guanajuato (im heutigen Mexiko) lieferten innerhalb eines halben Jahrhunderts mehr Silber als gleichzeitig alle Bergwerke der „Alten Welt" zusammen.

Die meisten Siedler, die nun jedes Jahr in der „Neuen Welt" eintrafen, erhofften sich schnellen Reichtum zu günstigen Bedingungen. Nachdem die Spanier Ländereien in Besitz genommen hatten, planten sie ihre Herrschaft so, wie sie es aus den ländlichen Gebieten Europas kannten: als System von Grundbesitz und Abgaben. Der Grundbesitzer (Encomendero) übernahm den Schutz eines oder mehrerer Dörfer. Dafür mussten sich die Einwohner als Arbeitskräfte zur Verfügung stellen. In Peru gab es die Curacas, Stammeshäuptlinge, die kurz vor der spanischen Eroberung von den Inka unterworfen worden waren. Sie arbeiteten als Aufseher für die Encomenderos und vermittelten ihren Herren Einheimische als Arbeiter. Die meisten Encomenderos zwangen die Einheimischen, ohne Lohn zu arbeiten. Sie handelten dabei in dem Selbstverständnis, als Christen den heidnischen Ureinwohnern überlegen zu sein. Viele weigerten sich sogar, die Indianer als Menschen anzuerkennen.

M1

Die Einführung des Encomienda-Systems

Die folgende Bestimmung erließ die spanische Königin Isabella 1503 nach Beschwerden darüber, dass die Eingeborenen der Insel Hispaniola die Arbeit und den Kontakt mit den Spaniern scheuten:

Weil Wir wünschen, dass die genannten Indianer sich zu Unserem heiligen katholischen Glauben bekehren und darin unterrichtet werden, dies sich aber besser tun lässt, wenn die Indianer mit auf der Insel wohnenden Christen in Berührung kommen ..., beide einander helfen und so die Insel kultiviert, bevölkert und ertragreich gemacht wird, auch Gold und Metalle gefördert werden und Meine Königreiche und deren Bewohner daraus Nutzen ziehen, so ... befehle [Ich] hiermit Euch, Unserem Gouverneur, dass Ihr ... jedem Kaziken (Häuptling) auferlegt, eine bestimmte Anzahl Indianer bereitzuhalten, um sie jeweils da, wo es nötig ist, zur Arbeit einsetzen zu können, und damit sie sich ... zusammenfinden, um an den dafür bestimmten Orten über die Dinge des Glaubens zu hören und darin unterrichtet zu werden, dass jeder Kazike die von Euch vorgeschriebene Zahl von Indianern beibringt und an die von Euch benannten Personen zur Arbeit überlässt, gemäß näherer Anweisung dieser Personen und gegen einen von Euch festzusetzenden Tagelohn. Die genannten Verpflichtungen sollen sie als freie Personen leisten, die sie ja sind, nicht als Sklaven.

Urs Bitterli (Hg.), Die Entdeckung und Eroberung der Welt, Bd. 1, München (C. H. Beck) 1980, S. 76 f.

M2

Im Innern des Silberbergs von Potosí, Kupferstich von Theodor de Bry, 1601. Mehr als 200 Jahre lang versorgte der Silberberg von Potosí Europa mit riesigen Silbermengen. 1545 war hier, auf 4000 m Höhe, Silber entdeckt worden. Die Spanier ließen eine Stadt errichten, in der zeitweise mehr als 150 000 Menschen lebten. Innerhalb weniger Jahrzehnte starben Millionen Menschen im Bergbau.

M3

Die „Indianerfrage"

In den spanischen Regierungskreisen gingen die Meinungen in der Frage des Umgangs mit der eingeborenen Bevölkerung auseinander. Zu den Anführern der Auseinandersetzung im 16. Jahrhundert gehörten der Theologe und Jurist Juan Ginés de Sepúlveda und der Bischof von Chiapas (Mexiko), Bartolomé de Las Casas.

3 A Sepúlveda (1544): So behaupte ich, dass diese Barbaren nicht nur eingeladen, sondern auch zum Guten genötigt werden sollen, d. h. zur Gerechtigkeit und zur Religion, vor allem, wenn das Unternehmen mit so geringem Aufwand und so geringen Verlusten auf beiden Seiten bewerkstelligt werden kann und diese Barbaren unterworfen werden können ... [Ich] behaupte, dass die Barbaren nicht nur beherrscht werden müssen, damit sie den Predigern zuhören, sondern auch, damit sich zu Lehre und Ratschlägen die Drohungen gesellen und ihnen Schrecken eingejagt werde, was der heilige Augustinus bestätigt.

3 B Las Casas (1551): Ich bestehe darauf, dass die Spanier sich der Ausübung solcher Exzesse[1] gegen andere Völker, wenn diese auch barbarische Götzendiener und von allen Lastern befallen sein mögen, enthalten ... Denn es gibt keinen Unterschied mehr zwischen Mann und Frau, „Griechen und Juden, Beschnittenem und Unbeschnittenem, Barbaren und Skythen, Sklaven und Freiem, weil Christus in allem ist" (Kol 3,11)[2] ... Da nun die Natur der Menschen in allen dieselbe ist und alle von Christus gerufen sind in derselben Weise und auch nicht auf verschiedene Weise berufen werden wollen, darf man die Indios nicht auf andere Weise zum Eintritt in die Kirche einladen als alle anderen Menschen auch.

Zit. nach Mariano Delgado (Hg.), Gott in Lateinamerika, Düsseldorf (Patmos) 1991, S. 104 ff. Übers. v. Bruno Pockrandt.

[1] Maßlosigkeiten
[2] Bibelzitat aus dem Brief an die Kolosser des Apostels Paulus

M4

Die Behandlung der Indios, kolorierter Kupferstich von Theodor de Bry, 1594. Der Künstler notierte in der Bildunterschrift: „Der Oberst der Kriegsleute ... hat vier Tausend gefangene leibeigene Indianer mit sich gebracht, wo nicht ihrer zu viel durch Müdigkeit, Mangel an Nahrung und Bekümmernis großen Herzeleids auf dem Wege verschmachtet und gestorben, zum Teil von den Spaniern erstochen und umgebracht wären, als sie dem Haufen ... nicht geschwind nachfolgen konnten."

1 Ziehe aus M2 Rückschlüsse auf die Arbeitsbedingungen der Einheimischen. Beziehe die Bildunterschrift mit ein.

2 Gib in eigenen Worten wieder, was die Königin in M1 anordnet und wie sie dies begründet. O. K.

3 Vergleiche das Gesetz (M1) mit der im Darstellungstext beschriebenen Praxis. O. K.
   a) Mit welchen Maßnahmen verstießen die Siedler gegen das Gesetz? O. K.
   b) Nenne mögliche Gründe, warum die spanischen Siedler so handeln konnten.

4 Erschließe M3. Lies zu Las Casas den rechten Darstellungstext auf S. 64.

5 Beschreibe M4 und erarbeite, was der Künstler mit Bild und Text aussagen wollte.

6 **Szenisches Spiel:**
   a) Formuliert einen Dialog zwischen zwei Encomenderos: Einer stimmt Sepúlveda (M3A) zu, der andere Las Casas (M3B). zu wenig Argumente
   b) Tragt den Dialog szenisch vor und bewertet die Argumentation. Argumente passen direkt zueinander
   nette Idee

Folgen der Eroberung

Die Lage der einheimischen Bevölkerung

Die harte Arbeit auf den Feldern und in den Bergwerken überforderte die Indios, die durch Krankheiten wie Masern, Pocken und Grippe geschwächt waren. So starben 1545 allein in der Umgebung Mexikos 400 000 Indios an den Pocken. Nach neuen Schätzungen lebten im Aztekenreich vor dem Einmarsch der Spanier ca. 25 Millionen Ureinwohner, 1568 waren es nicht mehr als drei Millionen. Ähnlich verhielt es sich in den anderen eroberten Gebieten. Der Dominikaner Bartolomé de Las Casas (1474–1566) – zunächst selbst ein Encomendero – richtete von 1514 an sein ganzes Wirken darauf, die Indios zu schützen und für ihre Rechte zu kämpfen. Auch Kaiser Karl V. verbot 1542, dass Indios zu Sklaven gemacht oder als solche gehalten würden. Als jedoch die Siedler protestierten, wurden die Bestimmungen zurückgenommen.

Afrikaner in der „Neuen Welt“

Las Casas’ Bemühen, die Lage der Ureinwohner zu verbessern, war vergebens. Tatsächlich hatte sein Einsatz für die Indianer schreckliche Folgen für die Bewohner des afrikanischen Kontinents: Las Casas behauptete, dass afrikanische Sklaven widerstandsfähiger wären und damit für die Arbeit besser geeignet als Indios. Diese Aussage trug gegen den Willen des Bischofs dazu bei, dass innerhalb der nächsten dreihundert Jahre mehr als 10 Millionen Sklaven von Afrika in die „Neue Welt“ gebracht wurden. Sie mussten nicht nur die Indianer ersetzen, sondern einen zunehmenden Bedarf an Arbeitskräften decken. Dieser ergab sich aus der Einführung der Plantagenwirtschaft: Großgrundbesitzer ließen auf riesigen Flächen Pflanzen anbauen, deren Produkte in Europa großen Gewinn versprachen, z. B. Zucker, Tabak, Kaffee und Kakao.

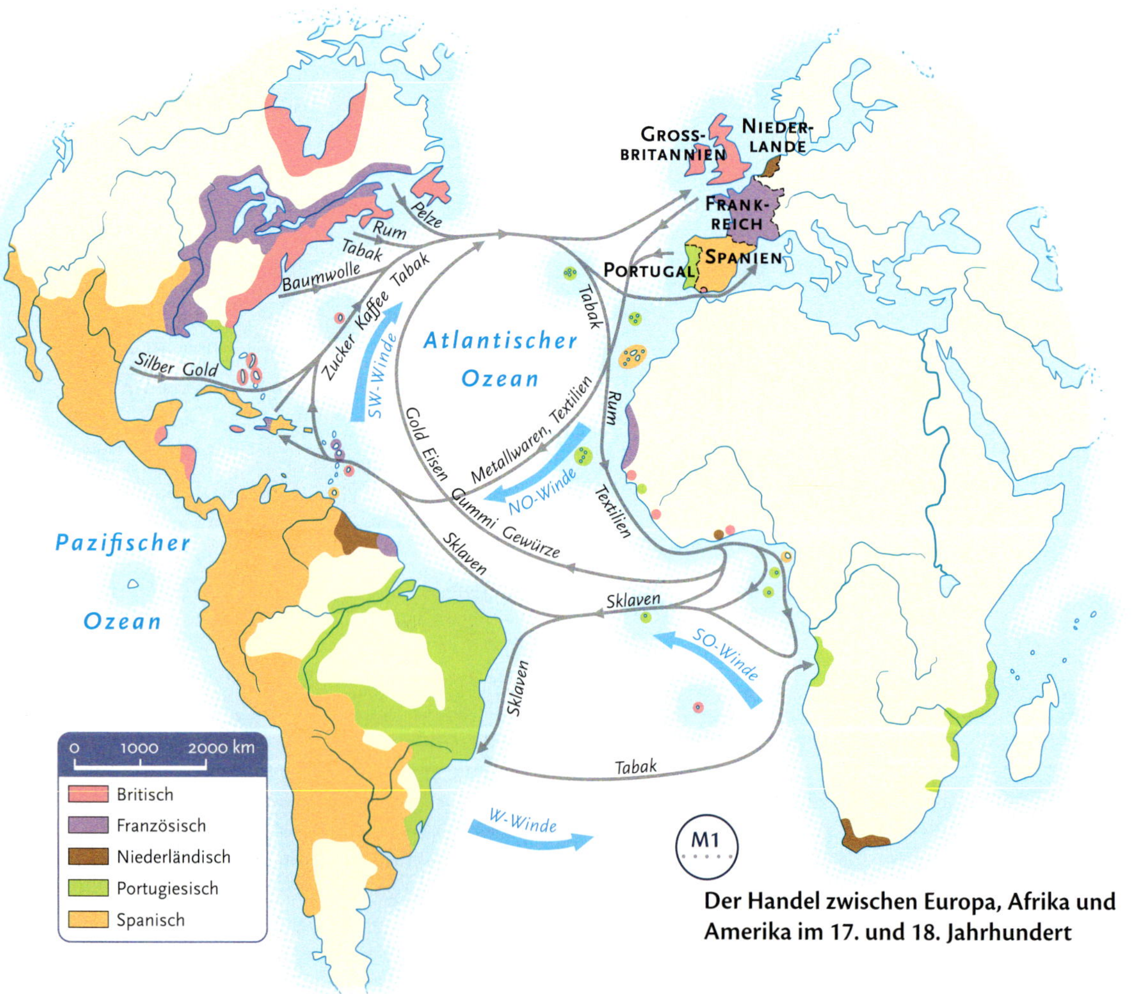

Der Handel zwischen Europa, Afrika und Amerika im 17. und 18. Jahrhundert

M2

Die Kolonialisierung im Urteil heute

Der Historiker Reinhard Wendt (2000):

2A Der Aufbau formeller Kolonialherrschaft wurde immer wieder von Widerstand begleitet. In den Kernzonen war er zwar nicht erfolgreich, doch das Schwarz-Weiß-Bild von den einheimischen Opfern, die der Willkür kolonialer Täter wehrlos ausgeliefert gewesen seien, lässt sich nicht aufrechterhalten. Manche Bevölkerungsgruppen entdeckten durchaus Vorteile in einer Kooperation mit den Europäern. Da die vorkoloniale Zeit keineswegs frei von Gewalt und Unterdrückung war, fanden Spanier und Portugiesen immer wieder Verbündete. Von den ökonomischen Möglichkeiten, die Kontakte mit dem Westen boten, profitierten auch Einheimische. Für manche mag das Christentum plausiblere Antworten auf geistliche Probleme gegeben haben als vorkoloniale Glaubensvorstellungen. Westliches Wissen erwies sich nicht selten auch für einheimische Interessen als nützlich … Am anderen Ende der Skala ist das Aussterben amerikanischer Völker zu beklagen, die dem Zusammenstoß mit den Europäern nichts entgegenzusetzen hatten.

Reinhard Wendt, Seit 1492. Begegnung der Kulturen. In: Anette Völker-Rasor (Hg.), Frühe Neuzeit, München (Oldenbourg) 2000, S. 81 f.

Die Historikerin Claudia Schnurmann (1998):

2B Der amerikanische Einfluss auf Europa erwies sich weniger spektakulär als die Aktionen, die Europäer in Amerika vollzogen hatten: Keine Indianer landeten in Sevilla oder London und suchten die Europäer zum Glauben an ihre Götter und Geister zu bekehren … Der Einfluss Amerikas auf Europa bediente sich europäischer Vermittlung, konzentrierte sich auf Naturstoffe und brauchte eine Weile, um sich durchzusetzen. Indigene [einheimische] amerikanische Nutzpflanzen wie Tabak, Mais oder Kartoffeln und in Amerika angebaute altweltliche Pflanzen wie Zuckerrohr, nach Europa gelieferte Waren wie Zucker, Reis und Kaffee veränderten Europa für immer. Der Anbau von Kartoffeln und Mais in Europa war von einschneidender Bedeutung für die Landwirtschaft … Sie verbesserten nachhaltig die chronisch prekäre [schwierige] Ernährungslage in Europa und damit die Leistungsfähigkeit der europäischen Arbeiter und Bauern, wodurch wichtige Grundlagen zu den agrarischen und industriellen Entwicklungsschüben des späten 18. und frühen 19. Jahrhunderts geschaffen wurden.

Claudia Schnurmann, Europa trifft Amerika, Frankfurt a. M. (Fischer) 1998, S. 225.

M3

Die Bevölkerung der Karibischen Inseln 1991

(ungefähre Angaben in %)

Insel	Schwarze	Mischlinge	Asiaten	Weiße
Jamaika	77	19	3	1
Dominica	90	10	–	0,03
Haiti	65	30	–	5[1]
Kuba	11	51	1	37[2]

[1] darunter Indios

[2] meist spanische Abstammung

Zusammengestellt nach Deutscher Bücherbund/ADAC (Hg.), Das Bild unserer Welt, Bd. 1: Amerika, München (ADAC) 1988 und Fischer Weltalmanach 2005, Frankfurt a. M. (Fischer) 2004.

1 Kläre anhand des Darstellungstextes
a) den Zusammenhang zwischen wirtschaftlichen Interessen und Unterdrückung,
b) die Folgen des Eintretens Las Casas' für die Rechte der einheimischen Bevölkerung.

2 Beschreibe mithilfe von M1 die Handelsströme zwischen Europa, Amerika und Afrika. Notiere diese in einer Liste.

3 Untersuche anhand von M3, inwiefern die Geschichte des Sklavenhandels die Bevölkerungsstruktur der Karibischen Inseln heute noch prägt.

4 a) Stelle die Aussagen aus M2A und M2B über die Folgen der Eroberung für Amerikaner bzw. Europäer zusammen.
b) Vergleiche die Positionen und nimm begründet Stellung zu den beiden Auffassungen (siehe Anhang „Historische Sachverhalte beschreiben").

Haben Chinesen Amerika entdeckt?

M1 **Die Reisen des Admirals Zheng He (1371–1433)**

M2

„1421 – als China die Welt entdeckte"

Aus einem Internet-Artikel des TV-Senders ProSieben vom 21. Mai 2006:

Alle Geschichtsbücher der Welt müssen umgeschrieben werden, wenn Gavin Menzies Recht hat. Er sagt: Nicht Christoph Kolumbus hat Amerika entdeckt, sondern ein Chinese. Zheng He, chinesischer Seefahrer und Nationalheld, soll schon 71 Jahre vor dem Seefahrer aus Genua die neue Welt betreten haben. Fest steht: 1421 führte Zheng He eine riesige Flotte mit 300 Schiffen und 28 000 Mann über die Weltmeere. Aber eine so große Flotte hinterlässt Spuren. Und einige davon findet Menzies 600 Jahre später in den Vereinigten Staaten. Akribisch dokumentiert er sie in seinem Bestseller „1421– Als China die Welt entdeckte". Sein wichtigstes Beweisstück ist eine chinesische Landkarte aus dem Jahre 1418 [angeblich als Kopie aus dem Jahre 1763]. Auf dieser Karte sind alle Kontinente der Erde verzeichnet – auch Amerika. Doch ist diese Karte echt? Stammt sie wirklich aus dem Jahr 1418? Angeblich haben alle Seefahrer nach Zheng He diese Karte für ihre Entdeckungsreisen benutzt – auch Kolumbus.

www.prosieben.de/lifestyle_magazine/www/themenarchiv/themen_1_n/25644 (Stand: 17. Juni 2007)

M3

Weltkarte, angeblich eine 1763 für den Kaiser erstellte Kopie der Karte von 1418. Die Kontinente und Ozeane sind vorhanden, die britischen Inseln fehlen, Kalifornien ist als Insel gezeichnet.

1 Recherchiere zur Frage der Entdeckung Amerikas durch China (Internet, neueste Fachliteratur). Unterscheide dabei nach gesicherten Kenntnissen, Behauptungen und offenen Fragen. Berichte in der Klasse.

2 Diskutiert, warum diese „historische Frage" heute als weltpolitisch wichtig angesehen werden könnte.

Entdeckung und Eroberung

M1 **Karikatur von 1992**

Überprüfe, was du kannst

Sachkompetenz

1 Stelle aus den Seiten 53 bis 59 Erfindungen und Entdeckungen zusammen, die das Weltbild der Menschen im Vergleich zum Mittelalter entscheidend veränderten.

2 Erkläre den Begriff „empirische Arbeitsweise“ (S. 53–55).

Urteilskompetenz

3 Fasse schriftlich zusammen, wie sich für dich das Zusammentreffen der Kulturen der europäischen Eroberer und der altamerikanischen Völker darstellt. Beurteile Einstellung und Verhalten der Eroberer (S. 56–64).

4 Von manchen Geschichtswissenschaftlern wird das Verhalten der Europäer in der Frühen Neuzeit als „Kultur der Neugier“ bezeichnet. Nimm begründet dazu Stellung.

Handlungskompetenz

5 Erschließe die Aussage von M1. Worin siehst du den „wahren“ Kern, worin Übertreibung?

seit 1200
Reiche der Inka und Azteken

1200
Die Reiche der Inka
und Azteken entstehen

1492
Entdeckung Amerikas
durch Christoph Kolumbus

seit 1492
Eroberung und
Kolonisierung Amerikas
durch die Europäer

seit 1500
Eroberung und
Kolonalisierung Amerikas
durch die Europäer

1520
Gründung Mexiko-Stadt

1610
Galileo Galilei:
Veröffentlichung zum
heliozentrischen
Weltbild

1200 — 1300 — 1400 — 1500 — 1600

Reformation: Glaubensstreit und Machtkampf

Wissen • Urteilen • Handeln • Methoden anwenden

Am Ende dieses Unterkapitels kannst du

- die Lehre Luthers von der der römischen Kirche unterscheiden
- Grundsätze und Folgen der Reformation nennen
- die Gegenreformation der Kirche erläutern und bewerten
- den Bauernkrieg von 1525 in die Zeit der Reformation einordnen
- die Folgen des Dreißigjährigen Krieges darstellen und seine Bedeutung für Europa bewerten
- die Hexenverfolgung und ihre wissenschaftliche Darstellung beschreiben
- **Methode** Informationen präsentieren

Konfessionen in Europa um 1570

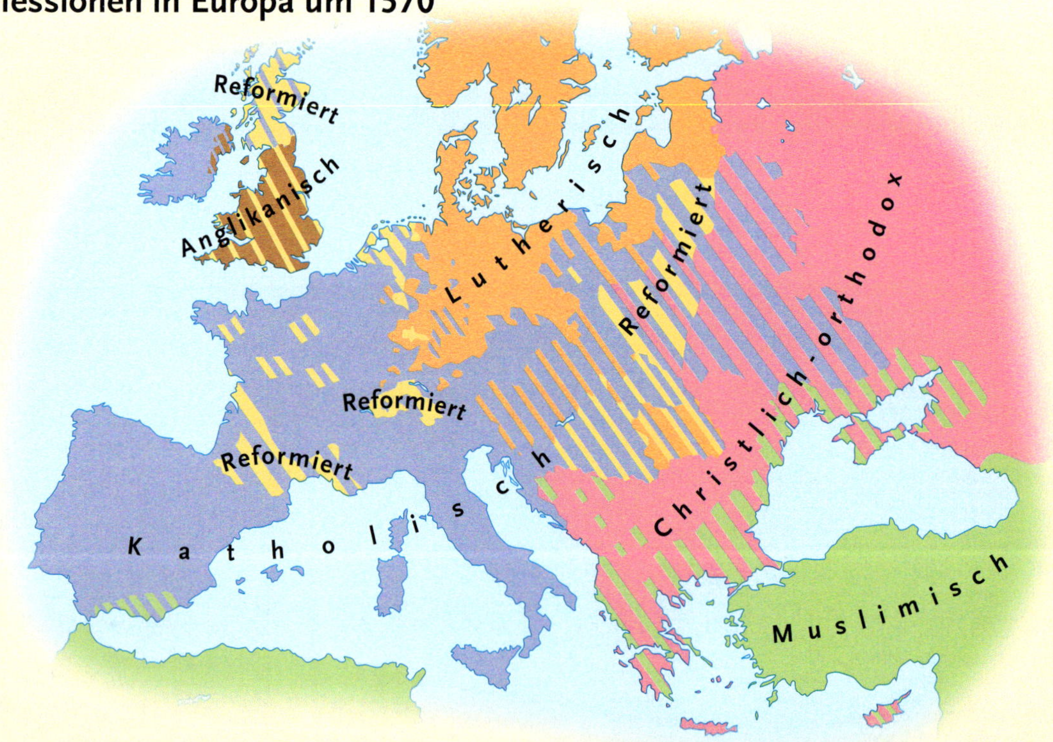

- Reformation – seit 1517
- Gegenreformation – seit 1545
- Dreißigjähriger Krieg – 1618 bis 1648

Martin Luther – Streit um den richtigen Glauben

Missstände in der römischen Kirche

Als im Jahr 1517 der Dominikanermönch Tetzel in der Gegend um Magdeburg so genannte Ablassbriefe verkaufte, stieß er in der Bevölkerung auf großes Interesse. Durch den Erwerb eines solchen Briefes konnte sich nämlich jeder von seinen Sünden und der zu erwartenden Strafe Gottes freikaufen. Tetzel machte ein gutes Geschäft und die Einnahmen kamen seinem Auftraggeber Kardinal Albrecht zugute. Der brauchte das Geld dringend, weil er sich mehrere Ämter gekauft hatte: Zunächst war er Bischof geworden, dann Erzbischof und schließlich Kardinal. Die Erlaubnis für diesen Ämterkauf hatte ihm Papst Leo X. erteilt, der sich dafür wiederum reichlich entlohnen ließ. Das Geld verwendete er für seine prunkvolle Hofhaltung und vor allem für den Bau der Peterskirche in Rom. Sie sollte die größte und prächtigste Kirche der Welt werden.

Gott

Papst
(Stellvertreter Christi auf Erden)
Priester

Gläubige Laien
- Getaufte Gläubige
- Sündenvergebung durch Buße (Gebete/Fasten) und gute Werke
- Erlösung über die Kirche

Kirche (römisch-katholisch)

Gläubige
- Kein Mittler zwischen Gläubigen und Gott nötig
- Erlösung allein aus der Gnade Gottes und durch den Glauben
- Lehre vom „Priestertum aller Gläubigen“: Jeder Mensch wird durch die Taufe zum Verkünder von Gottes Wort.
- Richtschnur ist die Heilige Schrift

Luthers Lehre

M1 Die Lehre Luthers im Vergleich zur spätmittelalterlichen Kirchenlehre

1 Stelle begründet Vermutungen an, welche Veränderungen in Europa seit dem späten Mittelalter deutlich werden. Vergleiche dafür die Karten S. 68 und S. 10.

2 Erarbeite die Kritik Luthers an der Kirche und deren Reaktion darauf (Darstellungstext, M1 und Kasten).

3 Erörtere, warum gerade einfache Bürger und Bauern die Ablasspraxis kritisierten.

Biographie

Martin Luther

Als in Wittenberg der Mönch und Theologieprofessor Martin Luther (1483–1546) von den Ablasspredigten Tetzels hörte, beschloss er, dagegen vorzugehen. Luther verfasste 95 Thesen (= Behauptungen), in denen er die Ablasspredigten als gottlos und ketzerisch verurteilte. Mit seiner Kritik wurde Luther zu einer Gefahr für die Herrschenden in der Kirche. Der Papst versuchte, Luther durch öffentliche Verhöre und Streitgespräche zum Einlenken zu bringen. Dieser widerrief seine Meinung aber nicht. Daraufhin entband der Augustinerorden Luther vom Mönchsgelübde.
1519 behauptete Luther bei einem theologischen Streitgespräch, Papst und Konzilien könnten sich irren, allein das Wort der Bibel sei verbindlich. Nun galt Luther als Ketzer. Wenig später drohte der Papst ihm den Kirchenbann an, d. h. den Ausschluss aus der Kirche, doch Luther verbrannte die päpstliche Drohbulle öffentlich.
Anfang 1521 wurde er gebannt und zum Reichstag nach Worms vorgeladen. Auch dort widerrief er seine Auffassung nicht und folglich stellte ihn Kaiser Karl V. (1519–1556) unter die Reichsacht*. Der Kurfürst Friedrich von Sachsen brachte ihn auf der Wartburg in Sicherheit. Hier übersetzte Luther das Neue Testament ins Deutsche. Nach seiner Rückkehr von der Wartburg heiratete Luther die frühere Nonne Katharina von Bora, mit der er sechs Kinder hatte.

Vorschlag für eine Gruppenarbeit

Erarbeitet in fünf Gruppen die Seiten 69 bis 73. Jede Gruppe übernimmt eine Seite und fertigt mithilfe der Arbeitsaufträge einen Bericht für die Klasse an. Ihr könnt dabei die Arbeitsschritte „Informationen präsentieren“ (S. 76) nutzen.
- Diskutiert in der Klasse den möglichen Zusammenhang zwischen Glaubensstreit und politischem Machtstreben.

Die Reformation

Ausbreitung der Lehre – Spaltung im Reich

Luthers Schriften wurden mithilfe der neuen Buchdrucktechnik in der Bevölkerung verbreitet. Seine Ideen und Reformvorschläge fanden bei vielen Menschen Gehör. Manche verstanden sie auch als Aufforderung zum Widerstand gegen die verhasste Obrigkeit. An vielen Orten kam es zu Gewalttätigkeiten gegen Priester, Mönche und Nonnen. Luther lehnte solches Handeln jedoch ab und sprach sich gegen Gewalt aus. Die Reformation führte im Reich zu einer politischen Spaltung zwischen den katholisch und den reformatorisch orientierten Landesherren. In der Schweiz entstand eine reformatorische Bewegung um Jean Calvin (1509–1564).

M1

Die Reformation in Esslingen

Am 11. November 1531 beschlossen der Bürgermeister und der Rat der Stadt Esslingen, die Reformation einzuführen:

Der Rat als christliche Obrigkeit habe beschlossen, zu Lob, Ehre und Preis des allmächtigen Gottes, zur Förderung seines heiligen Namens und Glaubens, zum Seelenheil aller und zur Erhaltung von Frieden und Einigkeit das heilige, göttliche, klare, lautere und makellose Wort Gottes ohne menschliche Zusätze verkünden und unerschrocken predigen zu lassen, wie es ja schon seit einiger Zeit geschehe. Daraus erfolgt zwangsläufig die Notwendigkeit, dass alles, was von den bisherigen Kirchenbräuchen dem hellen, göttlichen Wort entgegensteht und sich mit der Schrift nicht beweisen lässt, wie die päpstliche Messe, die Heiligenbilder und anderes mehr, ganz und gar vernichtet und abgeschafft werden muss, um einen wahren, evangelischen und christlichen Gottesdienst wie zu Zeiten der heiligen Apostel abhalten zu können. Bevor von den Prädikanten[1] und Geistlichen zusammen mit dem kleinen und großen Rat eine für alle verbindliche Ordnung erlassen wird, sollen sämtliche Geistlichen der Stadt gehört werden und erklären, was vom alten Glauben aus ihrer Sicht in der heiligen Schrift gegründet ist.

Zit. nach 450 Jahre Reformation in Esslingen, Ausstellungskatalog, Stadtarchiv Esslingen (Hg.), Esslingen, 1981, S. 117 f.

[1] Prädikant: Hilfsprediger

M2

Titelblatt der Bibelübersetzung von Martin Luther, gedruckt von Hans Lufft in Wittenberg, 1541

Begriffe und Daten

Reformation

(lat. reformatio = Umgestaltung, Erneuerung). Religiöse Erneuerungsbewegung, die durch Martin Luthers Kritik am Ablasshandel der katholischen Kirche ausgelöst wurde. Ziel der Reformation im 16. Jahrhundert war es, die ursprüngliche Reinheit des Glaubens wiederherzustellen. Sie führte am Ende zu einer Spaltung der Kirche in zwei Konfessionen (lat. confessio = Bekenntnis): die katholische und die evangelische („Protestanten").

1 Zeige mithilfe des Darstellungstextes und M2, welche Folgen die Lehre Luthers im Reich hatte.

2 Formuliere mit eigenen Worten, wie der Esslinger Rat (M1) die Einführung der Reformation begründete.

3 Zeige, inwieweit in der Reformation Religion und Politik miteinander verknüpft waren.

4 **Recherche:** Fragt beim Einwohnermeldeamt nach der Religions- bzw. Konfessionszugehörigkeit der Einwohner in eurer Stadt (Gemeinde).

Der Bauernkrieg

Luther und die Bauern

Verschlechterte Lebensbedingungen und Einschränkung alter Rechte wie Jagen und Brennholzsammeln in herrschaftlichen Gewässern bzw. Wäldern hatten im süddeutschen Raum schon Ende des 15. Jahrhunderts zu vereinzelten Auflehnungen der Bauern gegen ihre Herren geführt. Als die Botschaft Luthers in den Zwanzigerjahren des 16. Jahrhunderts zu den Bauern drang, glaubten sie, für ihre Beschwerden und Proteste Begründungen in der Bibel zu finden. Unterstützung fanden sie häufig bei Pfarrern. Im Frühjahr 1525 brach der Aufruhr am Oberrhein los und verbreitete sich schnell bis nach Thüringen. Die Gewalt und die schnelle Verbreitung der Unruhen führten dazu, dass man später von einem Bauernkrieg sprach.

Die Obrigkeit reagierte schnell und hart. Sie schlug den Aufstand nieder. Luther, der den Forderungen der Bauern anfangs positiv gegenüberstand, änderte seine Ansicht: Er lehnte es ab, politische Forderungen direkt aus dem Evangelium abzuleiten und sie mit Gewalt durchzusetzen. In Thüringen wurde der Aufstand von dem Pfarrer und einstigen Anhänger Luthers, Thomas Münzer (1490–1525), angeführt. Der Aufstand wurde im Mai 1525 blutig niedergeschlagen und Münzer hingerichtet. Der Bauernaufstand blieb ohne Erfolg.

M2

Aus den zwölf Artikeln der Bauern (1525)

Die aufständischen Bauern forderten unter anderem:

Art. 1: Die Gemeinde soll sich ihren Pfarrer selbst wählen dürfen.

Art. 2: Der Kornzehnt soll für die Bezahlung des Pfarrers genutzt werden; der Viehzehnt entfällt.

Art. 3: Die Bauern wollen der Obrigkeit Gehorsam leisten, aber nur als freie Menschen, nicht als Leibeigene.

Art. 4: Die Gemeinde soll das Recht der Jagd und des Fischfangs zurückbekommen.

Art. 6: Die Frondienste sollen verringert werden auf das Maß, das für die Eltern galt.

Art. 7: Abgaben und Dienste über das festgelegte Maß hinaus soll die Herrschaft selbst bezahlen.

Art. 8: Der Pachtzins soll gerecht festgelegt werden.

Art. 12: Die Grundlage der bäuerlichen Forderungen ist das Evangelium.

Zusammengestellt und bearbeitet nach Günther Franz (Hg.), Quellen zur Geschichte des Bauernkrieges, Darmstadt, 1963, S. 238 ff.

1 Erläutere die Forderungen der Bauern (M2).

2 Zeige anhand des Darstellungstextes und M1 Ursachen, Verlauf und Ergebnis des Bauernkrieges.

3 Erkläre die Verbindung zwischen Bauernkrieg und Reformation.

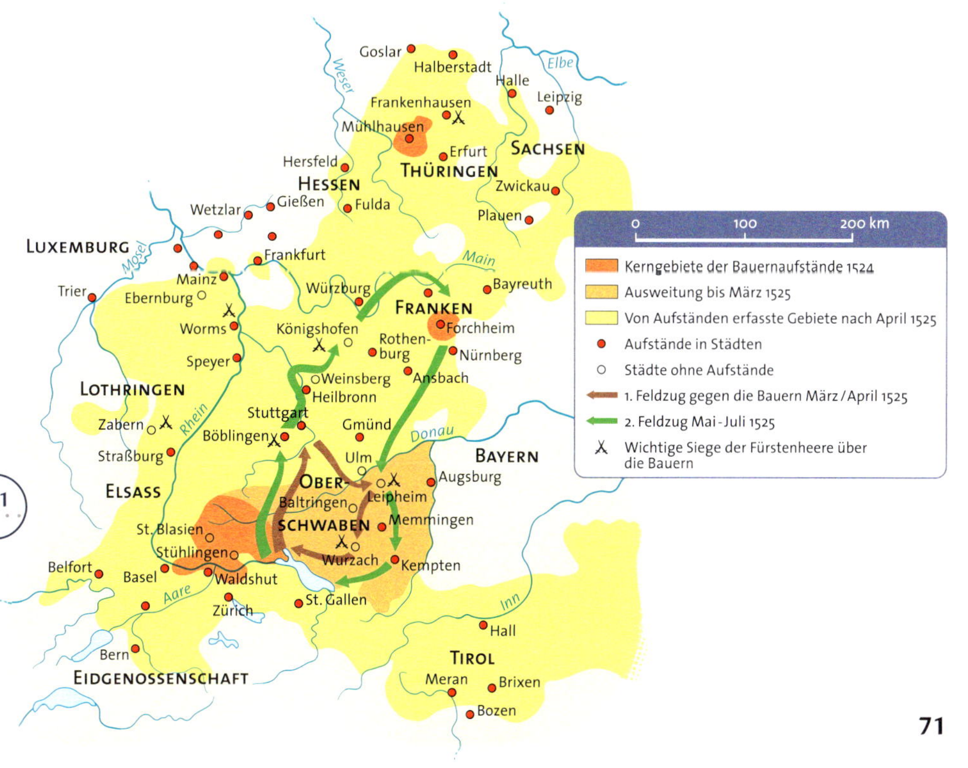

M1

Bauernaufstände und Bauernkrieg 1525

Die Gegenreformation der katholischen Kirche

Glaubensspaltung und Religionsfriede

Angesichts der wachsenden Zustimmung der Reformation bei Landesherren und Städten berief der Papst auf Druck des Kaisers 1545 ein Konzil in die italienische Stadt Trient. Dem Kaiser war an einem einheitlichen Glauben in seinem Reich gelegen, die Reichsfürsten der protestantischen Länder lehnten jedoch die Teilnahme am Konzil ab. Bereits 1531 hatten sie sich im Schmalkaldischen Bund (1531–47) zusammengeschlossen, um ihre Rechte als Landesherren und ihre Religionsfreiheit zur Not auch mit Waffen zu verteidigen. Im militärisch ausgetragenen Konflikt mit Kaiser Karl V. unterlagen sie zunächst, konnten sich aber mit einem Beschluss auf dem Reichstag in Augsburg 1555 gegen den Kaiser durchsetzen. Der so genannte „Augsburger Religionsfriede" sah Folgendes vor:

- Das katholische und das lutherische Glaubensbekenntnis sind gleichgestellt.
- Mit seinem Bekenntnis legt der Landesherr die Konfession seiner Untertanen fest (lat. cuius regio, eius religio = wessen das Land, dessen die Religion).
- Untertanen, die nicht die Konfession ihres Landesherrn annehmen wollen, müssen auswandern.

„Rechter Glaube" durch Bildung und Gewalt

Die Beschlüsse des Konzils von Trient wurden vor allem von den Mönchen des Jesuitenordens getragen. Durch Bildung sollten besonders junge Menschen dem katholischen Glauben zugeführt und vor den Irrlehren der „Heiden" und „Ketzer", wie den Protestanten, geschützt werden. Deshalb gründeten die Jesuiten in der ganzen Welt Schulen und Universitäten. Viele katholische Herrscher versuchten ihre Untertanen mit der Inquisition an die Kirche zu binden: Verfolgung, Folterung und Hinrichtung von Ketzern im Namen der Kirche. Dies löste einen langen Kampf aus, der u. a. 1588 zur Unabhängigkeit der nördlichen Provinzen von Spanien führte, womit die heutigen Niederlande entstanden. In Frankreich wurden die Calvinisten („Hugenotten") Opfer blutiger Verfolgung. Schließlich verfügte König Heinrich IV. im Edikt von Nantes (1598), dass der Katholizismus Staatsreligion bleiben sollte, garantierte aber gleichzeitig den Hugenotten die freie Ausübung ihrer Religion.

Das Licht ist auf den Leuchter gestellt, holländischer Kupferstich, 1617. Um den Tisch sitzen Reformatoren aus Europa: u. a. Jan Hus (A), Philipp Melanchthon (B), Martin Luther (C), Jean Calvin (D), Theodor Beza (E), John Wyclif (F) und (stehend) Huldreich Zwingli (G). Im „Atem" der Figuren im Vordergrund steht: „Verkehrte Gelehrtheit" und „Lügengeist".

Begriffe und Daten

Konzil von Trient

Versammlung, die unter der Leitung des Papstes von 1545 bis 1563 tagte. Beschlossen wurde Folgendes:

- Grundlage des Glaubens ist nicht allein die Bibel, sondern auch die Überlieferung der Kirchenlehrer.
- Nur die Kirche hat das Recht, die Bibel auszulegen.
- Der Mensch verdient Gottes Gnade durch den Glauben und durch gute Werke.
- Der Missbrauch des Ablasses wird ebenso verboten wie der von Kirchenämtern.
- Latein soll Sprache der Liturgie und der Bibel sein.
- Nur der Papst ist berufen, die Kirche zu leiten.

1 Vergleiche das Ergebnis des Augsburger Religionsfriedens mit den ursprünglichen Zielen der Reformation.

2 a) Liste anhand des Darstellungstextes die Maßnahmen der katholischen Kirche bzw. Herrscher gegen die Glaubensspaltung auf.
b) Bewerte ihr Ergebnis und vergleiche mit der spätmittelalterlichen Kirche.

3 Untersuche M1 nach der Methode „Eine Bildquelle entschlüsseln" (siehe Anhang).

4 **Recherche:** Informiere dich über Reformatoren (M1), die du nicht kennst (Lexika, Internet, Sachbücher). Berichte in der Klasse.

Der Dreißigjährige Krieg – ein europäischer Krieg

Ursachen, Anlass und Folgen

Der Augsburger Religionsfriede hatte die Spannungen zwischen katholischen und protestantischen Fürsten nicht beseitigt. Im Jahr 1608 schlossen sich die protestantischen Fürsten zu einem Bündnis, der „Union“, die katholischen 1609 zu der „Liga“ zusammen. Das „explosive Gemisch“ aus konfessionellen und machtpolitischen Spannungen schwelte bereits, als 1617/18 der Habsburger Ferdinand II. König von Böhmen wurde. Er nahm die politischen und konfessionellen Freiheiten, die sein Vorgänger Rudolf II. den protestantischen Adligen in Böhmen eingeräumt hatte, wieder zurück. Daraufhin folgte ein Krieg, der sich über 30 Jahre hinzog. Am Ende hatten sich nicht nur die politischen Machtverhältnisse in Europa verändert, sondern es lagen auch unzählige Dörfer und Städte in Schutt und Asche, ganze Landstriche waren entvölkert. Der Friedensvertrag wurde über mehrere Jahre im katholischen Münster und im evangelischen Osnabrück ausgehandelt.

Begriffe und Daten

Westfälischer Friede 1648

Mit dem Friedensschluss wurde der Dreißigjährige Krieg beendet. Katholiken, Lutheraner und Calvinisten waren jetzt gleichberechtigt. Die Rangordnung der europäischen Mächte hatte sich zu Ungunsten des Deutschen Reiches verschoben: Innerhalb des Reiches bildeten die Reichsstände (Kurfürsten, weitere weltliche und geistliche Fürsten und Reichsstädte, die unmittelbar dem Kaiser unterstellt waren) ein starkes Gegengewicht zum Kaiser. Sie herrschten in ihren Territorien weitgehend selbstständig. Im „Immerwährenden Reichstag“ tagten die Ständevertreter seit 1663 in Regensburg.

1 Benenne anhand des Darstellungstextes Anlass und Ursachen des Dreißigjährigen Krieges.

2 Zeige den Gebietsstand nach dem Dreißigjährigen Krieg anhand der Karte M1.

3 Bewerte aus der Sicht des Kaisers und der Fürsten die Regelungen des Westfälischen Friedens (Kasten).

M1

Das Heilige Römische Reich nach dem Westfälischen Frieden

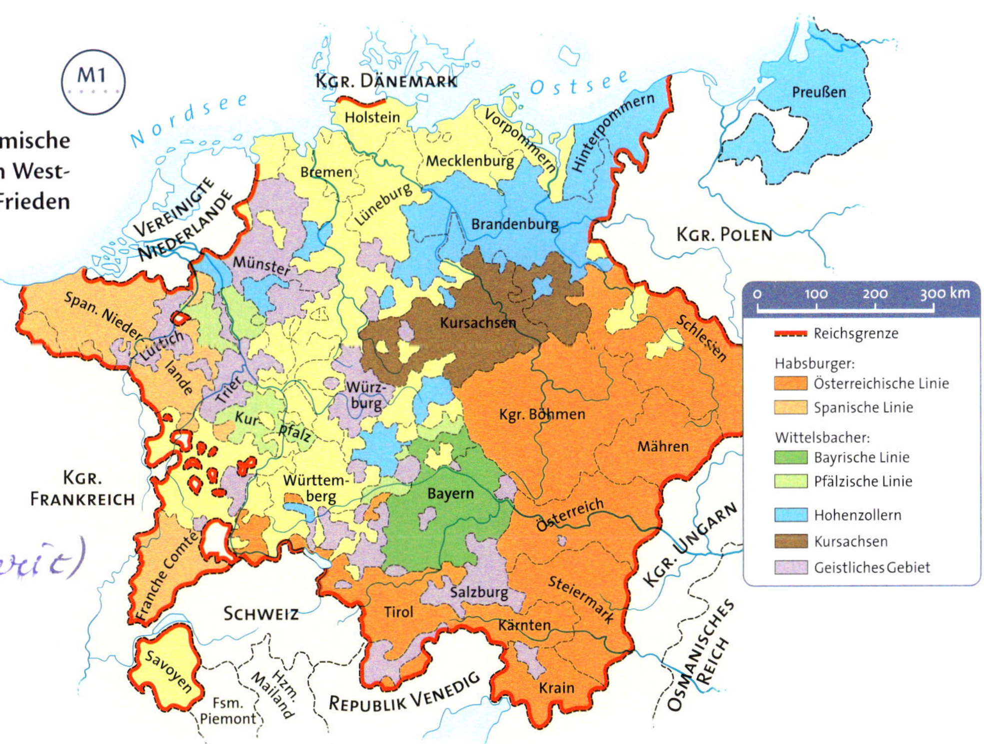

Karte ist schlecht (F + Schweiz)

Hexenverfolgung in der Frühen Neuzeit

Der Hexerei verdächtigt – ein Todesurteil?

In einem Brief aus dem Gefängnis bittet die im Sommer 1626 wegen Hexerei inhaftierte Rastatter Kronenwirtin Katharina Huck verzweifelt ihren Mann und ihren Bruder, sich an das Reichskammergericht in Speyer zu wenden, um die Vollstreckung des Todesurteils zu verhindern. Immer wieder beteuert sie ihre Unschuld und bittet ihre Familie, sie nicht im Stich zu lassen. Ob sie gerettet wurde, ist nicht überliefert. Die Dokumente ihres Falls lassen jedoch erahnen, wie gering ihre Chancen und wie groß ihre Verzweiflung gewesen sein müssen. Sie war von zwölf Personen unter Folter angezeigt worden und hatte selbst ein Geständnis abgelegt.
Das Schicksal der Rastatter Kronenwirtin war eines unter Zehntausenden. Viele Frauen und Männer wurden in der frühen Neuzeit der Hexerei oder Zauberei angeklagt und zum Tode verurteilt.

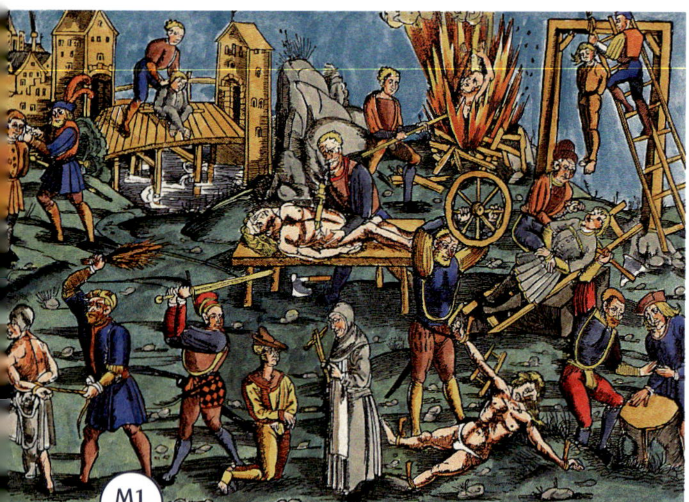

M1

Foltermethoden und Strafen, Holzschnitt aus dem Augsburger Laienspiegel, 1512

→ schlecht: Bild ist nicht nur auf Hexen bezogen, sondern auf Todesstrafen, Folter und übrige Strafen

Der Glaube an Zauberei war nicht neu

Der Glaube der Menschen an Zauberei und Hexerei entstand nicht erst im 16. Jahrhundert und war nicht auf Europa beschränkt. Bereits die Menschen in der Antike versuchten, Glück und Schaden mit magischen Kräften zu erklären.
1487 wurde in Deutschland der „Hexenhammer" herausgegeben, ein Handbuch, das den mit Hexenverfolgung befassten Personen helfen sollte, Verbrechen aufzuklären und die Verurteilten angemessen zu bestrafen. Seine Autoren, zwei Dominikanermönche, zählten als Straftaten unter anderem auf: Teufelspakt, Hexenflug und Schädigung von Menschen am Leib („Schadenszauber").
Hatte im Mittelalter die Kirche Hexerei bekämpft, weil sie darin Aberglaube und Ketzerei sah, waren es in der frühen Neuzeit vor allem Stadträte und Landesherren. Hexerei war nämlich nicht nur nach kirchlichem, sondern auch nach weltlichem Recht strafbar. Oft waren es Motive wie Neid und Streit, die jemanden veranlassten, Nachbarn oder sogar Familienangehörige der Hexerei oder Zauberei zu beschuldigen. Auch Gerüchte und Äußerungen von Kindern reichten aus, um eine Person vor Gericht zu stellen. Unter Folter gestand sie dann alles, was ihr zur Last gelegt wurde – auch wenn sie gar nicht schuldig war.

Wer wurde der Hexerei bezichtigt?

Hexerei wurde überwiegend Frauen zugeschrieben. Tatsächlich wurden seit dem 16. Jahrhundert mehr Frauen als Männer und Kinder Opfer der Hexenverfolgung. Man schätzt das Verhältnis auf 4:1. Vielfach unterschieden sich die Opfer durch ihre Lebensweise, ihr Verhalten, Aussehen oder bestimmte Fähigkeiten von den Menschen ihrer Umgebung.
Die Hexenforschung ist sich in vielen Fragen nicht einig: Ältere Forschungen behaupten, die meisten Verurteilten waren Witwen oder Unverheiratete, aber das trifft nicht zu. Einige Wissenschaftler kamen zu dem Schluss, dass vor allem arme Frauen die Opfer waren. Manche sagen, dass in den meisten Fällen Frauen verdächtigt wurden, die sich mit der Herstellung von Ölen und Salben aus Heilkräutern beschäftigten.

M2

Beschuldigungen gegen Katharina Huck

Am 26. September 1626 wurde die Rastatter Kronenwirtin verhaftet, nachdem zwölf Personen sie mit Zauberei in Verbindung gebracht hatten. Ihre Aussagen sind im Protokoll festgehalten:

Anna Pantelheide, Hausfrau, hat sowohl ohne als auch unter der Folter ausgesagt, dass Katharina, die Hausfrau des Kronenwirts Hans Huck, wie sie Gevatterin[1] sei. Sie hat dies in der Septimation[2] stetig wiederholt und ist dabei bis zu ihrem Ende geblieben …

Magdalena, Witwe des Claus Wagen von Kuppenheim, hat am 19. August ohne Folter gestanden, dann am Nachmittag des 9. September unter leichter Folter bestätigt …, dass Katharina … ihresgleichen sei, weil sie dieselbe neben anderen Gefährten an anderen Orten gesehen und sehr wohl erkannt habe …

Georg Hördt von Rastatt hat ohne Folter genügend bewiesen, dass Katharina, die Kronenwirtin, auch mit dem Laster der Zauberei behaftet sei. Und zwar hat er ihr auch vor sieben Zeugen in das Gesicht gesagt, dass sie bei seiner Hochzeit und anderen Tänzen gewesen sei. Ihr – Katharinas – Buhle[3] sei grün und sie mit einem schönen Federbusch und Männerhut als ihre [der Hexen] Obristin erschienen. Sie sei auch immer oben am Tisch gesessen.

Zit. nach Deutsche Rechtsgeschichte 1500–1800 im Spiegel der Bestände der Historischen Bibliothek der Stadt Rastatt, Stadtverwaltung Rastatt (Hg.) 1991, S. 402 ff., Transkr. von E. Senft.

[1] hier: Hexe [2] Überführung durch sieben Zeugen [3] Teufel

M3

Hexenverfolgung in der Frühen Neuzeit

Viele meinen, dass Hexenverfolgungen im Mittelalter stattgefunden hätten. Sie waren aber vor allem eine Erscheinung der Frühen Neuzeit. Ein Katalog anlässlich einer Hexenausstellung 1994 fasst Vermutungen zusammen:

Umgekehrt verstehen wir heute besser, warum gerade im späten 15. Jahrhundert und im Zeitraum zwischen 1560 und 1660 die Neigung anstieg, Hexenverfolgungen durchzuführen. Das gesellschaftliche Gefüge einer noch weitgehend statischen[1] Agrargesellschaft geriet unter Druck, weil bei einer zunehmenden Überbevölkerung eine zunehmende Existenzangst eintrat. Diese … muss auch vor dem Hintergrund der Hungerkrisen verstanden werden, die im Zuge einer weltweiten klimatischen Abkühlung, der so genannten kleinen Eiszeit, in immer kürzeren Abständen eintraten.

Agrarkrisen traditioneller Art (Unwetter – Missernte – Preissteigerung – Unterernährung – Epidemien – rapider Anstieg der Todesrate) waren für die zunehmende Hexereivorstellung in der Bevölkerung von zentraler Bedeutung, denn Hexen konnten sowohl für das Unwetter als auch für Krankheiten von Mensch und Vieh verantwortlich gemacht werden.

Hexen und Hexenverfolgung im deutschen Südwesten, Badisches Landesmuseum (Hg.), Ostfildern (Cantz) 1994, S. 131. Bearb. d. Verf.

[1] keine Entwicklung aufweisend

Biographie

Friedrich Spee

Der Theologe und Dichter Friedrich Spee (1591–1635) war der Beichtvater vieler Personen, die in Hexenprozessen zum Tode verurteilt wurden. Er war ein scharfer Gegner der Hexenverfolgung. In seiner Streitschrift „Cautio criminalis“ („Rechtliche Bedenken wegen der Hexenprozesse“) von 1631 kritisierte er besonders die Folter. Seiner Meinung nach würden sich alle Gefolterten angesichts der erlittenen Qualen schuldig bekennen. Deshalb sei Folter kein geeignetes Mittel, ein Geständnis zu erlangen.

1 Benenne die in M1 abgebildeten Foltermethoden und Strafen. Nimm dazu Stellung.

2 a) Formuliere anhand von M2 eine Anklageschrift gegen Katharina Huck und ein Plädoyer zu ihrer Verteidigung.
b) Trage die Schriften vor und beurteile deren Argumente aus damaliger und heutiger Sicht.

3 Fasse anhand von M3 die Gründe der Hexenverfolgungen in der Frühen Neuzeit zusammen.

4 Informiere dich über Friedrich Spee (Kasten) und entscheide, ob der Fall Katharina Huck ihn in seiner Meinung zu Hexenprozessen bestätigt hätte.

5 Hexenverfolgung – das gibt es heute nicht mehr. Diskutiert diese Aussage in der Klasse.

Ghana - Hexendorf

Informationen präsentieren

Sehen und besser verstehen

In eurem Unterricht wurden sicher schon Referate vorgetragen. Oft ist es nicht leicht, die neuen Informationen zu behalten. Das Verstehen fällt leichter, wenn verschiedene Medien eingesetzt werden. Ein Referat, bei dem Medien zur Veranschaulichung („Visualisierung“) verwendet werden, wird Präsentation genannt.

1 Erstelle mithilfe der Arbeitsschritte eine Präsentation. Vorschläge für Themen:
- Die Reformation in Europa
- Der Westfälische Friede und seine Folgen
- Hexenverfolgungen – das Beispiel ... (Katharina Huck)

1. Einleitung
- soll Thema/Frage vorstellen, das/die geklärt werden soll
- soll deine Vorgehensweise zeigen

2. Hauptteil
- muss schlüssig sein und sich auf das Thema der Präsentation beziehen
- muss auf überzeugenden Aussagen und Beispielen aus den Quellen beruhen

3. Schlussteil
- fasst die wesentlichen Erkenntnisse zusammen
- nennt Fragen, die offen geblieben sind

M1

Der Aufbau einer Präsentation

Arbeitsschritte

1. Schritt: Thema, Ziel und Form des Vortrags klären
- Welches Ziel soll der Vortrag haben?
- Für wen wird präsentiert?
- Welche Informationen/Inhalte sollen dargestellt werden?
- Welche Medien können/sollen benutzt werden?
- Welche Zeitvorgabe muss beachtet werden?

2. Schritt: Informationen sammeln und ordnen
- Sammle Material zum Thema (Lexika, Internet)
- Wähle die Informationen aus, die die Vorgaben von Schritt 1 erfüllen.
- Ordne die Informationen so, dass die Zuhörer sie nachvollziehen und eigene Überlegungen anstellen können.
- Bilde Themenblöcke mit Behauptungen oder Fragen als Überschriften.

3. Schritt: Vortrag strukturieren
Jedes Referat, jede Präsentation hat eine Einleitung, einen Hauptteil und einen Schlussteil. Gliedere deine Präsentation nach den Vorgaben von M1.

4. Schritt: Visualisierung
- Notiere die wichtigsten Aussagen deines Vortrags.
- Welches Medium bietet sich an, um die Aussagen den Zuhörern zu verdeutlichen (z. B. Plakat, OHP-Folie, Beamer)?
- Gestalte die Visualisierung so, dass der Inhalt schnell erfasst wird (z. B. Grafik, Skizze, Symbole, Spiegelstriche).

5. Schritt: Präsentation vorbereiten
- Bevor du an die Öffentlichkeit trittst, solltest du die Präsentation üben. Suche dir dazu eine andere Person, die deine Präsentation vorher ansieht und dir noch ein paar Tipps für die Durchführung gibt. Stoppe die Zeit.
- Schreibe Stichwörter auf Merkzettel. Notiere auch, an welchen Stellen du etwas visualisieren möchtest.
- Überprüfe, ob Thema und Ziel deutlich werden.
- Plane genügend Zeit für Unterbrechungen oder Änderungen ein.
- Sorge dafür, dass alle Materialien und Geräte bereitstehen.

6. Schritt: Präsentation
- Prüfe, ob alle Medien und Materialien in der richtigen Ordnung sind.
- Trage deinen Vortrag möglichst ruhig vor und halte Blickkontakt mit den Zuhörern.
- Gib deinem Publikum Gelegenheit für Fragen oder für eine Diskussion.

Reformation: Glaubensstreit und Machtkampf

M1 **„Luther, des Teufels Dudelsack“,** Karikatur von Erhard Schoen, 1521

M2 **„Ich bin der Papst“,** Karikatur, 1500. Die Karikatur zeigt Papst Alexander VI. (1492–1503) mit der Tiara (= dreifache Papstkrone für feierliche Anlässe).

Überprüfe, was du kannst

Sachkompetenz

1 Fasse die Ergebnisse des Augsburger Religionsfriedens und des Konzils von Trient zusammen (S. 72).

2 Erläutere die Verbindung zwischen Reformation und Bauernkrieg (S. 69 bis 71)

Methodenkompetenz

3 **Präsentation:** Bereitet arbeitsteilig eine kurze Präsentation (S. 76) vor, indem ihr
a) M1 bzw. M2 untersucht,
b) die Aussagen, die M1 bzw. M2 enthalten, erläutert.
c) Vergleicht anschließend M1 und M2 und stellt einen Zusammenhang mit der Reformation (S. 70) und der Gegenreformation (S. 72) her.

Handlungskompetenz

4 Formuliere je einen Erlass eines katholischen bzw. protestantischen Fürsten, die die Ergebnisse des Westfälischen Friedens (S. 73) aus ihrer Sicht den Untertanen verkünden.

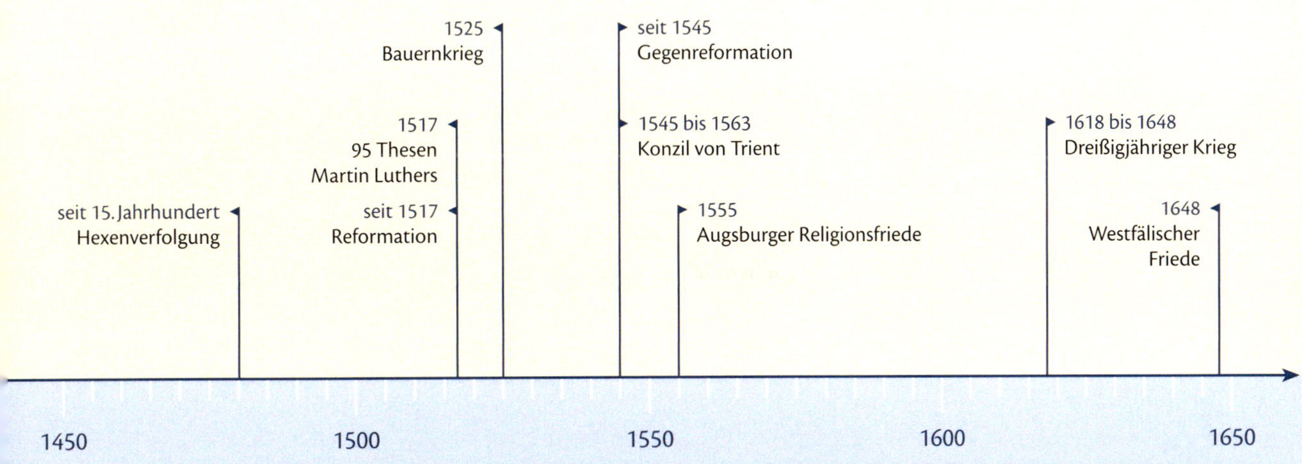

Neue Welten – neue Horizonte

Vom Ende des 13. bis zum 17. Jahrhundert fanden, ausgehend von den italienischen Städten, Veränderungen in ganz Europa statt, die die Stellung der Menschen in der Gesellschaft und das Weltbild der Menschen grundlegend veränderten. Diese Epoche, die auch als die Epoche der Renaissance und des Humanismus bezeichnet wird, kennzeichnet den Übergang vom Mittelalter zur Neuzeit. Dennoch war die Zeit nicht ohne Widersprüche: Während Gebildete in Europa versuchten, die Erscheinungen der Welt mit Vernunft zu erklären, lebten die meisten Menschen um 1500 überwiegend noch nach mittelalterlichen Regeln. In vielen Gegenden stieg z. B. die Zahl der Hexenprozesse gegen Frauen und Männer stark an. Warum es zu der Ausweitung der Hexenverfolgung kam, ist bis heute nicht geklärt.

Humanismus und Renaissance

Der Künstler und Forscher Leonardo da Vinci steht stellvertretend für die Veränderungen um 1500: In der Renaissance wurde der einzelne Mensch als etwas Einmaliges betrachtet, der aufgefordert war, auf vielfältige Weise sich und seine Umgebung zu erforschen. Die Idee von der Freiheit des Einzelnen erfasste alle Lebensbereiche, vor allem auch die Wirtschaft: Beispielhaft steht hier der mächtige Stadtstaat Florenz, in dem sich die Familie Medici die politische Macht sicherte. Geldverkehr, Fernhandel und die Nachfrage nach Luxuswaren führten dazu, dass Handel und Gewerbe in den Städten aufblühten. Auch außerhalb Italiens errangen große Handelsfirmen wie die der Fugger in Augsburg nicht nur eine marktbeherrschende Stellung, sondern großen politischen Einfluss. Zu den Verlierern dieser Entwicklung gehörten die im Verlagssystem tätigen Weber.

Frühe Neuzeit – ein neues Zeitalter beginnt

Humanismus und Renaissance

Anfänge
- Im 13./14. Jahrhundert erkämpft sich die Oberschicht der italienischen Stadtstaaten durch wirtschaftliche Erfolge politische Unabhängigkeit; eine einflussreiche, gebildete Oberschicht entsteht.
- Rückbesinnung auf antike Traditionen („Wiedergeburt": Renaissance)

Merkmale
- der Mensch steht im Mittelpunkt der Welt; neuer Kunststil
- verstärktes naturwissenschaftliches und medizinisches Interesse
- wirtschaftlicher Wandel
- Forderung nach umfassender Bildung des Menschen

Wirkung
- Verbreitung der Ideen in ganz Europa; Entstehung eines Netzwerks im Handel und in der Wissenschaft

Entdeckung und Eroberung

Voraussetzungen
- Kopernikus erkennt, dass die Erde um die Sonne kreist (heliozentrisches Weltbild) und stellt damit das geozentrische Weltbild der Kirche infrage.
- Galilei entwickelt das wissenschaftliche Experiment.

Folgen
- Durch neue Messinstrumente werden genauere Himmelsbeobachtungen möglich: Immer mehr Entdeckungsfahrten führen zum Erfolg.
- Den Entdeckern folgen Eroberer, die die einheimische Bevölkerung, z. B. in Amerika, unterwerfen und Kolonien gründen.

Reformation: Glaubensstreit und Machtkampf

Auslöser
- Kritik am Ablasshandel führt zur Reformation (Martin Luther)

Glaubensspaltung
- Verbreitung der Ideen Luthers durch die neuen drucktechnischen Möglichkeiten im ganzen Reich
- Kirchenspaltung in ein katholisches und ein evangelisches/reformatorisches Glaubensbekenntnis
- Der jeweilige Landesherr bestimmt die Konfession seiner Untertanen.
- Bauernaufstände in Südwestdeutschland (1525)
- Gegenreformation

Dreißigjähriger Krieg (1618–1648)
- Spannungen zwischen katholischen und evangelischen Fürsten führen zu einem europaweiten Machtkampf; 1648 Westfälischer Friede

Entdeckungen und Eroberungen

Gelehrte wie Galilei und Kopernikus gingen bei ihren Untersuchungen über bisherige von der Kirche verkündete Erklärungen hinaus. Bei der praktischen Umsetzung ihrer Naturbeobachtungen entwarfen einige Gelehrte Maschinen, die uns heute noch sehr modern erscheinen. Wegweisende Ereignisse, wie die Erfindung des Buchdrucks durch Johannes Gutenberg (1455) und die Entdeckung Amerikas durch Christoph Kolumbus (1492), wären ohne Forschung und technische Erfindungen nicht möglich gewesen.
Die Entdeckung der „Neuen Welt" durch die Europäer erwies sich für die einheimischen Völker wie Azteken und Inka als der Beginn einer langen Herrschaft durch die Kolonialmächte Spanien und Portugal. Die einheimische Bevölkerung wurde von den Encomenderos ausgebeutet und in ihrer Menschenwürde nicht geachtet.

Die Reformation führt zur Glaubensspaltung

Das 15./16. Jahrhundert war auch in der Kirche ein Jahrhundert grundlegender Veränderungen: Die Reformation, die Martin Luther (1483–1546) und andere Theologen anstießen, führte zur einer Glaubensspaltung der christlichen Kirche in katholische sowie evangelisch-lutherische und reformatorische Christen. Auslöser der Reformation war der seit dem späten Mittelalter übliche Ablasshandel mit begangenen Sünden: Diese konnten durch Stiftungen oder den Kauf von Ablassbriefen abgelöst werden. Kritik an diesem päpstlichen Ablasshandel übte Luther mit 95 Thesen, die er 1517 veröffentlichte. Er wurde daraufhin als Ketzer angeklagt. Viele Reichsfürsten und Reichsstädte stellten sich jedoch auf seine Seite. So wurde aus dem Streit um die Erneuerung der Kirche (Reformation) ein politischer Machtkampf zwischen Kaiser, Papst und Fürsten, der zur religiösen und politischen Spaltung des Deutschen Reichs führte. Im Augsburger Religionsfrieden (1555) wurde schließlich eine Gleichstellung des katholischen und des lutherischen Glaubensbekenntnisses vereinbart. Der Landesherr bestimmte über das Glaubensbekenntnis seiner Untertanen.
Seit etwa 1530 entstanden evangelische Landeskirchen, die von den Landesherren durch Landesbischöfe geleitet wurden. Die katholische Kirche versuchte seit den Reformen des Konzils von Trient (1545–1563), Einfluss zurückzugewinnen, z. B. durch die Gründung katholischer Bildungseinrichtungen (Jesuitenschulen).

Der Bauernkrieg

Bereits am Ende des 15. und in den ersten Jahrzehnten des 16. Jahrhunderts gab es vereinzelt Aufstände unzufriedener Bauern gegen ihre Herren. Mit den Freiheitsgedanken der Reformation verband sich für die Bauern die Hoffnung auf die Erneuerung des Glaubens mit Erwartungen auf die Verbesserung ihrer Lebensverhältnisse. 1524/25 kam es dann vor allem im Südwesten des Reiches zu einem gewaltsamen Aufstand der Bauern. Der lutherische Pfarrer Thomas Müntzer (1490 bis 1525) unterstützte die Bauern, Luther selbst dagegen lehnte den gewaltsamen Protest ab und rief die Herrscher auf, gegen die Aufständischen vorzugehen. Schließlich wurden die Bauern 1525 von den landesherrlichen Truppen besiegt.

30 Jahre Krieg verändern Europa

Aus der engen Verbindung von konfessionellen und politischen Spannungen entbrannte 1618 der Dreißigjährige Krieg. Auslöser war der „Prager Fenstersturz", eine Protestaktion evangelischer Adliger in Böhmen gegen die Beschränkung ihrer Religionsfreiheit. Viele europäische Länder beteiligten sich am Krieg, bei dem weite Gebiete des Reiches schwer verwüstet wurden und die Bevölkerungszahl in vielen Regionen um die Hälfte zurückging. Anders als in den Schlachten des Mittelalters wurden in diesem Krieg alle Bevölkerungsgruppen für die Unterstützung der Armeen herangezogen. Auch die Ausdehnung des Krieges über ganz Mitteleuropa war für die Menschen neu.
Der Dreißigjährige Krieg wurde 1648 durch den Westfälischen Friedensvertrag beendet. Die Kriegsfolgen spürte die Bevölkerung noch viele Jahre lang. Die politischen Machtverhältnisse in Europa veränderten sich: Neue Staaten entstanden (Schweiz, Niederlande), und die Landesherren gewannen gegenüber dem Reich ihre weitgehende Unabhängigkeit.

3. Europa wandelt sich

Jean-Jacques Rousseau stellte im 18. Jahrhundert fest: „Der Mensch wird frei geboren und überall ist er in Ketten." Damit prangerte der Philosoph der Aufklärung das absolutistisch-monarchische Herrschaftssystem seiner Zeit an. Zwei Jahre vor seinem Tod 1778 konnte er noch erleben, wie die Ideen der Aufklärung in Nordamerika praktisch umgesetzt wurden. 1789 beseitigten die französischen Bürgerinnen und Bürger in einer für viele Zeitgenossen atemberaubenden Geschwindigkeit die alte staatliche und gesellschaftliche Ordnung. Die revolutionären Vorgänge in Frankreich hat ein Künstler auf dem Bilderbogen von 1790/91 festgehalten.
Danach schien sich vieles zu wandeln: In Deutschland entstanden revolutionäre Bewegungen, bei denen es allerdings nicht nur um Freiheit, sondern auch um die staatliche Einheit ging. Daneben war ein wichtiger Teil des Wandels die so genannte Industrielle Revolution. Sie breitete sich – ausgehend von England – im 19. Jahrhundert in Europa aus.

Folgende Fragen leiten dich durch das Kapitel:

- ***Welche Ideen führten zur Überwindung des Absolutismus?***
- ***Wie kam es zur Französischen Revolution? Welche Wirkungen hatte sie?***
- ***Welche Bedeutung hatte die Revolution 1848/49 für Deutschland?***
- ***Wodurch wurde die Industrialisierung in England ausgelöst und wie verlief sie in Deutschland?***

1 Beschreibe die Abbildungen und äußere Vermutungen, was sie verbinden könnte.

2 Fasse zusammen, wie sich der Wandel in Europa anhand der Bilder auf dieser Seite darstellt.

„Bilderbogen" von der Französischen Revolution, kolorierter Holzschnitt (54 × 74 cm), 1790/91

Barrikadenkämpfe in Berlin, 18./19. März 1848. Farblithographie von F. C. Nordmann, 1848

„A pithead" – Erster Einsatz einer Dampfmaschine im englischen Kohlebergbau, Gemälde von unbekanntem Maler, England, 1792

Absolutismus und Aufklärung – das Beispiel Frankreich

Wissen • Urteilen • Handeln • Methoden anwenden

Am Ende dieses Unterkapitels kannst du

- den Machtanspruch des „absolutistischen“ Herrschers darstellen und historisch einordnen
- Merkmale des zentralistischen Fürstenstaats nennen und einen Bezug zum modernen Staat herstellen
- die französische Gesellschaft und ihren Wandel im 17./18. Jahrhundert beschreiben
- die Funktion des Merkantilismus als Wirtschaftsform erklären und bewerten
- den Einfluss der Aufklärung in Europa darlegen und ihre Bedeutung für die Gegenwart beurteilen

Frankreich und seine Kolonien im 17./18. Jahrhundert

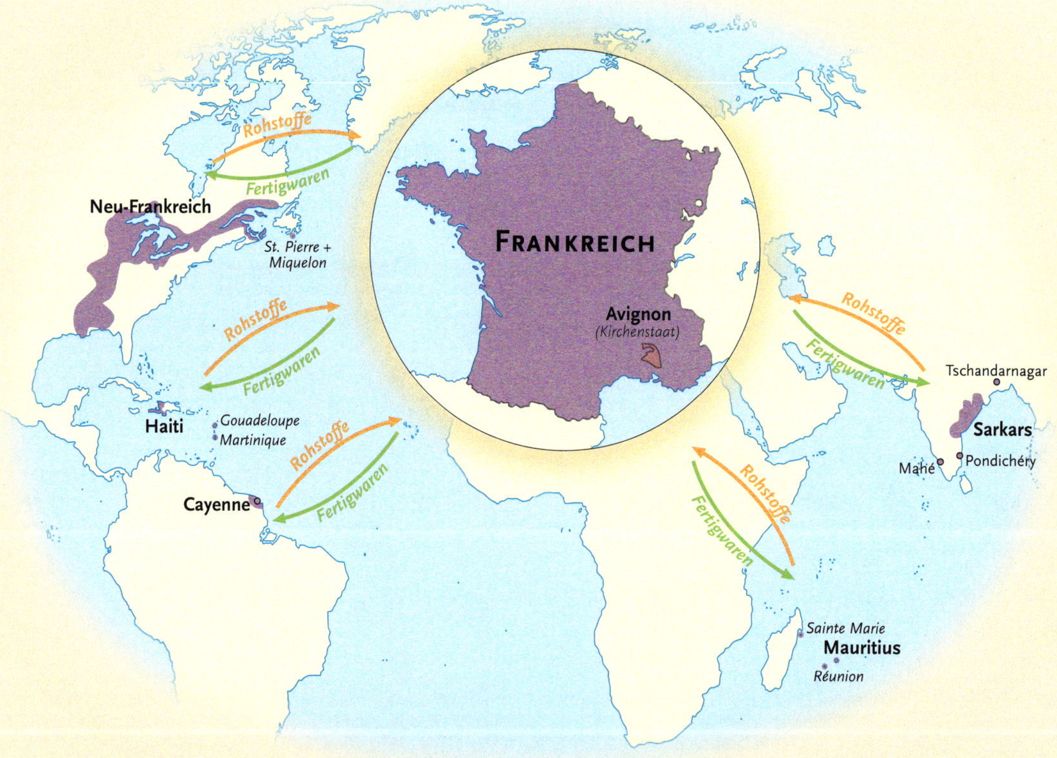

Absolutismus und Aufklärung

17. und 18. Jahrhundert

Der Machtanspruch Ludwigs XIV.

Der Hof und die Verwaltung

Paris war seit dem Mittelalter die Hauptstadt Frankreichs, aber nicht immer der Regierungssitz. Noch im 16. Jahrhundert waren die Könige quer durch das Land gezogen, um ihre Macht gegen innen- und außenpolitische Konkurrenten zu verteidigen.
König Ludwig XIV. (1638–1715) mochte Paris nicht. Deshalb befahl er 1661 den Bau eines Schlosses in der Stadt Versailles, die 20 Kilometer vor der Hauptstadt lag. Außerdem strebte er die Errichtung eines effektiven Behördenapparates an. Dieser sollte vor allem dafür sorgen, dass sein steigender Geldbedarf gedeckt wurde. Um seine Befehle vor Ort durchsetzen zu können, formte Ludwig die politische Landkarte Frankreichs um: Parallel zu den Provinzen entstanden neue Verwaltungsbezirke. Sie wurden jeweils durch einen Intendanten geleitet, der für die Steuereinziehung, die Gerichte, das Militär, die Polizei und den Straßenbau verantwortlich war.

Stützen des Zentralstaats

Im Mittelalter hatten die französischen Könige vor jedem Krieg die Adligen um die Bereitstellung von Soldaten, Pferden und Waffen bitten müssen. Um ihre Abhängigkeit vom Adel zu verringern, warben sie seit dem 15. Jahrhundert Söldner an, die für die Dauer eines Krieges bezahlt und danach wieder entlassen wurden.
Ludwig XIV. wollte eine Armee haben, die ihm direkt unterstand und über die er jederzeit verfügen konnte. Mit diesem Ziel ließ er ein so genanntes stehendes Heer aufstellen, dessen Soldaten auch in Friedenszeiten im Dienst blieben. Ab 1688 gab es in Frankreich erstmals wehrpflichtige Soldaten (Milizsoldaten).
Wie Verwaltung und Heer brachte der König auch die katholische Kirche in Frankreich unter zentrale staatliche Kontrolle („Nationalkirche"), allerdings gegen den Widerstand des Papstes und der Protestanten (Hugenotten), zu denen sich etwa ein Zehntel der Franzosen bekannte. Ludwig XIV. ging mit militärischen Mitteln gegen die Hugenotten vor und verbot 1685 den protestantischen Glauben ganz. In der Folge flüchteten etwa 250 000 Hugenotten aus Frankreich. Die „Nationalkirche" wurde zu einer wichtigen Säule der Königsherrschaft in Frankreich.

M1

Ludwig XIV., Gemälde von Hyacinthe Rigaud (277 × 194 cm), 1701. Ludwig XIV. war fünf Jahre alt, als er 1643 zum König gekrönt wurde. Die Regierungsgeschäfte führte zunächst sein Erster Minister, der Kardinal Jules Mazarin. Nach dessen Tod übernahm er 1661 selbst die Führung des Staates. Als Sinnbild seiner Herrschaft wählte Ludwig die Sonne, die den Planeten ihr Licht spendet. Er erhielt deshalb den Beinamen „Sonnenkönig".

1 Erläutere mithilfe des Darstellungstextes die Maßnahmen, mit denen der König seine Macht ausbaute.
2 Äußere deine Eindrücke von der Darstellung Ludwigs XIV. (M1). Begründe.
3 Verfasse einen Brief, mit dem der Auftraggeber den Künstler mit dem Porträt beauftragt haben könnte.
4 Sammle Informationen zu Ludwig XIV. unter der Fragestellung, welche Rolle Selbstdarstellung, Inszenierung und Machtanspruch für ihn spielten.

Ständestaat oder Fürstenstaat?

Die Monarchie als „absolute“ Herrschaft

Zeitgenossen haben im 17. und 18. Jahrhundert immer wieder die Vielfalt der Herrschaftsformen in Europa hervorgehoben, wie z. B. fürstliche Territorien mit autokratischer (selbstherrlicher) Gewalt, aber auch aristokratische (adlige) oder republikanische Gemeinwesen. Dominant blieb in dieser Zeit jedoch die Königs- bzw. Fürstenherrschaft. Sie zog ihre Macht aus dem Glauben an „übermenschliche“ Fähigkeiten des Monarchen, aus der Ableitung seiner Macht „von Gottes Gnaden“ und aus einem gegenseitigen Schutz- und Treueverhältnis, wie es vom mittelalterlichen Lehnswesen bekannt ist.

Im 17. Jahrhundert begannen die französischen Könige und ihre Minister, die Zentralgewalt auf Kosten des Adels (Lehnsmänner) zu stärken. Das konnte nicht ohne Konflikte mit den Ständen* geschehen, die aufgrund ihres Reichtums, Ansehens oder ihrer Herkunft in ihrer Region politische Macht ausübten. Seit 1614 beriefen die französischen Könige die Generalstände* nicht mehr ein. Es gelang ihnen allerdings nicht, die Provinzialstände in den Regionen abzuschaffen. Die Ständevertreter wehrten sich gegen ihre Entmachtung und rebellierten 1648. Die „Fronde“ (dt. Schleuder), wie dieser Aufstand genannt wurde, brach jedoch 1653 zusammen. In den folgenden Jahrzehnten konnte Ludwig XIV. seine Macht weiter ausbauen. Seit dem 19. Jahrhundert wird die von ihm begründete Herrschaftsform als „Absolutismus“ bezeichnet.

M1

Medaille zur Erinnerung an die erste von Ludwig XIV. abgenommene Militärparade, 1666. Bei diesem viel beachteten Ereignis traten 18 000 Soldaten an. Die Übersetzung der Inschriften lautet: „Vorspiel zu Siegen“ (oben) und „Wiederhergestellte Militärdisziplin“ (unten).

M2

Das Selbstverständnis eines Königs

Ludwig XIV. schrieb über sein Amtsverständnis in seinen Memoiren, die der Erziehung seines Sohnes dienen sollten:

Denn schließlich, mein Sohn, müssen wir das Wohl unserer Untertanen weit mehr im Auge haben als unser eigenes. Man kann sagen, dass sie ein Teil unserer eigenen Person sind; wir sind gleichsam das Haupt des Körpers, dessen Glieder sie sind. Wenn wir ihnen Gesetze geben, so geschieht dies nur zu ihrem eigenen Nutzen; die Macht, die wir über sie haben, darf uns nur dazu dienen, mit umso größerem Eifer für ihren Wohlstand zu arbeiten. Wie schön ist es, wenn man es verdient, dass sie einen nicht nur als ihren Herrn, sondern auch als ihren Vater betrachten! Mögen wir auch kraft unserer Abstammung ihre Herren sein, darf doch unser Ehrgeiz kein schöneres Ziel kennen, als von ihnen Vater genannt zu werden. Ich weiß wohl, wie viel Mühe es macht, diesen schönen Titel zu erringen; aber wie bei allen Unternehmungen, die uns Ruhm und Ehre einbringen können, so darf uns auch hier keine Schwierigkeit aufhalten.

Ludwig XIV., Memoiren, zit. nach Wolfgang Hug (Hg.), Geschichtliche Weltkunde, Quellenlesebuch, Bd. 2, Frankfurt a. M. (Diesterweg) 1980, S. 74 f.

M3

Der König und die Stände

Nachdem die Provinzialstände der Provence 1671 die Bewilligung einer Steuer in Höhe von 500 000 Livres abgelehnt hatten, schrieb der Minister Colbert an den obersten Verwaltungsbeamten der Provence, François Grignan:

Ich habe dem König über das fortgesetzt schlechte Betragen der Ständeversammlung der Provence berichtet, und da Seine Majestät nicht länger geneigt ist, dies zu dulden, hat er die nötigen Befehle gegeben, sie nach Hause zu schicken und zugleich zehn Lettres de cachet[1] zu erlassen, um die am übelsten Gesinnten unter den Deputierten nach Grandville, Cherbourg, St. Malo, Morlaix und Concarneau[2] zu verschicken.

Zit. nach Geschichte in Quellen, Wolfgang Lautemann u. a. (Hg.), Bd. 3, 3. Aufl., München (bsv) 1982, S. 435.

[1] Haftbefehle
[2] Gefängnisse

M4

Der moderne Staat

Die Historiker Ruggiero Romano und Alberto Tenenti nennen 1967 die Voraussetzungen des modernen Staates:

In den Anfängen der Neuzeit [waren] zur Bildung eines echten Staates im modernen Sinne … folgende Faktoren von grundlegender Bedeutung:
a) eine gewisse territoriale Grundlage,
b) eine genügend starke Zentralgewalt,
c) Vernichtung oder zumindest drastische Einschränkung der alten Feudalmacht,
d) Schaffung einer soliden Infrastruktur, d. h. Verwaltung, Finanzen, Heer, Diplomatie.
Wo alle vier Faktoren zur Entwicklung gelangten, setzte der moderne Staat sich durch.

Ruggiero Romano / Alberto Tenenti, Die Grundlegung der modernen Welt. Spätmittelalter – Renaissance – Reformation, Frankfurt a. M. (Fischer) 1967, S. 300.

Begriffe und Daten

Absolutismus

(lat. legibus absolutus = von den Gesetzen losgelöst). Bezeichnung für eine Regierungsform, die ihren Höhepunkt im 17. und 18. Jahrhundert mit dem „Sonnenkönig" Ludwig XIV. hatte. Der Monarch beanspruchte die uneingeschränkte Macht ohne Mitwirkung der Stände, schuf eine zentrale Verwaltung, ein stehendes Heer, eine staatlich gelenkte Wirtschaftsordnung und band die (katholische) Kirche an seine Herrschaft. Die Bezeichnung „Absolutismus" für die Zeit des 17. / 18. Jahrhunderts ist heute in der Geschichtsforschung umstritten, weil der Begriff „nichtabsolutistische" Elemente nicht erfasse, wie den Einfluss der Provinzialstände, Stadträte, Dorfversammlungen und die Abhängigkeit der Fürsten von Geld- und Kreditgebern. Viele Historiker sprechen sich inzwischen dafür aus, auf den Begriff „Absolutismus" ganz zu verzichten.

M5

„Verwaltungskreislauf" in Frankreich im 17. / 18. Jahrhundert, englische Zeichnung, 1983.
1 der König – Herrscher von Gottes Gnaden, **2** der Minister: sieben insgesamt, vom König ernannt, **3** die Intendanten: 32 vom König ernannte Provinzbevollmächtigte, **4** die lokale Verwaltung, **5** die Provinzstände: Vertreter von Klerus, Adel, Großbürgertum, **6** die Kirche, **7** die Bauern, **8** Steuerbeamte: vom König ernannt. Sie legten die Steuern für die Provinzen ohne Ständevertretungen fest, **9** die Feudalherren, **10** die örtlichen Gerichte, **11** die Parlamente: 14 Provinzparlamente und das Parlament von Paris, dessen Rechtsbefugnis die aller anderen Parlamente übertraf. Verkündeten Gesetze des Königs, Kauf oder Erbe ihres Amtes, das mit dem Adelsstatus verbunden war, **12** die Berater: vier insgesamt, vom König ernannt.

1 Beschreibe M5 und kläre: Welche Rollen werden dargestellt? Was wollte der Zeichner aussagen?
2 Ordne M1 in die absolutistische Herrschaftsform ein.
3 Prüfe, welche der in M4 genannten Faktoren auf den „absolutistischen Staat" zutreffen. Begründe. zu Seite 83
4 Bewerte anhand von M2 und M3 Anspruch und Wirklichkeit des Verhaltens Ludwigs.

Die französische Gesellschaft im 18. Jahrhundert

Wandel der Gesellschaft

Die mittelalterliche Ständegesellschaft mit dem Klerus (Erster Stand), dem Adel (Zweiter Stand) sowie den Bürgern und Bauern (Dritter Stand) prägte auch die französische Gesellschaft des 16. bis 18. Jahrhunderts. Die Herausbildung des „absoluten" monarchischen Zentralstaates veränderte die Machtverhältnisse zugunsten des Monarchen. Gleichzeitig veränderte sich die Gesellschaft des 18. Jahrhunderts: Durch medizinische und hygienische Fortschritte stieg – wie im übrigen Europa auch – die Lebenserwartung der Bevölkerung, die Überlebenschancen der Kinder und die Geburtenraten stiegen an. Dazu verstärkte sich der Prozess der Verstädterung (Urbanisierung): Die junge, unversorgte und unverheiratete Landbevölkerung wanderte in die Städte, wo die Lebens- und Berufschancen größer waren. In Frankreich wuchs die Stadtbevölkerung zwischen 1740 und 1800 etwa fünfmal stärker als die Landbevölkerung.

M1 **Das Austernfrühstück,**
Gemälde von Jean Francois de Troy, 1734

M2

„Sie verrichtet alle große und geringe Arbeit ..."

Sébastian Vauban, der berühmte Festungsbaumeister Ludwigs XIV., schrieb 1698 über die französische Gesellschaft:

Durch diese langjährigen Studien ... bin ich zu der Wahrnehmung gelangt, dass in der letzten Zeit fast ein Zehntel der Bevölkerung an den Bettelstab gelangt ist und sich tatsächlich durch Betteln erhält; dass von den übrigen neun Zehnteln fünf nicht in der Lage sind, das erste Zehntel durch Almosen zu unterstützen, weil sie selber diesem Elendszustand um Haaresbreite nahe sind. Von den verbleibenden vier Zehnteln sind drei außerordentlich schlecht gestellt ... In dem zehnten Zehntel, zu dem ich alle Angehörigen des Schwert- und Amtsadels ..., Geistliche ..., den ganzen Hochadel, den besseren Adel ..., die Inhaber militärischer und ziviler Chargen[1], die Großkaufleute, die wohlhabendsten und von ihren Renten lebenden Bürger rechne, gibt es keine hunderttausend Familien, mit denen man rechnen könnte, und ich glaube ..., dass es keine zehntausend ... Familien gibt, von denen man sagen könnte, dass es ihnen wirklich gutgeht ... Nun ist es aber die untere Schicht des Volkes, die durch ihre Arbeit, ihren Handel, ihre Abgaben den König und sein ganzes Reich emporbringt. Sie stellt Soldaten und Matrosen für Flotte und Heer, dazu zahlreiche Offiziere, alle Kaufleute und unteren Justizbeamten. Sie übt alle Künste und Gewerbe aus, sie betreibt den gesamten Handel und die Manufakturen des Königreiches, sie stellt die Arbeiter, Weingärtner und Tagelöhner auf dem Lande, sie pflegt und füttert das Vieh, sät und erntet das Korn, bestellt die Weingärten und keltert den Wein; mit einem Wort: Sie verrichtet alle große und geringe Arbeit in Stadt und Land.

Zit. nach Fritz Dickmann, Renaissance, Glaubenskämpfe, Absolutismus, München (bsv) 1966, S. 460 f. Übers. von F. Dickmann.

[1] Ämter

M3

Bauernfamilie,
Gemälde von Louis Le Nain, 1643

M4

Die Struktur der französischen Gesellschaft im 18. Jahrhundert

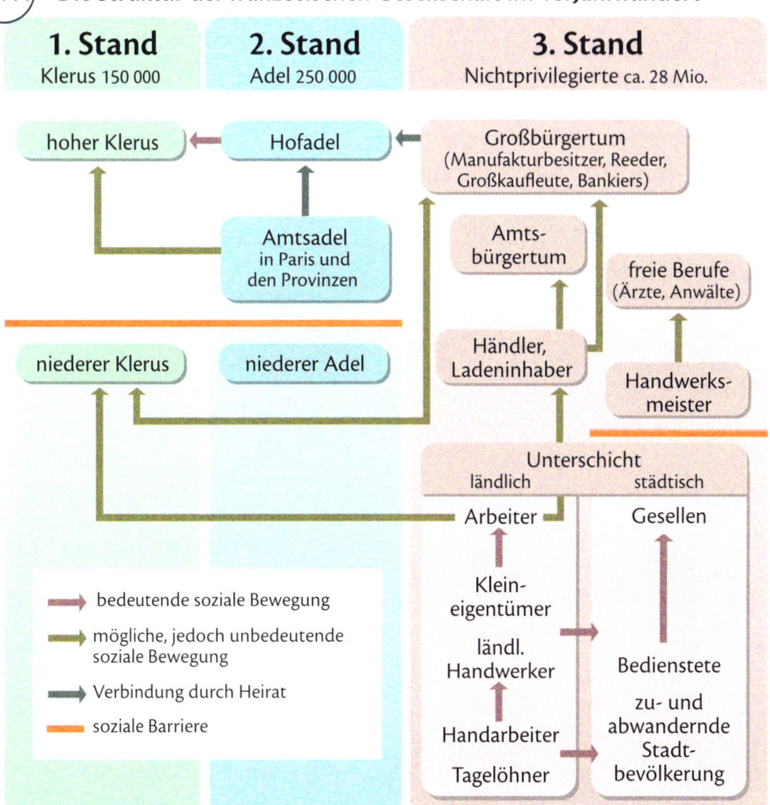

1 Beschreibe anhand von M4 und des Darstellungstextes die französische Gesellschaft im 18. Jahrhundert.

2 a) Analysiere M1 und M3 mithilfe der Methode „Bilder vergleichen“ (siehe S. 40 f.).
b) Stelle fest, welcher Eindruck über die französische Gesellschaft jeweils vermittelt wird.

3 a) Fasse zusammen, wie Vauban (M2) die französische Gesellschaft beschreibt.
b) Prüfe, ob sich seine Ergebnisse in dem Modell M4 finden lassen.

4 **Erkundung:** Erkundet, welche Informationen über die Zeit des Absolutismus in eurer Region zu finden sind (Museum, Bibliothek). Berichtet in der Klasse.

Der Merkantilismus: staatlich gelenkte Wirtschaft?

Wirtschaftspolitik im Absolutismus

Der enorme Bedarf an Steuergeldern zwang die regierenden Fürsten Europas, sich erstmals intensiv um den Bereich der Wirtschaft zu kümmern. In Frankreich unterstützte Jean Baptiste Colbert (1619–1683), Generalkontrolleur der Finanzen Ludwigs XIV., die Gründung von großen Betrieben, vor allem von Verlagen* und Manufakturen*. Die Landwirtschaft, in der mehr als zwei Drittel der Franzosen arbeiteten, interessierte ihn dagegen kaum. Die verschiedenen Maßnahmen seiner Wirtschaftspolitik werden unter dem Begriff „Merkantilismus“ zusammengefasst.

In der Geschichtsforschung wird ein Zusammenhang zwischen der Entstehung des „absolutistischen“ Staates und der merkantilistischen Wirtschaftspolitik gesehe: Einerseits mache sich die Staatsführung die wirtschaftlichen Kräfte nutzbar, um Reichtum und Macht des Staates zu vermehren, andererseits würden die wirtschaftlichen Gruppen den Staat für ihre Ziele einspannen.

Von der merkantilistischen Wirtschaftspolitik profitierten vor allem Kaufleute, Bankiers, Verleger und Manufakturbesitzer. Die Förderung dieser Gesellschaftsschicht war durchaus beabsichtigt, denn hier fanden sich die meisten Steuerzahler. Neben der Einkommensteuer bildete der Ämterverkauf an das wohlhabende Stadtbürgertum mit der Möglichkeit, in den Adelsstand erhoben zu werden, eine zusätzliche Einnahmequelle für den Staatshaushalt. Das Bürgertum wurde wirtschaftlich zur tragenden Kraft, politisch blieb es weitgehend ohne Einfluss.

Das Lohnniveau wurde niedrig gehalten mit dem Hinweis auf die Wettbewerbsfähigkeit der Exportgüter.

M1 Der französische Staatshaushalt
(in Livres = französische Währungseinheit)

Jahr	Einnahmen	Ausgaben	Defizit
1670	70 483 834	77 307 798	6 823 964
1690	106 642 985	149 319 381	42 676 396
1710	36 432 745	225 847 281	189 414 536

Zusammengestellt nach Alain Guéry, Les Finances de la Monarchie Française sous l'Ancien Regime. In: Annales. Economies – Sociétés – Civilisations, 33 (Arman-Colin) 1978, Tabelle 2.

M2 Die „Goldminen“ Frankreichs

Der Finanzminister Ludwigs XIV., Jean B. Colbert, schilderte 1664 die Grundsätze seiner Wirtschaftspolitik:

Ich glaube, man wird ohne weiteres in dem Grundsatz einig sein, dass es einzig und allein der Reichtum an Geld ist, der die Unterschiede an Größe und Macht zwischen den Staaten begründet. Was dies betrifft, so ist es sicher, dass jährlich aus dem Königreich einheimische Erzeugnisse (Wein, Branntwein, Weinessig, Eisen, Obst, Papier, Leinwand, Eisenwaren, Seide, Kurzwaren) für den Verbrauch im Ausland im Wert von 12 bis 18 Millionen Livres hinausgehen. Das sind die Goldminen unseres Königreiches, um deren Erhaltung wir uns sorgfältig bemühen müssen ... Je mehr wir die Handelsgewinne, die die Holländer den Untertanen des Königs abnehmen, und den Konsum der von ihnen eingeführten Waren verringern können, desto mehr vergrößern wir die Menge des hereinströmenden Bargeldes und vermehren wir die Macht, Größe und Wohlhabenheit des Staates.

Jean Baptiste Colbert, Denkschrift über den Handel. Zit. nach Geschichte in Quellen, Wolfgang Lautemann u. a. (Hg.), Bd. 3, 3. Aufl., München (bsv) 1982, S. 448.

M3 Modell des Merkantilismus

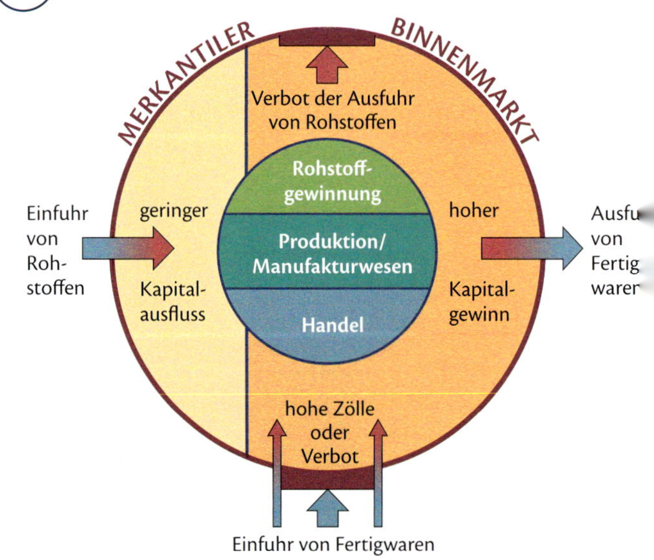

M4 **Colbert präsentiert dem König Ludwig XIV. einen Plan zum Bau des Canal du Midi,** kolorierte Lithographie nach einem Gemälde von Antoine Sergent-Marceau, um 1788. Der Kanal wurde 1667 bis 1681 gebaut und wird heute noch genutzt. Er verbindet das Mittelmeer mit der Garonne, die in den Atlantik mündet.

M5

Wie erfolgreich war der Merkantilismus?

Der Historiker Ilja Mieck beschreibt 1993 die kurzfristigen und langfristigen Wirkungen des merkantilistischen Systems:

Angesichts der hohen Investitionen[1] und des dahinter stehenden wirtschaftspolitischen Druckes … ist es nicht überraschend, dass sich Erfolge einstellten. Ganze Gewerbszweige oder auch einzelne von den Fürsten besonders geschätzte Unternehmen erlebten regelrechte Blütezeiten, aber fast immer waren es Scheinblüten, die aus dem Sumpf des Subventionsbeetes[2] emporwuchsen und beim leisesten Windhauch einer freien Konkurrenz rasch verdorrten … Außerdem funktionierte der merkantilistische Außenhandel nur, solange die dahinter stehende Idee neu war: Wollten erst einmal alle Staaten nur noch wertvolle Fertigwaren exportieren und lediglich Rohstoffe einführen, musste … der Welthandel theoretisch zusammenbrechen.

Zit. nach Ilja Mieck, Wirtschaft und Gesellschaft Europas 1650–1850. In: Ders. (Hg.), Handbuch der europäischen Wirtschafts- und Sozialgeschichte, Bd. 4, Stuttgart (Klett-Cotta) 1993, S. 144.

[1] Kapital für die Produktion
[2] Subvention = staatliche Förderung eines Unternehmens

Begriffe und Daten

Merkantilismus

Der Merkantilismus (lat. mercatus = Handel) hatte das Ziel, die Ausfuhr des Staates zu erhöhen und die Einfuhr zu beschränken. Die Überschüsse aus dem Handel wurden als entscheidend für die Erhöhung des Reichtums des Staates betrachtet. Kritiker des Merkantilismus bemängelten die einseitige Ausrichtung auf den Export von Fertigwaren.

1 Formuliere anhand von M1 mögliche Folgen der finanziellen Situation des französischen Staates.
2 Erkläre das „System" des Merkantilismus (M2, M3 und Kasten).
3 Fasse zusammen, wie der Autor von M5 die Wirksamkeit des Merkantilismus beurteilt.
4 **Gruppenarbeit:** Entwerft ein Gespräch: Ein französischer Beamter, ein Exporteur von Wolltuchen, ein Importeur von textilen Fertigprodukten und ein Manufakturarbeiter diskutieren über die Vor- und Nachteile des Merkantilismus.

Die Aufklärung: Gegenmodell zum Absolutismus?

Neue Erkenntnisse in Wissenschaft und Politik

Seit Anfang des 17. Jahrhunderts beschäftigten sich vor allem in Westeuropa Philosophen und Schriftsteller mit politischen Fragen. Sie lehnten es ab, die Herrschaft der Monarchen „von Gottes Gnaden" und die Ständegesellschaft als „naturgegeben" anzuerkennen. Auch in allen anderen Bereichen des menschlichen Lebens wollten die Gelehrten Vorurteile abbauen. Deshalb traten sie für die Freiheit und Gleichheit aller Menschen ein und forderten Toleranz gegenüber anderen Meinungen. Diese Geisteshaltung nannten sie „Aufklärung". Mit dieser verband sich der Glaube an den Fortschritt, die Kraft der Vernunft und die Planbarkeit des politischen und gesellschaftlichen Lebens. Wie der deutsche Begriff „Aufklärung" weisen auch der englische „enlightenment" und der französische „lumières" auf den Sieg des Lichts über die Dunkelheit hin.

Aufklärung – auch für das Volk

Nach Ansicht vieler Gelehrter sollte nicht nur der Adel, sondern auch das Volk die Ideen der Aufklärung kennen lernen. So entstand eine besondere Art von Literatur, die sich an die Landbevölkerung richtete, die mit Abstand größte soziale Gruppe im Staat. Besonders beliebt war das 1788 erschienene „Noth- und Hülfsbüchlein für Bauersleute" des Schriftstellers Rudolph Zacharias Becker, das bis 1800 etwa 400 000-mal verkauft wurde. Es handelt von dem jungen Gutsherrn des Dorfes Mildheim, der seinen Bauern bei allen Fragen des täglichen Lebens – von Ackerbau und Viehzucht bis zu Kindererziehung und Krankenpflege – mit Rat und Tat zur Seite steht. Die kurzen Kapitel beginnen fast alle mit einem Bild und einem Merkspruch. Darin sollten den Lesern die neuen Vorstellungen von Staat, Familie und Kirche vermittelt werden.

M1

Was ist Aufklärung?

Unter diesem Titel veröffentlichte der Philosoph Immanuel Kant (1724–1804) 1784 einen berühmt gewordenen Aufsatz. Darin hieß es:

Aufklärung ist der Ausgang des Menschen aus seiner selbst verschuldeten Unmündigkeit. Unmündigkeit ist das Unvermögen, sich seines Verstandes ohne Leitung eines anderen zu bedienen. Selbst verschuldet ist diese Unmündigkeit, wenn die Ursache derselben nicht am Mangel des Verstandes, sondern der Entschließung und des Mutes liegt, sich seiner ohne Leitung eines andern zu bedienen ... Habe Mut, dich deines eigenen Verstandes zu bedienen! ist also der Wahlspruch der Aufklärung.

Immanuel Kant, Beantwortung der Frage: Was ist Aufklärung? In: Berlinische Monatsschrift 4 (Haude und Spener) 1784, S. 481 f.

M2

Die Toleranz besänftigt den Streit der Religionen um die allein selig machende Wahrheit, Radierung von Daniel Nicolas Chodowiecki, 1791

M3

Merksprüche für Bauersleute

Aus zwei Kapiteln des „Noth- und Hülfsbüchleins" von Rudolph Zacharias Becker (1788):

Für den Mann schuf Gott das Weib,
Ihn für sie nicht minder.
Eins fürs andere leben soll:
Beide für die Kinder.

Die Erd' ist groß und überall
Voll schöner Gottesgüter,
Und alle Menschen – Jud' und Türk
Und Christ – sind unsre Brüder.

Rudolph Z. Becker, Noth- und Hülfsbüchlein für Bauersleute, Leipzig, 1788. Nachdruck: Dortmund (Harenberg) 1980, S. 188 ff.

M4

Frauen an den Herd?

Die meisten Lesegesellschaften nahmen keine weiblichen Mitglieder auf. Frauen konnten sich deshalb nur im eigenen Haus weiterbilden. Die Schriftstellerin Christiane M. Ziegler ermunterte 1731 eine Freundin, sich gegen die Kritik der Familie an ihrer Leselust zu wehren:

Die Schwierigkeit, so man Ihnen ... machen will, rühret wohl am meisten von dem männlichen Geschlecht her; dieses will immer etwas Besonderes für sich alleine behalten und siehet gar nicht gerne, wann ihnen das weibliche Geschlecht nachklettern will ... Wir bringen ja eben sowohl fünf Sinne mit auf die Welt wie jenes; Verstand und Vernunft werden unter beiderlei Geschlechter von der Natur ausgeteilet ... Was aber den anderen Punkt anbelangt, da viele in den wunderlichen Gedanken stehen, das Frauenvolk wäre einzig und allein bloß deswegen in die Welt gestellt worden, damit sich selbiges in Haus und Küche täglich herumdrehte ..., so antwortet Ihr hierauf ..., dass sich ein jedwedes Frauenzimmer allerdings der Wirtschaft annehmen müsse ... allein, ... [d]er Tag hat viele Stunden und bei dem einen muss das andere nicht versäumet werden.

Zit. nach Frauenleben im 18. Jahrhundert, Andrea von Dülmen (Hg.), München u. a. (C. H. Beck) 1992, S. 143 f.

M5

Richters Caféhaus in Leipzig, Kupferstich, um 1795. 1792 veranstalteten Buchhändler erstmals eine Buchbörse. Der „Lesehunger" führte zu einem Bücher-, Zeitungs- und Zeitschriftenboom. Es bildeten sich Lesegesellschaften und literarische Clubs.

Begriffe und Daten

Aufklärung

Bezeichnung für eine Denkrichtung in Europa im 17. und 18. Jahrhundert. Die Aufklärer wollten „das Licht der Vernunft" gegen kirchliche, feudale und absolutistische Traditionen verbreiten. Zentrale Gedanken waren die Auffassung von der Freiheit und Gleichheit aller Menschen und von der Toleranz gegenüber anderen Meinungen. Mittel zur Durchsetzung der Aufklärung waren vor allem Wissenschaft, Bildung und Erziehung.

1 Zeige anhand von M1, was der Autor unter „Aufklärung" versteht, indem du die gedanklichen Schritte Kants in eigenen Worten wiedergibst.

2 Erarbeite die Aussage der Radierung M2 mithilfe der Methode „ Bildquelle entschlüsseln" (siehe Anhang) und des Darstellungstextes.

3 Formuliere M3 in deine eigenen Worte um. Nimm zu Beckers Ideen Stellung.

4 Stelle die Argumente zusammen, mit denen die Verfasserin von M4 ihre Freundin ermuntert (siehe Anhang „Historische Sachverhalte beschreiben").

5 **Rollenspiel:** Die Mitglieder einer Männer-Lesegesellschaft (M5) diskutieren über den Antrag eines Arztes, Frauen aufzunehmen. Organisiert ein Rollenspiel.

Welchen Staat wollten die Aufklärer?

Kritik am Absolutismus

Die Kritik der Aufklärer an der Auffassung, dass die Macht des Herrschers gottgegeben sei, mündete in Vorschlägen, wie die staatliche Gewalt auf eine „vernünftige“ Grundlage gestellt werden konnte. Der englische Philosoph John Locke (1632–1704) ging in seiner Lehre vom Gesellschaftsvertrag davon aus, dass die frei geborenen Menschen sich den Regierenden freiwillig unterordneten. Daher sollten die Bürger das Recht haben, die Träger der Staatsgewalt abzuberufen und neu einzusetzen. Falls der Herrscher die Menschenrechte und den Willen des Volkes missachte, dürfe das Volk Widerstand leisten und den Herrscher absetzen.

Aufgeklärter Absolutismus in Preußen

Im deutschen Staat Preußen hatte König Friedrich II. (1712–1786) die Ideen der französischen Aufklärer gelesen und einige ihrer Gedanken in seine Regierungsweise übernommen. In der Geschichtswissenschaft wird sie als „aufgeklärter Absolutismus“ bezeichnet. Sie gründete sich nicht mehr auf das „Gottesgnadentum“, sondern auf einer rationalen (vernunftgeleiteten) Staatsverwaltung. Sie orientierte sich am Wohl des Gesamtstaates und seiner Untertanen. Das neue Herrschaftsverständnis führte aufgeklärte Monarchen und Aufklärer zusammen – oft gegen die reformunwilligen Stände, die im 18. Jahrhundert in ihren Territorien mitregierten. Der preußische König Friedrich II. gilt in der Geschichtswissenschaft als ein typischer Vertreter des „aufgeklärten Absolutismus“.

x Aufgabe als HA – Problem: einfache Texte finden

x **Vorschlag für eine Gruppenarbeit**

Recherchiert zu den in M2 aufgeführten Personen weitere biographische Daten und stellt zusammen, welchen Beitrag sie zur Aufklärung geleistet haben. Nutzt Lexika, Internet, Fachbücher und berichtet in der Klasse. Jede Gruppe übernimmt eine Person.

M1

Staatstheorie vor der Aufklärung

Der Hofprediger Ludwigs XIV., Jacques-Bénigne Bossuet, war einer der wichtigsten Theoretiker des absolutistischen Staates. Er schrieb 1709:

Die königliche Gewalt ist erstens heilig, zweitens väterlich, drittens unumschränkt. Die Fürsten handeln als Diener Gottes und als dessen Stellvertreter auf Erden. Durch sie übt er seine Herrschaft aus … Der Fürst braucht niemandem Rechenschaft ablegen über das, was er verfügt … Wenn der Fürst gerichtet hat, gibt es kein anderes Urteil. Gott nur kann über die Entscheidungen der Herrscher und über ihre Person richten. Die Untertanen sind dem Fürsten unbedingten Gehorsam schuldig. Es gibt nur eine Ausnahme hinsichtlich des Gehorsams, den man dem Fürsten schuldig ist, nämlich wenn er etwas gebietet, was gegen Gott ist.

Zit. nach Quellen zur Geschichte der neueren Zeit, Gottfried Guggenbühl u. a. (Hg.), 2. Aufl., Zürich (Schulthess) 1956, S. 205 f.

M2

Aufklärer des 17./18. Jahrhunderts. Zeitgenössische Darstellungen. Obere Reihe von links: René Descartes (1596–1650); John Locke (1632 bis 1704); Voltaire (1694–1778); Immanuel Kant (1724–1804); Charles de Montesquieu (1689 bis 1755); Jean-Jacques Rousseau (1712–1778).

M3

Vom „absoluten" zum „aufgeklärten" Staatsgedanken

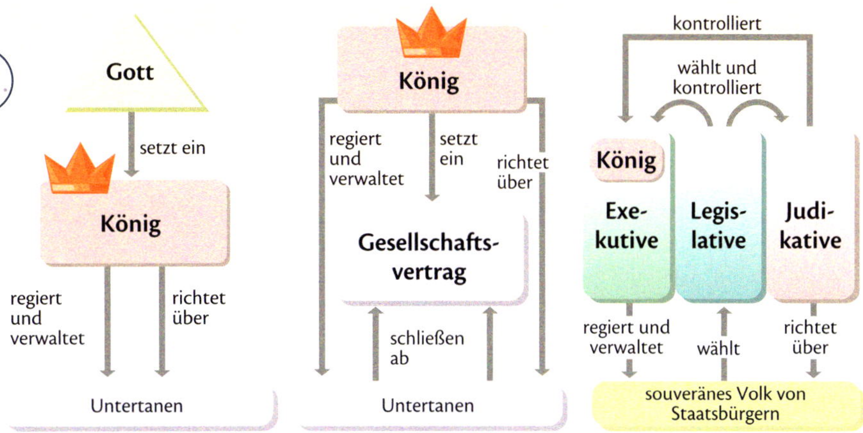

M4

Die drei Gewalten im Staat

Der französische Jurist und Aufklärer Charles de Montesquieu schrieb 1748 über die Verteilung der Macht in einem Staat:

Es gibt in jedem Staat drei Arten von Gewalt ... Aufgrund der ersten erlässt der Herrscher ... Gesetze auf Zeit oder für die Dauer, ändert geltende Gesetze oder schafft sie ab. Aufgrund der zweiten stiftet er Frieden oder Krieg, sendet oder empfängt Botschaften, stellt die Sicherheit her, sorgt gegen Angriffe vor. Aufgrund der dritten bestraft er Verbrechen oder sitzt zu Gericht über die Streitfälle der Einzelpersonen ...
Alles wäre verloren, wenn ein und derselbe Mann folgende drei Machtvollkommenheiten ausübte: Gesetze erlassen, öffentliche Beschlüsse in die Tat umsetzen, Verbrechen und private Streitfälle aburteilen.

Charles de Montesquieu, Vom Geist der Gesetze (1748), hg. und übers. von Kurt Weigand, Stuttgart (Reclam) 1994, S. 216 f. Bearb. d. Verf.

M5

Über die Monarchie

Der aus Genf stammende Philosoph Jean-Jacques Rousseau übernahm viele Ideen von Montesquieu. Über die Regierung eines Staates schrieb er 1762:

Wenn es aber schon schwierig ist, einen großen Staat gut zu regieren, so ist es noch weit schwieriger, dass er von einem einzigen Mann gut regiert wird ... Ein wesentlicher und unvermeidlicher Fehler, der die monarchische Regierung immer der republikanischen unterlegen machen wird, liegt darin, dass in der Letzteren die Stimme des Volkes fast immer einsichtige und fähige Männer in die höchsten Ämter einsetzt, welche diese ehrenvoll verwalten, während im Gegensatz dazu diejenigen, die in den Monarchien aufsteigen, in den meisten Fällen nur kleine Windbeutel, kleine Spitzbuben, kleine Ränkeschmiede sind.

Jean-Jacques Rousseau, Vom Gesellschaftsvertrag (1762). In: Ders., Sozialphilosophische und Politische Schriften, übers. von Garlieb Merkel, München (Winkler) 1981, S. 330.

Begriffe und Daten

Gewaltenteilung

Eine der Ideen der Aufklärung, nach der die staatliche Gewalt in gesetzgebende Gewalt (Legislative), ausführende Gewalt (Exekutive) und rechtsprechende Gewalt (Judikative) geteilt wird. Die Gewaltenteilung soll Machtkonzentration und Machtmissbrauch durch eine Person oder Institution verhindern. Sie ist eines der Grundprinzipien parlamentarisch-demokratischer Verfassungen.

1 a) Zeichne M3 ab und markiere, von wem in den Modellen jeweils die politische Macht ausgeht.
b) Erläutere, wie die Macht jeweils verteilt ist.

2 Lies M4 und ordne Montesquieus Auffassung einem der Schaubilder in M3 zu.

3 Untersuche, welche Position der Autor von M5 zur Frage der Staatsform einnimmt. Nimm Stellung.

4 Setze dich mithilfe des Darstellungstextes kritisch mit M1 auseinander. Entwirf eine Gegenschrift, wie sie ein Aufklärer verfasst haben könnte.

England: Alternative zum Absolutismus?

Der andere Weg Englands

Besucher vom Kontinent sahen im 17. Jahrhundert zumeist mit Erstaunen auf die Gesellschaft in England. Das Land hatte, abweichend von den monarchischen Staaten in Kontinentaleuropa, in seiner Entwicklung einen anderen Weg genommen. Anders als in den meisten europäischen Ländern konnte sich in England keine absolutistische Regierungsform durchsetzen: Nach zahlreichen Bürgerkriegen wurde England nach der „Glorious Revolution“ 1688 eine konstitutionelle Monarchie*.

Nicht nur in der Politik, sondern auch in der Wirtschaft und der Gesellschaft wich das Land von den kontinentalen Verhältnissen ab. So waren hier die Unverletzlichkeit des Eigentums und die wirtschaftliche Freiheit des Einzelnen viel früher gesichert als auf dem Festland. Die Rangordnung der Stände spielte im 17. Jahrhundert zwar noch eine wichtige Rolle, doch zunehmende Möglichkeiten sozialen Aufstiegs durchbrachen die Standesgrenzen. Im Gegensatz zu Frankreich und dem Deutschen Reich waren alle Engländer und Engländerinnen persönlich frei. Die Leibeigenschaft war seit dem späten 16. Jahrhundert beseitigt worden.

M2

Das englische Unterhaus 1641, Kupferstich, 17. Jh. Der König und seine Gefolgschaft verfolgen eine Gerichtsverhandlung von den Logen im Hintergrund aus. Die Mitglieder des Unterhauses (Abgeordnete der Städte und Grafschaften) sitzen auf den Bankreihen. Die Oberhaus-Mitglieder (hohe Geistliche und Adel) haben davor Platz genommen (mit Hüten).

M1

Der Blick auf das Fremde

Motraye, ein hugenottischer Emigrant (= Flüchtling), schrieb 1727:

In den zwei Kammern findet das Parlament statt, ... so sinnvoll gemäßigt durch das Monarchische im König, durch das Aristokratische in den Großen ... und durch das Demokratische im Volk, ohne die Nachteile eines jeden zu haben ... Diese Gesetze binden beidseitig den Herrscher und den Untertan, ohne der Ehre des ersten etwas zu entziehen. Sie haben nichts Bitteres oder Hartes für einen guten Herrscher und scheinen nur bestimmt, die Macht, Schlechtes zu tun, demjenigen zu entziehen, der so nicht ist. Wiewohl sie ihm kein despotisches Recht über die Güter oder das Leben seiner Untertanen geben, werden sie von diesen ebenso freigiebig wie freiwillig zum Gemeinwohl unterstützt, um zum Beispiel die Kosten und Gefahren eines Krieges zu bestreiten.

Zit. nach Sebastian Kühn, Der Blick auf das Fremde. In: Geschichte lernen, Heft 73, 2000, S. 48. Übers. von Sebastian Kühn.

Vorschlag für eine Gruppenarbeit

Recherchiert – ausgehend von den Informationen auf dieser Seite – in Gruppen zu den folgenden Themenvorschlägen. Nutzt Lexika, Fachbücher, Schulbücher und das Internet. Präsentiert eure Ergebnisse (siehe Methode S. 76).

Diskutiert eure Ergebnisse gemeinsam unter der Fragestellung, inwiefern die politische, gesellschaftliche und wirtschaftliche Entwicklung in England anders als auf dem Kontinent verlaufen ist.

Themen:
- Die „Magna Charta“: Anfänge des Parlaments im Mittelalter
- Die englische Gesellschaft im 17. Jahrhundert im Vergleich zu Frankreich
- Von der Monarchie zur Republik: König und Parlament im 17. Jahrhundert
- „Glorious Revolution“ und „Bill of Rights“: England wird konstitutionelle Monarchie

Absolutismus und Aufklärung – das Beispiel Frankreich

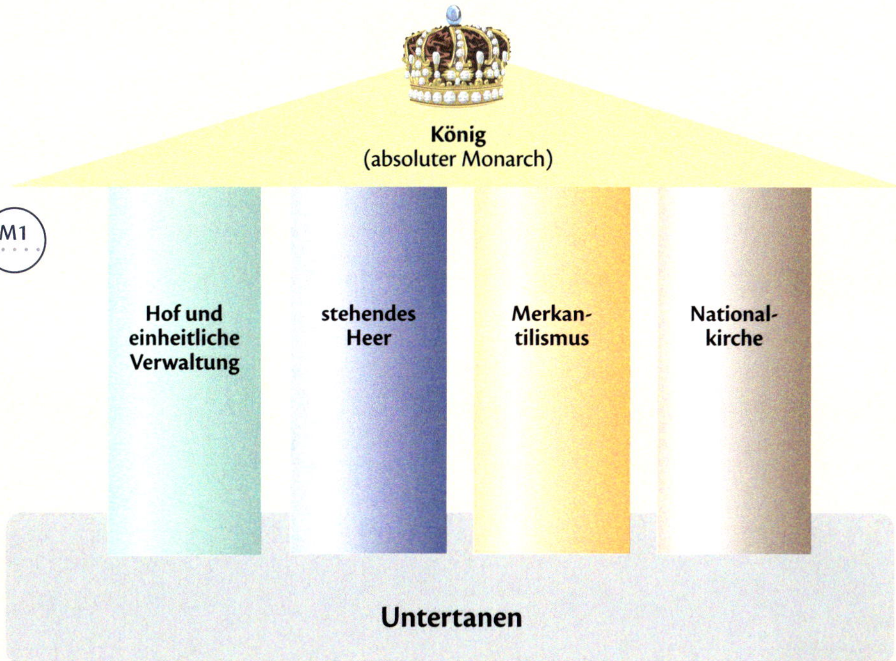

M1

Modell zum Absolutismus

Überprüfe, was du kannst

Sachkompetenz

1 Kläre die folgenden Begriffe: Absolutismus (S. 85), Merkantilismus (S. 89), Aufklärung (S. 91), Gewaltenteilung (S. 93).

2 Vergleiche die wesentlichen Merkmale
a) des zentralistischen Fürstenstaates (S. 84 f.),
b) des aufgeklärten Absolutismus (S. 92) und
c) des englischen Parlamentarismus bis zum 18. Jh. (S. 94).

3 Nenne Ziele und Methoden der Aufklärung in Europa im 17./18. Jahrhundert (S. 92 f.).

Urteilskompetenz

4 Setzt euch im Klassengespräch kritisch mit M1 auseinander, indem ihr Argumente für und gegen eine solche Darstellung sammelt.

Handlungskompetenz

5 Entwerft ein eigenes Modell des Absolutismus. Berücksichtigt dabei eure Ergebnisse aus Aufgabe 4.

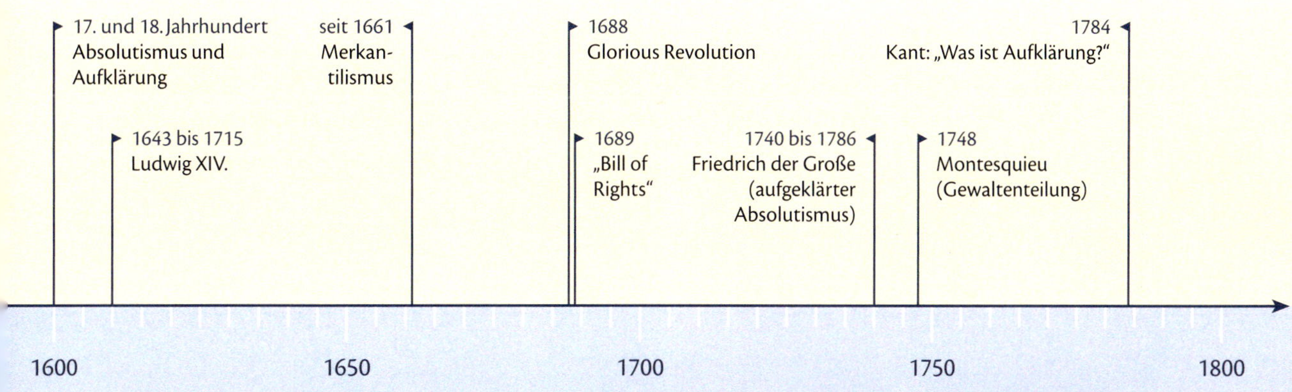

Die Französische Revolution und Europa

Wissen • Urteilen • Handeln • Methoden anwenden

Am Ende dieses Unterkapitels kannst du

- die amerikanische Unabhängigkeitsbewegung als „Vorbild" der Französischen Revolution beschreiben
- Merkmale der Krise des französischen Staates nennen
- die Revolutionen des Sommers 1789 erläutern und ihre Bedeutung für die weitere Entwicklung beurteilen
- die Menschen- und Bürgerrechte nennen und ihre Bedeutung für die Gegenwart bewerten
- die Radikalisierung der Revolution erläutern
- die Herrschaft Napoleons in Frankreich und Europa beschreiben und ihre Folgen bewerten
- **Methode** Karikaturen entschlüsseln
- **Methode** Ein Verfassungsmodell interpretieren
- **Methode** Eine Textquelle analysieren

Europa um 1789

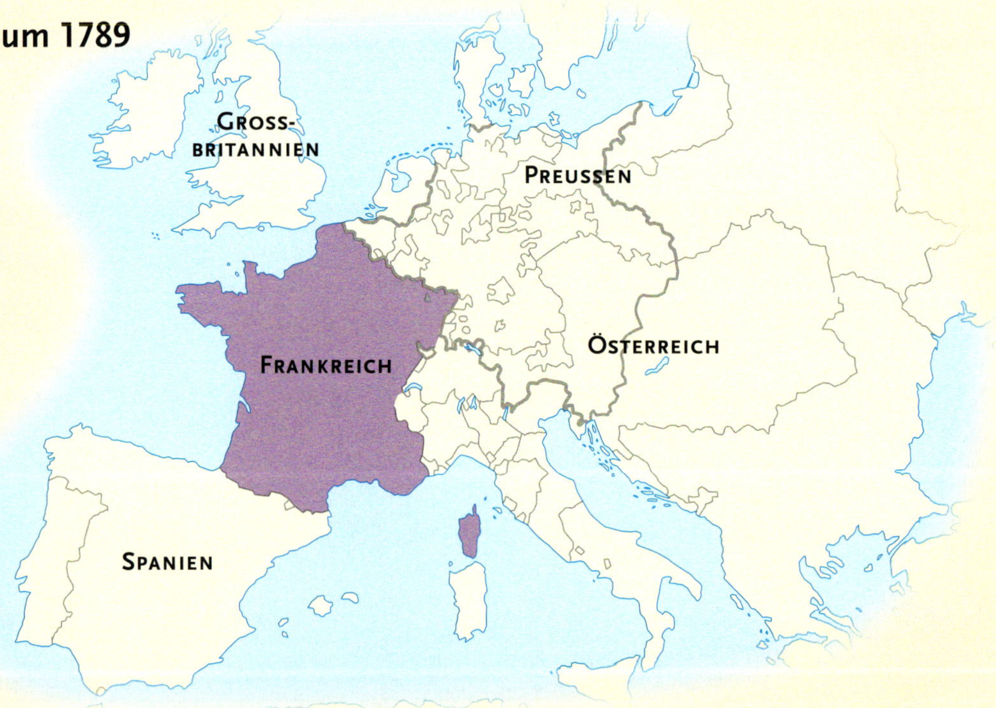

1789	Französische Revolution
1801 bis 1813	Französische Vorherrschaft auf dem europäischen Kontinent

Die Amerikanische Revolution – Vorbild für Frankreich?

Vorgeschichte aber kurz → Verständnis von M1 wird erschwert

Englische Kolonien werden unabhängig

Die Ideen der Aufklärung wurden zuerst in Nordamerika politisch umgesetzt. Dort waren englische Kolonien entstanden, die sich am 4. Juli 1776 gegenüber ihrem Mutterland England für unabhängig erklärten. Diese Revolution war Ergebnis der Kolonialgeschichte: Zum einen entwickelten die Kolonisten ein starkes Gemeinschaftsgefühl als Amerikaner, zum anderen erforderte die große Entfernung vom Mutterland eine eigene Verwaltung. Aus einem Streit um Steuerzahlungen an England folgte schließlich die Loslösung. Die Verfassung der USA von 1787 gewährte ihren Bürgern umfassende politische Rechte. Frauen, Sklaven und Indianer waren jedoch ausgenommen.

M2

Die amerikanische Freiheitsstatue, Foto, 2000. Die Statue wurde den USA 1886 von Frankreich geschenkt als Zeichen der Bewunderung für die friedliche Verwirklichung ihrer Freiheitsidee.

M1

Die Unabhängigkeitserklärung (1776)

Auszug aus der Unabhängigkeitserklärung des Kontinentalkongresses vom 4. Juli 1776:

Wir halten diese Wahrheiten für in sich einleuchtend: dass alle Menschen gleich geschaffen sind; dass sie von ihrem Schöpfer mit gewissen unveräußerlichen Rechten ausgestattet sind, darunter Leben, Freiheit und Streben nach Glück; dass zur Sicherung dieser Rechte Regierungen unter den Menschen eingesetzt sind, die ihre gerechten Vollmachten von der Einwilligung der Regierten herleiten; dass, wenn immer eine Regierungsform diesen Zielen zum Schaden gereicht, es das Recht des Volkes ist, sie zu ändern oder abzuschaffen und eine neue Regierung einzusetzen, die sich auf solche Grundsätze aufbaut … wenn eine lange Kette von Missbräuchen und Anmaßungen, stets das gleiche Ziel verfolgend, die Absicht enthüllt, ein Volk unter den unbeschränkten Despotismus zu beugen, so ist es sein Recht, ist es seine Pflicht, eine solche Herrschaft abzuschütteln und sich neue Bürgschaften für seine zukünftige Sicherheit zu verschaffen … Im Namen und in Vollmacht des guten Volkes dieser Kolonien geben wir feierlich bekannt und erklären, dass diese vereinigte Kolonien sind und von Rechts wegen sein sollen freie und unabhängige Staaten.

Zit. nach Geschichte in Quellen, Bd. 4, hg. v. Wolfgang Lautemann u. a., München (bsv) 1981, S. 90 ff.

– Quellenarbeit statt Aufg 1.

M3

Amerika und die Demokratie

Johann Christian Schmohl (1756–1784) verlor wegen politischer Schriften seine Stelle an der Universität Halle und musste fliehen. Über Amerika, wohin er auswandern wollte, schrieb er in einem Aufsatz:

Noch keine Regierung ist … dem Ideal der reinen Demokratie näher gewesen als die dreizehn Vereinigten Staaten von Amerika, wo jeder Bürger Kriegsmann ist und seine Stimme im Parlament hat; wo aus jeder Land- und Stadtschaft gleich viele Vertreter mit gleichen Rechten zum Provinzialkongress und von jedem Provinzialkongress gleich viele Vertreter mit gleichen Rechten zum Kontinentalkongress geschickt werden; wo jedes Familienoberhaupt, hat es Kräfte und Verdienste dazu, zum Ersten, zum Präsidenten des Kontinentalkongresses aufsteigen kann …

Sie haben bemerkt, was für eine Erschütterung das großartige Beispiel Nordamerikas in den europäischen Gemütern ausgelöst hat. Aus sich selbst heraus hat Europa nicht mehr Stärke genug, sich zu reformieren. Aber Beispiele … vermögen noch etwas. Amerika ist's, aus dem es seine Rettung empfangen wird.

Johann Christian Schmohl, Über Nordamerika und Demokratie, hg. v. R. Wild, St. Ingbert (Röhrig) 1992, S. 87 f. Bearb. d. Verf.

1 Schreibe für die Schülerzeitung einen Artikel über M1. Achte auf die Kernaussagen.
2 Erarbeite, welches Bild der Autor von der amerikanischen Demokratie entwirft (M3).
3 Erläutere die Aussageabsicht der Freiheitsstatue (M2) und stelle einen Zusammenhang zum Absolutismus in Frankreich her. Lies auf den Seiten 84 bis 93 nach.

Frankreich in der Krise

Staat und Politik

Wegen der hohen Schuldenlast aus Kriegen und des verschwenderischen Hoflebens drohte dem Staat gegen Ende des 18. Jahrhunderts der Bankrott. Die wachsende Bevölkerung konnte bei Missernten nicht mehr ausreichend versorgt werden. Steigende Preise trafen vor allem die unteren Schichten. Wie das Herrschaftssystem geriet auch das staatliche Wirtschaftssystem, der Merkantilismus, in eine tiefe Krise. In der Folge kam es immer wieder zu Hungerunruhen. Die Pläne König Ludwigs XIV., den Ersten und Zweiten Stand stärker zur Steuerzahlung heranzuziehen, scheiterten am Widerstand der Privilegierten. Allen drei Ständen gemeinsam waren die geringen politischen Rechte. Zwar gab es die Generalstände*, eine Versammlung von Vertretern der drei Stände, die den König beriet, doch diese war seit 1614 vom König nicht mehr einberufen worden.

Gesellschaft und Stände

Adel und hohe Geistlichkeit lebten von den Erträgen ihres Grundbesitzes – bei weitgehender Steuerfreiheit. Obwohl sie nur 2 Prozent der Bevölkerung ausmachten, verfügten sie über 35 Prozent des Grundbesitzes. Der Dritte Stand trug die Steuerlast fast allein, insbesondere die oberste Schicht des Bürgertums: Unternehmer, Bankiers, Ärzte und Juristen. Ihre Forderung nach Gleichbehandlung mit dem Adel wurde verstärkt durch die Ideen der Aufklärung und die amerikanische Unabhängigkeitsbewegung. Besonders belasteten die Steuern kleine Kaufleute, Handwerker und Bauern, die zusätzlich Frondienste für die Grundherren leisten mussten.

M1

Finanzen wiederherstellen – aber wie?

Der französische Finanzminister Charles de Calonne in einem aufrüttelnden Appell zur Rettung des Staates am 22. Februar 1787 vor der Versammlung der königlichen Berater („Notabeln") in Versailles:

Was bleibt, um das ersehnte Gleichgewicht im Staatshaushalt herzustellen? … Was [brauchen] wir zur Wiederherstellung der Finanzen? …

In den Missbräuchen findet sich ein Schatz von Reichtümern, die der Staat zurückfordern muss, um die Ordnung wiederherzustellen. Die Missbräuche werden verteidigt durch persönliche Interessen, Einfluss, Vermögen und alte Vorurteile. Die Missbräuche sind die, die auf der arbeitenden und erwerbenden Klasse lasten: Die Missbräuche der Geldprivilegien und all die ungerechten Bevorzugungen, die Ungleichheit in der Erhebung der Abgaben, das ungeheure Missverhältnis in den Leistungen und den Lasten der Untertanen. Wenn so viele Missbräuchen widerstanden haben, so rührt das daher, dass man durch einen teilweisen Eingriff erreichen wollte, was nur durch eine allgemeine Operation gelingen konnte, [die] allein den Körper des Königreiches neu beleben kann.

Zit. nach Irmgard und Paul Hartig, Die Französische Revolution, Stuttgart (Klett) 1966, S. 27 f.

M2

Die Beschwerden der Frauen

Im Frühjahr 1789 trugen Frauen in einem „cahier de doléances" dem König eine Reihe von Bitten vor:

Die Frauen des Dritten Standes werden fast alle ohne Reichtümer geboren; ihre Erziehung wird sehr vernachlässigt. Wir bitten für die Chancengleichheit der Frau im Alltagsleben. Wir bitten um Ausbildung und Beruf, nicht, um uns die Befugnisse der Männer anzueignen, sondern um von ihnen höher geachtet zu werden, und damit wir imstande sind, vor dem Elend geschützt zu leben. Wir bitten Euch inständig, Sire, kostenlose Schulen einzurichten, wo wir unsere Sprache von Grund auf erlernen können. Wir bitten darum, aus der Unwissenheit herauszutreten, um unseren Kindern eine vernünftige und angemessene Erziehung zukommen zu lassen.

Cahiers de doléances des femmes en 1789 et autres textes, zit. nach Landesregierung NRW (Hg.), Geschichte auch für Mädchen, 1992, S. 20 f.

M3

Die Beschwerden der Bauern

Das Beschwerdeheft der Gemeinde Letteguives vom 29. März 1789, ein Beispiel für die „cahiers de doléances" der Bauern:

2. Diese Großbauern werden auch Herren der Lebensmittelpreise und des Schicksals der Allgemeinheit und verkaufen ihr Getreide erst, wenn sie es mehrere Jahre aufbewahrt haben, und sie halten es sogar zurück, wenn sie können … Der hohe Preis ist die Ursache der Zerstörung des ganzen Handels, weil man keine andere Ware mehr kaufen kann, nachdem man Brot gekauft hat … Andere … sterben an Hunger …

8. Möge der König vor dem Bankrott bewahren, der den Handel noch ruiniert …

14. Dass die Salzsteuer abgeschafft werde und der Verkauf von Salz frei sei …

16. Die drei Stände mögen dem König im Verhältnis zu ihren Einkünften zahlen …

18. Der König wird demütig gebeten, die Generalstände alle fünf Jahre einzuberufen, um von unserem Unglück zu erfahren.

Zit. nach Wolf Dietrich Behschnitt, Die Französische Revolution, Stuttgart (Klett) 1983, S. 30.

M4

Nur eine neue Regierung?

Die Historiker F. Furet und D. Richet schrieben 1968:

Es geht nicht um eine neue Regierung des Staates, sondern um eine neue Gesellschaft. Da können die Privilegierten dieser zusätzlichen umwälzenden Neuerung, der Gleichheit, nicht auch noch ihre Zustimmung geben: Die allermeisten ihrer Hefte zeigen das deutlich. So beschreiben die Beschwerdehefte eine politische Dreieckssituation, die dem König von Frankreich durchaus noch Trümpfe belässt. Zwar ist er isoliert …, aber er bleibt zwischen Adel und Drittem Stand der Schiedsrichter in der Frage der Gleichberechtigung – hier sucht jeder in ihm die wichtigste Stütze. Er hat nicht in die … Abfassung der Beschwerdehefte eingegriffen, sondern dem Land die Möglichkeit gelassen, sich frei auszudrücken.

François Furet / Denis Richet, Die Französische Revolution, übers. v. Ulrich F. Müller, Frankfurt a. M. (Fischer) 1981, S. 88.

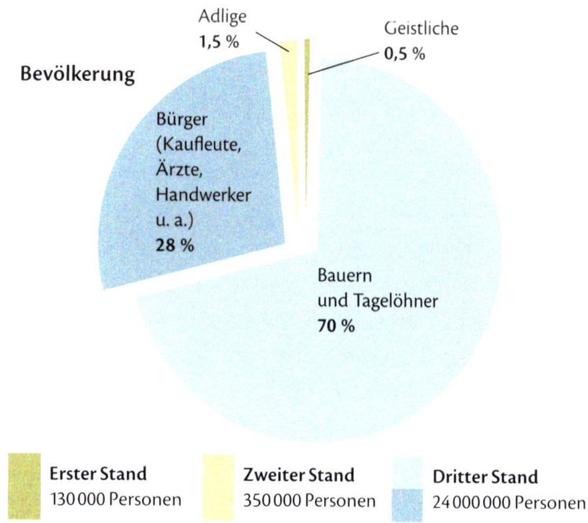

Grund-besitz

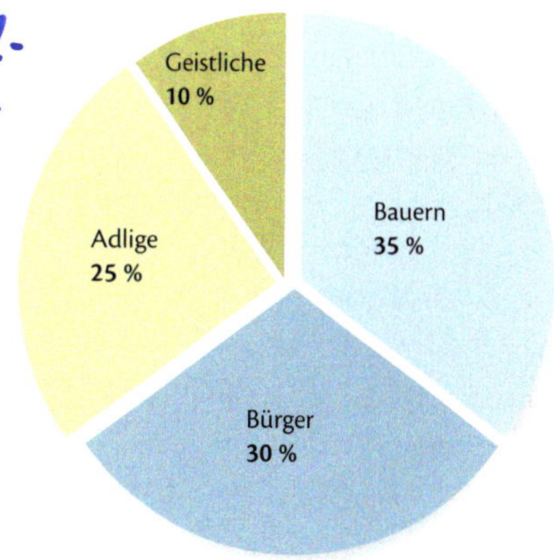

M5 **Die französische Ständegesellschaft**

Die Schaubilder in anderen Büchern zeigen besser die Unterschiede in den einzelnen Ständen

1 Erarbeite anhand von M1, worin der Finanzminister die Gründe für die Probleme des Staatshaushalts sieht.

2 Erläutere die Kreisdiagramme in M5 mithilfe des Darstellungstextes. → Legende fehlt

3 Fasse die Beschwerden der Frauen (M2) und der Bauern (M3) in je einem Flugblatt zusammen.

4 Untersuche, ob sich die Aussagen von M4 in dem Beschwerdeheft (M3) belegen lassen. Begründe.

Beschriftungen fehlen

Karikaturen entschlüsseln

Karikaturen – nur zum Lachen?

Karikaturen kennst du aus Tageszeitungen oder Zeitschriften. Meist reizen sie spontan zum Lachen, obwohl beim Nachdenken über den Inhalt vielleicht gar kein Grund zum Lachen besteht. Karikaturen sind Bilder, die zu einem aktuellen Ereignis oder Problem Stellung beziehen. Sie arbeiten mit den Mitteln der Verzerrung, Übertreibung oder Verfremdung.
Karikaturen sind ein beliebtes Instrument zur Bloßstellung politischer Gegner oder der Kritik an gesellschaftlich fragwürdigen Zuständen. Sie wollen den Betrachter unterhalten, belehren oder zu einer eigenen Stellungnahme auffordern.

Karikaturen in der Französischen Revolution

Bereits in der Antike gab es Kritik, z. B. an römischen Kaisern, in Form von bildlichen Darstellungen. Im Verlauf der Französischen Revolution erhielten die Karikaturen eine besondere Bedeutung: Sie ließen sich preiswert herstellen und leicht verbreiten, vereinfachten Zusammenhänge und erreichten so auch die unteren Bevölkerungsschichten, die kaum lesen konnten. Karikaturen wurden damit zu Mitteln der Aufklärung und der politischen Einflussnahme.

M1

„Hoffentlich ist bald Schluss", kolorierte Radierung, 1789. Diese Karikatur war 1789 in Frankreich weit verbreitet.

Arbeitsschritte

1. Schritt: Den ersten Eindruck festhalten

Notiere, was dir bei der Betrachtung der Karikatur zuerst auffällt. Wie ist deine erste Reaktion?

2. Schritt: Ideen sammeln („Brainstorming")

Sammle alle Ideen und Gedanken, die dir beim Betrachten der Karikatur einfallen.

3. Schritt: Die Einzelheiten beschreiben

Welche Personen und Sachverhalte sind erkennbar? Achte auf Gesichtsausdruck, Körperhaltung, Kleidung und kennzeichnende Gegenstände. Welche Symbole werden verwendet? Achte auf einzelne Wörter und/oder die Bildunterschrift.

4. Schritt: Die Bedeutung klären

Welche Bedeutung haben die Personen und Gegenstände? Auf welche Bildteile bezieht sich der Text? (Evtl. in einer Tabelle notieren.)

5. Schritt: Die Aussage der Karikatur formulieren

Fasse in wenigen Sätzen zusammen: Auf welche Situation, auf welches Ereignis bezieht sich die Karikatur? Was sagt die Karikatur über das Thema aus? Wie beurteilt der Zeichner das Thema? Welche Wirkung könnte die Karikatur haben?

M2

„Ich wusste doch, dass wir auch einmal dran sein würden", kolorierte Radierung, August 1789

M4

„Ich wusste doch, dass wir an die Reihe kommen", kolorierte Radierung, August 1789

M3

Spottbilder und Karikaturen

Pariser Zeitungsmeldung vom 28. August 1789:

Bei all unseren Bildermachern, sowohl bei denen des Palais Royal wie in den Läden der Bilderhändler, sieht man Kupferstiche, an denen der Pöbel[1] das allergrößte Vergnügen hat und die ihn in seinem Hass gegen die Aristokratie bestärken; es sind Spottbilder oder symbolische Karikaturen, aber voller Ausdruckskraft. Ein Stich zeigt, wie ein alter Bauer gebückt auf allen vieren läuft und auf seinem Rücken einen Edelmann und einen Bischof trägt, was am unteren Rand der Karikatur mit den Worten kommentiert wird: „Soll das immer so weitergehn?"

Zit. nach Historisches Lernen mit Bildern und Karikaturen. Handreichung des ISB, Donauwörth (Auer) 2001, S. 119.

[1] abwertende Bezeichnung für das „einfache Volk"

1 Entschlüssle die Karikatur M1 mithilfe der Arbeitsschritte. Beziehe dabei auch M3 ein.

2 Übe die Entschlüsselung von Karikaturen an M2 und M4. Schreibe einen kurzen Text und nutze den Wortschatzkasten.

3 Erörtert gemeinsam, worin bei M1, M2 und M4 der „wahre Kern" liegt bzw. worin Übertreibungen bestehen.

4 **Präsentation:** Sammelt aktuelle Karikaturen in Zeitungen oder Zeitschriften und entschlüsselt ihre Aussagen mithilfe der Arbeitsschritte. Stellt eure Beispiele in der Klasse vor.

Wortschatz

Wirkung erzielen
Reaktion herausfordern
sich auf ein Ereignis beziehen
Figuren überzeichnen
etwas verkörpern

fehlt: Informationen zum Abstimmungsmodus und den Plänen des Königs, auch den 1. u. 2 Stand zu unterstützen

Die drei Revolutionen des Sommers 1789

Der Dritte Stand erhebt sich (1. Revolution)

Die Berater König Ludwigs XVI. (1754–1793) hatten zur Lösung der Finanzkrise empfohlen, die Generalstände einzuberufen. Im Februar und März 1789 wählten deshalb alle drei Stände ihre Abgeordneten, die sich am 5. Mai 1789 zur feierlichen Eröffnungssitzung in Versailles einfanden. In seiner Eröffnungsrede ging Ludwig jedoch nicht auf die umfassenden Beschwerden der französischen Bevölkerung ein. Nachdem die Generalstände einige Wochen erfolglos verhandelt hatten, verloren die Abgeordneten des Dritten Standes die Geduld und erklärten sich zusammen mit Gleichgesinnten aus dem Ersten und Zweiten Stand zur „Nationalversammlung". Als der König deswegen wenige Tage später ihren Versammlungsraum schließen ließ, wichen die Abgeordneten in das Ballhaus des Hofes aus. Dort schworen sie sich, solange nicht auseinanderzugehen, bis Frankreich eine Verfassung besäße. Durch diese Verfassungsrevolution erklärt sie den Ständestaat für beseitigt. Dem Zeremonienmeister des Königs, der die „verfassunggebende Versammlung" auflösen sollte, teilten die Abgeordneten mit: „Die versammelte Nation empfängt keine Befehle und weicht nur vor der Gewalt der Bajonette." Kurze Zeit später empfahl Ludwig XVI. den Delegierten von Adel und Geistlichkeit, sich ebenfalls der Nationalversammlung anzuschließen. Gleichzeitig aber ließ er etwa 20 000 Soldaten der Nationalgarde um Versailles und Paris zusammenziehen.

Die städtische Revolution (2. Revolution)

Während der Vorgänge in Versailles litt die Pariser Bevölkerung Hunger, denn Brot war knapp und teuer wie nie zuvor. Als die Menschen von den Truppenbewegungen rund um ihre Stadt hörten, gerieten sie in höchste Aufregung. Geschäfte und Adelshäuser wurden geplündert und viele Einwohner bewaffneten sich. Am 14. Juli stürmte eine Menschenmenge die Bastille, das königliche Gefängnis, wo sie glaubten, Waffen zu finden. Die Festung mitten in der Stadt galt als Symbol der absolutistischen Herrschaft. Zum Schutz von Paris bildeten die Einwohner eine revolutionäre Bürgerwehr, die „Nationalgarde". Auch in vielen anderen Städten verjagten die Bürger königliche Beamte und bestanden auf Selbstverwaltung. Damit hatte sich die Revolution von der Nationalversammlung auf die Straßen verlagert.

Die Revolution der Bauern (3. Revolution)

Die Nachricht von den Ereignissen in Paris lösten bei der Landbevölkerung Panik aus. Sie hatte Angst vor einer Verschwörung des Adels und zudem kursierten Gerüchte von plündernden Räuberbanden. Vergeblich hatten die Bauern seit Monaten auf die Beantwortung ihrer Beschwerdehefte gewartet. Jetzt erstürmten sie gewaltsam an vielen Orten die Schlösser oder Klöster ihrer Grundherren, um deren befürchteten Angriffen zuvorzukommen und die Urkunden über die verhassten Frondienste und Abgaben zu vernichten.

M1 **Die Eröffnung der Ständeversammlung am 5. Mai 1789,** Ölgemälde von Auguste Couder (1790–1873), Paris um 1840

M2

Der Schwur im Ballhaus in Versailles am 20. Juni 1789, anonymes zeitgenössisches Gemälde nach einer Federzeichnung von Jacques-Louis David (1748–1825) von 1791.

M3

„Zu den Waffen!"

Ein Augenzeuge berichtete über den 14. Juli 1789:

Die Wut flammt auf. Nun gibt es in Paris nur noch einen Schrei: Zu den Waffen! … Die Menge und die Verwegensten begeben sich zum Invalidenhaus; man verlangt Waffen vom Gouverneur … Kaum hat man Waffen, so geht's zur Bastille. Der Kommandant, Graf de Launay, der gewiss überrascht war, hunderttausend Flinten mit Bajonetten zu sehen, muss sehr in Verwirrung gewesen sein. Man knallt ein oder zwei Stunden drauflos, man schießt von den Türmen herunter, was sich dort sehen lässt; Graf Launay ergibt sich; er lässt die Zugbrücke herunter, aber er zieht sie sofort wieder hoch und schießt mit Kartätschen drein … binnen einer halben Stunde ist der Platz im Sturm genommen. Es grenzt ans Wunderbare, um halb drei Uhr war die Bastille schon genommen. Die Bastille hätte sich sechs Monate halten können, aber sie wurde von Bürgersleuten und führerlosen Soldaten genommen, ohne einen einzigen Offizier! … Herrn de Launay macht man zum Gefangenen, führt ihn zum Stadthaus und schlägt ihn unterwegs halbtot. Man gibt ihm den Rest auf dem Grèveplatz und ein Schlächter schneidet ihm den Kopf ab.

Zit. nach Wolf Dietrich Behschnitt, Die Französische Revolution, Stuttgart (Klett) 1979, S. 44.

Lesetipp

Inge Ott, Freiheit!, Stuttgart (Freies Geistesleben) 1996. Roman über sechs Freunde, die sich während der Revolution verlieren und wieder finden.

1 Beschreibe M1 und M2 und vergleiche. Achte auf die Umgebung, die Personengruppen/Akteure und die Situation. Erschließe die Absicht des jeweiligen Künstlers.

2 Ordne M1, M2 und M3 mithilfe des Darstellungstextes in die politische Situation des Sommers 1789 ein.

3 Kläre anhand des Darstellungstextes die Begriffe „Generalstände", „Nationalversammlung" und „Nation".

4 Begründe, warum die Einberufung der Generalstände als wichtiger erster Schritt der Französischen Revolution gilt.

5 Schreibe einen Brief, den eine 15-jährige Pariserin ihrer Cousine in der Provinz geschrieben haben könnte. Erzähle darin von den Ereignissen in Paris.

Die Revolution geht weiter

Die Nationalversammlung handelt

Die meist aus dem Bürgertum stammenden Abgeordneten der Nationalversammlung hatten kein Interesse daran, dass das Eigentum nichts mehr zählte und die Revolution zum Chaos führte. Sie mussten rasch handeln, um die Bauern zu beruhigen. In einer stürmischen Nachtsitzung am 4./5. August 1789 beschlossen sie daher u. a. die Abschaffung der Leibeigenschaft, das Ende der Steuerbefreiung für Adel und Klerus sowie die Zulassung aller Bürger zu Ämtern in Staat und Heer. Abgaben und Frondienste konnten durch Geldzahlungen abgelöst werden.

Die Krise bleibt

Die Beseitigung der Privilegien veränderte die Ständegesellschaft. Doch die Unruhen gingen weiter, denn die meisten Bauern hatten kein Geld, um sich aus den überlieferten Verpflichtungen freizukaufen. In Paris herrschte noch immer Hunger. Die Schuld dafür schob man dem König zu, der tatsächlich ungeachtet der Revolutionsereignisse sein luxuriöses Hofleben fortsetzte. Im Oktober 1789 war die Geduld vieler Pariser erschöpft: Tausende marschierten spontan nach Versailles und erzwangen die Übersiedlung der königlichen Familie und der Nationalversammlung nach Paris. Noch forderte niemand die Absetzung des Königs. Vielmehr erwartete man, dass er zusammen mit den Volksvertretern die Probleme des Landes lösen würde: die Hungersnot, die Finanzkrise und die Opposition der Adligen, die mit militärischen Mitteln und ausländischer Unterstützung die Revolution niederschlagen wollte.

M2

Der Marsch der Frauen nach Versailles

Über die Ereignisse am 5./6. Oktober 1789 berichtete die Historikerin Susanne Petersen 1987:

Insgesamt wurde der Zug auf 8000 bis 10 000 Frauen geschätzt, die sich mit Piken, Stielen, Waffen und sogar mit einigen Kanonen auf den langen Marsch begaben ... Gegen 17 Uhr kam der Frauenzug völlig durchnässt in Versailles an. Derweil war es in Paris zu neuen Initiativen der Nationalgarde gekommen, die Frauen zu unterstützen. Während die Nationalgardisten im Anmarsch waren, wurde in der Nationalversammlung schon eine Abordnung von zwölf Frauen vorgelassen.

Die Angehörigen der Nationalversammlung signalisierten Wohlwollen und schickten dieselbe Abordnung mit ihrem Sitzungspräsidenten Mounier direkt zum König. Als die Frauenabordnung wieder zum Vorschein kam, gab sie bekannt, dass der König ausreichende Mehllieferungen und Festpreise zugesagt habe. Ein Teil der Frauen kehrte höchst zufrieden nach Paris zurück, diesmal im Wagen des Königs ... Als letzte Forderung hatten die Vertreter der 60 Pariser Bezirke auf ihrem Zettel: Der König solle mit nach Paris kommen ...

So kam es am frühen Morgen des 6. Oktober 1789 zu gewaltsamen Ausschreitungen im Schloss. Immer wieder erschallte der Ruf: „Nach Paris." In dieser Zwangslage willigten Ludwig XVI. [und die Nationalversammlung] ein. Gegen 13 Uhr marschierte ein bunt gemischter, mit vielen Zweigen und Broten geschmückter Zug im Triumph nach Paris zurück, zusammen mit „dem Bäcker, der Bäckerin und dem Bäckerburschen" [Ludwig XVI., Marie Antoinette und dem Thronfolger] als Garanten der Pariser Brotversorgung.

Zit. nach Susanne Petersen, Marktweiber und Amazonen, Köln (Pahl-Rugenstein) 1987, S. 65 ff.

M1 **„Nach Versailles!" – Aufbruch der Pariser Frauen nach Versailles am 5. Oktober 1789**

M3

Nachtsitzung der Nationalversammlung am 4./5. August 1789, Radierung von Isidore Stanislas Helman, 1789

Begriffe und Daten

Die Ereignisse im Sommer und Herbst 1789

- **5. Mai:** Eröffnung der Generalstände in Versailles.
- **17. Juni:** Die Abgeordneten des Dritten Standes erklären sich zur Nationalversammlung.
- **20. Juni:** Die Mitglieder der Nationalversammlung schwören, nicht eher auseinanderzugehen, bis Frankreich eine Verfassung besitzt (Ballhausschwur).
- **14. Juli:** Eine wütende Menschenmenge stürmt die Bastille und trägt den Kopf des ermordeten Kommandanten jubelnd durch die Stadt.
- **16./17. Juli:** Der König zieht die Truppen um Paris wieder ab und heftet sich die Kokarde an den Hut.
- **4./5. August:** Privilegien des Ersten und Zweiten Standes fallen.
  26. August: Die Nationalversammlung verabschiedet die Erklärung der Menschen- und Bürgerrechte und bestimmt sie als Grundlage der neuen Verfassung.
- **5./6. Oktober:** Zug der Frauen nach Versailles.
  Die Königsfamilie zieht nach Paris um; die Nationalversammlung folgt einige Tage später.

Begriffe und Daten

Französische Revolution

Eine Revolution (lat. revolutio = Umwälzung) wird als ein absichtlicher, zeitweise gewaltsamer und rascher Umsturz der bestehenden politischen und gesellschaftlichen Ordnung verstanden.
In der Französischen Revolution werden folgende Entwicklungen unterschieden: 1. Die Bewegung der Aufklärer. 2. Die Gründung der Vereinigten Staaten von Amerika. 3. Die Krise des monarchischen Staates. 4. Die Revolution der Nationalversammlung, die die Bürger- und Menschenrechte erklärte, die Privilegien von Adel und Klerus aufhob und eine Verfassung ausarbeitete. 5. Die Revolution der „Massen von Paris“ mit dem Sturm auf die Bastille. 6. Die Revolution der Bauern, die zum Ende der Leibeigenschaft führte.

1 Beschreibe M3 und ordne die Darstellung den Abbildungen auf den Seiten 102/103 zu.

2 Bewerte anhand des Darstellungstextes, welche Bedeutung die Revolutionsvorgänge für die Bauern hatten.

3 Untersuche die Motive und Forderungen der Frauen sowie ihre Aktion im Oktober 1789 (M1, M2).

4 **Erkundung:**
a) Erkundet, wie sich Bürger in der Demokratie heute beteiligen können. Berichtet in der Klasse.
b) Erörtert welche dieser Möglichkeiten ein „Erbe“ der Französischen Revolution sind.

Menschen sollen frei und gleich sein

Ein Beschluss nicht nur für Frankreich

Zusammen mit der Beseitigung aller Privilegien für einzelne Stände durch die französische Nationalversammlung galt die „Erklärung der Menschen- und Bürgerrechte“ vom 26. August 1789 als „Totenschein“ des Absolutismus und als Ausdruck des neuen Selbstbewusstseins der Bürger. Bereits lange vor der Revolution, in der Zeit der Aufklärung hatten die Debatten über die Menschenrechte begonnen. Sie waren für die Amerikaner von Bedeutung, als sie 1776 ihre Unabhängigkeit von England erklärten. Die Menschenrechte sollten nach dem Willen der französischen Abgeordneten nicht auf ein bestimmtes Land begrenzt sein, sondern weltweit gelten.

Menschenrechte in der neueren Geschichte

Die „Erklärung der Menschen- und Bürgerrechte“ hat alle modernen Verfassungen beeinflusst. Im 19. Jahrhundert lieferten die Menschenrechte Argumente für Reformen in den europäischen Monarchien. Nachdem im 20. Jahrhundert viele Diktaturen die Menschenrechte „mit Füßen traten“ und es im Zweiten Weltkrieg (1939–1945) zu einem Völkermord ungeahnten Ausmaßes gekommen war, setzten sich die Vereinten Nationen (UNO) für eine Stärkung der Menschenrechte ein. In der „Allgemeinen Erklärung der Menschen- und Bürgerrechte“ verpflichteten sich die Mitgliedsstaaten der UNO 1948, die Grundrechte weltweit zu verteidigen. Das Grundgesetz der Bundesrepublik Deutschland von 1949 hebt die Menschen- und Bürgerrechte in der Verfassung besonders hervor.

Weltweit finden täglich noch immer schwere Verstöße gegen die Menschenrechte statt, vor allem gegenüber Frauen, Kindern und Minderheiten, z. B. in Bürgerkriegen. Für den Schutz der Menschenrechte setzen sich international arbeitende Organisationen ein, wie z. B. „terre des hommes“ und andere Menschenrechtsorganisationen.

M1

Die Erklärung der Menschen- und Bürgerrechte,
Ölgemälde von Jean Jacques Le Barbier d. Ä., 1789/90

Begriffe und Daten

Menschenrechte
Rechte, die jedem Menschen allein durch seine Geburt zustehen, unabhängig von seiner Herkunft, seiner Stellung in Staat, Gesellschaft, Familie und Beruf sowie seiner Religion und Kultur. Auch andere Merkmale, wie Hautfarbe, Geschlecht und Sprache, lassen die jedem zustehenden Menschenrechte unberührt.

M2

Der massenhafte Thronsturz, französische Karikatur, um 1800. Inschrift links oben: „Republikanische Elektrizität gibt den Despoten einen Stromstoß, der ihre Throne umstürzt." Inschrift auf der Scheibe: „Erklärung der Menschenrechte". Inschrift auf dem Kabel: „Freiheit, Gleichheit, Brüderlichkeit, unteilbare Einheit der Republik". Beschriftungen rechts: „Der Schelm Joseph, der holländische Statthalter, der feiste George, der kleine Papst, der spanische Despot, der Tyrann von Preußen, der Herumtreiber von Sardinien, die fette Katharina".

M3

Die Menschen- und Bürgerrechte

Die Menschen- und Bürgerrechte (17 Artikel) wurden am 26. August 1789 von der Nationalversammlung beschlossen und später der Verfassung von 1791 vorangestellt:

Präambel In der Überzeugung, dass die Unkenntnis, das Vergessen oder Verachten der Menschenrechte die alleinigen Ursachen der öffentlichen Missstände und der Verderbtheit der Regierungen sind, haben die in der Nationalversammlung vereinigten Vertreter des französischen Volkes beschlossen, in einer feierlichen Erklärung die natürlichen, unveräußerlichen und geheiligten Menschenrechte darzulegen …

Art. 2 Das Ziel einer jeden politischen Vereinigung besteht in der Erhaltung der natürlichen und unantastbaren Menschenrechte. Diese Rechte sind Freiheit, Eigentum, Sicherheit und Widerstand gegen Unterdrückung.

Art. 3 Die Nation bildet den hauptsächlichen Ursprung jeder Souveränität. Keine Körperschaft und kein Individuum können eine Gewalt ausüben, die nicht ausdrücklich von der Nation ausgeht.

Art. 4 Die Freiheit besteht darin, alles tun zu können, was dem anderen nicht schadet … Diese Grenzen können nur gesetzlich festgelegt werden …

Art. 8 … Niemand kann wegen eines Gesetzes bestraft werden, das nicht vor dem Tatmoment erlassen, verkündet und angewendet worden ist …

Art. 10 Niemand darf wegen seiner Meinung, selbst religiöser Art, belangt werden, solange die Äußerungen nicht die gesetzlich festgelegte Ordnung stören.

Art. 11 Die freie Mitteilung der Gedanken und Ansichten ist eines der kostbarsten Menschenrechte; jeder Bürger kann daher frei schreiben, reden und drucken, unter Vorbehalt des Missbrauchs dieser Freiheit in den gesetzlich festgelegten Fällen …

Art. 16 Eine Gesellschaft, in der die Garantie der Rechte nicht erfolgt und die Gewaltenteilung nicht festgeschrieben ist, hat keine Verfassung.

Art. 17 Da das Eigentum ein unverletzliches und heiliges Recht ist, kann es niemandem genommen werden, außer im Falle öffentlicher Notwendigkeit unter der Bedingung einer gerechten … Entschädigung.

Zit. nach Geschichte in Quellen, Bd. 4, hg. v. Wolfgang Lautemann u. a., München (bsv) 1981, S. 199 ff. Bearb. d. Verf.

1 Überprüfe, in welchen Punkten M3 im Gegensatz zur absolutistischen Herrschaft steht.

2 Beschreibe M1 und formuliere die mögliche Aussageabsicht des Künstlers.

3 Analysiere die Karikatur M2 mithilfe der Methode „Karikaturen entschlüsseln" (siehe S. 100 f.).

4 Überprüfe, an welcher Stelle des Grundgesetzes Gedanken aus der französischen Menschenrechtserklärung (M3) aufgegriffen wurden. Recherchiere dazu den Text des Grundgesetzes im Internet.

5 **Recherche:** Informiert euch über die Arbeit von Menschenrechtsorganisationen. Stellt zusammen, in welchen Staaten sie tätig sind und für welche Ziele sie sich dort einsetzen.

Von der konstitutionellen Monarchie zur Republik

Frankreich wird konstitutionelle Monarchie

Am 3. September 1791 trat die Verfassung in Kraft, an der die Nationalversammlung seit 1789 gearbeitet hatte. Sie begrenzte die absolute Macht des Königs. Nach dem lateinischen Wort für Verfassung „constitutio" hieß die neue Staatsform konstitutionelle Monarchie. Allen Bürgern garantierte die Verfassung Freiheit und Gleichheit vor dem Gesetz. Allerdings war zur Wahl der Nationalversammlung nur etwa ein Fünftel der 25 Millionen Franzosen zugelassen, da das Wahlrecht an Steuerleistungen gebunden war und zudem alle Frauen von der Wahl ausgeschlossen waren.

Die Hinrichtung des Königs und die Republik

Zur selben Zeit drohten Preußen und Österreich damit, das absolute Königtum in Frankreich mit militärischer Gewalt wiederherzustellen. In dieser Situation erklärte die französische Nationalversammlung am 20. April 1792 Österreich und Preußen den Krieg. Da die Pariser Bevölkerung jedoch den Verdacht hatte, dass Ludwig mit Frankreichs Feinden sympathisierte, verlor der König die Unterstützung der Nationalversammlung. Die Abgeordneten erklärten ihn für abgesetzt und klagten ihn wegen Hochverrats an. Gleichzeitig beschloss die Versammlung ihre eigene Auflösung, denn ein „Nationalkonvent" sollte nach seiner Wahl eine neue, republikanische Verfassung ausarbeiten und über Ludwig urteilen. Diesmal waren alle männlichen Franzosen wahlberechtigt. Am 21. September 1792 rief der Nationalkonvent die Republik aus. Die Abstimmung über das Schicksal Ludwigs XVI. fiel knapp aus: 387 Abgeordnete waren für, 334 gegen die Todesstrafe. Am 21. Januar 1793 wurde er auf dem Schafott hingerichtet.

Die Frauen und die Revolution

Von 1789 bis 1793 entstanden in Frankreich viele Frauenklubs, die für die volle politische Gleichberechtigung der Frauen eintraten. Sie beriefen sich dabei auf die Menschenrechte. Da jedoch Frauen nicht wählen durften, strebten sie mit anderen Mitteln nach politischem Einfluss: über Eingaben an den Nationalkonvent, als „aktive" Zuschauerinnen bei seinen Sitzungen oder durch Straßendemonstrationen. Die Schriftstellerin und Journalistin Olympe de Gouges verfasste 1791 die „Erklärung der Rechte der Frau und der Bürgerin", in der unter anderem stand: „Die Frau hat das Recht, das Schafott zu besteigen. Sie muss gleichermaßen das Recht haben, die Rednertribüne zu besteigen." Erfolge für die Frauen waren die Gleichstellung weiblicher und männlicher Erben und die Einführung der Zivilehe, die ihnen – im Gegensatz zur kirchlichen Eheschließung – die Scheidung ermöglichte. Das Wahlrecht erhielten die französischen Frauen allerdings erst 1944.

M1 **Ludwig XVI. bei seiner Verhaftung in Varennes am 20. Juni 1791 – nach einem gescheiterten Fluchtversuch nach Belgien,** Kupferstich, 1791

1. Schildere anhand von M1 deinen Eindruck von der Gefangennahme Ludwigs XVI. in Varennes. Nimm die Methode „Ein Bild entschlüsseln" (siehe Anhang) zu Hilfe. Welchen Standpunkt bezieht der Zeichner? Begründe.
2. Untersuche anhand des Darstellungstextes, wie innen- und außenpolitische Entwicklungen miteinander zusammenhingen.
3. Erörtert gemeinsam anhand des Darstellungstextes die politischen Aktivitäten von Frauen. Vergleicht mit der Gegenwart.

Das Schema ist gut (Wahlmänner) Aufgaben sind nicht konkret genug

Ein Verfassungsmodell interpretieren

Die Verfassung als Schaubild

Gesetzestexte wie z. B. Verfassungen sind schwer zu erschließen, nicht nur aufgrund ihrer Ausdrucksweise, sondern weil sie komplizierte Sachverhalte enthalten. Schaubilder werden oft benutzt, um Zusammenhänge bzw. Formulierungen zu vereinfachen und zu verdeutlichen. Allerdings ist auch hier die Voraussetzung, dass du ihre „Sprache" verstehst.

M1 **Die französische Verfassung von 1791**

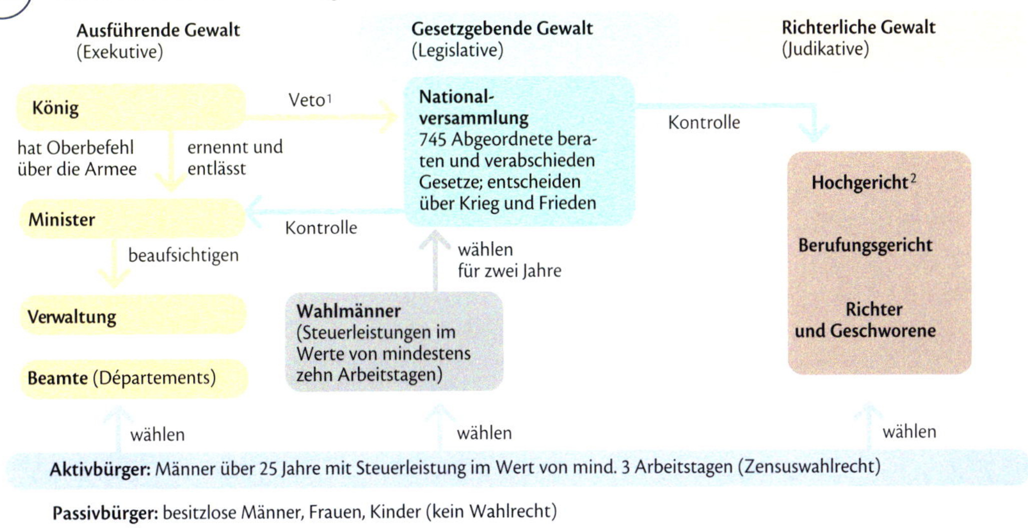

[1] Durch ein aufschiebendes Veto, d. h. Einspruchsrecht, konnte der König bis zu sechs Jahre verhindern, dass ein von der Nationalversammlung verabschiedetes Gesetz in Kraft trat.

[2] Für Anklage gegen Minister, hohe Beamte und Staatsverbrecher

Lernen Geschichte und Geschehen 13 (alt) (Folie)

Arbeitsschritte

1. Schritt: Einzelne Elemente des Schaubildes erfassen
- Welche (Fach-)Begriffe werden genannt?
- Welche Symbole sind zu erschließen (z. B. Farben, Pfeile)?

2. Schritt: Den Aufbau untersuchen
- Wie ist das Schaubild zu lesen: von unten nach oben, von links nach rechts – oder umgekehrt?

zu kurz

3. Schritt: Den Inhalt erschließen
- Welche Informationen enthält das Verfassungsschema?
- Gibt es Hilfen, um diese Informationen zu verstehen?
- Wird deutlich, wie die einzelnen Elemente der Verfassung in Beziehung zueinander stehen? Wer kann z. B. politisch (mit-)bestimmen und wie? Sind alle Elemente einander gleichgestellt oder gibt es z. B. ein „Oben" und „Unten"? Welche Konsequenzen hat dies?
- Was bleibt unklar bzw. ungenau, sodass weitere Recherchen notwendig sind?

4. Schritt: Die Aussagekraft bewerten
- Lassen sich anhand des Schemas die Grundprinzipien der Verfassung formulieren?
- Ist es möglich, aus dem Schema „Stärken" und „Schwächen" der Verfassung zu erkennen?

5. Schritt: Den historischen Zusammenhang einbeziehen

Da ein Verfassungsschema keine Quelle, sondern deren wissenschaftliche Interpretation ist, muss es anhand von weiteren Informationen überprüft werden.

1 Analysiere M1 mithilfe der Arbeitsschritte.

2 Erläutere die Rolle des Königs und beurteile seine Macht nach der Verfassung.

3 Sind die Forderungen der verschiedenen Gruppen in der Revolution erfüllt?

Konflikte im Inneren und Krieg nach außen

Girondisten, Jakobiner und Sansculotten

Von Beginn an wurden die Debatten im Nationalkonvent von zwei politischen Gruppierungen beherrscht, und zwar von den „Jakobinern", die nach ihrem Versammlungsort, dem Jakobskloster, benannt waren. Diese Vereinigung, die seit 1789 für die Ablösung der Monarchie durch eine soziale Republik und direkte Volksherrschaft eingetreten war, hatte zunehmend an Einfluss gewonnen.
Auf der anderen Seite standen die „Girondisten", so genannt, weil ihre bekanntesten Redner aus der Landschaft Gironde in Südwestfrankreich kamen. Auch sie waren für die Republik, aber gegen direkte Volksherrschaft und radikale soziale Reformen. Sie traten für die Einhaltung der Verfassung und den Schutz der Grundrechte ein.
Die Jakobiner hatten mit dem Versprechen, eine Gesellschaft zu begründen, in der alle einen ungefähr gleichen Besitzstand hatten, viele Anhänger unter den Pariser Kleinbürgern gewonnen. Diejenigen unter ihnen, die aktiv für diese Ziele kämpften, nannten sich „Sansculotten", d.h. „Ohnehosen", weil sie nicht die Kniehose, das typische Kleidungsstück des Adels, trugen.

Das Land kommt nicht zur Ruhe

Auch nach der Ausrufung der Republik und der Hinrichtung des Königs gingen die Unruhen in Frankreich weiter. Nicht nur in Paris herrschte Hunger. Frankreichs Wirtschaft befand sich am Abgrund: Sowohl in der Landwirtschaft als auch im Gewerbe war die Produktion ins Stocken geraten; viele Menschen waren arbeitslos. Gerade sie trafen die hohen Lebensmittelpreise besonders hart. Gleichzeitig verlor das Geld immer mehr an Wert. Die staatliche Verwaltung war in vielen Landesteilen zusammengebrochen. Nicht nur in den unteren Bevölkerungsschichten herrschte angesichts dieser Zustände Unzufriedenheit. Vermögende Bürger, die um ihr Eigentum fürchteten, und Königstreue nutzten die chaotische Situation zu Aufständen.

Die Revolutionskriege

Durch die Kriegserklärung 1792 an Österreich und Preußen wollten die Girondisten einem drohenden Angriff der verbündeten Monarchien gegen das revolutionäre Frankreich zuvorkommen und zugleich durch den gemeinsamen Kampf gegen den äußeren Feind die inneren Konflikte im Land überwinden. Tatsächlich stärkte der Krieg trotz anfänglicher Niederlagen das Nationalgefühl der Franzosen, die die Ideen der Revolution an die noch unterdrückten Völker weitergeben wollten. Die Revolutionsheere errangen einen Erfolg nach dem anderen: Sie besetzten die Niederlande und das linke Rheinufer. Diese Eroberungspolitik und die Hinrichtung König Ludwigs XVI. ließen weitere europäische Fürsten wie den englischen und den spanischen König in den Krieg eintreten, sodass sich Frankreich im Jahre 1793 von Feinden umringt sah, während zugleich im Inneren weiter Aufstände tobten.

Radikalisierung der Revolution

Die Pariser Massen und die Jakobiner machten für diese gefährliche Entwicklung die Girondisten verantwortlich und warfen ihnen falsche Kriegsführung, ja sogar Zusammenarbeit mit dem Feind vor. Als die von den Sansculotten beherrschten Versammlungen der Pariser Stadtteile forderten, mit aller Härte gegen die so genannten „Feinde der Revolution" vorzugehen, schalteten die Jakobiner die Girondisten im Nationalkonvent aus: Die meisten wurden verhaftet und hingerichtet. Auf die äußere Gefahr reagierten die jakobinischen Machthaber mit der „Levée en masse" (Erhebung der Massen). Alle Kräfte des Volkes sollten für den Krieg mobilisiert werden, und in der Tat gelang es dem Volksheer, an den Fronten die Oberhand zu gewinnen. Im Inneren jedoch herrschten Chaos und Terror.

M1 **Guillotine (Modell),** 20. Jh. Die Guillotine wurde 1792 auf Vorschlag des Arztes Josephe Guillotin als einfaches und schnelles Hinrichtungsinstrument in Frankreich eingeführt. Während der Terrorherrschaft fanden durch sie etwa 17 000 Franzosen den Tod.

Der „Wohlfahrtsausschuss"

Angesichts der kritischen Situation, in der sich Frankreich befand, bildeten die Jakobiner eine „Revolutionsregierung": Der Konvent legte alle Macht in die Hände von Ausschüssen, deren wichtigster der „Wohlfahrtsausschuss" war. Zum Vorsitzenden des Wohlfahrtsausschusses wurde Maximilien de Robespierre gewählt. Er ließ z. B. Umzüge zu Ehren der Göttin „Vernunft" veranstalten, die das Gemeinschaftsgefühl der Franzosen stärken sollten. Ein neuer Kalender ohne christliche Feiertage wurde eingeführt, und mit dem Tag der Ausrufung der Republik (21. September 1792) begann das Jahr 1 der neuen Zeitrechnung. Diese Neuerungen überschattete der Schrecken, den das Revolutionsgericht verbreitete. Es sollte alle „gegenrevolutionären" Bestrebungen verfolgen. Seine Todesurteile standen oft schon vor der Verhandlung fest. Die Karren mit Verurteilten, die zur Guillotine rollten, gehörten in dieser Zeit zum gewohnten Stadtbild.

Das Ende des Schreckens

Angesichts des Schreckens protestierten gemäßigte Republikaner und sogar Sansculotten gegen die Politik Robespierres. Auch der Nationalkonvent akzeptierte die Gewaltherrschaft nicht mehr und beschloss die Hinrichtung Robespierres. Mit seinem Tod war die Terrorherrschaft in Frankreich beendet. Eine neue Verfassung brachte wieder die Gewaltenteilung und überließ die Exekutive einem fünfköpfigen „Direktorium". Das Wahlrecht wurde wie 1791 an die Steuerleistung, den Zensus, gebunden. Wie am Anfang der Revolution standen sich Anhänger der Monarchie und kleinbürgerliche Massen der Hauptstadt gegenüber.

Biographie

Maximilien de Robespierre

Robespierre (1758–1794) war Rechtsanwalt und in der Nationalversammlung Abgeordneter des Dritten Standes. In seinen Reden vertrat er die Ideen der Aufklärung. Sein Name steht für die Zeit der Terrorherrschaft, die der „Wohlfahrtsausschuss" unter seinem Vorsitz ausübte. Am 27. Juli 1794 wurde Robespierre von seinen engsten Freunden gestürzt und am folgenden Tag hingerichtet.

M2

Verhör vor einem Revolutionsgericht,
kolorierte Radierung, 1792

M3

Das Gesetz über die Verdächtigen

Am 17. September 1793 erließ der Wohlfahrtsausschuss folgendes Gesetz:

Art. 1 Sofort nach Verkündung des vorliegenden Dekrets werden alle verdächtigen Personen, die sich auf dem Territorium der Republik aufhalten und noch in Freiheit befinden, in Haft genommen.

Art. 2 Als verdächtige Personen gelten:
1. Alle, die sich durch ihr Verhalten ... oder durch ihre ... geäußerten Ansichten als ... Feinde der Freiheit zu erkennen gegeben haben;
2. Alle, die sich nicht auf die ... vorgeschriebene Weise über ihre Existenzmittel und die Erfüllung ihrer Bürgerpflichten ausweisen können; ...
5. Alle diejenigen vormaligen Adligen ..., die nicht dauernd ihre Verbundenheit mit der Revolution unter Beweis gestellt haben.

Zit. nach Geschichte in Quellen, Bd. 4, hg. v. Wolfgang Lautemann u. a., München (bsv) 1981, S. 377 f.

1 Erstelle anhand des Darstellungstextes und des Kastens eine Zeitleiste der Ereignisse von 1789 bis 1794.

2 Interpretiere M2 mithilfe der Methode „Bildquelle entschlüsseln" (siehe Anhang).

3 „Die Revolution frisst ihre Kinder." Erkläre diesen Satz mithilfe deiner Kenntnisse über den Verlauf der Französischen Revolution.

4 **Gruppenarbeit:** Vergleicht M3 mit Artikel 10 und 11 der Menschenrechtserklärung S. 107. Diskutiert anschließend, ob in Notzeiten das Recht auf freie Meinungsäußerung und ein ordentliches Gerichtsverfahren aufgehoben werden dürfen.

Eine Textquelle analysieren

Den Text von verschiedenen Seiten betrachten

Anstelle der Arbeitsschritte findest du auf dieser Methodenseite ein Modell zur Analyse schriftlicher Quellen (M3). Eine bestimmte Schrittfolge bei der Bearbeitung ist nicht vorgegeben. Sinnvoll ist es aber, zunächst mit dem Autor und den Informationen zur Textquelle zu beginnen. Zu der Textquelle M1 sind einige Angaben als Lösungshilfe angeführt. Bedenke, dass nicht zu jedem Quellentext alle Fragen beantwortet werden können. Und selbst wenn du die Quelle zum „Sprechen" gebracht hast: Mit ihr kannst du nur einen kleinen Ausschnitt der Vergangenheit rekonstruieren.

Informationen über den Autor:
43 Jahre alt (1789), Pädagoge, Sprachforscher, Zeitzeuge

Lagebeschreibung:
trotz Anarchie und Brotknappheit noch ruhig (Z. 1–4)

Schlüsselbegriffe:
Volk
Anarchie (Gesetzlosigkeit)
Brotmangel
Zerrüttung der bürgerlichen Verhältnisse
neue Konstitution
Bedrohung durch Aristokraten und Volk, das unbändig und zügellos ist (Z. 5–30)

Schlüsselaussage Position des Autors:
Konstitution (Verfassung) größtes Denkmal unseres Jahrhunderts; positive Bewertung (Z. 22–23)

Schlüsselbegriffe:
Vernunft und Menschenrecht als Grundlage der Verfassung (Z. 24)

M1

Ein Brief aus Paris

Johann Heinrich Campe (1746–1818), deutscher Pädagoge und Sprachforscher, verfasste „Briefe aus Paris", die zuerst im „Braunschweiger Journal" veröffentlicht wurden. In einem Brief vom 14. August 1789 schrieb er:

In Paris ist unterdes nichts Neues vorgefallen. Das Volk hält sich, trotz der fortdauernden Anarchie und trotz des knappen Brotvorrats, kleine unbedeutende Auftritte abgerechnet, noch immer ruhig – zum Erstaunen aller, welche wissen, was die Worte Volk, Anarchie und Brotmangel in Verbindung miteinander zu bedeuten haben … Ob indes dieser unerhörte Zustand von Mäßigung und Ruhe, bei fortwährender Gesetzlosigkeit und Zerrüttung der bürgerlichen Verhältnisse, noch lange andauern wird? … Es kann daher und wird wahrscheinlich noch zu blutigen Auftritten kommen, weil es unmöglich scheint, dass die neue Konstitution so geschwind vollendet und an allen ihren Teilen an die Stelle der alten gesetzt werden könnte, als nötig wäre, wenn man jener Verwilderung zuvorkommen wollte. Unterdes werden die geheimen Bemühungen der Aristokraten, die neue Freiheit, wo möglich, in ihren Keimen zu zerknicken, fortdauern; unterdes werden der Adel und die Geistlichkeit, sowohl in der Nationalversammlung als auch im Lande, ihre letzten Kräfte aufbieten, um der Vollendung des größten Denkmals unseres Jahrhunderts, einer auf Vernunft und Menschenrecht gegründeten Konstitution, tausend Hindernisse und Schwierigkeiten in den Weg zu legen; unterdes wird das Volk immer argwöhnischer, immer eifersüchtiger auf seine neue Freiheit, an die es noch nicht gewöhnt ist, immer rascher in seinem Verfahren, immer unbändiger und zügelloser werden; und – der Menschenfreund wendet mitleidig seine Augen von den Gräueln weg, welche die Folge davon sein können! …

Zit. nach Irmgard und Paul Hartig, Die Französische Revolution im Urteil der Zeitgenossen und der Nachwelt, Stuttgart (Klett) 1980, S. 6 f.

Quellenart:
zur Veröffentlichung bestimmter Brief

Adressat:
Leser in Deutschland; Einflussnahme auf die Einstellung der Öffentlichkeit zur Französischen Revolution?

Geschichtlicher Hintergrund:
Was geschah vor und nach dem 14. August 1789?
Mai: Generalstände,
Juni: Nationalversammlung,
14. Juli: Sturm auf die Bastille,
4. August: Abschaffung der Privilegien,
26. August: Erklärung der Menschen- und Bürgerrechte

Frage: Wie geht die Revolution weiter?

Prognose: wahrscheinlich „blutige Auftritte" (Z. 11–12)

Gegner (Feinde) der Revolution: Aristokraten (Adel und Geistlichkeit) (Z. 17–26)

Stimmung im Volk (Z. 26–30)

Sicht des Autors
Vorahnung: Gräuel

M2

Aus dem Tagebuch eines Kleinbauern

Der Kleinbauer und Garnhausierer Ulrich Bräker (1735–1798) entfloh 1756 einem preußischen Werbeoffizier und lebte später in seiner Schweizer Heimat. In Kenntnis der Briefe Campes schrieb er im März 1791 in sein Tagebuch über die französischen Zustände:

Und noch jetzt nicht könnt ich glauben, dass es mit Frankreichs Freiheit so ganz im Reinen wäre: in einem so weitläufigen Reich – wo so viele Millionen Menschen wohnen – mag es wohl auch heißen, viel Köpf viel Sinnen – zudem so starke Parteien von den Angesehensten im Reich – die immer offensichtlich und im Verborgenen gegen die Freiheit arbeiten. Der Adel und die Geistlichkeit sind allzu stark heruntergesetzt – als dass sie nicht sollten alles anwenden, ihre Vorrechte geltend zu machen ...

Wie sehr fällt diese Nation von einem Extrem aufs andere. Vorher war der gemeine Haufen allzu sehr Sklav, der Adel und die Großen dieser Nation beherrschten den sonst souveränen König und übertrieben ihre despotische Macht bis zur Tyrannei. Man denke nur, wie eine solche Herabsetzung in die gemeine Bürgerklasse schmerzen müsse. Auch die Geistlichen werden es nimmermehr zugeben, da ihr Einkommen geschmälert und von den Ständen bestimmt werden soll. Diese Klasse ist der Nation die allergefährlichste, doch wenn nur die auswärtigen Mächte so menschlich gesinnt wären, keine Partei zu nehmen, sondern zu einem gütigen Vergleich die Hand bieten würden, dann möchts angehen. Aber wenn der Tanz angehen sollte, ... dann würdest du sehen – Franzmann, welche Schlangen du in deinem Busen genährt – mir schaudert von den Ahnungen, wie es alsdann in deinen Eingeweiden hergehen möchte ... Es wird also erlaubt sein, dato noch an der Dauerhaftigkeit der französischen Freiheit zu zweifeln.

Zit. nach Praxis Geschichte, Französische Revolution, H. 1 (1989), S. 42.

M3

Modell zur Analyse von Textquellen

Geschichtlicher Hintergrund

- In welche geschichtliche Situation lässt sich die Quelle einordnen?
- Ist ein Vergleich mit anderen Quellen und Darstellungen möglich?
- Welche weiteren Informationen sind zum besseren Verständnis notwendig?

Autor

- Wer hat den Text verfasst?
- In welchem Verhältnis steht er zum Ereignis?
- Was konnte er wissen (nicht wissen)?
- Lässt sich ein bestimmter Standpunkt des Autors feststellen?

Textquelle

- Welche Quellenart liegt vor?
- Wie lautet die Datierung?
- Gibt es eine Überschrift (ein Thema)?
- Wie lässt sie sich gliedern?
- Was ist aus der Quelle zu erfahren?
- Wie lautet die Kernaussage?
- Lassen sich Schlüsselbegriffe finden?
- Werden die Aussagen begründet?
- Sind die Aussagen schlüssig/widersprüchlich?
- Ist die Quelle glaubwürdig?
- Für wen, in welcher Absicht wurde der Text verfasst?

Adressat

- An wen ist der Text gerichtet (Privatperson, Machthaber, Amt, Öffentlichkeit, Nachwelt)?
- In welchem Verhältnis steht der Adressat zum Autor?
- Könnte die Art des Adressaten Einfluss auf den Inhalt des Textes haben?

Fragestellung aus heutiger Sicht

- Auf welche Frage(n) suchen wir eine Antwort?
- Welches Wissen bringen wir in die Analyse und Beurteilung ein?
- Beeinflussen Faktoren unserer Zeit unser Urteil?

1 Erarbeite M1 mithilfe der Lösungsvorschläge und ergänze offene Punkte, wie zum Beispiel zu „Fragestellung aus heutiger Sicht" und zur „Textquelle".

2 Wende das Modell (M3) auf M2 an. Lege vorher fest, wie du vorgehen willst (z. B. Autor – Textquelle – Adressat usw.).

Die Alleinherrschaft Napoleons

Ein General wird „Kaiser der Franzosen“

Napoleon Bonaparte (1769–1821) stieg als Offizier während der Revolutionskriege in der Armee auf. 1799 verließ er nach einer Niederlage gegen die Engländer Ägypten und kehrte nach Paris zurück, wo er mithilfe der Armee die Direktoriumsregierung stürzte und das Parlament entmachtete. Noch im selben Jahr trat eine neue Verfassung in Kraft. Sie sah vor, dass Napoleon als „Erster Konsul“ über die meiste Macht verfügte.

Neu in dieser Verfassung war das Plebiszit: die direkte Entscheidung des Volkes über Fragen, die ihm von Napoleon vorgelegt wurden. Er benutzte es als Instrument, um seine Alleinherrschaft zu festigen. 1802 ließ er sein Konsulat durch ein Plebiszit auf Lebenszeit verlängern. 1804 krönte er sich im Beisein des Papstes selbst zum „Kaiser der Franzosen“. Nach militärischen Niederlagen in den Eroberungskriegen in Europa wurde Napoleon 1814 entmachtet und nach Elba verbannt. Er kehrte noch einmal für 100 Tage zurück, wurde aber 1815 in der Schlacht bei Waterloo endgültig besiegt.

Warum akzeptierte das Volk die Alleinherrschaft?

Verschiedene Erklärungen sind möglich: Zunächst hatte Napoleon die Gefahr beseitigt, von den europäischen Mächten besiegt zu werden. In der Innenpolitik gelang ihm geschickt der Ausgleich von Gegensätzen zwischen zurückkehrenden adligen Emigranten und dem Großbürgertum, das als Käufer von Grundbesitz Gewinn aus der Revolution gezogen hatte. Außerdem erreichte er die Versöhnung mit der katholischen Kirche. Zu den Erfolgen zählte sicherlich auch das neue Gesetzbuch aus dem Jahr 1804, der „Code civil“ (auch „Code Napoléon“ genannt). Es wurde zum Vorbild für Gesetzbücher in anderen Ländern. Im wirtschaftlichen Bereich gelang es Napoleon, die Geldentwertung zu beenden. Zu kurz kamen die kleinen Lohnempfänger, denen z. B. das Streikrecht genommen wurde. Damit in der Öffentlichkeit nur Zustimmung und Bewunderung zu hören waren, setzte er Pressezensur und Bespitzelung durch.

M1

Napoleon und die Republik

Aussagen Napoleons zu politischen Fragen:

1 A Tagesbefehl Napoleons (Italien, 14. Juli 1797): Soldaten, heute ist die Jahresfeier des 14. Juli … ich weiß, ihr seid tief betrübt über die Leiden, die dem Vaterland drohen; aber das Vaterland kann nicht ernstlich gefährdet werden. Hier stehen die Männer, die es zum Triumph über das verbündete Europa geführt haben. Berge trennen uns von Frankreich; ihr würdet sie mit Adlerflügeln überqueren, wenn es nötig sein sollte, um die Verfassung aufrechtzuerhalten, die Freiheit zu verteidigen … und die Republik zu schützen.

1 B Napoleon zu dem französischen Gesandten in der Toskana (1. Juli 1797): Glauben Sie vielleicht, dass ich eine Republik begründen will? … Das ist eine Wahnvorstellung, in die die Franzosen vernarrt sind, die aber auch wie so manches andere vergehen wird. Was sie brauchen, ist Ruhm, die Befriedigung ihrer Eitelkeit, aber von der Freiheit verstehen sie nichts. Blicken Sie auf die Armee! Die Triumphe … haben den wahren Charakter des französischen Soldaten wieder hervortreten lassen. Für ihn bin ich alles … Die Nation braucht einen Führer und keine Reden von Ideologien*, die die Franzosen … nicht verstehen.

M1A und M1B zit. nach Irmgard und Paul Hartig, Die Französische Revolution, Stuttgart (Klett) 1984, S. 112 f.

M2

Napoleon beim Übergang über den Großen St. Bernhard, Gemälde von Jacques-Louis David, 1800/1801

M3

Aus dem „Code civil"

Die neue Gesetzgebung, die unter Napoleon 1804 in Kraft trat und auch in den von Frankreich besetzten Staaten galt, legte unter anderem fest:

8. Jeder Franzose soll Civil-Rechte[1] genießen.

9. Wer in Frankreich von einem Fremden geboren ist, ist berechtigt, … die rechtliche Eigenschaft eines Franzosen in Anspruch zu nehmen; nur muss er … [in Frankreich] sein Domizil [aufschlagen] …

144. Mannspersonen können nicht heiraten, ehe sie das achtzehnte Jahr, Frauenzimmer nicht, ehe sie das fünfzehnte Jahr zurückgelegt haben …

146. Ohne Einwilligung gibt es keine Ehe.

147. Man kann keine zweite Ehe schließen, ohne dass die erste aufgelöst ist …

165. Die Ehe soll öffentlich vor dem Civil-Beamten des Ortes … geschlossen werden …

213. Der Mann ist seiner Frau Schutz und die Frau ihrem Manne Gehorsam schuldig …

215. Die Frau kann ohne die Autorisation[2] ihres Mannes nicht vor Gericht stehen, selbst dann nicht, wenn sie öffentlich in ihrem eigenen Namen Handelsgeschäfte treibt, mit ihrem Manne in keiner Gütergemeinschaft lebt oder ihr Vermögen ausschließlich für sich allein genießt.

Zit. nach Bernd Sösemann, Revolution und Reform, Stuttgart (Klett) 1997, S. 54 f.

[1] Bürgerrechte
[2] Erlaubnis

M5

Napoleon – Umgestalter Frankreichs

Der französische Historiker Jaques-Olivier Boudon schrieb 2004:

Sehr bald, schon am 17. Februar 1800, reformiert ein Gesetz die Verwaltung: Der Rahmen des Departements, ein Erbe der Revolution, wird beibehalten, aber an seine Spitze wird ein einzelner Repräsentant, der Präfekt, gestellt – die unverzichtbare Schaltstelle zwischen Regierung und Bürgern. Dieses Amt erweist sich als wesentliches Instrument der Zentralisationspolitik … Der Staat braucht unbedingt gesunde Finanzen. Bonaparte schafft keine neuen Steuern, aber er rationalisiert das System der Steueraufteilung und -erhebung, damit die Steuern tatsächlich in die Staatskassen fließen …

Von 1800 an beschäftigt Bonaparte … Juristen mit der Herausgabe neuer Gesetze … Mithilfe dieser Reformen installiert Bonaparte eine neue Gesellschaft, die endgültig mit der Ständegesellschaft … bricht. Er fördert eine individualistische Gesellschaft, die sich auf Familie und Eigentumsrecht gründet. Das Modell des Bürgertums herrscht vor, das der patriarchalischen Familie, in der die Rolle der Frau unbedeutend ist, aber in dem die Kinder gleiches Erbrecht erhalten – das bedeutet das Ende des Rechts des Erstgeborenen.

Jaques-Olivier Boudon, Napoleon und seine Zeit. In: Praxis Geschichte, H. 6 (2004), S. 6 f.

M4

Napoleon überquert die Alpen,
kolorierter Kupferstich von Alphonse Francois, 1853 (Ausschnitt)

1. Stelle anhand des Darstellungstextes die Machtergreifung und Politik Napoleons in einer Zeitleiste dar.
2. Erschließe mithilfe von M1 die politischen Aussagen Napoleons und seine Einstellung zu den Idealen der Revolution.
3. Untersuche, ob sich Ideen der Französischen Revolution im Code civil widerspiegeln (M3).
4. Vergleiche M2 mit M4 und beschreibe, welche „Bilder" über den Herrscher vermittelt werden.
5. Erarbeite anhand von M3 und M5, welche Reformen Napoleon durchsetzte. Nimm begründet Stellung.

Wirkungen der französischen Vorherrschaft auf dem Kontinent

Eroberungskriege in Europa

Während es den französischen Truppen anfangs um die Landesverteidigung und die Ausbreitung der Ideen der Revolution gegangen war, führte Napoleon vor allem Eroberungskriege. Bis 1812 errichtete er eine Vormachtstellung Frankreichs auf dem Kontinent. Nur England konnte dem militärischen Druck standhalten.

Napoleon und Deutschland

Anders verhielt es sich mit der Beziehung zum „Heiligen Römischen Reich“ unter der Führung des deutschen Kaisers. Die Eroberungspolitik Napoleons hatte die Situation in den einzelnen Staaten des Reiches tiefgreifend verändert. Bereits 1801 waren alle Länder links des Rheins von Frankreich besetzt worden und blieben bis 1813 Teil des französischen Kaiserreichs. Unter dem Druck Napoleons wurde das „Heilige Römische Reich Deutscher Nation“ aufgelöst: 1806 legte der letzte Kaiser, Franz II., die Krone nieder. Nicht alle Fürsten der rechtsrheinischen Territorien sahen in dieser Entwicklung einen Nachteil: Um einen Schutzwall gegen Österreich zu errichten, bildete Napoleon nämlich aus kleinen und kleinsten Territorien eine Reihe neuer Staaten mittlerer Größe. Herrschaftsgebiete, die dem Kaiser direkt unterstellt gewesen waren, z. B. die Reichsstädte, wurden in größere Staaten eingegliedert (Mediatisierung). Geistliche Gebiete wurden aufgelöst und den größeren Staaten zugeschlagen (Säkularisierung). Auf diese Weise konnten z. B. die Landesherren von Bayern, Württemberg und Baden ihren Machtbereich vergrößern, und 1807 entstand aus kleineren hessischen, hannoverschen, sächsischen und preußischen Gebieten das „Königreich Westfalen“.

Unter der Vorherrschaft Napoleons schlossen sich 16 deutsche Fürsten mit ihren neuen Gebieten zum so genannten Rheinbund zusammen (1806). Bayern und Württemberg wurden damals Königreiche – gleichzeitig standen sie weiterhin unter Napoleons direktem Einfluss und kämpften im Krieg an seiner Seite.

1 Beschreibe anhand des Darstellungstextes und M1 die Machterweiterung Frankreichs unter Napoleon.

2 Stelle Vor- und Nachteile der Neuordnung Deutschlands aus verschiedenen Perspektiven dar (z. B. Frankreich, kleinere und größere weltliche und geistliche Territorien).

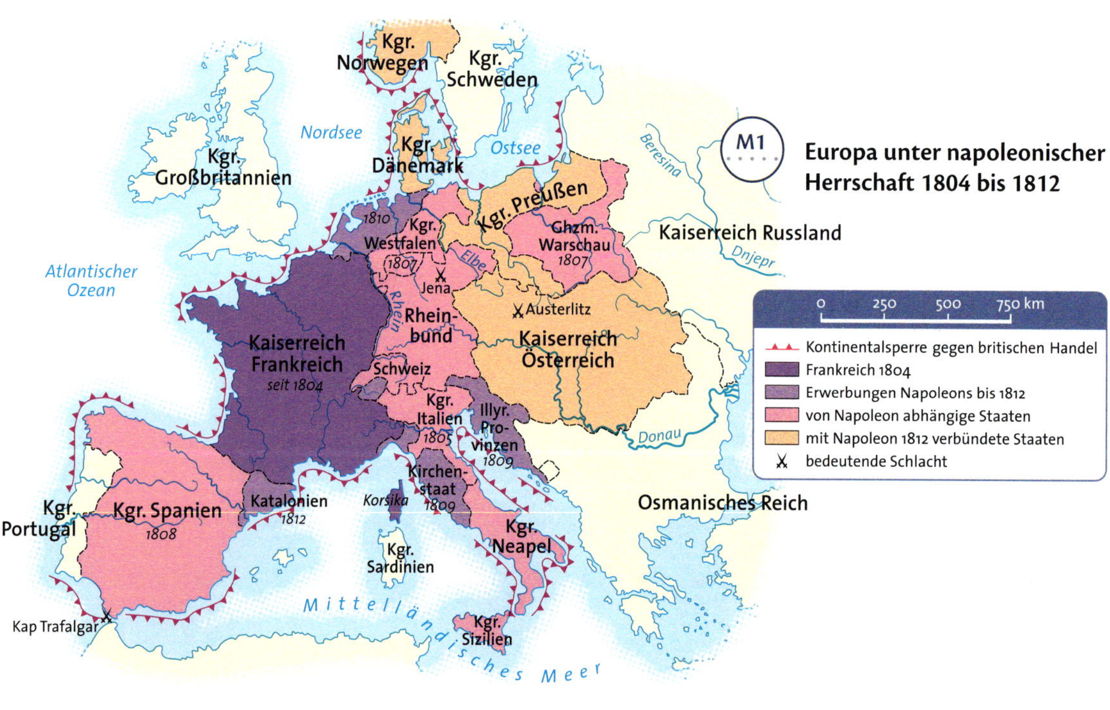

M1 Europa unter napoleonischer Herrschaft 1804 bis 1812

Die Französische Revolution und Europa

M1

Menschen aus verschiedenen Gruppen der Gesellschaft in der Französischen Revolution

Überprüfe, was du kannst

Sachkompetenz

1 Identifiziere die Figuren (M1) und ordne sie den Ständen bzw. gesellschaftlichen Gruppen zu. Tipp: Du findest alle im Kapitel wieder.

2 Skizziere die Figuren (M1) und formuliere in Sprechblasen, wie sie sich vorstellen und über ihre politischen Ansichten berichten.

Methodenkompetenz

3 Sieh im Kapitel nach, in welcher Abbildung die Figuren (M1) jeweils vorkommen. Entscheide, welche der Abbildungen du als Karikatur (siehe S. 100 f.) bezeichnen würdest? Begründe deine Meinung.

Urteilskompetenz

4 **Rollenspiel:** Die Figuren (M1) werden in einer Diskussionsrunde aufgefordert zur Französischen Revolution und deren Folgen Stellung zu beziehen.

Handlungskompetenz

5 Fertigt in Gruppen Plakate an, die die Figuren (M1) als Vertreter ihrer gesellschaftlichen Gruppe porträtieren. Achtet auf die Unterscheidung zwischen Entnahmen (Zitate o. Ä.) aus dem Kapitel und euren eigenen Formulierungen.

1776
Unabhängigkeitserklärung der USA

1789
Französische Revolution und Erklärung der Menschen- und Bürgerrechte

1791
Frankreich wird zur konstitutionellen Monarchie

1793/94
Schreckensherrschaft der Jakobiner

1799 bis 1814
Alleinherrschaft Napoleons

1801 bis 1813
Französische Vorherrschaft auf dem europäischen Kontinent

1804
Kaiserkrönung Napoleons und „Code civil"

1806
Ende des Heiligen Römischen Reiches Deutscher Nation und Rheinbund

1814
Entmachtung Napoleons

1775 1785 1795 1805 1815

Deutschland im 19. Jahrhundert – Restauration, Revolution und Reichsgründung

Wissen • Urteilen • Handeln • Methoden anwenden

Am Ende dieses Unterkapitels kannst du

- beschreiben, wie Europa nach dem Ende der napoleonischen Herrschaft neu geordnet wurde
- am Beispiel der Revolution von 1848/49 den Konflikt zwischen republikanisch-demokratischen und monarchischen Kräften darstellen und bewerten
- das Scheitern der Reformkräfte 1848/49 erklären und begründen
- die Reichsgründung 1871 als eine Variante der deutschen Einigung erläutern
- die historischen Schritte „Restauration – Revolution – Reichsgründung" im Zusammenhang beurteilen
- **Methode** Politische Dichtung deuten und vergleichen
- **Methode** Historiengemälde deuten

Staatsformen in Europa nach 1815

Restauration – seit 1815

Revolution – 1848/49

Gründung des Deutschen Reiches – 1871

Die Neuordnung Europas

Die Niederlage Napoleons

Das Ende der napoleonischen Herrschaft in Europa zeichnete sich ab, als Russland Handelsbeziehungen mit England aufnahm. Napoleon, der England mit einer Handelssperre zu isolieren versuchte, marschierte daraufhin im Sommer 1812 in Russland ein – mit katastrophalen Folgen: Von den 600 000 Soldaten seiner Armee kehrten nur 5000 in ihre Heimat zurück. Im Oktober 1813 besiegte eine Koalition aus mehreren europäischen Staaten das französische Heer endgültig in der „Völkerschlacht" bei Leipzig.

Der Kampf gegen die Herrschaft Napoleons hatte in den besetzten Ländern Europas dazu geführt, dass die Idee der politischen Freiheit und nationalen Unabhängigkeit zahlreiche Anhänger gefunden hatte.

Wiener Kongress und Deutscher Bund

Nach dem Ende der napoleonischen Herrschaft tagte in Wien 1814/15 ein Kongress, bei dem europäische Fürsten und Staatsmänner eine Neuordnung Europas beschlossen. Sie folgten dabei einem einfachen Prinzip: Die Herrschaftsverhältnisse aus der Zeit vor der Französischen Revolution sollten so weit wie möglich wiederhergestellt werden. Maßgeblichen Anteil an den Entscheidungen hatte der österreichische Außenminister Fürst von Metternich (1773–1859), dessen Politik der Restauration an das Gleichgewichtsprinzip unter den Großmächten anknüpfte. Um die neue Ordnung zu sichern und sich „bei jeder Gelegenheit Hilfe und Beistand" zu leisten, verbündeten sich Russland, Österreich und Preußen zur „Heiligen Allianz".

Schwieriger war die Entscheidung, was mit den deutschen Staaten geschehen sollte. Das alte Reich wurde nicht wiederhergestellt. Stattdessen unterzeichneten die Vertreter der deutschen Könige, Fürsten und Städte am 8. Juni 1815 die „Deutsche Bundesakte". Diese Vereinbarung schuf nicht die von vielen erhoffte nationalstaatliche Einheit, sondern nur ein lockeres Bündnis (Deutscher Bund) ohne gemeinsames Oberhaupt.

M1

Fahne der Jenaer Burschenschaft von 1816. Schwarz-Rot-Gold waren die Uniformfarben des „Lützow'schen Freikorps" in den Freiheitskriegen gegen Napoleon. Zahlreiche Gründer der Jenaer Burschenschaft waren zuvor Mitglied dieses Freikorps.

Begriffe und Daten

Wiener Kongress 1814/15

Drei Prinzipien bestimmten die Beschlüsse:

1. Restauration: Damit ist die Wiederherstellung der politischen Verhältnisse gemeint, wie sie vor der Französischen Revolution herrschten.
2. Legitimität: Damit versuchten die ehemaligen aristokratischen Herrscherhäuser, ihren Herrschaftsanspruch zu begründen.
3. Solidarität: Um gegen die neuen Ideen (Freiheitsstreben und Nationalismus) wirksam vorgehen zu können, schlossen sich die Fürsten zusammen („Heilige Allianz").

Deutscher Bund 1815

Lockerer Zusammenschluss der deutschen Staaten; es fehlte eine einheitliche Regierung und eine Verfassung. Zentrales Organ war die Bundesversammlung in Frankfurt, von der allerdings keine starke politische Wirksamkeit ausging.

1 Erkläre, warum die Zeit nach 1815 „Zeitalter der Restauration" genannt wird (Darstellungstext, Kasten).

2 Vergleiche die Fahne der Jenaer Burschenschaft (M1) mit unserer Nationalflagge und recherchiere, ob es einen historischen Bezug zwischen beiden gibt.

3 Die „Verfassungsfrage" wurde nach 1815 zu einem der wichtigsten Streitpunkte in der Öffentlichkeit. Erläutere anhand der Karte (S. 118), wie sie in den einzelnen europäischen Staaten „gelöst" war.

Demonstrationen für Einheit und Freiheit

Das Wartburgfest 1817

1815 schlossen sich unter dem Motto „Ehre, Freiheit, Vaterland" Studenten zur „Allgemeinen Deutschen Burschenschaft" zusammen. Ihre Ziele waren „Freiheit" und „ein einiges Vaterland". Als die „Burschenschaft" im Oktober 1817 alle deutschen Studenten auf die Wartburg bei Eisenach einlud, folgten etwa 500 Studenten und Professoren sowie andere Interessierte dem Aufruf. In Reden wurde die verhasste Fürstenherrschaft kritisiert, Zöpfe, Uniformen und ein Polizeistock symbolisch verbrannt.

Die Karlsbader Beschlüsse 1819

Am 23. März 1819 erstach der Theologiestudent und Burschenschafter Karl Ludwig Sand in Mannheim den Schriftsteller August von Kotzebue, der in der Presse die Ziele der Burschenschaften öffentlich kritisiert hatte. Auf das Verbrechen reagierten die Vertreter der Landesregierungen des Deutschen Bundes mit den „Karlsbader Beschlüssen", die eine strenge Überwachung aller Studenten und Professoren an den Universitäten vorsahen. Kritiker wurden als so genannte „Demagogen" (= Volksverführer) verfolgt. Die Presse wurde durch eine strenge Zensur* kontrolliert. Manche flüchteten ins Ausland, einige zogen sich in das Privatleben zurück. Andere setzten sich jedoch erst recht für ihre politischen Ziele ein.

Das Hambacher Fest 1832

Die Journalisten Johann Georg August Wirth und Philipp Jakob Siebenpfeiffer luden mit einigen Gleichgesinnten zu einem „deutschen Nationalfest" ein, das am 27. Mai 1832 auf der Schlossruine im pfälzischen Hambach stattfand. Mehr als 25 000 Menschen folgten dem Aufruf – Studenten, Bauern aus der Umgebung, Arbeiter, Bürger aus allen deutschen Staaten und aus dem Elsass. Die Teilnehmer der Veranstaltung forderten ein national geeintes Deutschland, Freiheit und Gerechtigkeit – für Männer und Frauen. Die Organisatoren des Festes wurden angeklagt und das Gericht gestattete ihnen, sich so zu verteidigen, wie es das – in der Pfalz seit der Herrschaft Napoleons geltende französische – Recht vorsah. In mehrstündigen Reden trugen Siebenpfeiffer und Wirth den Geschworenen und applaudierenden Zuhörern im Gerichtssaal ihre politischen Ideen vor. Der Prozess endete mit einem Freispruch. Doch beide wurden kurze Zeit später wegen Beamtenbeleidigung angeklagt und vor Polizeigerichte gestellt. Dort erhielten sie die Höchststrafe: zwei Jahre Haft. Siebenpfeiffer gelang die Flucht in die Schweiz, während Wirth seine Strafe verbüßte. Er zog anschließend nach Frankreich und danach in die Schweiz. 1847 kehrte er nach Deutschland zurück.

M1 **„Der Denkerclub"**, Karikatur, um 1820

M2 **Der Zug auf das Hambacher Schloss am 27. Mai 1832,** Radierung, 1832

M3

Zwei Reden auf dem Hambacher Fest

Aus der Rede Philipp Jakob Siebenpfeiffers:

3 A Und es wird kommen der Tag, ... wo der Deutsche vom Alpengebirg und der Nordsee, vom Rhein, der Donau und der Elbe den Bruder im Bruder umarmt, wo die Zollstöcke und die Schlagbäume, wo alle Hoheitszeichen der Trennung ... und Bedrückung verschwinden samt den Konstitutiönchen, ... wo der Beamte ... mit der Volksbinde sich schmückt ... Wo das deutsche Weib, nicht mehr die dienstpflichtige Magd des herrschenden Mannes, sondern die freie Genossin des freien Bürgers, unsern Söhnen und Töchtern schon als stammelnden Säuglingen die Freiheit einflößt ... Wo der Bürger ... dem Gesetze gehorcht und auf den Tafeln des Gesetzes den eigenen Willen liest und im Richter den frei erwählten Mann seines Vertrauens erblickt.

M3A und M3B zit. nach Johann Georg August Wirth, Das Nationalfest der Deutschen zu Hambach, Neustadt a. d. H., 1832, Nachdruck der Orig.-Ausg., Neustadt a. d. W. (Meininger) 1981, S. 34 f.

Aus der Rede Johann Georg August Wirths:

3 B Wenn ... die reinsten, fähigsten und muthigsten Patrioten über die zweckmäßigste Reform unsres Landes sich verständiget und zugleich sich verbunden haben, um durch eigene Journale die öffentliche Meinung des Gesammtvolkes ... zu gewinnen, ... wenn auch solche Männer den Nationalstolz, das Gefühl der Bürgerwürde und die Flamme der Freiheitsliebe durch die Gluth begeisternder Rede in allen deutschen Gauen erwecken, ... wenn endlich die guten Bürger in den lichtern Gegenden unseres Landes das Wirken solcher Männer durch die Verbreitung deren Schriften öffentlich und im Stillen unterstützen; ja, fürwahr, dann wird, dann muss das große Werk gelingen, die verrätherische Gewalt wird vor der Weihe der Vaterlandsliebe und der Allmacht der öffentlichen Meinung in den Staub sinken, Deutschland wird die Freiheit und den Frieden sehen, es wird zur herrlichsten Macht und Größe emporblühen.

1 Liste anhand des Darstellungstextes auf, welche politischen Forderungen 1817 und 1832 erhoben wurden.

2 Untersuche M1 mithilfe der Methode „Karikaturen entschlüsseln" (siehe S. 100 f.).

3 Stelle anhand des Darstellungstextes und M2 den Verlauf des Festes dar und zeige die Machtverhältnisse zwischen den Organisatoren der Veranstaltung und der bayerischen Regierung.

4 Analysiere M3A und M3B mithilfe der Methode „Textquellen analysieren" (siehe S. 112 f.). Ergänze die Liste aus Aufgabe 1.

Politische Dichtung deuten und vergleichen

„Politisch Lied, ein garstig Lied?“

Viele Künstler – ob sie schreiben, zeichnen oder komponieren – sehen den Wert ihrer Arbeit nicht allein darin, das Publikum zu unterhalten. Sie wollen auch bestimmte Botschaften vermitteln. Häufig enthalten ihre Werke politische Aussagen: über das Zusammenleben der Menschen, Werte, die den Künstlern besonders wichtig sind, gesellschaftliche Zustände oder Entscheidungen und Maßnahmen von Regierungen. Dadurch kamen Künstler in der Geschichte immer wieder mit Herrschenden in Konflikt. Andererseits gab und gibt es auch Fälle, in denen eine Kritik ohne jede Berechtigung formuliert wird und ausschließlich einer Rufschädigung dienen soll.

In der Zeit vor 1848/49 kämpfte eine Gruppe meist junger Literaten trotz der strengen Zensur mit ihren Dichtungen mutig gegen das herrschende System. Weil sie das bestehende, das alte Deutschland ablehnten, nannten sie sich das „Junge Deutschland“ oder die „Jungdeutschen“. Heinrich Heine und Georg Büchner waren herausragende Dichter dieser Zeit, doch ihre kritische Haltung führte sie ins Exil.

M1

Heinrich Heine,
Gemälde von Moritz Daniel Oppenheim, 1831

Arbeitsschritte

1. Schritt: Text in den historischen Kontext einordnen

- Welche biographischen Hinweise zum Dichter könnten wichtig sein?
- In welcher gesellschaftlichen Stellung befand sich der Autor?
- Wodurch ist die Entstehungszeit gekennzeichnet? (Frage nach wichtigen politischen Ereignissen.)

2. Schritt: Textinhalt erschließen

- In welche Sinneinheiten kann man den Text gliedern?
- Werden allgemeine Probleme oder Einzelheiten angesprochen?
- Welche historischen Hintergründe oder Einzelheiten müssen zum Verständnis geklärt werden?

3. Schritt: Politische Zielrichtungen und Absichten klären

- Gegen wen richten sich die einzelnen Aussagen?
- Mit welchen (sprachlichen) Mitteln (siehe Anhang „Historische Sachverhalte beschreiben“) wird der Gegner attackiert?
- Welche Wirkung soll von dem Text ausgehen? Welche Adressaten sind angesprochen?

4. Schritt: Versuch einer kritischen Textbewertung

- Handelt es sich um einen typischen Text der Zeit bzw. des Autors?
- Sind die kritischen Vorwürfe berechtigt?
- Weist der Text über die Problematik der Zeit hinaus?

M2

Die armen schlesischen Weber (1844)

Heinrich Heine (1797–1856) kritisierte in vielen Gedichten die Politik und Kleingeistigkeit seiner Zeit. 1831 ging er als Journalist nach Paris und blieb aus politischen Gründen dort bis zu seinem Tod. Das folgende Gedicht verfasste Heine für ein Flugblatt:

Im düstern Auge keine Träne,
Sie sitzen am Webstuhl und fletschen die Zähne:
Altdeutschland, wir weben dein Leichentuch,
Wir weben hinein den dreifachen Fluch –
Wir weben, wir weben!

Ein Fluch dem Gotte, dem blinden, dem tauben,
Zu dem wir gebeten mit kindlichem Glauben;
Wir haben vergebens gehofft und geharrt,
Er hat uns geäfft und gefoppt und genarrt –
Wir weben, wir weben!

Ein Fluch dem König, dem König der Reichen,
Den unser Elend nicht konnte erweichen,
Der uns den letzten Groschen erpresst,
Und uns wie Hunde erschießen lässt –
Wir weben, wir weben!

Ein Fluch dem falschen Vaterlande,
Wo nur gedeihen Schmach und Schande,
Wo nur Verwesung und Totengeruch –
Altdeutschland, wir weben dein Leichentuch,
Wir weben, wir weben!

Zit. nach Heinrich Heine, Sämtliche Gedichte in zeitlicher Folge, 5. Aufl., Frankfurt a. M. (Insel) 1997, S. 466 f.

M3

„Friede den Hütten! Krieg den Palästen!"

Georg Büchner (1813–1837) gilt als eines der größten Genies der deutschen Geistes- und Literaturgeschichte. Schonungslos geißelte er die Missstände seiner Zeit. 1835 verbreitete er mit Friedrich L. Weidig die Flugschrift „Der Hessische Landbote". Der Untertitel dieser Schrift lautet „Friede den Hütten! Krieg den Palästen!":

Das Leben der Vornehmen ist ein langer Sonntag, sie wohnen in schönen Häusern, sie tragen zierliche Kleider, sie haben feiste Gesichter und reden eine eigene Sprache; das Volk aber liegt vor ihnen wie Dünger auf dem Acker. Der Bauer geht hinter dem Pflug, der Vornehme aber geht hinter ihm und dem Pflug und treibt ihn mit dem Ochsen am Pflug; er nimmt das Korn und lässt ihm die Stoppeln. Das Leben der Bauern ist ein langer Werktag; Fremde verzehren seine Äcker vor seinen Augen, sein Leib ist eine Schwiele, sein Schweiß ist das Salz auf dem Tisch des Vornehmen … Wer sind denn die, welche diese Ordung gemacht haben, und die wachen, diese Ordnung zu erhalten? Das ist die Großherzogliche Regierung. Die Regierung wird gebildet von dem Großherzog und seinen obersten Beamten. Die anderen Beamten sind Männer, die von der Regierung berufen werden, um jene Ordnung in Kraft zu erhalten. Ihre Anzahl ist Legion: Staatsräte und Regierungsräte, Landräte und Kreisräte, Geistliche Räte und Schulräte, Finanzräte und Forsträte usw. mit ihrem Heer von Sekretären usw. Das Volk ist ihre Herde, sie sind sein Hirte, Melker und Schinder …

Sehet an das von Gott gezeichnete Scheusal, den König Ludwig von Baiern, den Gotteslästerer, der redliche Männer vor seinem Bild niederzuknien zwingt, und die, welche die Wahrheit bezeugen, durch meineidige Richter zum Kerker verurteilen lässt; das Schwein, das sich in allen Lasterpfützen von Italien wälzte, den Wolf, der sich für seinen Hofstaat für immer jährlich fünf Millionen durch meineidige Landstände verwilligen lässt, und fragt dann: „Ist das eine Obrigkeit von Gott zum Segen verordnet?"

Zit. nach Georg Büchner, Werke und Briefe, Münchner Ausgabe, München (Hanser) 1988, S. 39 ff.

1 Bearbeitet in Gruppen die Texte von Heine und Büchner (M2 und M3) nach den Arbeitsschritten. Zieht M1 (S. 124) heran.

2 Stellt fest, welche Schwierigkeiten dabei auftauchten und welche Hilfen ihr in Anspruch nehmen musstet.

3 Geht in einer Diskussionsrunde der Frage nach, welcher der beiden Texte wohl eine größere Wirkung hervorrief. Begründet.

Die Krise des monarchischen Systems

Die politische Krise

Nach dem Kampf gegen die Burschenschaften bemühten sich Metternich und seine Anhänger, dem Liberalismus entgegenzuarbeiten, der Verfassungen zur Beschränkung der monarchischen Macht forderte. Doch der Gegensatz zwischen der staatlichen Obrigkeit und der liberalen Verfassungsbewegung konnte durch Unterdrückungsmaßnahmen nicht aus der Welt geschafft werden. Als die Bundesverfassung nicht weiterentwickelt wurde, blieben den liberalen Politikern nur die süddeutschen Kammern (Parlamente) als Plattform, um ihre Ziele zu verfolgen. Daneben machten Schriftsteller und Lyriker die Frage der deutschen Einheit zum Thema. Das „System Metternich" gefährdete gerade durch seine Politik des Abblockens die Stabilität des monarchischen Systems.

Die soziale und wirtschaftliche Krise

In der Zeit der beginnenden Industrialisierung* kam es zu einer Verstärkung der sozialen Gegensätze. Während eine kleine Schicht von Fernhandelskaufleuten, Bankiers und Fabrikherren immer größere Gewinne erzielte, mussten viele Handwerker ihre Werkstätten, oft sogar auch ihren Beruf aufgeben und als lohnabhängige Arbeiter in Fabriken oder als Heimarbeiter ihren Lebensunterhalt verdienen. Technische Erfindungen hatten es möglich gemacht, Waren, die bisher von Handwerkern hergestellt worden waren, maschinell in großer Stückzahl zu produzieren. Von der Konkurrenz durch billige amerikanische Baumwolle waren vor allem Textilarbeiter betroffen. Auch auf dem Land gab es keine soziale Gleichheit. Wenigen wohlhabenden Großbauern standen viele Kleinbauern gegenüber, deren Höfe nicht genügend Erträge abwarfen, um eine Familie ernähren zu können. Dazu gab es die Besitzlosen, die von Gelegenheitsarbeiten abhängig waren. Nach den Missernten in den Jahren 1845 und 1847 stiegen die Preise für die Grundnahrungsmittel um ein Vielfaches. Ein großer Teil der Bevölkerung konnte sich nicht mehr mit dem Notwendigsten versorgen. Diese Massenarmut nennt man Pauperismus*.

Das Elend in Schlesien.

Hunger und Verzweiflung.

Offizielle Abhülfe.

M1

Das Elend in Schlesien, Karikatur aus der Münchener Zeitschrift „Fliegende Blätter", 1848.
Besonders schlimm war die Lage der Weber in Schlesien: Hier nutzten viele Unternehmer das Überangebot an Arbeitskräften und die Situation auf dem Warenmarkt, um immer niedrigere Preise für die handgewebten Waren zu zahlen. Im Juni 1844 brach in Schlesien ein Aufstand aus: Mehrere tausend Weber schlossen sich zusammen und gingen mit Gewalt gegen die Fabrikanten vor. Schließlich griff das preußische Militär ein. Viele Weber wurden verhaftet und zu langen Zuchthausstrafen verurteilt.

M2

Die Lebenssituation der „untern Klassen"

Der Unternehmer Friedrich Harkort beschrieb 1844 Erscheinungsformen des Pauperismus*:

Der Staat muss einschreiten, um fernerem Verderben zu wehren, damit der Strom des Pauperismus* nicht unaufhaltsam wachsend die gesegneten Augen des Vaterlandes unheilbringend überschwemme … Vom Staate verlangen wir, dass er nicht alleingebietend, sondern auch helfend und fördernd einschreite.

Zunächst muss die Regierung mit aller Strenge das Gesetz hinstellen und handhaben: dass durchaus keine Kinder vor zurückgelegter Schulzeit in Fabriken angestellt werden dürfen. Den Eltern muss unerbittlich das Recht genommen sein, ihre Kinder als Sklaven an die Industrie zu verkaufen … So wie die Sachen jetzt stehen, werden die Kinder benutzt, um die Löhne der Erwachsenen zu drücken; lasst die Unmündigen ausscheiden aus dem Kreise der Dienstbarkeit und die Älteren finden eine bessere Vergütung für die Arbeit ihrer Hände. Selbst gehöre ich zu den Leitern der Industrie, allein von Herzen verachte ich jede Schaffung von Werten und Reichtümern, die auf Kosten der Menschenwürde, auf Erniedrigung der arbeitenden Klassen begründet ist … Lasst die Kinder in die natürliche Stellung zurückkehren, gebt ihnen die von Gott verliehenen Rechte der Jugend, Freuden, Gespielen, Bewegung, Himmel und Erde zurück.

Zit. nach Ernst Schraepler, Quellen zur Geschichte der sozialen Frage in Deutschland 1800–1870, Bd. I, Göttingen (Musterschmidt) 1960, S. 87 f.

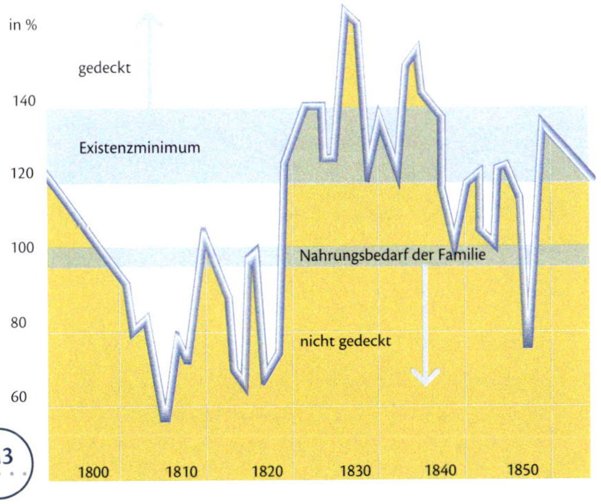

M3

Die Kaufkraft der Bauarbeiterlöhne in Leipzig 1800 bis 1850. Der Prozentsatz gibt an, in welcher Höhe der Jahreslohn eines Zimmergesellen den Nahrungsbedarf einer fünfköpfigen Familie deckte.

M4

Der Aufstieg des Bürgertums

Der Historiker Thomas Nipperdey schrieb 1991:

Nimmt man die Jahrzehnte seit 1815 im Ganzen ins Auge, so ist das eigentliche Tiefenphänomen [Phänomen = Erscheinung] doch zunächst der Aufstieg des Bürgertums: die Entfaltung einer bürgerlichen Kultur … Die Bürger herrschen nicht, aber sie bestimmen Stil und Richtung, ihre Werte und Normen setzen sich durch: Autonomie und Individualität, Leistung und Wettbewerb, Eigentum und Arbeit, Begabung und Bildung, Diskussion und Öffentlichkeit, Privatheit und Freiheit, und ihre neue Form gemeinsamer Lebensbewältigung und Lebensfreude, der Verein. Das Bürgertum wird … die gesellschaftlich führende Kraft. Darum stellt es, je mehr sich seine Basis verbreitert, den Anspruch auf politische Herrschaft oder doch Mitherrschaft, gegen Adel und Militär, Bürokratie und monarchische Autokratie …

Thomas Nipperdey, Deutsche Geschichte 1800–1866, 5. Aufl., München (C. H. Beck) 1991, S. 400 f.

Begriffe und Daten

Liberalismus, Liberale

Mit dem Begriff Liberalismus wird eine politische Bewegung bezeichnet, die sich in Deutschland nach dem Wiener Kongress herausbildete. Das zentrale Anliegen war die Sicherung der Freiheitsrechte des Einzelnen – gegen jede Bevormundung durch den Staat. Die Liberalen forderten eine Verfassung, in der die Grundrechte verbrieft sein sollten. Im Laufe des 19. Jahrhunderts spielten die Liberalen in den politischen Auseinandersetzungen eine wichtige Rolle, ohne jedoch ihre Ziele vollständig durchsetzen zu können.

1 Fasse zusammen, worin die Krise des monarchischen Systems vor 1848 bestand (Darstellungstext).

2 Untersuche anhand von M1 und M2 (S. 123) Ursachen und Verlauf des Weberaufstandes. Stelle fest, wie sich der Weberaufstand in ihnen spiegelt.

3 Werte M3 aus und stelle die Aussage in ihren historischen Zusammenhang.

4 Erschließe und bewerte die Absichten Harkorts (M2).

5 Erarbeite die Kernaussage Nipperdeys (M4).

1848 – die „Märzrevolution"

Die Revolution beginnt in Frankreich

Ausgangspunkt der revolutionären Ereignisse des Jahres 1848 in Europa war Paris. Seit der Julirevolution in Frankreich 1830, in deren Folge das Bürgertum wieder die Macht ergriff, regierte der so genannte Bürgerkönig Louis Philippe, der auf ein gewähltes Parlament Rücksicht nehmen musste. Allerdings waren nur 0,8 Prozent der Bevölkerung wahlberechtigt, denn sie zahlten einen hohen Steuersatz. Da eine Reform des Wahlrechts vom Parlament abgelehnt wurde, kam es Ende Februar 1848 zu Straßenschlachten; die neue Losung lautete: „Es lebe die Republik!" Nach dem Sturm des Regierungssitzes blieb dem König nur die Abdankung und die Flucht ins Ausland. Nach allgemeinen Wahlen wurde Frankreich Republik.

„Auf die Barrikaden!"

Die Pariser Vorgänge wirkten wie ein Funke, der in ein Pulverfass fliegt. Ende Februar begannen die Liberalen, Versammlungen abzuhalten, um ihre Forderung nach einer freiheitlichen Verfassung für ganz Deutschland in die Öffentlichkeit zu tragen.

In vielen Staaten blieben gewaltsame Zusammenstöße die Ausnahme. Gewaltsam jedoch verlief die Revolution in Österreich und Preußen. Am 13. März löste in Wien eine Demonstration von Studenten, liberalen Bürgern und notleidenden Menschen Straßenkämpfe aus und führte zum Rücktritt der Regierung: Staatskanzler Metternich floh verkleidet aus der Stadt.

Viele der süddeutschen Landesherren wichen nun dem Druck der Bevölkerung und erfüllten die wichtigsten Forderungen. Friedrich Wilhelm IV., der preußische König, blieb dagegen hart. Erst nachdem er erfahren hatte, dass Metternich geflohen war, stellte er eine Verfassung für Preußen in Aussicht. Doch als sich am 18. März etwa 10000 Menschen vor dem Schloss in Berlin versammelten, um dem König zu danken, fielen zwei Schüsse. Die Menge fühlte sich verraten und griff zu den Waffen. Es entbrannte ein Barrikadenkampf zwischen Bürgern und Soldaten, der zahlreiche Todesopfer forderte. Tags darauf lenkte der König ein. Er versprach Pressefreiheit und sagte zu, dass Preußen die Idee einer nationalen Einheit unterstützen werde. Außerdem berief er eine „preußische Nationalversammlung" ein, die eine Verfassung ausarbeiten sollte.

M1

Barrikadenkämpfer 1848, zeitgenössische Frankfurter Farblithographie

M2

Der König und die Toten

Am 19. März musste Friedrich Wilhelm IV. sich dem Druck beugen und den toten Aufständischen die letzte Ehre erweisen. Ein Zeitzeuge erinnerte sich 1852:

Zuerst wurden sechs bis sieben Leichen von der Breiten Straße her nach dem Schloss angefahren. Die blutigen Wunden aufgedeckt, bekränzt mit Blumen und Laub. Die begleitende Volksmenge sang Lieder und schrie. Der König solle die Leichen sehen, hieß es. Auf den … Ruf erschien der König auf dem Altan [Balkon], der nach dem Schlossplatz hinausführt … Alles hatte den Kopf entblößt, nur der König die Mütze auf. Da hieß es gebieterisch: „Die Mütze herab!", und er nahm sie ab. Die Leichen wurden dann durch das Schloss nach dem Dom gefahren. Alle folgenden ebenso, diese aber machten auf dem inneren Schlosshof Halt, und hier musste der König ebenfalls wiederholt auf der Galerie erscheinen, die Leichen grüßen und vieles anhören. Endlich wurde ein geistliches Lied angestimmt, … die ganze Volksmenge sang mit und schien versöhnt. Der König durfte sich erschöpft und vernichtet zurückziehen.

Zit. nach Hans Bentzien, Unterm roten und schwarzen Adler, Berlin (Volk und Welt) 1992, S. 225.

M3

Was die Arbeiter wollen

Viele Arbeiter und Handwerker kämpften auf den Barrikaden, aber ein politisches Programm hatten sie zu Beginn der Revolution nicht. Was sie motivierte, sich in die Kämpfe einzumischen, formulierte am 8. April 1848 die „Deutsche Arbeiter-Zeitung":

Was ... die Arbeiter wollen, ist: Menschen sein – Menschen im wahren Sinne des Wortes, Menschen in geselliger und politischer Hinsicht, die arbeiten, aber auch genießen wollen. Schauet auf die Arbeiter und sehet, dass so viele von ihnen gedrückter und übler dran sind als die Negersklaven in den Kolonien. Arbeiten, schwer arbeiten, sechs Tage in der Woche, Woche für Woche, Monat für Monat, Jahr für Jahr, bis Körper und Seele verkümmert ist, und was dafür? – Dafür: Kaum Sattessen, kaum ordentliche Bekleidung, eine dürftige, ungesunde, elende Wohnung, keine ordentliche Erholung, wenig oder gar keine Mittel zur ordentlichen Kindererziehung – und wenn dann das Alter kommt, früher wie bei anderen Menschen durch Anstrengung, Sorge und Not herbeigeführt, oder wenn Siechtum oder sonst ein Unfall bei der Arbeit den Arbeiter zum Krüppel gemacht, – dann keine Zuflucht, keinen Ort, wo der Abgequälte sein Haupt ruhig hinlegen kann – keine andere Lebensaussicht für Weib und Kind als – elende Armenunterstützung.

Deutsche Arbeiter-Zeitung, Nr. 1 (8. April 1848). Zit. nach Jürgen Bergmann, Wirtschaftskrise und Revolution, Stuttgart (Klett-Cotta) 1986, S. 74 f.

M4

Forderungen von Bauern im Odenwald

1847 verbreitete angeblich der Seifensieder Adam Stoll aus Mudau im Odenwald ein Flugblatt mit dem Wortlaut:

Darum hat Gott den Hunger unter die Menschen geschickt, damit das Volk aufwache und sich einander liebe wie Brüder und auch wie Brüder miteinander und einer für den anderen streite; wir wollen auch nur sagen, weswegen die Revolution entstehen soll:

1. Der Adel muss vernichtet werden.
2. Die Juden müssen aus Deutschland vertrieben werden.
3. Müssen alle Könige, Herzöge und Fürsten weg.
4. Müssen alle Beamten gemordet werden.

Dann wird es wieder gut in Deutschland.

Zit. nach Friedrich Lautenschlager, Die Agrarunruhen in den badischen Standes- und Grundherrschaften im Jahre 1848, Heidelberg 1915, Nachdruck: Nendeln (Kraus) 1976, S. 37.

M5

Seine Majestät Friedrich Wilhelm IV., König von Preußen, verkündet in den Straßen seiner Hauptstadt die Einheit der deutschen Nation (21. März 1848), kolorierte Zeichnung, 1848

M6

Frauen fordern Rechte

Die Mitbegründerin der Frauenbewegung in Deutschland, Louise Otto (1819–1895), schrieb am 8. September 1849:

An dem ganzen Elend ist doch nur die ganze verkehrte Erziehung, die gänzliche rechtlose Stellung der Frauen schuld. Dürften sie mehr lernen und würden sie nicht nur auf die Ehe als ihre einzige Bestimmung hingewiesen, sondern würden sie vor allen Dingen gelehrt und würde ihnen Gelegenheit gegeben: sich selbst durchs Leben zu helfen und ihren Lebensunterhalt wenigstens so lange zu verdienen, bis ein geliebter Mann ihnen diese Sorge abnähme ..., so würde die Ehe aufhören zu einer „Versorgungsanstalt" herabgewürdigt zu werden.

Frauen-Zeitung, Nr. 21, 8. Sept. 1849, zit. nach Ute Gerhardt / Elisabeth Hannover-Drück / Romina Schmitter (Hg.), Dem Reich der Freiheit werb' ich Bürgerinnen. Die Frauen-Zeitung von Louise Otto, Frankfurt a. M. 1980, S. 143 f.

1 Schildere, welche Eindrücke die Barrikadenkämpfer (M1) auf dich machen.

2 a) Skizziere anhand des Darstellungstextes, M2 und M5 die Vorgänge in Paris, Wien und Berlin. Halte die Ergebnisse in einer Tabelle fest (Ort / Beteiligte / Verlauf / Ziele / Ergebnisse).
b) Vergleiche und bewerte die Haltung der verantwortlichen Regierungen und des Militärs.

3 Vergleiche Motive und Ziele von M3, M4 und M6.

Die Nationalversammlung arbeitet die Verfassung aus

Eine „Versammlung von Träumern"?

Die Fürsten aller deutschen Einzelstaaten hatten den Märzforderungen der Revolutionäre nachgegeben, Liberale in die Regierungen aufgenommen und Verfassungen versprochen. Doch eine Forderung, vielleicht die wichtigste, war noch offen: die nationale Einheit – repräsentiert durch ein gesamtdeutsches Parlament. Um die Wahl der Nationalversammlung vorzubereiten, kamen 500 angesehene Männer und Abgesandte der Volksvertretungen aller deutschen Staaten nach Frankfurt. Sie beschlossen, dass alle erwachsenen männlichen Deutschen, die eine selbstständige Tätigkeit ausübten, die Volksvertreter geheim und direkt wählen sollten. Allerdings hielten sich nur wenige Einzelstaaten daran. In Bayern z. B. war die Wahl nicht geheim. Parteien, wie wir sie heute kennen, gab es 1848 nicht. Deshalb war nicht eine Parteienzugehörigkeit der Kandidaten ausschlaggebend für ihre Wahl, sondern ihre Bekanntheit bzw. ihr guter Ruf.

„Professorenparlament", eine „Versammlung von Träumern" – so bezeichneten viele Kritiker die Frankfurter Nationalversammlung, die im Mai 1848 zum ersten Mal zusammentrat. Der Historiker Wolfram Siemann widerspricht diesen Urteilen: „Aus vielen spricht bare Unkenntnis über die tatsächliche Arbeit dieses ersten deutschen Parlaments."

Eine Verfassung für alle Deutschen

Die zentrale Aufgabe der ersten deutschen Nationalversammlung, die wegen des Versammlungsortes auch „Paulskirchenparlament" genannt wird, war die Ausarbeitung einer Verfassung. Dafür galt es zunächst zu klären: Sollte das geeinte Deutschland Monarchie bleiben oder Republik werden? Wer sollte in Zukunft das Recht haben zu wählen: Männer und Frauen? Nur Männer? Oder nur Bürger? Und wie sollten die Machtverhältnisse im künftigen Deutschen Reich geregelt werden: Welche Rechte blieben den Einzelstaaten, welche mussten sie der neuen Zentralregierung übertragen? Auch das Gebiet des neuen Staates war noch festzulegen: Sollten die deutschsprachigen Gebiete des Habsburgerreichs dazugehören („großdeutsche Lösung") oder nicht („kleindeutsche Lösung")?

Nach langen Debatten wurde am 28. März 1849 die Verfassung des Deutschen Reiches verabschiedet – und zwar auf der Grundlage der „kleindeutschen Lösung" und unter Beibehaltung der Monarchie. Der preußische König Friedrich Wilhelm IV. war zum Reichsoberhaupt gewählt worden und sollte Kaiser werden.

M1

Einzug der Mitglieder des Vorparlaments in die Frankfurter Paulskirche, kolorierte Lithographie von Jean Nicolas Ventadour, 1848

Begriffe und Daten

Demokraten

Die Demokraten wollten die Mitbestimmung aller Staatsbürger an politischen Entscheidungen, und zwar „radikaler" als die Liberalen: Allein der Wille des Volkes sollte die Politik bestimmen – entweder direkt (z. B. durch Volksentscheide) oder indirekt, durch die Stimmen von Abgeordneten. Die meisten Demokraten waren Kleinbürger, Handwerker, Arbeiter, Dienstboten und andere Berufsgruppen mit geringem Einkommen.

M2

Die geplante Reichsverfassung 1849

In der Verfassung, die die Frankfurter Nationalversammlung am 28. März 1849 verabschiedete, die jedoch nie in Kraft trat, fanden sich u. a. folgende Regelungen:

1. Das deutsche Reich, für das die Verfassung gelten soll, besteht aus dem Gebiet des bisherigen Deutschen Bundes.
2. Das deutsche Reich soll ein Zoll- und Handelsgebiet bilden; alle Binnenzölle entfallen.
3. Reichsoberhaupt wird einer der regierenden deutschen Fürsten. Der Titel des Reichsoberhauptes lautet: Kaiser der Deutschen.
4. Der Reichstag besteht aus dem Staatenhaus und dem Volkshaus: Das Staatenhaus wird gebildet aus den Vertretern der deutschen Staaten, die durch die Regierung und die Volksvertretung der betreffenden Staaten ernannt werden. Das Volkshaus setzt sich aus gewählten Vertretern des deutschen Volkes zusammen.
5. Der Reichstag beschließt die Reichsgesetze und legt den Reichshaushalt fest.
6. Das Wahlrecht haben alle deutschen Männer über 25 Jahren, die einer selbstständigen Tätigkeit nachgehen. Ausgeschlossen sind Empfänger von Armenunterstützung, Dienstboten, Handwerksgehilfen, Fabrikarbeiter und Tagelöhner.

Grundrechte des deutschen Volkes:

Vor dem Gesetz gilt kein Unterschied der Stände. Der Adel als Stand ist aufgehoben. Alle Standesvorrechte sind abgeschafft … (§ 137)
Die Freiheit der Person ist unverletzlich … (§ 138)
Die Wohnung ist unverletzlich … (§ 140)
Jeder Deutsche hat das Recht, durch Wort, Schrift, Druck und bildliche Darstellung seine Meinung frei zu äußern. (§ 143)
Die Deutschen haben das Recht, sich friedlich und ohne Waffen zu versammeln; einer besonderen Erlaubnis bedarf es nicht. (§ 161)

Zusammengestellt nach www.dokumentarchiv.de

M3

Medaille zur Eröffnung der Nationalversammlung am 18. Mai 1848, Silber, 1848.
Auf der Münze ist eine Schwurszene abgebildet. Die Umschrift lautet: „Vereint, vereint, bis zum Meeresstrand / ein Volk, eine Sprache, ein deutsches Land."

M4

Die Berufe der Abgeordneten

Die Abgeordneten der Frankfurter Nationalversammlung gehörten folgenden Berufsgruppen an:

173 Verwaltungsbeamte
124 Lehrer und Professoren
110 Richter und Staatsanwälte
106 Rechtsanwälte
56 Unternehmer und Kaufleute
43 adlige und bürgerliche Großgrundbesitzer
35 Akademiker ohne Berufsangabe („Schriftsteller")
29 Offiziere und Diplomaten
23 Ärzte
20 Journalisten
16 evangelische Pfarrer
4 Handwerkermeister
3 Bauern
(44 können nicht zugeordnet werden)

Nach Hans-Ulrich Wehler, Deutsche Gesellschaftsgeschichte. Bd. 2, 2. Aufl., München (C. H. Beck) 1989, S. 739 f.

1. „Professorenparlament" – überprüfe anhand von M4 und des Darstellungstextes, ob diese Kennzeichnung der Nationalversammlung zutreffend ist.
2. Skizziere die Medaille M3 und deute die Darstellung.
3. Nenne Bevölkerungsgruppen, die ihre Märzforderungen in der Verfassung von 1849 (M2) verwirklicht bzw. nicht erfüllt sahen. Ziehe M3, M4 und M6 auf S. 127 hinzu.

Ist die Revolution gescheitert?

Die Fürsten schlagen zurück

Während in der Frankfurter Paulskirche die Abgeordneten über die Ausgestaltung einer Verfassung stritten, fanden in den Straßen der Hauptstädte erbitterte Kämpfe statt. Die radikalen Kräfte wollten die Revolution vorantreiben, was den gemäßigten Kräften widerstrebte. Auch die bisherigen Machthaber erinnerten sich ihrer Stärke und setzten das Militär ein.

Zuerst kam in Wien die Gegenrevolution in Gang. Die Macht wurde durch die Reaktionäre zurückerobert. Mehrere tausend Tote und Verwüstungen in der Stadt waren die bitteren Begleiterscheinungen.

Auch in Berlin gewannen im Herbst 1848 die monarchischen Kräfte wieder die Oberhand. Preußische Soldaten sorgten dort, wo sich revolutionäre Kräfte regten, für eine „Kirchhofsruhe“: Aufständische Republikaner, die schließlich in Sachsen, in der Pfalz und in Baden mit Gewalt für die revolutionären Ideen eintraten, sahen sich preußischen Bajonetten gegenüber, mit denen der „revolutionäre Spuk“ beendet wurde.

Der König will nicht Kaiser werden

Nach langem Ringen hatte sich die Mehrheit in der Paulskirche dafür entschieden, König Friedrich Wilhelm IV. von Preußen als dem künftigen Reichsoberhaupt die Kaiserkrone anzutragen. Als er das Angebot ablehnte, weil er nicht von seinesgleichen ausersehen, sondern nur von „revolutionären Parlamentariern“, war die Katastrophe der Paulskirche perfekt: Der mühsam errungene Kompromiss erwies sich als nicht tragfähig. Die meisten Abgeordneten gaben jetzt auf. Etwa 100 republikanisch Orientierte flohen nach Stuttgart und bildeten dort ein „Rumpfparlament“. Doch im Juni 1849 musste es dem Militär weichen. Diejenigen, die sich für Freiheit und Einheit eingesetzt hatten, sahen sich harten Verfolgungen ausgesetzt. Viele landeten in Gefängnissen, Tausende wanderten in die Schweiz, nach England oder in die USA aus. 1850 vereinbarten die preußische und die österreichische Regierung, den alten Deutschen Bund wiederherzustellen.

M1

's ist wieder März geworden

Das Scheitern demokratischer Aufstände war das Thema vieler Volkslieder:

's ist wieder März geworden –
Vom Frühling keine Spur!
Ein kalter Hauch aus Norden
Erstarret rings die Flur.
…
Der März ist wohl erschienen.
Doch ward es Frühling? – nein!
Ein Lenz kann uns nur grünen
Im Freiheitssonnenschein.

Seht hier den „Wütrich“ thronen,
Beim „Tausendguldenkraut“,
Dort jene „Kaiserkronen“ –
Die „Königskerze“ schaut!

Wie zahlreich die „Mimosen“,
Das „Zittergras“, wie dicht. –
Doch freilich „rote Rosen“ –
Die kamen diesmal nicht.

Zit. nach Zupfgeigenhansel: Volkslieder 3, Dortmund (pläne) 1977, S. 26.

Friedrich Wilhelm lehnt die Krone ab.
Karikatur aus den „Satyrischen Zeitblättern“, 1849. Die Unterschrift lautet: „Soll ich? – Soll ich nich? – Soll ich?! – Knöppe, ihr wollt! – Nu jerade nich!!“

M2

M3

Folgen der Revolution

Der Historiker Ernst Engelberg urteilte 1998 über die Revolution von 1848/49:

Die Niederlage von 1848/49 ließ viele demokratisch gesinnte Menschen resignieren oder emigrieren. Manche passten sich den alten Ordnungen wieder an und übernahmen geistige Leitbilder, die nichts gemein hatten mit dem Optimismus der Vormärzsituation … Doch trotz des politischen Sieges der traditionellen Mächte – so leicht war es nicht, den Geist der Heiligen Allianz wiederaufleben zu lassen … Immerhin hatte die Revolution so viele Kräfte in Bewegung gebracht, dass selbst nach dem politischen Rückschlag vieles, vor allem der ökonomische Fortschritt, nicht aufzuhalten war. Auch um seinetwillen musste das Testament der Revolution von 1848 verwirklicht werden: die nationale Einheit und die Befreiung von nationaler Unterdrückung. Diese Ziele erreichten Deutschland, Italien und Ungarn in den Jahren 1864 bis 1871 durch die von Preußen ausgehende Revolution von oben.

Ernst Engelberg, Sturm über Europa. In: ZEIT Punkte Nr. 1, 1998, S. 11.

M4 **Gedenkblatt für das Jahr 1848,** kolorierte Zeichnung, Nürnberg, 1849

Begriffe und Daten

Revolution von 1848/49

Bei den revolutionären Unruhen im März 1848 in Wien und Berlin starben bei Barrikadenkämpfen zahlreiche Revolutionäre, die sich für Freiheit und nationale Einheit einsetzten. Der Versuch der Paulskirchenversammlung, eine Verfassung durchzusetzen und die Einzelstaaten zu einer Einheit zusammenzuführen, scheiterte. Der als Staatsoberhaupt für eine konstitutionelle Monarchie vorgesehene preußische König lehnte die ihm angetragene Kaiserkrone ab. Die alten Herrschaftsträger konnten durch den rücksichtslosen Einsatz des Militärs ihre Macht zurückerobern. Es gab aber keine Rückkehr zum starren Metternich-System. Vielmehr verstärkten die Revolutionsereignisse von 1848/49 den Druck zur Modernisierung in Politik, Gesellschaft und Wirtschaft. Die Opposition von Liberalen und Demokraten meldete sich in den folgenden Jahren zurück. Die Frage der nationalen Einheit und der politischen, rechtlichen und sozialen Gleichheit der Deutschen blieb ungelöst.

1. Suche anhand des Darstellungstextes nach Gründen für die Reaktion Friedrich Wilhelms IV. Ziehe M2 heran.
2. Fasse mithilfe von M3 zusammen, welche Folgen das Scheitern der Revolution nach sich zog.
3. Interpretiere M1. Ziehe die Methode „Politische Dichtung“ (siehe S. 122 f.) heran.
4. Erschließe die Aussage von M4. Nimm die Methode „Symbole und Gesten deuten“ (siehe Anhang) zu Hilfe.

Die Reichsgründung 1871

Deutsche Einheit – „von oben“?

Beim Ringen um die Vorherrschaft zwischen Preußen und Österreich suchte Preußen eine militärische Entscheidung. Im Juni 1866 wurden die österreichischen Truppen nach nur wenigen Wochen besiegt. Eine „großdeutsche Lösung“ der Einheitsfrage war nun unmöglich geworden. Auf Drängen Preußens wurde am 1. Juli 1867 der Norddeutsche Bund gegründet, dazu wurde der Deutsche Zollverein* von 1834 erweitert. Zwischen den Staaten des Norddeutschen Bundes und den süddeutschen Staaten waren nun alle Zollgrenzen gefallen. Den deutsch-französischen Krieg von 1870/71 nutzte Bismarck unter dem Eindruck des sich abzeichnenden Sieges dazu, am 18. Januar 1871 die Gründung des Deutschen Reiches im Spiegelsaal von Versailles auszurufen. König Wilhelm I. von Preußen wurde zum deutschen Kaiser ernannt. Bismarck wurde Reichskanzler (bis 1890). Innerhalb der Grenzen des Deutschen Reiches mit 22 monarchischen Staaten, drei republikanischen Stadtstaaten und dem Reichsland Elsass-Lothringen lebten etwa 42,5 Millionen Einwohner. Darunter waren 3 Millionen Polen, 0,2 Millionen Dänen und 1,5 Millionen Franzosen in Elsass-Lothringen.

M1

Bismarck und der Reichstag,
Karikatur aus Ungarn, 1879

Die Verfassung des Kaiserreichs

Das Deutsche Reich von 1871 war nach dem Vertrag der Fürstentümer und Freien Reichsstädte ein Bundesstaat*. Die Verfassung war jedoch unter der Regie des preußischen Ministerpräsidenten Bismarck entworfen worden. Sie sollte die Monarchie sichern, das demokratisch gewählte Parlament als Machtfaktor weitgehend ausschalten und einen liberalen Nationalstaat verhindern. Der preußische Teilstaat umfasste etwa zwei Drittel des Reichsgebietes und stellte für das Reichsheer zwei Drittel der Soldaten. Im Bundesrat, der Vertretung der Regierungen aller Mitgliedsstaaten des Reiches, hatte Preußen 17 von 58 Stimmen. Überstimmt werden konnte es nur, wenn mehrere Mittelstaaten sich zusammenschlossen. Folglich war die Reichsverfassung nicht gegen den Willen Preußens zu verändern.

Wenn auch die Einzelstaaten nicht mehr souverän waren, so besaßen sie doch eigene Hoheitsrechte, z. B. im Justiz- und Schulwesen, in der Steuer- und Finanzpolitik sowie in Verfassungs- und Gesetzgebungsangelegenheiten. Da das Reich kein Staatenbund* mehr war, rangierte das Reichsrecht vor dem Landesrecht: Reichsrecht „brach“ Landesrecht.

Gegenüber der Verfassung von 1848/49 enthielt die Reichsverfassung keine Grundrechte, die den Einzelnen vor staatlicher Willkür schützten. Die gab es nur in einzelnen Länderverfassungen. Weitere Schwachpunkte der Verfassung waren die kaum kontrollierte Macht des Kaisers und das Übergewicht Preußens.

Biographie

Otto von Bismarck

Bismarck (1815–1898) entstammte einer alten preußischen Landadelfamilie und wurde im Sinne konservativer, monarchisch geprägter Werte erzogen. Als konservativer Abgeordneter im preußischen Landtag tat er sich dort als Kämpfer gegen die Revolution von 1848 hervor. 1862 berief ihn König Wilhelm I. zum preußischen Ministerpräsidenten. Bismarcks aggressive Kriegspolitik nach außen und seine geschickte Diplomatie gegenüber den deutschen Fürsten führten 1871 zur Gründung des Deutschen Kaiserreichs, dessen Politik er als Reichskanzler bis 1890 bestimmte.

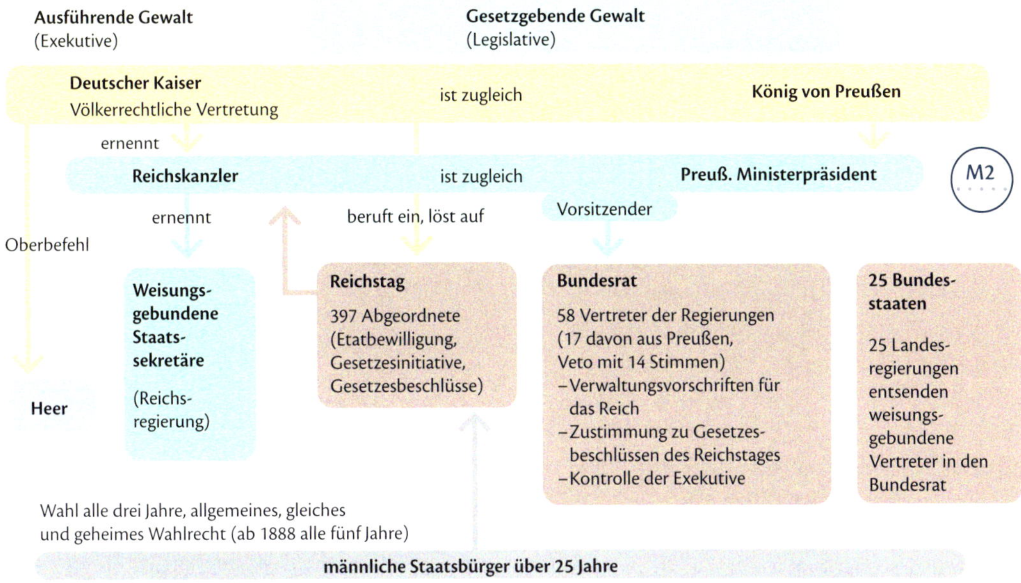

M2 Die Verfassung des Deutschen Reiches von 1871

M3 Stimmen zur Reichsgründung

Tagebucheintrag der Baronin Spitzemberg über die Stimmung in Berlin, 3. März 1871:

3A Und was für ein Friede für uns Deutsche! … Vereint zu einem Reiche, dem größten, mächtigsten, gefürchtetsten in Europa, groß durch seine physische Macht nicht allein, größer noch durch seine Bildung und den Geist, der das Volk durchdringt! … Möge Gott den Geist meines Volkes also lenken, dass seine Entwicklung eine friedliche und zivilisatorische bleibe, sein Reich ein Reich des Lichts, der Freiheit, der wahren, christlichen Gesinnung sei!

Der Abgeordnete der Sozialdemokratischen Arbeiterpartei, August Bebel, schrieb 1874 in einer Wahlkampfbroschüre:

3B Als am 3. März 1871 unter dem Glockengeläute und Kanonendonner für den Versailler Frieden dieser Reichstag gewählt wurde, gab es wohl viele, die hoffnungsselig ihm entgegensahen. Aber das durch „Blut und Eisen" mühsam zusammengeschweißte „Reich" ist kein Boden für bürgerliche Freiheit, geschweige für die soziale Gleichheit. Staaten werden mit den Mitteln erhalten, durch die sie gegründet wurden. Der Säbel stand als Geburtshelfer dem „Reich" zur Seite, der Säbel wird es ins Grab begleiten.

M3A: Zit. nach Geschichte in Quellen, Bd. 5, hg. von Wolfgang Lautemann u. a., München (bsv) 1980, S. 370.
M3B: August Bebel, Die Sozialdemokratie im deutschen Reichstag, Bd. 1, Berlin (Vorwärts) 1909, S. 3 f.

M4 Preußen und das Reich

Freiherr von Mittnacht vor dem württembergischen Parlament am 7. Dezember 1899:

Preußen ist für sich allein eine Großmacht, der König von Preußen ist zugleich deutscher Kaiser, der preußische Ministerpräsident zugleich Reichskanzler. Preußen wird und kann niemals die politische Führung im Reiche in wichtigen Angelegenheiten, vielleicht in Lebensfragen der deutschen Nation aus der Hand geben. Wir leben … in einem Bundesstaat, in welchem ein Einzelstaat eine ganz überwiegende Macht und Bedeutung hat, und diesem Staat die Führung und Initiative in Reichsangelegenheiten zu entwinden, das möge man sich nicht zu leicht vorstellen.

Verhandlungen der Württembergischen Kammer der Abgeordneten auf dem 34. Landtag in den Jahren 1899/1900. Protokoll-Band III, Stuttgart, 1900, S. 2141.

1 a) Untersuche M2 mithilfe der Methode „Ein Verfassungsmodell interpretieren" (siehe S. 109).
b) Bewerte die Verfassung aus der Sicht eines Abgeordneten von 1849 (M2, S. 129). Ziehe den rechten Darstellungstext und M1 heran.

2 Kläre mithilfe des Darstellungstextes die Machtverhältnisse im Deutschen Reich. Ziehe M2 heran.

3 Beurteile, welche Rolle Otto von Bismarck im Prozess der Reichsgründung spielte (Kasten).

4 Beurteile die Überschrift des linken Darstellungstextes. Ziehe M3 und M4 heran.

Historiengemälde deuten

Bild, Absicht und Wirklichkeit

Historienbilder sind „Geschichtsbilder". Oft stellen sie einen besonders Aufsehen erregenden Moment der Vergangenheit dar. In der Regel sind Historiengemälde als Auftragsarbeiten mit einer Zielsetzung entstanden. Im Mittelpunkt steht meistens eine große, handelnde Einzelpersönlichkeit, die in einem bestimmten Licht erscheinen soll. Die Erinnerung an das abgebildete Ereignis oder an die Person soll Handlungen in der Gegenwart rechtfertigen.

Historiengemälde verraten uns deshalb oft mehr über die Zeit, in der sie entstanden sind, als über das abgebildete Ereignis selbst. Deshalb sind sie nicht als objektive Quelle anzusehen, sondern vielmehr als Darstellung und Deutung der behandelten Zeit bzw. der Personen, indem sie etwas Symbolhaftes, überzeitlich Bedeutsames zu zeigen versuchen.

M2

Die Gefühle des Kaisers

Wilhelm I. schrieb am 18. Januar 1871 aus Versailles an seine Gemahlin:

Eben kehre ich vom Schlosse nach vollbrachtem Kaiserakt zurück! Ich kann Dir nicht sagen, in welcher morosen[1] Emotion ich in diesen letzten Tagen war, teils wegen der hohen Verantwortung, die ich nun zu übernehmen habe, teils und vor allem über den Schmerz, den preußischen Titel verdrängt zu sehen! In einer Konferenz gestern mit Fritz [dem Kronprinzen], Bismarck und Schleinitz [Minister des Königlichen Hauses] war ich zuletzt so moros, dass ich drauf und dran war, zurückzutreten und Fritz alles zu übertragen! Erst nachdem ich in inbrünstigem Gebet mich an Gott gewendet habe, habe ich Fassung und Kraft gewonnen!

Briefe Kaiser Wilhelms des Ersten, hg. von Erich Brandenburg, Leipzig (Insel) 1911, S. 254.

[1] mürrischen

M1

Die Proklamation des Deutschen Kaiserreichs im Spiegelsaal zu Versailles am 18. Januar 1871, Gemälde von Anton von Werner, 1877. Der Künstler nahm im Auftrag des Hofes an der Zeremonie in Versailles teil. In den folgenden Jahrzehnten erarbeitete er vier Fassungen des Gemäldes. Das 4,30 × 7,30 m große Bild (1. Fassung) schenkten die Fürsten Wilhelm I. zum 80. Geburtstag. Es wurde bei einem Angriff auf das Berliner Schloss im Zweiten Weltkrieg zerstört.

M3 **Die Proklamation des Deutschen Kaiserreichs im Spiegelsaal zu Versailles am 18. Januar 1871,** Gemälde von Anton von Werner, 1885. Das 1,70 × 2,00 m große Bild (3. Fassung) war ein Geschenk Kaiser Wilhelms I. an Bismarck zu dessen 70. Geburtstag. Es hängt heute im Bismarck-Museum in Friedrichsruh. Die weiße Uniform hat Bismarck am 18. Januar 1871 nicht getragen.

Arbeitsschritte

1. Schritt: Das Bild beschreiben

- Welches Ereignis ist dargestellt?
- An welchem Ort spielt sich das Geschehen ab?
- Welche Personen sind zu sehen? Welche stehen im Mittelpunkt?

2. Schritt: Die Entstehung des Bildes untersuchen

- Wer hat es gemalt?
- Wer hat es in Auftrag gegeben?
- Für welchen Zweck wurde es geschaffen?
- Welcher Zeitraum liegt zwischen dem Ereignis und der Entstehung des Bildes?
- Hat der Maler das Geschehen selbst miterlebt?

3. Schritt: Bild und Wirklichkeit vergleichen

- Suche nach Abbildungen (Fotos, Gemälden, Zeichnungen usw.), die das gleiche Ereignis zeigen.
- Ziehe gegebenenfalls schriftliche Informationen und Quellen heran.

4. Schritt: Die Aussage des Bildes erschließen

- Was wollte der Maler dem Betrachter zeigen? Berücksichtige, ob es Abweichungen zwischen Bild- und weiteren Quellenaussagen gibt.
- Welche Wirkung wollte der Künstler beim Publikum erreichen?
- Welche Informationen erhalten wir über das zentrale Thema des Bildes hinaus, die z. B. Aufschluss geben über politische, gesellschaftliche Verhältnisse oder über die Kultur (zur Zeit des dargestellten Ereignisses bzw. des Künstlers)?

1 Analysiere M1 und M3 anhand der Arbeitsschritte.

2 Vergleiche M1 mit M3 und stelle Unterschiede fest. Konzentriere dich dabei auf die Personen Wilhelm I. und Bismarck.

3 Suche nach Erklärungen für die von dir notierten Unterschiede. Berücksichtige dabei die Textquelle M2.

4 Diskutiert in der Klasse die Frage, ob man Historienbilder als Fälschungen bezeichnen kann.

„Was ist des Deutschen Vaterland?“

Die Frage nach der „Nation“

„Was ist des Deutschen Vaterland?“ Das war die Ausgangsfrage des Schriftstellers Ernst Moritz Arndt (1769–1860) für ein „vaterländisches“ Gedicht. Arndt setzte sich für die „nationale Erhebung“ gegen Napoleon ein und forderte die Einheit Deutschlands. 1848/49 war der Versuch, einen demokratischen Nationalstaat zu gründen, am Widerstand der monarchischen Obrigkeit und des Adels gescheitert. 1871 gelang die Gründung eines deutschen Nationalstaates – allerdings ohne demokratisch-parlamentarische Grundlage. Die Frage nach dem „Vaterland“, der „Nation“, stellte sich daher für die Mehrheit der Bevölkerung weiterhin. Auch während der deutschen Teilung (1945–1990) war sie aktuell. Ist sie heute „gelöst“?

M2

Welcher Aussage stimmen Sie am ehesten zu:

	West	Ost	18–24 Jahre	25–29 Jahre	30–44 Jahre	45–59 Jahre	ü. 60 Jahre
„Ich bin stolz, ein Deutscher zu sein.“	31	27	7	9	23	34	45
„Ich freue mich, Deutscher zu sein, aber ich bin nicht stolz darauf.“	34	39	24	48	37	40	31
„Es ist mir unangenehm, als Deutscher gesehen zu werden.“	2	1	9	2	2	–	1
„Diese Frage beschäftigt mich nicht.“	27	26	57	32	35	22	12

Stolz auf Deutschland?
Befragung von 1000 Personen im März 2001, Angaben in Prozent

M1

„Schwarz-Rot-Gold“

Karl Heinrich Schnauffer, ein bürgerlicher Liberaler, schrieb 1848:

Schwarz, Rot und Gold, das sind die Farben,
Die stolz der deutsche Bürger trägt;
Schwarz, Rot und Gold, das sind die Farben,
Für die er sich im Kampfe schlägt.

Das Schwarz, das ist die Warnung denen,
Die Deutschlands Freiheit noch bedrohn.
Das Rot, das ist das Blut von jenen,
Die für die Freiheit fielen schon.

Das Gold, das ist der Freiheit Segen,
Wenn Männer ihre Pflicht getan,
Drum schlagt auf Wegen und auf Stegen
Die heiligen drei Farben an.

Schwarz, Rot und Gold, das sind die Farben,
Drauf stolz das deutsche Auge sieht;
Schwarz, Rot und Gold – das sind die Garben,
Darin die Ernte Deutschlands blüht!

Zit. nach Peter Alter (Hg.), Nationalismus, München (Piper) 1994, S. 93 f.

M3

Die Nation nach der Einheit 1990

Der Sozialwissenschaftler Ralf Dahrendorf (1990):

Wie man sich auch dreht und wendet, ja windet, die Nation ist wieder da und der Nationalstaat mit ihr, und zwar hier, mitten in Europa, in Deutschland … Die Frage ist nur, was denn Nation und Nationalstaat am Ende des 20. Jahrhunderts sinnvoll bedeuten können und wo ihre Grenzen liegen … Nun haben die Autoren, denen die Nation Angst macht, … sich dabei ja etwas gedacht. Sie halten die Nation nicht nur für antiquiert [veraltet], sondern für bedrohlich … Insoweit Nationalstaat Rechts- und Verfassungsstaat heißt, liegt darin kein Grund zur Klage oder Sorge … Es geht vor allem um Bürgerrechte, und diese verlangen verlässliche Institutionen … Sie verlangen selbstbewusste Nationalstaaten in einem kooperativen Europa, das … aktiv mitwirkt an der Schaffung einer internationalen Ordnung des Rechts.

Ralf Dahrendorf, Die Sache mit der Nation, zit. nach Peter Alter (Hg.), Nationalismus, München (Piper) 1994, S. 304 ff.

1 Erschließt in Partnerarbeit M2 und formuliert Fragen zu diesem Thema, die für euch wichtig sind.
2 Erarbeite mithilfe des Darstellungstextes sowie M1, wie die „Nation“ im 19. Jahrhundert gesehen wurde.
3 Stelle zusammen, welche Möglichkeiten und Grenzen Dahrendorf (M3) für die „Nation“ sieht.
4 Nimm begründet Stellung: Was eine „Nation“ ist, kann eindeutig und dauerhaft beantwortet werden.
5 Diskutiert in der Klasse, was für euch Begriffe wie „Vaterland“, „Nation“ und „Stolz auf Deutschland“ bedeuten. Zieht eure Fragen aus Aufgabe 1 und den letzten Satz des Darstellungstextes heran.

Deutschland im 19. Jahrhundert – Restauration, Revolution und Reichsgründung

Überprüfe, was du kannst

Sachkompetenz

1 Prüft in Partnerarbeit gegenseitig, ob ihr die Begriffe „Wiener Kongress" (S. 119), „Deutscher Bund" (S. 119), „Liberalismus" (S. 125), „Demokraten" (S. 128), „Revolution 1848/49" (S. 131) und „Reichsgründung 1871" (S. 132) erläutern könnt.

2 Lege eine Zeitleiste (1815–1871) mit Ereignissen und Daten an. Achte dabei besonders auf „offene" Situationen, in denen eine andere Entwicklung denkbar gewesen wären. Vergleicht eure Ergebnisse in der Klasse.

Methodenkompetenz

3 Analysiere M1 mithilfe der Methode „Historiengemälde deuten" (S. 134 f.).

Urteilskompetenz

4 Nationale (politische) Feste und Feiern sind seit dem 18. Jahrhundert überliefert. Erörtere, worin ihr Ursprung liegen könnte, und beurteile ihre Bedeutung für die deutsche Einheit im 19. Jahrhundert. Lies im Kapitel 3 nach.

Handlungskompetenz

5 **Recherche:** Recherchiert, was am deutschen Nationalfeiertag (3. Oktober) gefeiert wird und wie er begangen wird. Berichtet.

M1

Bismarck und die deutsche Einheit, Bismarck reicht Germania das geschärfte Reichsschwert,
Stich nach einem Gemälde Ende 19. Jh.

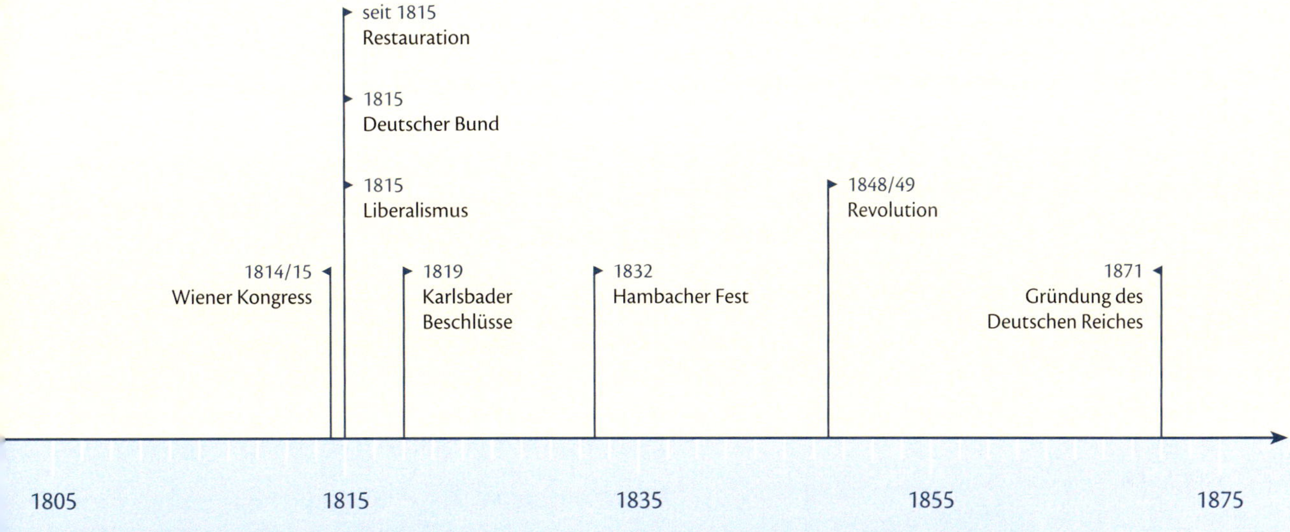

Die Industrialisierung und ihre Folgen

Wissen • Urteilen • Handeln • Methoden anwenden

Am Ende dieses Unterkapitels kannst du

- erklären, warum die Industrialisierung in England begann
- Faktoren der Industrialisierung in Deutschland nennen und ihre Auswirkungen bewerten
- die Industrialisierung in Rheinland-Westfalen aus wirtschaftlicher, technischer und sozialer Sicht beschreiben
- Merkmale frühindustrieller Arbeits- und Lebensbedingungen nennen und beurteilen
- die Bezeichnung „soziale Frage" erläutern und ihre Antworten bewerten
- **Methode** Statistiken auswerten und graphisch umsetzen
- **Methode** Fotos analysieren

Zentren der Industrialisierung 1800 bis 1900

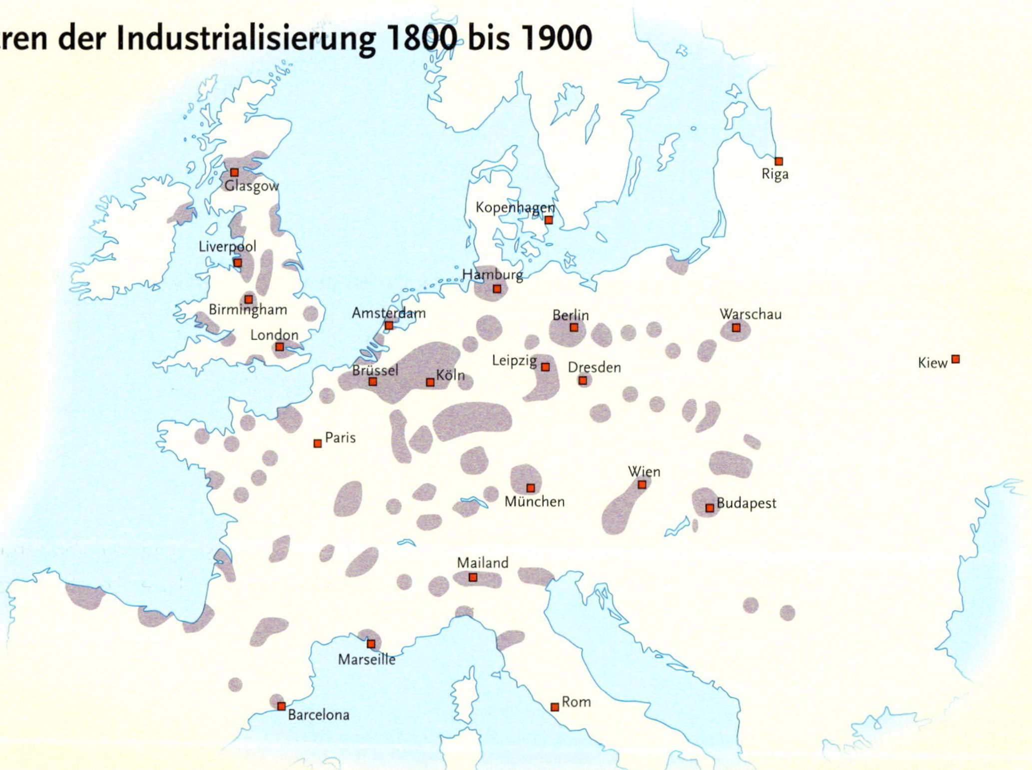

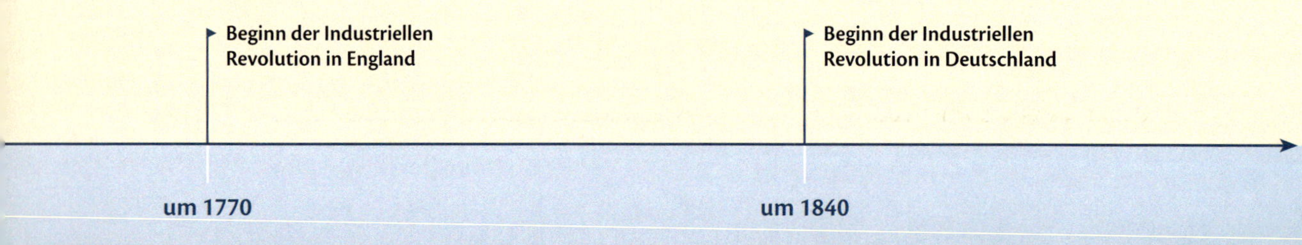

Die Industrialisierung – eine Revolution der Lebensweise?

Gerät die Welt „aus ihren Fugen“?

„Die Teilung der Arbeit, die Benutzung der Wasser- und besonders der Dampfkraft und der Mechanismus der Maschinerie – das sind die drei großen Hebel, mit denen die Industrie seit der Mitte des vorigen Jahrhunderts daran arbeitet, die Welt aus ihren Fugen zu heben.“

Dies war eine der Erkenntnisse, die der Fabrikantensohn Friedrich Engels 1845 niederschrieb, als er die Verhältnisse in England bei einem Besuch in Manchester kennen gelernt hatte. Wie Engels erkannten auch andere Beobachter in seiner Zeit, dass die Industrialisierung eine grundlegende Umwälzung der Arbeits- und Lebensbedingungen auslöste. Heute wissen wir, dass die Industrialisierung einen ähnlichen Einschnitt in der Geschichte der Menschheit darstellte wie die Neolithische Revolution, als Jäger und Sammlerinnen vor etwa 10 000 Jahren von der jagenden und sammelnden zur sesshaften Lebensweise der Viehzüchter, Bauern und Bäuerinnen übergingen. Zu erkennen ist heute auch, dass die Industrialisierung offensichtlich bis in unsere Gegenwart hinein keine abgeschlossene Epoche ist, sondern weiterhin anhält. Sie wird unser Leben auch in Zukunft beeinflussen.

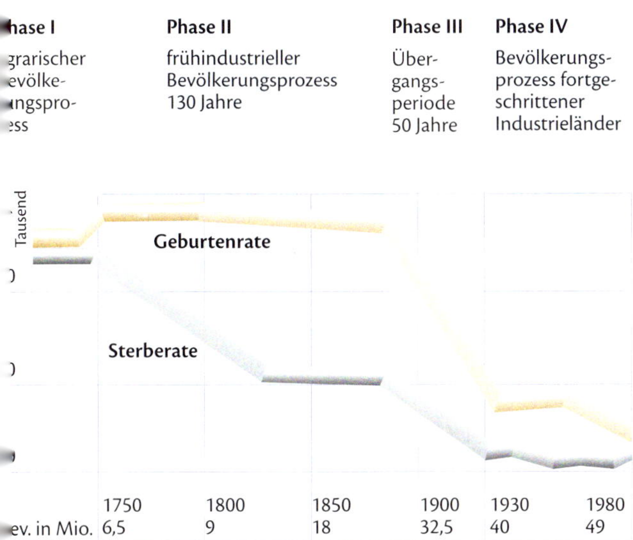

M1 **Geburten- und Sterberate in England und Wales 1750 bis 1980**

Faktoren der Industrialisierung in England

England wird in der Geschichtsforschung übereinstimmend als das Land betrachtet, in dem die Industrialisierung begann. Umstritten ist aber, welche Faktoren den Vorgang der Industrialisierung auslösten und welche Bedeutung sie jeweils haben.

Vier Thesen zu diesem Problem kannst du auf den Seiten 142 bis 145 überprüfen. Möglich ist das auch als Gruppenarbeit (siehe Kasten).

1. Faktor: Raum und Bevölkerung. England wies besonders günstige geographische, geologische und klimatische Bedingungen auf. Hinzu kam ein schneller Anstieg der Bevölkerung.

2. Faktor: Wirtschaft. Die englische Landwirtschaft hatte einen Vorsprung in Europa. Genügend Kapital und marktwirtschaftliches Denken waren Grundlagen für eine neue Wirtschaftsweise.

3. Faktor: Technik. Die Industrialisierung wurde entscheidend durch technische Erfindungen, vor allem durch die Spinn- und die Webmaschine sowie die Dampfmaschine, ausgelöst.

4. Faktor: Bildung. Die Industrialisierung wurde durch eine hohe Alphabetisierung der Bevölkerung möglich. Dadurch erst gab es genügend Arbeitskräfte, die Maschinen konstruieren, bauen und bedienen konnten. Grundkenntnisse wurden bereits im 18. Jahrhundert in englischen Schulen vermittelt.

1 Beschreibe anhand der Karte S. 138 die Verteilung der frühen Industriegebiete in Europa. Stelle einen Bezug zum Darstellungstext her.

2 Beschreibe mithilfe von M1 die Bevölkerungsentwicklung in England und Wales. Formuliere Vermutungen über die Ursachen der veränderten Bevölkerungsentwicklung. → Wolke

Vorschlag für eine Gruppenarbeit zu 2+4

Die Seiten 140 bis 143 könnt ihr in Gruppen erarbeiten. Jede Gruppe übernimmt die Bearbeitung eines Faktors der Industrialisierung in England und trägt ihre Ergebnisse der Klasse vor. Geht von den Faktoren im Darstellungstext aus.

– Informationen aber spärlich, baue alle Ergebnisse
– Aufgaben zu einzelnen Faktoren sind nicht gleich

Informationen sind zu spärlich, um zu selbständigen Ergebnissen zu kommen.

Faktoren der Industrialisierung – das Beispiel England

1. Faktor: Raum und Bevölkerung

Ermöglichten die vorteilhafte Insellage, gute Transportwege, günstige klimatische Bedingungen, zum Beispiel für die Baumwollverarbeitung, eine frühe Industrialisierung in England? Welche Bedeutung hatte das schnelle Wachstum der Bevölkerung im 18. Jahrhundert für den Beginn der Industrialisierung? Welche Rolle spielten solche „äußeren" Faktoren?

M1 Bedingungen der Industrialisierung

Der britische Historiker Eric J. Hobsbawm schrieb 1968:

weglassen

Beruft man sich auf Großbritanniens reiche Kohlevorkommen, um seinen Vorsprung zu erklären, so bliebe immerhin zu bedenken, aus welchen Gründen sein vergleichsweise spärlicher Bestand an anderen industriellen Rohstoffen (z. B. Eisenerz) diese Entwicklung nicht behindert hat ... Wenn das feuchte Klima von Lancashire die Konzentration der Baumwollindustrie dort erklären soll, dann sollten wir auch fragen, warum die Konzentration nicht auch in anderen feuchten Gegenden der britischen Inseln stattgefunden hat ... Klimatische Faktoren, Geographie, die Verteilung natürlicher Ressourcen wirken sich immer nur innerhalb eines gegebenen wirtschaftlichen, sozialen und institutionellen Kontexts [Zusammenhang] aus; dies gilt sogar für den gewichtigsten Faktor dieser Art: die Verbindungswege zum Meer oder zu nutzbaren Flüssen, die billigsten, gebräuchlichsten und für Massengüter einzig wirtschaftlichen Transportwege des vorindustriellen Zeitalters.

Eric J. Hobsbawm, Industrie und Empire, Bd. 1, 5. Aufl., Frankfurt a. M. (Suhrkamp) 1975, S. 35 f.

hier klare & unverständlich, Aussage ist unklar

M2 Bevölkerungswachstum und landwirtschaftliche Produktion

Die britische Wirtschaftshistorikerin Phyllis Deane, 1977:

Der Anstieg der Bevölkerung und der Produktion scheint in den Vierzigerjahren des 18. Jahrhunderts eingesetzt zu haben ... Der entscheidende Bruch gegenüber der Vergangenheit war die Tatsache, dass diese Wachstumsrate sich in den 1750er-Jahren auf 7 Prozent erhöhte und in den 1760er- und 70er-Jahren diesen Durchschnitt hielt. Ein solcher Bevölkerungszuwachs hätte in einer vorindustriellen Wirtschaft normalerweise zu einem Absinken des Pro-Kopf-Einkommens geführt, da die Bevölkerung dann schneller gewachsen wäre als das Sozialprodukt [Summe aller Güter und Dienstleistungen in einer Volkswirtschaft]. In Wirklichkeit war es aber so, ... dass jetzt das Sozialprodukt mit dem Bevölkerungszuwachs Schritt zu halten vermochte. Das verdankte man jedoch nicht in erster Linie der Industrieproduktion, sondern der landwirtschaftlichen Produktion ... Das Vorhandensein eines Nahrungsüberschusses, verbunden mit der Fähigkeit der Landwirtschaft, ihre Produktion der vermehrten Nachfrage anzupassen, bedeutete, dass die Bevölkerung wachsen konnte.

Phyllis Deane, Die Industrielle Revolution in Großbritannien 1700–1880. In: Carlo M. Cipolla / Knut Borchardt (Hg.), Europäische Wirtschaftsgeschichte, Bd. 4, Stuttgart / New York (G. Fischer) 1977, S. 4 f. Übers. von Anjuta Aigner-Dünnwald.

M3 Bevölkerungswachstum in England und Wales 1750 bis 1900

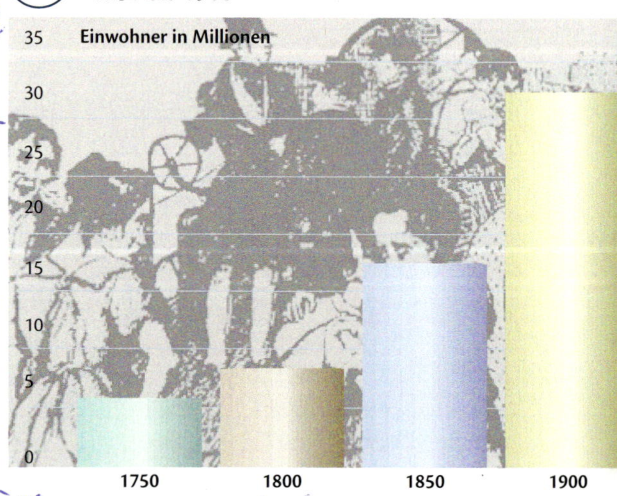

1. Notiere die Faktoren, die in M1 als günstig für eine Industrialisierung bezeichnet werden. indirekte Aussagen
   M5 ←
2. Erläutere, welchen Zusammenhang die Autorin von M2 zwischen Bevölkerung und Produktion herstellt. Ziehe M3 heran.
3. Prüft, ob die Informationen zum 1. Faktor eure Vermutungen aus Aufgabe 2 (S. 139) bestätigen oder widerlegen.
4. Fasse zusammen, welche Bedeutung der Faktor „Raum und Bevölkerung" für die Industrialisierung hatte.

+ zu M2 Es gibt keine Angaben über die Gründe des Bevölkerungswachstums und des Nahrungsmittelüberschusses

2. Faktor: Eine neue Wirtschaftsweise

Der Faktor „Wirtschaft“ gilt als ein weiterer Grund für den Beginn der Industrialisierung in England. Es entstand eine neue Art zu wirtschaften, die als „Liberalismus“ (von lat. liber = die Freiheit betreffend) bzw. „Kapitalismus“ (Kapital = Geld, das der Unternehmer in Form von Rohstoffen oder Maschinen in den Betrieb investiert) bezeichnet wird.

Nach der Theorie des Liberalismus steht die Freiheit des einzelnen Menschen im Mittelpunkt des politischen, gesellschaftlichen und wirtschaftlichen Zusammenlebens. In der Wirtschaft soll sich der Staat zurückhalten („Laisser-faire-Prinzip“), Gewerbefreiheit und Privateigentum garantieren und schützen sowie die „Marktkräfte“ frei spielen lassen.

Das Prinzip dieser neuen Wirtschaftsweise entwickelte sich in Ansätzen bereits in der englischen Landwirtschaft und schuf so die Voraussetzungen dafür, die Produktion schnell der vermehrten Nachfrage anzupassen. Welthandel, Kolonien und die britische Seemacht stützten die Bereitstellung von Kapital für die neuen Wirtschaftszweige.

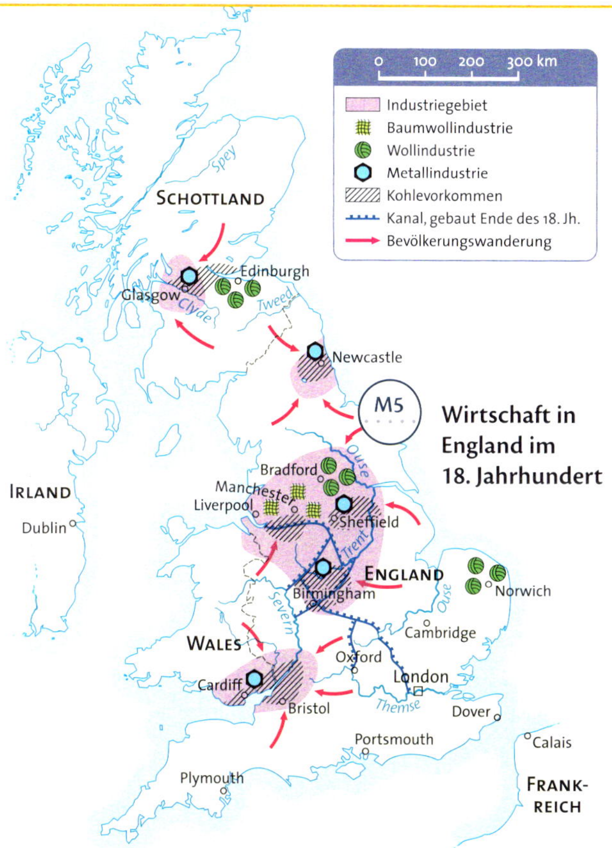

M5 **Wirtschaft in England im 18. Jahrhundert**

M4 Wie wurde das Kapital eingesetzt?

Der schottische Philosoph und Volkswirtschaftler Adam Smith (1723–1790) schrieb 1776:

Der Einzelne ist stets darauf bedacht herauszufinden, wo er sein Kapital ... so vorteilhaft wie nur irgend möglich einsetzen kann. Und tatsächlich hat er dabei den eigenen Vorteil im Auge und nicht etwa den der Volkswirtschaft. Aber gerade das Streben nach seinem eigenen Vorteil ist es, das ihn ... dazu führt, sein Kapital dort einzusetzen, wo es auch dem ganzen Land den größten Nutzen bringt ... Der Einzelne vermag ganz offensichtlich aus seiner Kenntnis der örtlichen Verhältnisse weit besser zu beurteilen, als es irgendein Staatsmann oder Gesetzgeber für ihn tun kann, welcher Erwerbszweig im Lande für den Einsatz seines Kapitals geeignet ist und welcher einen Ertrag abwirft ... Ein Staatsmann, der es versuchen sollte, Privatleuten vorzuschreiben, auf welche Weise sie ihr Kapital investieren sollten, würde sich damit nicht nur, höchst unnötig, eine Last aufbürden, sondern sich auch gleichzeitig eine Autorität anmaßen.

Adam Smith, Der Wohlstand der Nationen, hg. von Horst Claus Recktenwald, 5. Aufl., München (dtv) 1990, S. 369 ff.

M6 Woher kam das Kapital?

Der Wirtschaftshistoriker Christoph Buchheim, 1994:

Es herrschte kein Kapitalmangel ... So wurde ja bereits auf den vergleichsweise kapitalintensiven Charakter der britischen Landwirtschaft hingewiesen. Die Verkehrsinfrastruktur in Form von schiffbaren Flüssen, von Kanälen und von Privatstraßen war gut ausgebaut ... Den Großteil des ... Kapitals stellten die Rohstoffvorräte, Fertigwarenlager und Kundenforderungen dar ... Für das weitere Wachstum war die Selbstfinanzierung aus den erwirtschafteten Gewinnen die wichtigste Quelle des langfristigen Kapitals.

Christoph Buchheim, Industrielle Revolutionen, München (dtv) 1994, S. 59 ff.

5 Beschreibe anhand von M5 den Stand der englischen Wirtschaft im 18. Jahrhundert.

6 Gib die Auffassung von Adam Smith (M4) in eigenen Worten wieder und nimm dazu Stellung.

7 Liste auf, woher nach M6 das Kapital kam.

8 Fasse zusammen, welche Bedeutung der 2. Faktor für die Industrialisierung hatte.

fehlt - Verbesserung des Webstuhls führt zu erhöhtem Garnbedarf → Ausw. auf Weber zuerst positiv

3. Faktor: Technik – Motor der Industrialisierung

In der Geschichtswissenschaft wird den technischen Neuerungen, die wirtschaftlich angewandt werden, eine große Bedeutung für den Industrialisierungsvorgang zugeschrieben. Gab es so genannte „Schlüsseltechnologien", die die Industrialisierung auslösten? In welchen Wirtschaftsbereichen begann sie?

M7 **Dampfmaschine von James Watt,** Modellzeichnung, 2001

M8 **Wachstum der englischen Baumwollindustrie** Ausfuhren von Baumwolltextilien und Prozentsatz am Gesamtexport.

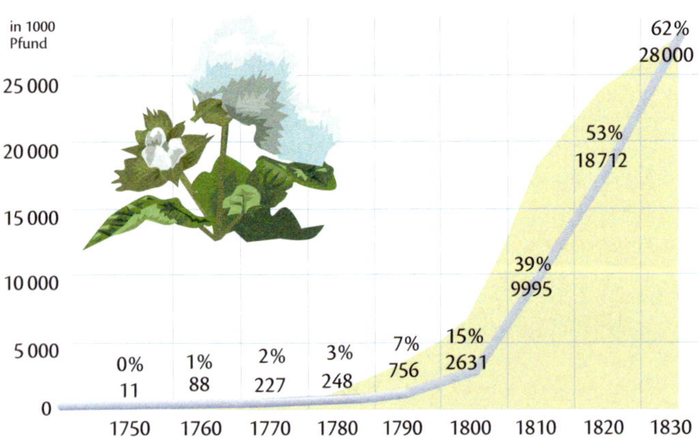

M9 **Die englische Baumwollspinnerei**

Der Schweizer Christian Bernoulli schrieb 1827:

Eine der ersten, unmittelbarsten Folgen, welche die Erfindung der Spinnmaschinen hatte, war ohne Zweifel der fabrikmäßige Betrieb des Baumwollspinnens. Die Einführung großer Maschinen veränderte notwendig die Verhältnisse ganz. Sie erforderten große und dazu besonders eingerichtete Gebäude, große Kapitalien, Tiere oder Elementarkräfte zum Betrieb, Arbeiter, die ausschließlich diesem Gewerbe ... sich ergaben, eine gehörige Verteilung und Anordnung aller Operationen usw. Mit dem Aufkommen des Maschinenspinnens ergab sich daher auch der fabrikförmige Betrieb dieser Industrie ... Die Arbeit der Spinner wurde ungleich produktiver. Keine Wirkung ist wohl auffallender als diese und bei keiner Erfindung war dieses Ergebnis so erstaunenswürdig; sehen wir, was jetzt 100 oder 200 Menschen in einer mechanischen Spinnerei zu produzieren vermögen und wie viel dieselbe Anzahl ehemals liefern konnte. Viele geben diese Steigerung der Produktivität wenigstens auf das 100- oder 120-Fache, manche sogar auf das 150-Fache an.

Zit. nach Wilhelm Treue / Karl-Heinz Manegold, Quellen zur Geschichte der industriellen Revolution, Göttingen (Musterschmidt) 1979, S. 103 f.

Begriffe und Daten

Technische Entwicklungen in England

- **1709–1712** Thomas Newcomen baut eine Dampfmaschine für den Pumpenantrieb (Bergbau).
- **1733** John Kay verbessert den Webstuhl.
- **Um 1764** James Hargreaves baut eine Spinnmaschine („Spinning Jenny") für das gleichzeitige Spinnen vieler Fäden.
- **1769** James Watt meldet eine weiterentwickelte Dampfmaschine zum Patent an. Richard Arkwright entwickelt eine durch Wasser- und Dampfkraft angetriebene Spinnmaschine.

9 Beschreibe M7 und ziehe zur weiteren Information Lexika heran. Stelle fest, welche Bedeutung die Dampfmaschine für die Entwicklung von Technik und Wirtschaft hatte.

10 Informiere dich über die frühe Technik (Kasten) und benenne mithilfe von M8 und M9 die wirtschaftlichen Folgen.

11 Fasse zusammen, welche Bedeutung der 3. Faktor für die Industrialisierung hatte.

zu wenig Informationen, für eine GA deshalb so nicht geeignet - Gruppen sind nicht gleich

4. Faktor: Industrialisierung und Bildung

In der Landwirtschaft und im Handwerk wurden Techniken und Fertigkeiten meistens durch „Vormachen“ der Älteren im Arbeitsgang gelernt. Langjährige Erfahrung war dabei entscheidend.

Die industrielle Arbeit an und mit den neuen Maschinen wurde in zeitgenössischen Berichten als monoton und geistig wenig fordernd beschrieben. Dabei setzte sie jedoch technische Kenntnisse, Sorgfalt, hohe Aufmerksamkeit und Geschick voraus. War Industrialisierung ohne Bildung, zumindest in den Grundfertigkeiten wie Lesen, Schreiben und Rechnen, überhaupt denkbar?

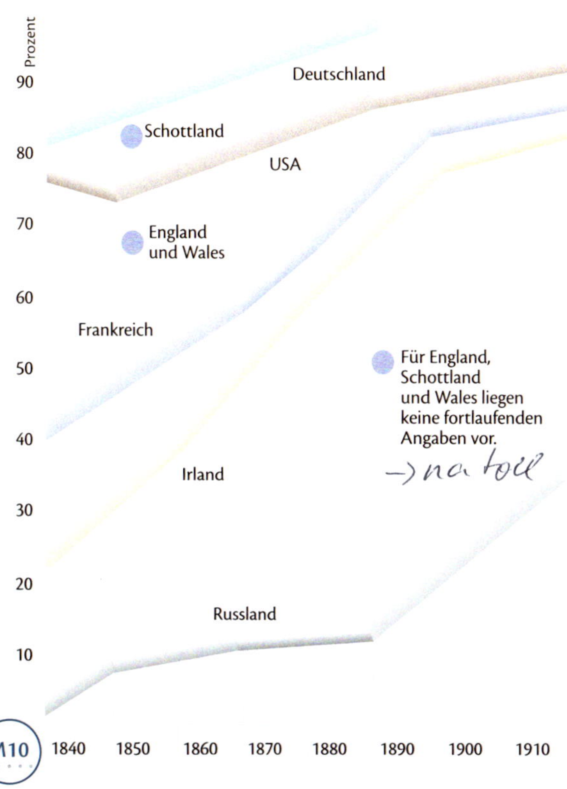

–> na toll

M10

Anteil der Lese- und Schreibkundigen an der erwachsenen Bevölkerung 1840 bis 1910

M11

Bildung und Industrialisierung

Der Historiker Hubert Kiesewetter schrieb 1996 über den Zusammenhang von Industrialisierung und Bildung:

Wie wenig es gerechtfertigt ist, Bildung als einen Faktor der europäischen Industrialisierung zu vernachlässigen, wird deutlich, wenn wir einen Zusammenhang herstellen zwischen dem Bildungsniveau unterentwickelter Staaten und ihrer Produktivität. Selbst im Mutterland der Industrialisierung, in England, war Bildung und Wissenschaft eine Voraussetzung der ökonomischen Modernisierung … In der europäischen Industrialisierung seit dem späten 18. Jahrhundert lässt sich … nachweisen, dass es zumindest langfristig einen engen Zusammenhang zwischen der Erweiterung der Bildungsmöglichkeiten, vor allem im technischen und wissenschaftlichen Bereich, und dem Wirtschaftswachstum der Volkswirtschaften gegeben hat. Bereits im Jahr 1800 stellte eine Wetzlarer Schulkommission fest, dass das Schulwesen „die sicherste Stütze von Staatenglück und Privatwohl“ sei.

Hubert Kiesewetter, Das einzigartige Europa, Göttingen (Vandenhoeck & Ruprecht) 1996, S. 166 ff.

Begriffe und Daten

Industrialisierung

Als Industrialisierung (lat. industria = Fleiß) werden tiefgreifende technische, wirtschaftliche und soziale Veränderungen bezeichnet, die in der zweiten Hälfte des 18. Jahrhunderts in England und im übrigen Europa im 19. Jahrhundert begannen. Wichtige Merkmale waren der Einsatz von Maschinen, die Arbeitsteilung und die Massenproduktion in den entstehenden Fabriken (lat. fabrica = Werkstätte). Der Begriff „Industrielle Revolution“ wird für die Anfangsphase der Industrialisierung verwendet – wegen des für zeitgenössische Beobachter sehr schnellen Verlaufs und der drastischen Veränderung der Arbeits- und Lebensweise vieler Menschen.

12 Formuliere anhand von M10 Aussagen über die Alphabetisierung in Europa. Ziehe aus der Graphik Rückschlüsse auf die Möglichkeit einer Industrialisierung der dargestellten Länder.

13 Erläutere die in M11 aufgestellte These, dass die Industrialisierung einen hohen Bevölkerungsanteil mit schulischer Bildung voraussetze. → nicht gut möglich, wenn es zu kaum/niemand hohe … gibt

14 Fasse zusammen, welche Bedeutung der 4. Faktor für die Industrialisierung hatte.

15 Entwerft in Partnerarbeit ein Schaubild, in dem ihr die vier Faktoren im Zusammenhang darstellt.

Statistiken auswerten und graphisch umsetzen

Können Zahlen „sprechen"?

Zustände und Bedingungen, unter denen Menschen leben, oder längerfristige Entwicklungen lassen sich oft in Zahlen beschreiben. Die Häufigkeit von Beschäftigten und Arbeitslosen, Angaben über Einkommenshöhen und wirtschaftliche Entwicklungen z. B. lassen sich nur mithilfe von Zahlenangaben verdeutlichen.
Statistiken sind unter bestimmten Gesichtspunkten zusammengestellte Mengen von Zahlenwerten. Sie stellen in der Geschichtswissenschaft eine eigenständige Form der historischen Quelle dar. Sie sind allerdings selten „fertig" vorzufinden, sondern von Historikerinnen und Historikern erst „herzustellen", indem sie Zahlen nach ihrer Frage- oder Problemstellung sammeln, ordnen, auswerten und als Tabellen oder graphisch als Diagramme darstellen.
Den Umgang mit statistischen Daten, ihre Auswertung und Darstellung, sowie ihre begrenzte Aussagekraft kannst du hier erarbeiten. Dabei geht es um wirtschaftliches Wachstum und den Wandel der Beschäftigtenstruktur in der Zeit der Industrialisierung.

M1 Industrieproduktion in West- und Mitteleuropa 1800 bis 1840

(in Millionen Pfund Sterling)

Jahr	Großbritannien	Frankreich	Deutschland	Russland
1800	230	190	60	15
1820	290	220	85	20
1840	387	264	150	40

Zahlen nach Praxis Geschichte 1, Industrialisierung, H. 1, 1988, S. 9.

Wortschatz

in absoluten Zahlen — in relativen Werten
ein Hoch – ein Tief — fallend – steigend
flach – steil — Anteil in Prozent
verhältnismäßig hoch, niedrig, gering, stark
die Statistik zeigt, veranschaulicht
anhand des Diagramms wird deutlich, wird sichtbar, erkennt man

Arbeitsschritte

1. Schritt: Formale Analyse

Zuerst muss nach der Echtheit des Zahlenmaterials und seiner korrekten „Überlieferung" gefragt werden. Im Unterricht wird – abgesehen von eigenen Archivarbeiten – meistens bereits bearbeitetes, d. h. ausgewähltes und gedrucktes Material vorgelegt. Deshalb kann sich die Analyse darauf beschränken, Vollständigkeit und erstes Verständnis der Daten in der Darstellung zu überprüfen.

2. Schritt: Inhaltliche Analyse

- Was ist Thema der Statistik?
- Wie ist sie aufgebaut?
- Was ist im Einzelnen dargestellt?
- Welche Aussagen lassen sich formulieren?
- Sind sie untereinander stimmig? (Durch Rundungen können sich Differenzen ergeben.)
- Lässt sich eine „Hauptaussage" finden?
- Bleiben Fragen offen?

3. Schritt: Historischer Zusammenhang

Ausgehend vom Thema der Statistik erfolgt eine Einordnung in den geschichtlichen Zusammenhang.

- Gibt es einen Bezug zu anderen Informationen (Materialien)?
- Ergänzen oder widersprechen sie sich?
- Welche weiteren Informationen werden benötigt?

4. Schritt: Bewertung der Aussagekraft

- Ist der Ausschnitt der statistischen Daten zu gering?
- Wird der Sachverhalt zu stark vereinfacht, verzerrt oder vielleicht verfälscht?
- Ist die graphische Darstellung angemessen?

2.1 Kreisdiagramme

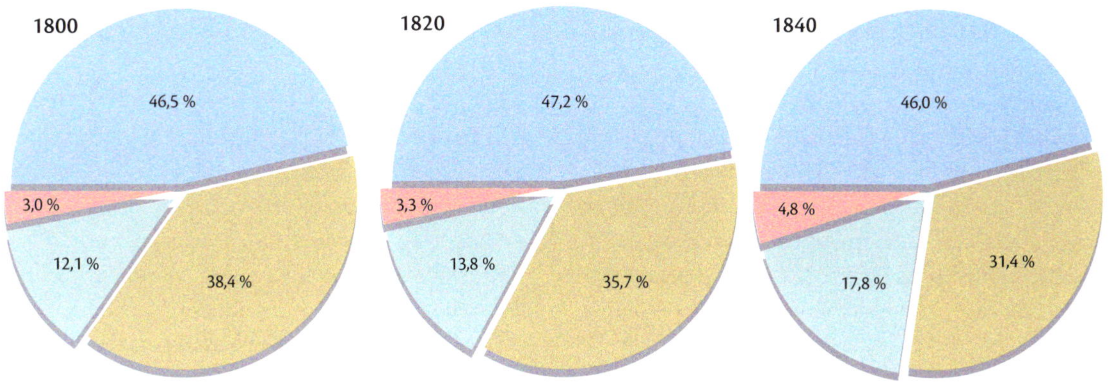

2.2 Kurven- oder Liniendiagramm

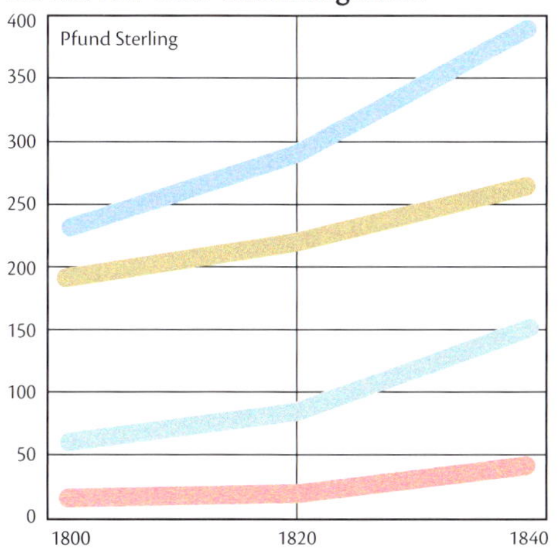

2.3 Säulendiagramm

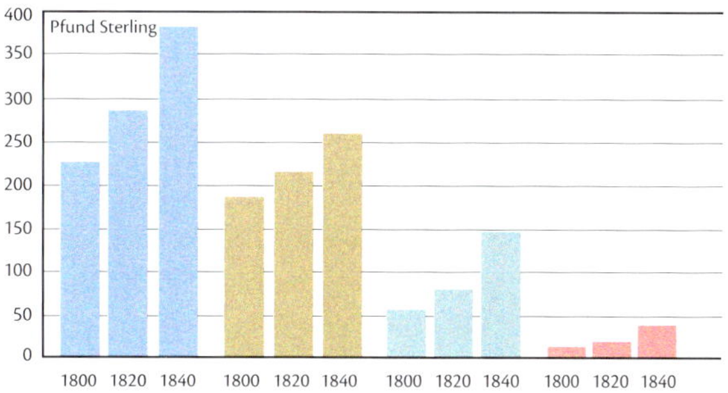

M2 **Möglichkeiten graphischer Darstellung von Statistiken am Beispiel von M1**

M3 Beschäftigtenanteile in Großbritannien 1801 bis 1911
(in Prozent aller Beschäftigten)

Jahr	Landwirtschaft, Forstwirtschaft, Fischerei	Bergbau und Gewerbe	Handel und Transport	Häusliche Dienstleistungen	Öffentliche Dienstleistungen
1801	35,9	29,7	11,2	11,5	11,8
1861	18,7	43,6	16,6	14,3	6,9
1911	8,3	46,4	21,5	13,9	9,9

1 Erarbeite M1 mithilfe der Arbeitsschritte.

2 Beschreibe die Darstellungsformen M2.1 bis M2.3 und vergleiche sie unter der Fragestellung, wie der Sachverhalt optisch am überzeugendsten dargestellt ist.

3 Wende die Arbeitsschritte auf M3 an.

4 Stelle aus M3 ausgewählte Daten anhand der Modelle in M2 graphisch dar.

5 Formuliere zu M1 und M3 jeweils zusammenfassende Aussagen zur Wirtschafts- bzw. Beschäftigtenstruktur. Nimm den Wortschatz-Kasten zu Hilfe.

Faktoren der Industrialisierung in Deutschland

Anfänge der Industrialisierung

Deutschland war um 1800 kein einheitlicher Staat wie England oder Frankreich, sondern ein Gebilde aus einer Vielzahl unterschiedlich großer Territorien mit vorwiegend landwirtschaftlicher Struktur. Mit den Agrarreformen in Preußen seit 1807 und später in anderen deutschen Ländern wandelte sich die Landwirtschaft in Richtung Marktwirtschaft und Kapitalorientierung. Eine „vorindustrielle" Struktur war bereits in einigen Gewerberegionen zu finden. Textil- und Eisenwaren wurden in viele Gegenden Europas geliefert.
Nach dem Wiener Kongress von 1814/15 bildeten 39 souveräne deutsche Teilstaaten unter der Führung Österreichs den politisch unbedeutenden „Deutschen Bund". Es gab kein erkennbares nationales Zentrum wie London und Paris. Der „Wirtschaftsraum Deutschland" war aufgespalten in viele Teile, die durch Zollgrenzen abgeschirmt waren.
Die kostengünstigeren und massenhaften Produkte der englischen Textil- und Eisenindustrie bildeten auf den deutschen Märkten eine überlegene Konkurrenz. Ansätze eines einheitlichen Binnenmarktes entstanden erst mit dem preußischen Zollgebiet 1818 und der Gründung des Deutschen Zollvereins* 1834.

Das Bevölkerungswachstum führte zu einem Überangebot an Arbeitskräften in Deutschland. Niedrige Löhne bremsten die Massenkaufkraft und schwächten die inländischen Absatzmärkte.
Während sich in Großbritannien der Staat weitgehend aus dem Prozess der Industrialisierung heraushielt, unterstützte er in Preußen, dem politisch mächtigsten deutschen Teilstaat, und in anderen deutschen Ländern die industrielle Entwicklung: Handelsgesetze, die Zulassung von Aktiengesellschaften, die Verbesserung der Infrastruktur (Kanal- und Straßenbau), Unternehmeraktivitäten des Staates im Bergbau, in der Hüttenindustrie, der Rüstungsindustrie und im Maschinenbau schufen günstige Voraussetzungen für die Industrialisierung. Das Gleiche gilt für die Vergabe von Krediten und Subventionen an Unternehmer.
Ein genaues Jahr für den Beginn der Industrialisierung lässt sich nicht nennen. Für Preußen werden in der Geschichtswissenschaft die späten 1840er-Jahre genannt. Antriebskräfte der Industrialisierung waren in Deutschland der Steinkohlenbergbau und die Eisen- und Stahlindustrie – und hier besonders ein neues Produkt, das einen neuen Markt schuf: die Eisenbahn.

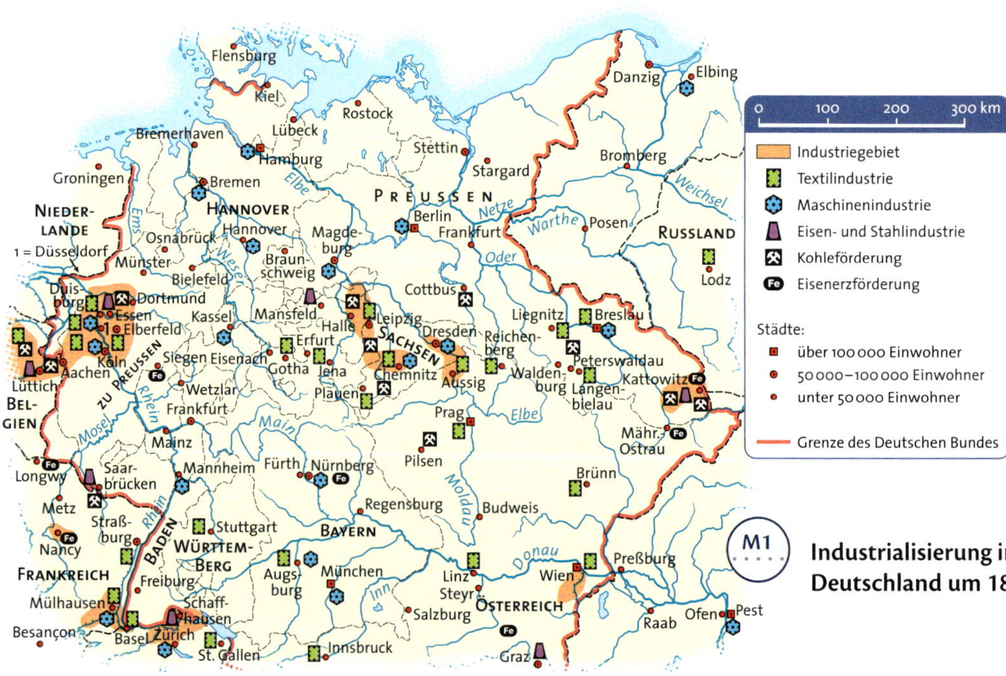

M1 Industrialisierung in Deutschland um 1850

M2

Kopie der englischen Entwicklung?

Der Wirtschaftshistoriker Toni Pierenkemper schrieb 1998 zur Frage des „Techniktransfers":

Hinsichtlich der Nutzung neuer Technologien in der Textilindustrie beschränkte man sich in Deutschland weitgehend auf die Übernahme und Nachahmung des englischen Vorbilds … In der Eisenindustrie war das ganz anders … In Deutschland wählte man … den Weg einer Teilmodernisierung der Eisenindustrie, indem man neue Techniken mit alten kombinierte, etwa moderne Wiedererhitzer an Holzkohlehochöfen anbaute … Der Steinkohlenbergbau … baute zum einen auf traditionellen bergmännischen Techniken auf und folgte zum anderen englischen Vorbildern. Zum Teil entwickelte er außerdem eigene Problemlösungen … [Die Dampfmaschine] wurde alsbald in Deutschland nachgebaut und weiterentwickelt. Ähnlich war es bei den Lokomotiven für den Eisenbahnverkehr: Auch diese stammten bereits zehn Jahre nach ihrer Einführung aus heimischer Produktion.

Toni Pierenkemper, Umstrittene Revolutionen, Frankfurt a. M. (Fischer) 1989, S. 118 ff.

M3

Massenproduktion ohne Eisenbahn?

Der Wirtschaftshistoriker Knut Borchardt schrieb 1977 über die Bedeutung der Eisenbahn für die Industrialisierung:

Wollte man dem 19. Jahrhundert einen kennzeichnenden Begriff geben und dabei den Ausdruck Industrialisierung vermeiden, so müsste man es als das „Jahrhundert der Kommunikationsrevolution" feiern. Mehr noch als die Sachgüterproduktion, deren Wachstum gewiss eindrucksvoll war, ist die Verkehrsleistung für Güter, Personen, Nachrichten, Zahlungsmittel, Kapital gestiegen. Die Märkte dehnten sich regional aus, und es traten Personen miteinander in Leistungsbeziehungen, die nie zuvor füreinander erreichbar gewesen sind. Dies ist nicht eine Nebenwirkung der großen Produktivitätssteigerung [= Leistungssteigerung] des 19. Jahrhunderts; man kann es umgekehrt als eine ihrer Voraussetzungen bezeichnen … Ohne die Fortschritte der Sachgüterproduktion keine Eisenbahn, Dampfschiffe, Telefone etc. – aber ohne diese auch keine Massenproduktion mit Massenabsatz.

Knut Borchardt, Die Industrielle Revolution in Deutschland. In: Carlo M. Cipolla / Knut Borchardt (Hg.), Europäische Wirtschaftsgeschichte, Bd. 4, Stuttgart / New York (Fischer) 1977, S. 187.

M4

Steinkohlenförderung 1860 bis 1910

(in Mio. Tonnen)

Jahr	Ruhrgebiet	Deutschland	Großbritannien
1860	4,4	12,3	81,3
1870	11,8	23,3	112,2
1880	22,5	42,2	149,3
1890	35,5	64,4	184,5
1900	60,1	109,3	228,8
1910	89,1	151,1	268,7

Zusammengestellt nach Wolfgang Köllmann, Die Industrielle Revolution, 5. Aufl., Stuttgart (Klett) 1970, S. 17.

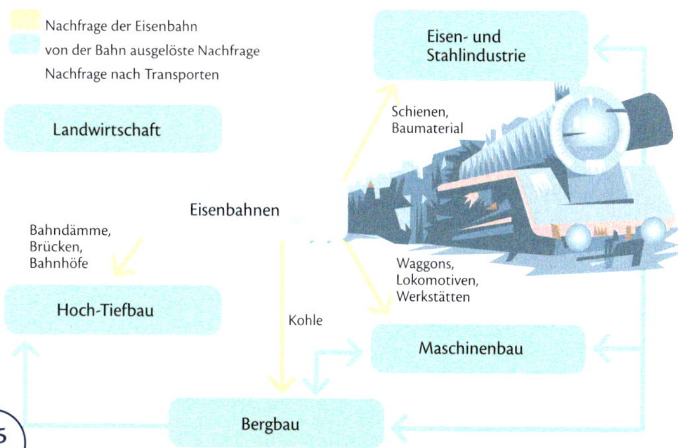

M5

Wirtschaftliche Wirkungen des Eisenbahnbaus 1860–1900

1 Beschreibe anhand von M1 den Stand der Industrialisierung in Deutschland um 1850. Vergleiche mit M5, S. 141.

2 Untersuche, welche Informationen der Darstellungstext zu den vier Faktoren (S. 140–143) bietet. Trage deine Ergebnisse in eine Tabelle ein.

3 Erarbeite, wie der Autor von M2 die Frage der „Übernahme und Nachahmung" der Technik beantwortet.

4 Kläre den Begriff „Kommunikationsrevolution" (M3).

5 Formuliere eine Antwort zur Überschrift von M3. Ziehe M4 und M5 mit heran.

6 Überprüfe mithilfe der Materialien dieser Seite, ob die Aussage, die deutsche Industrialisierung sei von der englischen „abgeleitet" worden, zutrifft.

Industrialisierung in Rheinland-Westfalen

Voraussetzungen der Ruhrindustrie

Das Ruhrgebiet gehörte zu Beginn des 19. Jahrhunderts in Teilen zu Preußen, daneben existierten selbstständige Territorien, wie das Herzogtum Berg, die Reichsstifte Essen und Werden (= geistliche Territorien), das Bistum Münster und die Freie Reichsstadt Dortmund. Durch die Beschlüsse des Wiener Kongresses 1815 gelangte Preußen in den alleinigen Besitz dieses Raumes und gründete die Provinzen Rheinland und Westfalen. Wirtschaftlich lassen sich folgende Gewerberegionen unterscheiden:

- die Gewerbelandschaft im Siegerland mit Eisenbergwerken und Schmelzhütten,
- kleine Manufakturen zur Eisenverarbeitung im märkischen Raum (nördlich um Lüdenscheid und Hagen),
- das nördliche Bergland mit Leinengewerbe im Verlagssystem, Baumwollverarbeitung und städtischem Tuchgewerbe,
- die agrarwirtschaftliche Region um Paderborn und Münster mit Ackerbau, Viehzucht und Holzwirtschaft.

Die Gewerbe produzierten vorwiegend für die regionalen Märkte, Handels- und Wirtschaftsverbindungen zwischen den Gewerberegionen waren eher selten. So wurde zum Beispiel die für die Eisengewinnung notwendige Holzkohle in den waldreichen Gebieten des Siegerlandes selbst produziert.

Um 1740 gab es etwa 100 kleine Betriebe, so genannte „Kohlenpötte", die im Stollenabbau an den Hängen des Ruhrtals betrieben wurden. Nach 1815 förderte der preußische Staat in seinen Provinzen Rheinland und Westfalen den Steinkohlenbergbau. Als es zu Beginn der 1830er-Jahre gelang, durch den Einsatz von Dampfmaschinen im Schachtbau in größere Tiefen vorzudringen, nahm der Steinkohlenbergbau einen starken Aufschwung. Dazu trugen vor allem bei: technische Neuerungen bei Abbau und Förderung der Kohle, der Ausbau der Transportwege (Straße und Wasser) und die Gründung von Aktiengesellschaften zur Bereitstellung des Kapitals.

Leben zwischen Förderturm und Kohlenhalde

Um die Mitte des 19. Jahrhunderts war das Ruhrgebiet noch geprägt von kleinen, zumeist bäuerlichen Dörfern mit wenigen hundert oder tausend Einwohnern. Die Ruhrindustrie mit Zechen, Eisen- und Stahlwerken breitete sich von Süden nach Norden aus. Mit dem wirtschaftlichen Wachstum stieg auch der Bedarf an Arbeitskräften, der sehr schnell nicht mehr aus der Umgebung gedeckt werden konnte. Seit den 1870er-Jahren wurde versucht, den Arbeitskräftebedarf zunehmend durch Zuwanderung, vor allem aus den östlichen Provinzen Deutschlands, zu decken. Der Zuzug ließ die Einwohnerzahlen vieler Orte des nördlichen Ruhrgebiets explodieren. Die Wohnungsnot wurde zu einem Dauerproblem. Die traditionelle Siedlungsform im südlichen Ruhrgebiet, das kleine Bergmannshaus (Kate oder Kotten), wurde mehr und mehr abgelöst durch ein- oder mehrstöckige Häuser in der Nähe der Zechen (Zechenkolonien) und Männerheime (Schlafhäuser). Der größte Teil der Bevölkerung lebte um 1890 in Mietwohnungen, als „Einlieger" zur Untermiete oder als so genannte Schlafgänger in einer Familie.

M1

Schachtbau im Ruhrgebiet,
Foto, um 1900

M2

Die Lendersdorfer Hütte, Gemälde von Carl Schütz, 1838. In der Lendersdorfer Hütte wurde das in England entwickelte Puddelverfahren, eine Technik der Stahlerzeugung u. a. durch Umrühren (Puddeln) der Schmelzmasse, erstmals in Deutschland angewandt.

M3

„Man muss ins Ruhrgebiet gehen!"

Aus der Firmenfestschrift „Aufbruch ins Revier. Hoesch 1871–1961" aus dem Jahr 1962:

Als Berthold Schwarz das Schießpulver erfand, sind die Hoeschs noch Bauern und leben in der Gegend von Eupen. Mit Jeremias Hoesch, der Gelbkupfer machte, wenden sie sich in der zweiten Hälfte des 16. Jahrhunderts zum ersten Mal den Metallen zu. Im Dreißigjährigen Krieg sind sie in der Nordeifel in der Eisenherstellung führend ... In der Gegend von Monschau betreibt dann Eberhard Hoesch einen Hochofen und einen Hammer ... Seine Söhne Eberhard und Wilhelm erben das Unternehmen ... Eberhard ... erwirbt 1819 ein kleines Hüttenwerk bei Lendersdorf und stellt mit 22 Arbeitern im Jahr etwa 230 Tonnen Gussstahl und 175 Tonnen Stabeisen her ... 1839 ... werden in Lendersdorf Schienen für die Rheinische Eisenbahn gewalzt, es ist der erste auf dem Kontinent von einer deutschen Firma ausgeführte Schienenauftrag ... Von Jahr zu Jahr ist der Bedarf an Kohle gewachsen. Bei Eschweiler ... liegen die nächsten Steinkohlegruben, die zum Teil Hoesch gehören. Hoesch geht zum ersten Mal zur Kohle. Als Eberhard 1852 die Augen schließt, übernimmt sein zweiunddreißigjähriger Neffe Leopold ... die Geschicke der Werke. Ihm liegt zwei Jahrzehnte später das Schicksal auf, den folgenreichsten Schritt in der Geschichte des Geschlechtes Hoesch seit den Tagen des Mittelalters zu tun. Denn so ziemlich alles, worauf sich die Eisenindustrie in der Eifel gründete, bricht, in wenigen Jahren von Zeit und Technik überholt, zusammen. Holzkohle und Wasserkraft haben sich überlebt, sind Steinkohle und Dampfkraft gewichen, und die Erzvorkommen in der Eifel sind erschöpft. Durch die gestiegenen Transportkosten für Rohstoffe und Absatzprodukte ist man nicht mehr konkurrenzfähig mit Unternehmungen, die verkehrsmäßig günstiger liegen. Die Täler der Eifel, des Bergischen Landes und des Sauerlandes veröden. Auch die Hoeschs müssen sich fügen, müssen, ob sie wollen oder nicht, dorthin, wo das Herz der Zeit schlägt. Wer Eisen herstellen will, muss zur Kohle, muss sich ins Netz der Straßen stellen, die den Anschluss an die Wirtschaft der Welt garantieren. Man muss ins Ruhrgebiet gehen.

Zit. nach Jürgen-Wolfgang Goette u. a., Die Industrielle Revolution, Stuttgart (Klett) 1982, S. 134.

1 Begründe, inwiefern die drei Gewerbelandschaften des Ruhrgebiets Voraussetzungen für die Industrialisierung boten (Darstellungstext).

2 Beschreibe anhand des Darstellungstextes den Wandel der Siedlungs- und Wohnformen im Ruhrgebiet.

3 Stelle mithilfe von M3 die unternehmerischen Aktivitäten der Familie Hoesch zusammen und erkläre, warum „man" ins Ruhrgebiet gehen musste. Ziehe M2 mit heran.

Leben und Arbeiten im „Ruhrpott"

M1

Arbeiten in „Kameradschaften"

Der Historiker Jochim Varchmin schrieb 1991 über die Bergarbeit im 19. Jahrhundert auf der Zeche Hannover bei Bochum:

Die Arbeit vor Ort, die Gewinnung der Kohlen, wurde in kleinen Gruppen, in so genannten „Kameradschaften", geleistet. Die Zusammensetzung solch einer Kameradschaft war nicht fest vorgegeben, sondern wurde jeweils durch die Aufgaben bestimmt, die gemeinsam, selbstständig und eigenverantwortlich zu leisten waren … Je nach den örtlichen Verhältnissen waren ein oder zwei Schlepper für den Abtransport der gewonnenen Kohlen zuständig … In jeder Kameradschaft wurde ein Mitglied von seinen Kollegen zum „Ortsältesten" bestimmt … Die Arbeit unter Tage war anstrengend und gefährlich. Die meisten Bergleute … waren zuvor Tagelöhner oder Landarbeiter gewesen. Gerade für die neuen Bergleute bäuerlicher Herkunft konnte darüber hinaus die Umstellung auf einen von der Tages- und Jahreszeit unabhängigen, gleichförmigen Arbeitsrhythmus Probleme bereiten.

Jochim Varchmin, Die Zeche Hannover 1847–1914, Hagen (v. d. Linnepe) 1991, S. 55.

M2

Unfallgefahren im Steinkohlenbergbau

Ursachen tödlicher Unfälle im Ruhrbergbau 1896 bis 1908 (in Prozent)

Ursache	Prozent
Stein- und Kohlenfall	38
Förderung	20
Absturz	19
Gas- und Kohlenstaub-Explosionen	10
Maschinenbetrieb	9
Sprengarbeit	4

M3

Steinkohlenabbau 1894, 1920, 2000 (von oben nach unten), Fotos

M4 **Zechenkolonie in Gelsenkirchen mit Stallungen und Freiflächen für Nutzgärten,** Foto, um 1959

gezeigt sind Bleichen für die Wäsche - keine Nutzgärten

M5 **Aus dem Leben einer Bergmannsfrau**

Eine Bergmannsfrau (geboren 1903) erzählte:

1923, ich war noch keine 20 Jahre, da habe ich geheiratet. Denn ich war in keiner Krankenversicherung, und wenn ich krank wurde, musste das bezahlt werden ... Und wir hatten kein Geld. Meinen Mann habe ich mit 17 kennen gelernt ... Nach 2 ½ Jahren haben wir dann geheiratet. Ich hatte einen Schwager ... Der hat uns die Möbel gemacht. Meine Schwester war schon verheiratet. Die hatte ein Zimmer – und ein Kind. Dann habe ich geheiratet – ich hatte das andere Zimmer. Da standen dann nur die Küchenmöbel drin und ein Bett.

Das war bei meinen Eltern im Haus auf der Kohlenstraße. Meine Eltern waren dann unten, und wir haben dann auch im Sommer gekocht auf einem Herd ... Im Winter brauchten wir den Herd oben zum Heizen. Und alles musste durch die Küche. Es war schon sehr beengt. Meine Mutter bestand darauf, dass Hochzeit gefeiert wird. Ich habe gesagt, gib uns doch lieber das Geld, dass wir uns was anschaffen können. – „Nein, es wird Hochzeit gefeiert, du bist die Jüngste!" ... Die Eltern waren oft froh, wenn die Töchter geheiratet haben, damit sie versorgt waren, auch was die Versicherungen, wie eben z. B. die Krankenversicherung anging. Bei uns war das bestimmt so. Wir mussten ja auch das Geld, das wir verdienten, zu Hause abgeben.

Anke Schiller-Mertens, Frauen vor Ort, Essen (Klartext) 1990, S. 42 f.

M6 **Bergarbeiterfrauen warten auf ihre Männer,** Foto, 1931

- Warum? welcher Anlass?
- Was soll uns dieses Bild sagen?

1 Erarbeite, welche Schlüsse sich aus M1 bis M3 über die Arbeitsbedingungen im Steinkohlenbergbau ziehen lassen. Achte auf die Datierung der Abbildungen.

2 Schildere anhand der Materialien auf dieser Seite deinen Eindruck vom alltäglichen Leben in einer Zechenkolonie.

3 Eine Historikerin bezeichnete die Aufgabe der Bergarbeiterfrauen als „die andere Arbeit für den Bergbau". Erläutere diese Aussage.

Frühindustrielle Arbeits- und Lebensbedingungen

Arbeit und Lebensweise verändern sich

Neben der Arbeit der Männer hatte es auch in der „alten“ Wirtschaftsgesellschaft Frauen- und Kinderarbeit gegeben. Unter harten Bedingungen mussten Arbeiten in der Landwirtschaft, im Heimgewerbe und in häuslichen Diensten geleistet werden. Hier arbeiteten die Beschäftigten jedoch in Familien oder familienähnlichen Verhältnissen. Wohnung und Arbeitsplatz befanden sich meistens unter einem Dach. Die eigentlich neue Erfahrung für die Beschäftigten in der Industrie war die Arbeit in der Fabrik und damit vor allem die Trennung des Arbeitsplatzes von der Wohnung, wenngleich versucht wurde, durch den Bau von Arbeitersiedlungen für Großbetriebe die Nähe zum Arbeitsplatz herzustellen. Erst die Industrialisierung machte das Arbeiten nach der Uhr verbindlich. Die Gewöhnung der Arbeiterinnen, Arbeiter und Kinder an feste Arbeitszeiten dürfte den Beschäftigten entgegen ihren Gewohnheiten im Heimgewerbe, in der Landwirtschaft und im Handwerk nicht leicht gefallen sein. Durch Fabrikordnungen, Glocken, Sirenen und Strafkataloge sollte – nach englischem Vorbild – eine militärähnliche Disziplin in den Fabriken sichergestellt werden.

M1 **Kinderarbeit in einer englischen Baumwollspinnerei,** Stahlstich von Th. Onwyn, 1840

M2

Kinderarbeit um 1830

Aus dem Parlamentsbericht von 1833 über Kinderarbeit in englischen Fabriken. Aufgrund der Berichte erließ das Parlament das Fabrikgesetz von 1833, in dem die Beschäftigung von Kindern unter 9 Jahren verboten wurde.
Für 9- bis 12-Jährige wurde die Arbeitszeit auf 9 Stunden, für 13- bis 18-Jährige auf 12 Stunden täglich festgesetzt:

Bin 12 Jahre alt. Bin 12 Monate in der Spinnerei gewesen. Anfang um 6 und Feierabend um ½ 8. Durchschnittlich über 12 ½ Stunden Arbeit. Habe zwei oder drei Wochen hindurch Überstunden gemacht. Arbeitete während der Frühstücks- und Teepause und ging erst um 8 Uhr weg ... Habe hier 2 Jahre gearbeitet, bin jetzt 14, arbeite 16 ½ Stunden am Tag. Kürzlich war ich krank und bat, um 8 Uhr aufhören zu dürfen, und man sagte mir, wenn ich ginge, brauche ich nicht zurückzukommen.

Zit. nach Wolfgang Köllmann, Die Industrielle Revolution, Stuttgart (Klett) 1970, S. 34.

→ Unklare Quellenangabe – wer spricht?

M3

Kinder- und Jugendarbeitsschutz

Auswahl aus gesetzlichen Regelungen in Deutschland (tägliche Arbeitszeit):

1839 Preußisches Regulativ: Verbot unter 9 Jahren, ab 9 Jahren 10 Stunden (keine Beschränkung bei Heim- und Landarbeit)

1853 Ergänzungsgesetz: Verbot unter 12 Jahren, ab 12 Jahren 6 Stunden (keine Beschränkung bei Heim- und Landarbeit)

1891 Gewerbeordnungsnovelle: Verbot unter 13 Jahren, 6 Stunden ab 13 Jahren (keine Beschränkung bei Heim- und Landarbeit)

1903 Kinderschutzgesetz: wie 1891 (Heimarbeit: Verbot unter 10 Jahren, ab 10 Jahren 3 Stunden. Landarbeit: keine Beschränkung)

1976 Jugendarbeitsschutzgesetz: Verbot von Arbeit unter 15 Jahren (Ausnahme bei Landarbeit, Sport-, Musik-, Theaterveranstaltungen, Zeitungen austragen u. Ä.)

Zusammengestellt nach Jugendarbeitsschutzgesetz – eine Information für Jugendliche, Arbeitgeber, Lehrerinnen und Lehrer, hg. v. Sozialministerium Baden-Württemberg, 2004.

M4

In einer Baumwollspinnerei um 1850

Der Historiker Karl Emsbach schrieb 1982 über die Arbeitsbedingungen in einer rheinischen Baumwollspinnerei:

Auch der Geräuschpegel in den frühindustriellen Spinnereien war sehr hoch. Die rasselnden und kreischenden Maschinen verursachten einen Lärm, „der für den Neuling ganz unerträglich scheint". In den Dämmerungs- und Nachtstunden machte sich die unzureichende Beleuchtung nachteilig bemerkbar. Wegen der großen Brandgefahr wurden Öllampen, die ohnehin ein mattes Licht abgaben, in möglichst geringer Zahl aufgestellt. – Die sanitären und hygienischen Verhältnisse spotteten jeder Beschreibung. An die Errichtung von Umkleide-, Wasch- oder Speiseräumen wurde kein Gedanke, erst recht kein Ziegelstein verwendet. – Bei diesen Arbeitsbedingungen nimmt es nicht wunder, dass man die Baumwollspinnerei ... zu den gesundheitsgefährdendsten Berufen überhaupt zählte. Schwindsucht, Tuberkulose, Katarrhe der Augen, Nasen, des Kehlkopfes und der Lungen sowie Geschwüre an den Beinen waren häufige und typische Berufskrankheiten. Hauptursachen waren die starke Staubentwicklung, die schwüle Atmosphäre in den Sälen und die ständig stehende Arbeitsverrichtung ... Die rohen, unverkleideten Maschinen ... bildeten eine ständige Quelle der Unfallgefahr.

Zit. nach Jürgen Kocka, Arbeitsverhältnisse und Arbeiterexistenzen, Bonn (Dietz) 1990, S. 457.

M5

Umzug eines Arbeiterhaushaltes im Scheunenviertel, Berlin, Foto von Heinrich Zille, um 1901. Heinrich Zille (1858–1929), der als Maler und Fotograf das Leben der „kleinen Leute" darstellte, fertigte Fotos meistens als Erinnerungsstützen für seine Skizzen an.

M6

Mietskasernen, Foto, um 1900

↳ glaube ich nicht die beschriebenen Höfe sind zu groß, Hinterhäuser fehlen

1 Notiere, welche Merkmale der Industriearbeit der Dartellungstext nennt, und grenze sie von der vorindustriellen Arbeit ab.

2 Beschreibe die Arbeitsbedingungen von Kindern in der Textilindustrie des 19. Jahrhunderts (M1, M2) und nimm Stellung. Nimm M3 zu Hilfe.

3 Untersuche M4:

a) Liste die Arbeitsbedingungen und die gesundheitlichen Folgen auf.

b) Benenne das Quellenmaterial, das dem Historiker zur Verfügung gestanden haben muss.

4 Verfasse eine Bildunterschrift, die Heinrich Zille zu seinem Foto M5 notiert haben könnte. Ziehe M6 mit heran.

Fotos analysieren

Fotografie als historische Quelle

Ein Foto kann zeigen, was zum Zeitpunkt der Aufnahme vorhanden war. Aber wie etwas aufgenommen wurde, wann und unter welchen Umständen es entstand, was nicht auf dem Bild zu sehen ist und vor allem, ob es möglicherweise verändert (retuschiert, manipuliert) wurde, das kann besonders wichtig sein, wenn eine Fotografie als historische Quelle verwendet werden soll. Denn dabei geht es um eine möglichst wirklichkeitsgetreue Wiedergabe historischer Ereignisse, Zustände und Verhältnisse.

Wie Fabriken, Häuser, Wohnungen, Einrichtungsgegenstände, Kleidung in einer bestimmten Zeit aussahen, lässt sich an einzelnen Bildern meistens ganz gut erkennen. Allerdings reicht ein Foto nicht aus, um allgemeinere Aussagen zum Beispiel zu Wohnverhältnissen in der Zeit der Industrialisierung zu machen. Dafür wären ganze Serien von Fotos notwendig, dazu auch schriftliche Quellen, um gesicherte Aussagen formulieren zu können. Fotos können also nie ganz „objektiv" die Wirklichkeit wiedergeben. Den methodischen Umgang mit Fotos kannst du auf dieser Doppelseite an Fotografien aus der Zeit der Industrialisierung am Beispiel „Wohnen" erarbeiten. Nicht alle Schritte und Fragen lassen sich für jedes Foto und ohne weitere Informationen beantworten.

M1

Mietskaserne, Foto, um 1900

Arbeitsschritte

1. Schritt: Fragen zum Fotografen klären

- Wer hat das Foto angefertigt?
- Lässt sich ein bestimmer Anlass, ein Motiv für die Aufnahme feststellen?
- In wessen Auftrag wurde fotografiert?

2. Schritt: Fragen zum Foto

- Wann ist es entstanden?
- Was ist auf dem Bild dargestellt? Welche Details (Lupe!) könnten wichtig sein?
- Lässt sich ein bestimmtes „Thema" erkennen? Gibt die Bildunterschrift Hilfen?
- Welche Bildtechnik ist zu erkennen (Perspektive, Brennweite, Komposition, Entfernung, Ausschnitt)?
- Wurde das Bild bearbeitet (Montage, Beschnitt, Retusche)?
- Welche Informationen sind zur weiteren Analyse notwendig?

3. Schritt: Aussage und Deutung

- Wie ist der erste Eindruck?
- Welche Gesamtaussage (Deutung) lässt sich formulieren?
- Welche Fragen bleiben offen?

M2 **Die Familie von Bohlen und Halbach und Dienstboten in ihrer Villa in Badenweiler,** Foto, Anfang der 1880er-Jahre

M3

Die Wohnverhältnisse in Mietskasernen

Aus einem Bericht über das Wohnungselend rheinisch-westfälischer Industriearbeiter von 1908:

Wir betreten eine der berüchtigten Mietskasernen, welche im hiesigen Industriegebiet in so großer Anzahl vorhanden sind und noch täglich allerorts wie Pilze aus der Erde hervorschießen, eine natürliche Folge tatsächlichen Wohnungsmangels und das Produkt wahnsinniger Bodenspekulation … Fast 40–50 Prozent aller Arbeiterwohnungen bestehen aus 2 Zimmern, werden bewohnt von Familien, die 6–10 Köpfe stark sind und … noch 2–3 Kostgänger beherbergen. In gesundheitlicher Beziehung jeder Beschreibung spottend, wie den elenden, krankhaft aussehenden Insassen unschwer anzusehen ist … In einem Schlafraum mit zwei Bettgestellen ausgestattet, der nie gelüftet, noch seltener gereinigt wird und dessen Bettzeug daher einem Haufen stinkender Lumpen ähnlich ist, kampieren oft bis 10 Personen, vier Kinder in einem Bette, zwei am Kopf und zwei am Fußende, ohne Rücksicht auf Alter und Geschlecht. Wie viele Schlafräume gibt es außerdem, wo es sogar an diesem notwendigsten Hausrat völlig mangelt. Man schläft dann auf Dielen, auf ausgebreiteten Strohsäcken, die größtenteils durch allzu reichliche Benutzung und seltene Erneuerung, durch Ungeziefer weit eher einem Misthaufen ähneln denn einer Lagerstätte für Menschen.

Zit. nach Hermann de Buhr / Michael Regenbrecht, Industrielle Revolution und Industriegesellschaft, Frankfurt a. M. (Hirschgraben) 1987, S. 46.

1 Bearbeite mithilfe der Arbeitsschritte die Fotos auf dieser Doppelseite und fasse deine Ergebnisse unter der Überschrift „Wohnen um 1900" zusammen. Beziehe auch die Fotos auf S. 153 und 157 in deine Überlegungen ein.

2 Stelle einen Zusammenhang zwischen M3 und den Fotos her. Nimm Stellung zu der im Text vorgenommenen Bewertung der Wohnsituation.

3 **Recherche:** Sammelt Informationen (Lexika, Fachbücher, Internet) zur Geschichte der Fotografie und berichtet in der Klasse darüber. Versucht, etwas über den Begriff „Sozialfotografie" herauszufinden.

Die soziale Frage in Staat und Gesellschaft

Was war die „soziale Frage"?

„Die Arbeitszeit währte 14 bis 16 Stunden. Mittagspause gab es nicht. An eine Maschine gelehnt oder auf eine Kiste gekauert, verzehrte mein Vater sein Mittagessen aus dem Henkeltopf mit aller Hast, um mir dann den Topf geleert zurückzugeben und sofort wieder an die Arbeit zu gehen." So schilderte der Physiker Ernst Abbé (1844–1905), Mitinhaber der Zeiss-Werke in Jena, die Arbeitsbedingungen in der Zeit seiner Kindheit um 1850.

Der tiefgreifende Wandel der Lebens- und Arbeitsverhältnisse während der Industrialisierung hatte viele Menschen aus ihren traditionellen Bindungen in der Landwirtschaft, im Handwerk und im Heimgewerbe gelöst. Stärker als früher waren sie jetzt allein auf sich gestellt, wenn es darum ging, für Arbeitslosigkeit, Krankheit, Unfall und Alter vorzusorgen. Die katastrophalen Arbeitsbedingungen in den Fabriken, die Abhängigkeit von der Lohnarbeit, die Unsicherheit des Arbeitsplatzes in wirtschaftlichen Krisenzeiten, die schlechten Wohnbedingungen in den schnell wachsenden Industriestädten und fehlende soziale Sicherheit führten zu Diskussionen in Staat und Gesellschaft über die so genannte „soziale Frage", wie die Folgen der Industrialisierung für die Arbeiterschaft zusammenfassend genannt wurden.

Ansätze zur Lösung der sozialen Frage

Motive und Ziele, die den Lösungsversuchen zugrunde lagen, unterschieden sich vor allem dadurch, welche Einstellung die jeweiligen Vertreter zur bestehenden Staats- und Gesellschaftsordnung einnahmen. Während die sozialpolitischen Ansätze des Staates, die kirchlich-seelsorgerischen Hilfen und die betrieblichen sozialpolitischen Maßnahmen sich innerhalb der bestehenden Gesellschaftsordnung bewegten, gab es in der entstehenden „Arbeiterbewegung" Bestrebungen nach grundlegenden wirtschaftlichen und politischen Veränderungen.

1. Die Christliche Sozialbewegung

Die Versuche der evangelischen und der katholischen Kirche, Not und Elend zu lindern, blieben zunächst Einzelaktionen. Im Jahre 1833 gründete Johann Hinrich Wichern (1808–1881) in Hamburg das „Rauhe Haus", in dem obdachlose Kinder wohnten und in Lehrwerkstätten ausgebildet wurden. 1885 rief der evangelische Pfarrer Friedrich von Bodelschwingh (1831–1910) den „Verein Arbeiterheim" ins Leben, der den Erwerb von Besitz für eigentumslose Arbeiter unterstützte.

1846 wurde in Elberfeld von Adolf Kolping (1813–1865) der erste katholische Gesellenverein gegründet. In den Häusern des „Kolpingwerks" sollten unverheiratete Gesellen ein christliches Zuhause finden. Der „Arbeiterbischof" Wilhelm Emmanuel von Ketteler (1811–1877) forderte 1869 eine „dem wahren Wert der Arbeit entsprechende Erhöhung des Arbeitslohnes" und „dass die menschliche Arbeit nicht wie eine Ware behandelt ... werde".

2. Sozialreform und staatliche Sozialpolitik

Aus liberaler politischer Sicht lautete die Antwort auf die soziale Frage: Sozialrefom. Damit meinten Vertreter dieser Richtung bessere Bildungschancen für Arbeiterkinder und Selbsthilfe-Einrichtungen wie Konsum- und Versicherungsvereine.

Die staatliche Sozialgesetzgebung sollte die soziale Frage grundlegend lösen. Die von Reichskanzler Otto von Bismarck (1815–1898) zwischen 1883 und 1889 in mehreren Schritten durchgesetzten Sozialgesetze zur Kranken-, Unfall- und Rentenversicherung milderten die sozialen Notlagen, konnten sie aber nicht beheben. Mit einer geringen Altersrente ab 70 Jahren waren Arbeiter weiter auf Nebenverdienste oder auf Unterstützung durch ihre Kinder angewiesen.

Lesetipp

Max von der Grün, Irrlicht und Feuer,
Reinbek (Rowohlt) 2002.

M1 **Arbeiterfamilie,** Foto, 1907. Der Mann und das älteste Mädchen (14 Jahre) fehlen auf dieser Aufnahme. Mutter und Großmutter sind anwesend. Die Aufnahme entstand im Rahmen einer Wohnungsuntersuchung, die die Berliner Ortskrankenkasse von 1901 bis 1920 bei ihren Patienten durchgeführt hat. Ziel war es, durch wissenschaftlichen Nachweis und Veröffentlichung des längst erkannten Zusammenhangs zwischen Wohnen und Krankheit zu einer Veränderung der Verhältnisse beizutragen.

3. Die Arbeiterbewegung

Die „Selbstorganisierung" der Arbeiterschaft spielte in der zweiten Hälfte des 19. Jahrhunderts in Deutschland eine wichtige Rolle. Dabei kann grob zwischen reformerischen und revolutionären Bestrebungen unterschieden werden. Schon vor der Industrialisierung wehrten sich Gesellen und Handwerker gegen niedrige Löhne und schlechte Arbeitsbedingungen, indem sie ihre Arbeit niederlegten (streikten) oder Protestumzüge veranstalteten. Sie schlossen sich aber nicht dauerhaft zusammen.

Für die Industriearbeiter waren Streiks ein wirksames Mittel, um ihre Interessen gegenüber dem Fabrikbesitzer zu vertreten. Arbeitsniederlegungen stärkten das Zusammengehörigkeitsgefühl und führten zu dauerhaften Zusammenschlüssen, die allerdings in einzelnen deutschen Staaten erst ab 1861 erlaubt waren, in ganz Deutschland erst ab 1872.

Erst durch die Gewerkschaften wurde die Arbeiterbewegung zu einer Massenbewegung. Als „soziale Bewegung" umfasste sie im weiteren Sinne aber nicht nur gewerkschaftliche, sozialdemokratische und sozialistisch-kommunistische Organisationen, sondern auch christlich-soziale Bewegungen. Dass die Gewerkschaften sich für den Weg der Reformen entschieden, wird unterschiedlich erklärt: Manche beurteilen den gewerkschaftlichen Weg als bittere Konsequenz aus dem Scheitern revolutionärer Bestrebungen am Widerstand des monarchischen Staates. Andere sehen in der Gewerkschaftsbewegung einen eigenständigen Weg, auf dem sie schrittweise die „Klassengegensätze" abbaute und den modernen Sozialstaat vorbereitete. Aus gewerkschaftlicher Sicht war der Reformweg keine Schwäche, sondern eine Etappe zur Emanzipation* der Arbeiterschaft, die zu einer rechtlichen und sozialen Verbesserung beitrug.

Erste politische Aktivitäten von Frauen gab es in den 1840er-Jahren des 19. Jahrhunderts. In „Frauenerwerbsvereinen" organisierten sich vor allem Dienstmädchen, Näherinnen und Arbeiterinnen. Sie setzten sich für höhere Löhne, eine geringere tägliche Arbeitszeit und eine Beseitigung der Nacht- und Sonntagsarbeit ein. Das preußische Vereinsgesetz von 1850 hatte den Frauen aber jede politische Betätigung verboten. Deshalb wurden viele Arbeiterinnenvereine von der Obrigkeit wieder aufgelöst. Erst 1903 fielen die Beschränkungen des Vereinsgesetzes von 1850. Die „Männer-Gewerkschaften" sahen in den Frauen noch um 1900 lohndrückende Konkurrentinnen.

1 Werte die Darstellungstexte aus. Lege dazu eine Tabelle an, in der du die drei Ansätze zur Lösung der sozialen Frage stichwortartig notierst, vergleichst und jeweils bewertest.

2 Untersuche M1. Gehe auf Anlass und Deutungsmöglichkeiten des Fotos ein.

Sozialismus und politische Praxis

Sozialismus – Lösung der sozialen Frage?

Einen der geschichtlich wirkungsvollsten und auch folgenreichsten Lösungsvorschläge für die „soziale Frage" formulierten der Philosoph und Nationalökonom Karl Marx (1818–1883) und sein Mitstreiter, der Kaufmann, Philosoph und Politiker Friedrich Engels (1820–1895). Sie erklärten den Sozialismus, der die bürgerliche Gesellschaft mit ihren kapitalistischen Produktionsbedingungen ablösen sollte, zum politischen Ziel. Sie sahen im Kapitalismus mit seiner Garantie des Privateigentums an Produktionsmitteln wie Gebäuden, Maschinen und Werkzeugen die Ursache des sozialen Elends der Industriearbeiterschaft oder – wie sie formulierten – der „Arbeiterklasse". Allerdings war die Auffassung von Marx und Engels von Anfang an in der Arbeiterbewegung umstritten.

M1 **Der Streik,** Gemälde von Robert Koehler, 1886

Internettipp

www.germanhistorydocs.ghi-dc.org/home.cfm
(Suchbegriff „Koehler"),
Informationen über den Maler Robert Koehler und sein Gemälde „Der Streik"

M2 Das Kommunistische Manifest

Aus dem Programm von Karl Marx und Friedrich Engels (1848):

Diese Arbeiter, die sich stückweise verkaufen müssen, sind eine Ware wie jeder andere Handelsartikel und daher ... allen Schwankungen des Marktes ausgesetzt. Die Arbeit der Proletarier hat durch die Ausdehnung der Maschinerie und die Teilung der Arbeit allen selbstständigen Charakter ... verloren ... Die Geschichte aller bisherigen Gesellschaften ist die Geschichte von Klassenkämpfen. Freier und Sklave, Patrizier und Plebejer, Baron und Leibeigener, Zunftbürger und Gesell, kurz, Unterdrücker und Unterdrückte standen in stetem Gegensatz zueinander, führten einen ununterbrochenen ... Kampf, der jedes Mal mit einer revolutionären Umgestaltung der ganzen Gesellschaft endete oder mit dem gemeinsamen Untergang der kämpfenden Klassen ... Unsere Epoche, die Epoche der Bourgeoisie*, zeichnet sich ... dadurch aus, dass sie die Klassengegensätze vereinfacht hat. Die ganze Gesellschaft spaltet sich mehr und mehr ... in zwei große, einander direkt gegenüberstehende Klassen: Bourgeoisie und Proletariat*.

Dieter Dowe / Kurt Klotzbach (Hg.), Programmatische Dokumente der deutschen Sozialdemokratie, Berlin/Bonn (Dietz) 1973, S. 52 ff.

M3 Marx und Engels – vom Wandel überholt?

Eduard Bernstein (1850–1932), Schriftsteller und SPD-Politiker, 1899:

Die Zuspitzung der gesellschaftlichen Verhältnisse hat sich nicht in der Weise vollzogen, wie sie das „Manifest" schildert ... [Die Bourgeoisie] weicht in allen vorangeschrittenen Ländern (Länder mit demokratischem System) Schritt für Schritt demokratischen Einrichtungen ... Fabrikgesetzgebung, die Demokratisierung der Gemeindeverwaltungen ..., die Befreiung des Gewerkschafts- und Genossenschaftswesens von allen gesetzlichen Hemmungen ... kennzeichnen diese Stufe der Entwicklung ... Je mehr aber die politischen Einrichtungen der modernen Nationen demokratisiert werden, umso mehr verringern sich die Notwendigkeiten und Gelegenheiten großer politischer Katastrophen.

Eduard Bernstein, Die Voraussetzungen des Sozialismus und die Aufgaben der Sozialdemokratie (1899), Nachdruck der 2. Aufl., 1921, Berlin, 1973, S. 6 ff.

Begriffe und Daten

Sozialismus

(lat. socius = Genosse) Sozialismus wurde als politisches „Gegenmodell" zum „bürgerlichen Liberalismus" entworfen und stellt die Interessen der Gemeinschaft und Gesellschaft über die Rechte des Individuums. An die Stelle des Privateigentums an Produktionsmitteln tritt das Volkseigentum. Die Gleichheit aller Menschen innerhalb der Gesellschaft gilt als eines der obersten Ziele. Sozialistische Ideen wurden als Ziele der europäischen Arbeiterbewegung des 19. und 20. Jahrhunderts aufgenommen, z. B. in der Sozialdemokratie und den Gewerkschaften, jedoch mit der Idee der Demokratie verbunden. Die Verwirklichung sozialistischer Ideen in Herrschaftssystemen im 20. Jahrhundert (z. B. in der Sowjetunion) scheiterte vor allem an mangelnder Freiheit für die Menschen und an wirtschaftlicher Ineffektivität. Als Kommunismus* wurde – vereinfacht formuliert – die „Endstufe" der sozialistischen Gesellschaft verstanden.

Soziale Frage

Unter sozialer Frage wird die wirtschaftliche und soziale Notlage der entstehenden Industriearbeiterschaft in der frühen Industrialisierung verstanden, vor allem: unsichere Arbeitsplätze, häufige Arbeitslosigkeit, niedrige Löhne, überlange Arbeitszeiten, fehlende soziale Sicherung und Wohnungselend.

Arbeiterbewegung

Gesamtheit der Organisationen der Industriearbeiter, die mit der Industrialisierung und dem kapitalistischen Wirtschaftssystem seit Beginn des 19. Jahrhunderts in Europa entstanden. Die Arbeiterbewegung entwickelte sich zu einer Massenbewegung mit Arbeiterparteien und Gewerkschaften. Hauptziele der Arbeiterbewegung waren die Verbesserung der wirtschaftlichen und sozialen Lage der Arbeiterschaft sowie die politische Mitsprache in einem demokratischen Staat.

Der Weg zur Arbeiterpartei

1863 Gründung des Allgemeinen Deutschen Arbeitervereins (ADAV) unter Führung des Journalisten Ferdinand Lassalle (1825–1864)

Ziele und Grundsätze
- Wahlrecht für Arbeiter
- Verwaltung der Fabriken durch die Arbeiter
- kein Frauenwahlrecht
- keine Mitgliedschaft von Frauen

1869 Gründung der Sozialdemokratischen Arbeiterpartei (SDAP) durch August Bebel (1840–1913) und Wilhelm Liebknecht (1826–1900) in Eisenach

Ziele und Grundsätze
- Wahlrecht für alle Männer ab 20
- Vorschlags- und Verwerfungsrecht des Volkes bei der Gesetzgebung
- Schaffung eines demokratischen Staates

1875 Vereinigung von ADAV und SDAP in Gotha zur Sozialdemokratischen Arbeiterpartei Deutschlands; seit 1891 Sozialdemokratische Partei Deutschlands (SPD) genannt

Ziele und Grundsätze
- Wahlrecht für Männer und Frauen
- direkte Gesetzgebung durch das Volk
- Rechtsprechung und Entscheidung über Krieg und Frieden durch das Volk

M4

Traditionsfahne der SPD, 1873

1 Beschreibe M1 und ordne das Bild in den Zusammenhang der Arbeiterbewegung ein. Lies auf S. 157 nach.
2 Fasse die Vorstellungen von Marx und Engels (M2) mit eigenen Worten zusammen und vergleiche mit M3. Ziehe den Darstellungstext mit heran.
3 Beschreibe anhand des Kastens oben die Entwicklung zur SPD.
4 Erläutere, worauf sich die Sozialdemokraten mit ihrer Fahne berufen (M4).
5 **Erkundung:** Erkundet, ob die Begriffe „soziale Frage", „Arbeiterbewegung" und „Sozialismus" heute noch gebräuchlich sind. Nutzt Auskünfte von Parteien, Gewerkschaften sowie das Internet und Lexika.

Industriegesellschaft – wohin?

Ende der „Arbeitsgesellschaft"?

Mühsal, Maloche, Plackerei – so empfanden nach Untersuchungen von Arbeitswissenschaftlern viele Arbeiterinnen und Arbeiter ihre Tätigkeit in der Zeit der Industrialisierung im 19. Jahrhundert und zu Beginn des 20. Jahrhunderts. Doch in den vergangenen einhundert Jahren haben sich die Arbeit und die Arbeitsbedingungen in der Industriegesellschaft stark gewandelt: Die Beschäftigten wurden durch Maschinen und automatisierte Arbeitsgänge von schwerer körperlicher Arbeit entlastet. Lärm, Staub und schädliche Stoffe sind weitgehend aus den Produktionsstätten verbannt worden. Die Arbeitszeiten wurden kürzer und die Einkommenslage hat sich verbessert. Trotz Arbeitszeitverkürzung und mehr Freizeit nimmt die Arbeit weiterhin eine zentrale Stellung im Leben der Menschen ein. Der Wandel der Arbeitswelt in unserer Zeit lässt Branchen schrumpfen, andere wachsen oder neue entstehen. Die „Zukunft der Arbeit" ist ungewiss.

1 Kennzeichne in M1 die Stufen des Wandels der Arbeitswelt in Deutschland.
2 Beantworte die Frage in der Überschrift von M2 und notiere Textstellen, die deine Antwort belegen.
3 Nenne jeweils drei heutige Berufe aus den in M1 angeführten Wirtschaftsbereichen.
4 Erläutere den Schlusssatz des Darstellungstextes mithilfe von M1 und nenne mögliche Folgen für deine spätere Berufswahl.

M2 Computer – „Revolutionär" der Arbeit?

Der Kulturhistoriker Wolfgang Ruppert schrieb 2005 über den Stand der Industrialisierung in der Gegenwart:

Die Mechanisierung der Arbeit durch Maschinen bildet einen Grundtrend des Wandels der Industrieproduktion … In den 1970er-Jahren begann zudem eine weitere … Industrialisierungsphase, die bis zur Gegenwart anhält. Sie beruht auf der Halbleitertechnik und der Herstellung von Chips, die die Grundlage der digitalen Revolution darstellen. Sie wurden zunächst in Konsumprodukte wie Taschenrechner, Uhren oder auch Waagen eingebaut, oder sie dienten der Steuerung von Maschinen. Der Bau von Computern als Massenprodukt beruht hierauf. Seither hat die Computerisierung der Technik die gesamte Arbeitswelt erfasst … Besonders deutlich ist die Revolution der Computerisierung am Einzug der „PCs" als industrielles Massenprodukt an nahezu jedem Arbeitsplatz zu beobachten … Mit der Etablierung des Internets als internationale Datenautobahn wurde Mitte der 1990er-Jahre ein zusätzliches Kommunikations- und Informationsmedium mit neuen Formen der computerbezogenen Arbeit geschaffen.

Wolfgang Ruppert, Werkbank – Fließband – Roboter. Zum Wandel der Arbeit im Industriezeitalter. In: Praxis Geschichte, H. 5, 2005, S. 7 f.

M1 Der Wandel der Arbeitswelt in Deutschland

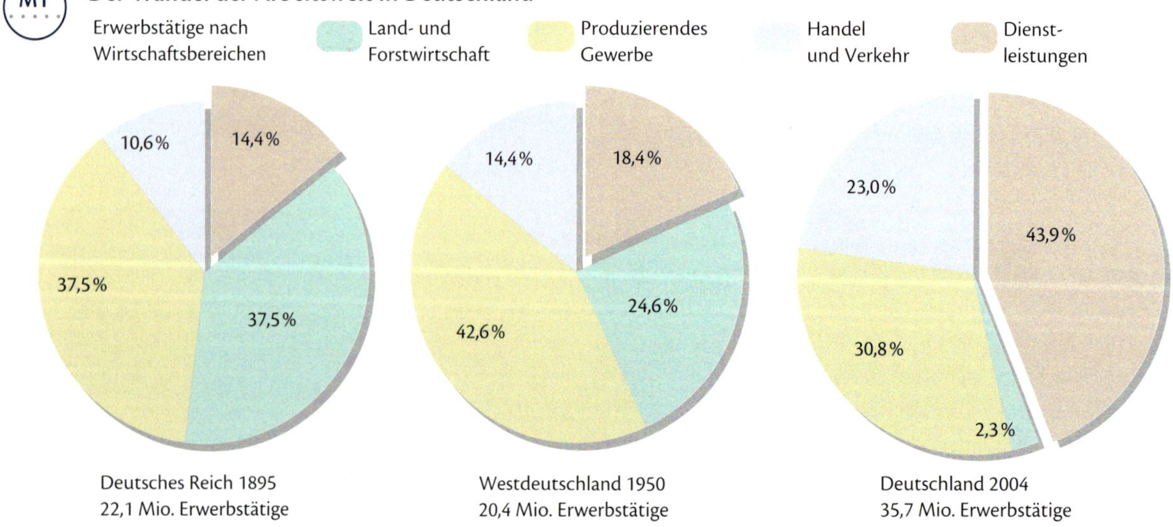

Die Industrialisierung und ihre Folgen

M1

Zehnstundentagkämpferinnen im Streik, Foto, 1904

Überprüfe, was du kannst

Sachkompetenz

1 Nenne und erläutere die Faktoren, die zur Industrialisierung in England führten (S. 140–143).

2 Zeige am Beispiel Rheinland-Westfalens den Zusammenhang zwischen industriellen Arbeits- und Lebensbedingungen (S. 148–151).

3 Kläre die folgenden Begriffe: Industrialisierung (S. 143), Industrielle Revolution (S. 139), soziale Frage (S. 156, 159), Arbeiterbewegung (S. 157) und Sozialismus (S. 159).

Methodenkompetenz

4 Fertige zu M1 eine Bildanalyse an. Nimm das Unterkapitel und die Methode „Fotos analysieren" (siehe S. 154 f.) zu Hilfe.

Urteilskompetenz

5 Formuliere eine Stellungnahme zu folgender Behauptung: Die Fabrik nahm dem Handwerker das Brot.

um 1770
Beginn der Industriellen Revolution in England

19. Jahrhundert
Beginn der Arbeiterbewegung

1830
Einsatz von Dampfmaschinen im Ruhrgebiet

1834
Deutscher Zollverein

um 1840
Beginn der Industriellen Revolution in Deutschland

1848
K. Marx und Fr. Engels: „Kommunistisches Manifest"

1863
Gründung Allgemeiner Deutscher Arbeiterverein

1869 bis 1891
Entstehung der Arbeiterpartei

1891
Gründung Sozialdemokratische Partei Deutschlands

1775 | 1800 | 1825 | 1850 | 1875 | 1900

Europa wandelt sich

Im 18. und 19. Jahrhundert erlebten die Menschen in Europa einen tiefen Wandel. In vielen Bereichen, wie der Politik, der Wirtschaft und der Technik bis hin zum Alltagsleben, veränderten sich die Lebensbedingungen so schnell, dass auch von einem Zeitalter der Reformen und Revolutionen gesprochen wird. Im Rückblick wird deutlich, dass in diesen beiden Jahrhunderten vieles entstand, was uns heute begleitet und beeinflusst: der moderne Staat und seine Verwaltung, die Verfassung als Grundordnung für Staat und Gesellschaft, Menschenrechte, Demokratie und Gewaltenteilung, Parteien als „Bündelung" politischer Meinungsvielfalt und die industrielle Gesellschaft.

Absolutismus und Aufklärung

In Frankreich, dem „Modell" des Absolutismus in Europa, bildete sich unter König Ludwig XIV. ein Herrschaftssystem heraus, das die staatliche Gewalt in der Hand des Herrschers konzentrierte. Die Stände wurden weitgehend entmachtet. Der moderne Staat entstand mit einer zentralen Regierung und Verwaltung, einem stehenden Heer und – zumindest in Frankreich – der Kirche als weiterer Säule der Macht.
Um den steigenden Finanzbedarf des absolutistischen Staates zu decken, wurde in der Wirtschaft die Einfuhr von Fertigwaren durch Zölle erschwert, die Ausfuhr dagegen erleichtert. Kredite und Monopole für Verlage und Manufakturen sollten die Wirtschaft stärken und damit die Staatseinnahmen erhöhen. Nutznießer dieser Wirtschafsform, des Merkantilismus, war das Wirtschaftsbürgertum, das jedoch weiter ohne politische Rechte blieb.
Vertreter der Aufklärung, wie z. B. Montesquieu, Rousseau, Voltaire und Kant, übten Kritik am Machtanspruch der absolutistischen Herrscher. Sie erhoben die Vernunft zum Maßstab aller Dinge und verwiesen auf die natürlichen Rechte der Menschen. Die Aufklärung erreichte aber auch die Fürsten. Friedrich II. (1740 bis 1786) war einer von vielen Herrschern seiner Zeit, die einzelne Ideen der Aufklärung aufgriffen.

Europa im 18./19. Jahrhundert

Wege in die moderne Welt

Absolutismus
- Ludwig XIV.: „Der Staat bin ich."
- Entstehung staatlicher Strukturen
- Gesellschaft: Ständegesellschaft mit geringen Rechten der Stände
- Alternative England: Stärkung und Sicherung der Rechte des Parlaments gegenüber dem König (konstitutionelle Monarchie)
- Merkantilismus: Die Einfuhr von Waren wurde beschränkt, die Ausfuhr erhöht, um den Gewinn des Staates zu steigern. Von dieser Wirtschaftspolitik profitierten v. a. Kaufleute, Bankiers und Verleger.

Aufklärung
- Kritik am Absolutismus: Gewaltenteilung (Montesquieu) und Volkssouveränität (Rousseau)
- jeder Mensch ist von Natur aus frei; jeder Mensch ist mit Vernunft begabt
- zentrale Ideen: Freiheit, Gleichheit, Toleranz

Politische Umbrüche

Die Französische Revolution
- Antriebskräfte: Ideen der Aufklärung, amerikanische Unabhängigkeit, Krise des Absolutismus
- Verlauf: gewaltsame Entmachtung des Königs und konstitutionelle Monarchie, Erklärung der Menschenrechte, Republik, Jakobinerherrschaft, Herrschaft Napoleons
- Ergebnisse: Nationalstaat statt Ständestaat, Anfänge des Verfassungs- und Rechtsstaats, politische Neuordnung Europas

Deutschland im 19. Jahrhundert
- Restauration
- nationale, liberale und demokratische Bewegungen
- Scheitern der Revolution 1848/49
- 1871 Gründung des Deutschen Kaiserreichs

Die Industrialisierung

Faktoren in England:
- 1. räumlich-klimatische Bedingungen
- 2. „moderne" Landwirtschaft
- 3. technische und arbeitsorganisatorische Neuerungen
- 4. verbesserte Bildung

Nachfolgende (abgeleitete) Industrialisierung in Europa
- Wandel in Gesellschaft und Politik: Entstehung des „Industrieproletariats", Gründung von Arbeiterbewegungen: Gewerkschaften, Parteien
- Umwälzung der Arbeits- und Lebensverhältnisse, Verstädterung, soziale Frage
- Entstehung des Sozialstaats

Die Französische Revolution

Vor 1789 verschärften sich in Frankreich die Probleme der Ständegesellschaft: Die Privilegierten, Klerus und Adel, wehrten sich gegen Reformen, kritisierten aber ihre eigene politische Bedeutungslosigkeit. Bauern und Bürger fühlten sich benachteiligt und forderten unter dem Eindruck der Aufklärung, der Amerikanischen Revolution und der wirtschaftlichen Krise mehr Rechte und bessere Lebensbedingungen. König Ludwig XVI. gelang es nicht, die Krise zu bewältigen.

Nach dem Scheitern der Versammlung der Generalstände im Mai 1789 erklärten sich die Vertreter des Dritten Standes zur verfassunggebenden Nationalversammlung. Kurz darauf beschloss die Nationalversammlung die Abschaffung aller Privilegien für Klerus und Adel und verkündete die Menschen- und Bürgerrechte. Die Verfassung von 1791 mit Gewaltenteilung und Grundrechten scheiterte am Einfluss der radikalen Jakobiner, unterstützt von vielen Pariser Kleinbürgern (Sansculotten), die seit 1792 die Politik bestimmten. Auf Druck der Sansculotten wurde König Ludwig XVI. abgesetzt und die Republik ausgerufen. Bald nach der Hinrichtung des Königs kam es zur Schreckensherrschaft des „Wohlfahrtsausschusses" unter Robespierre (Juni 1793 bis Juli 1794), die mit der Entmachtung und Hinrichtung Robespierres endete. Eine neue Verfassung sah wieder die Gewaltenteilung vor. Die Regierungsmacht übernahm ein „Direktorium", das jedoch 1799 durch den militärisch erfolgreichen, jungen General Napoleon Bonaparte gestürzt wurde, der auch das Parlament entmachtete.

Das Kaisertum Napoleons und Folgen für Europa

Mit seiner Krönung zum Kaiser 1804 beendete Napoleon den republikanischen Weg Frankreichs. Er erneuerte die Monarchie und ließ sich seine Kaiserwürde durch eine Volksabstimmung bestätigen. Sein Ansehen stärkte er durch innen- und außenpolitische Taten, wie die Schaffung des „Code civil" und die Vorherrschaft auf dem Kontinent, die besonders für Deutschland folgenreich war: Das Heilige Römische Reich wurde 1806 aufgelöst und der französisch beherrschte Rheinbund gegründet. In Preußen wurden grundlegende Reformen durchgeführt.

Deutschland im 19. Jahrhundert

Nach Napoleons Niederlage bemühten sich die europäischen Großmächte auf dem Wiener Kongress 1814/15 um eine Wiederherstellung der alten politischen Ordnung (Restauration). Das alte Deutsche Reich wurde jedoch nicht wieder errichtet. An seine Stelle trat ein lockerer Staatenbund, der Deutsche Bund. Doch der Wunsch nach Freiheit und Einheit ließ sich langfristig nicht unterdrücken. Seit den 1830er-Jahren verschlechterten sich die sozialen Verhältnisse. Die politische Lage spitzte sich zu. Im März 1848 kam es in Berlin, Wien und anderen Residenzstädten zu Barrikadenkämpfen. Zwei Monate nach den Märzaufständen trat in der Frankfurter Paulskirche das erste gesamtdeutsche Parlament zusammen, das nach langen Diskussionen im März 1849 eine Verfassung verabschiedete. Diese scheiterte jedoch am Widerstand der Fürsten. Im Juni 1849 wurde das Parlament gewaltsam aufgelöst. Die monarchischen Regierungen vereinbarten, den Deutschen Bund in der alten Form wiederherzustellen.

Erst 1871 wurde in der Folge des Deutsch-Französischen Krieges unter der Führung Preußens das Deutsche Kaiserreich ausgerufen. Der monarchische Obrigkeitsstaat erfüllte jedoch nicht die Forderungen von 1848/49.

Die Industrialisierung und ihre Folgen

Die Industrielle Revolution begann in England. Als Erklärung dafür können verschiedene Faktoren herangezogen werden (siehe Schaubild S. 162). Die Industrialisierung im übrigen Europa wird als „nachfolgende" oder auch „abgeleitete" Entwicklung bezeichnet. Der industrielle Wandel veränderte die Lebensbedingungen grundlegend. Das Arbeitsverhältnis wurde zu einem „reinen" Lohnarbeitsverhältnis. Die Fabrikarbeit trennte Wohnung und Arbeitsplatz. Niedrige Löhne, lange Arbeitszeiten, strikte Fabrikordnungen und große Wohnungsnot in den wachsenden Industriestädten führten zu politischen Diskussionen über die „soziale Frage". Lösungsansätze der sozialen Probleme kamen von der christlichen Sozialbewegung, von Sozialreformen des Staates (Sozialgesetzgebung) und der Arbeiterbewegung. Frauen organisierten sich zuerst in „Erwerbsvereinen". Insgesamt verbesserten sich die Arbeits- und Lebensverhältnisse.

4. Imperialismus und Erster Weltkrieg

Die Zentrumspartei warnte auf der Rückseite der hier abgebildeten Postkarte „Verzichtet Deutschland auf die Erweiterung seines Wirtschaftsgebietes, so heißt dies: Deutschland kann nicht nur als politisch maßgebendes Land abdanken, sondern es geht auch wirtschaftlich zurück“. Die USA wie die europäischen Industriestaaten setzten sich jeweils zum Ziel, ein Weltreich (lat. imperium) zu errichten, und brachten deshalb Gebiete in Asien und Afrika unter ihre Herrschaft. Der Wettkampf um ein möglichst großes Stück vom „Kuchen“ verschärfte sich seit dem letzten Viertel des 19. Jahrhunderts. Dass dieser Wettlauf um die Vorherrschaft und die traditionellen Spannungen in Europa in den Ersten Weltkrieg (1914–1918) münden würden, war vorher nicht erkennbar und auch nicht zwangsläufig. Rivalitäten und Misstrauen zwischen den großen Mächten wuchsen jedoch bis 1914 so stark an, dass ein Funke das „Pulverfass“ zur Explosion bringen konnte. Genau das geschah im Sommer 1914.

Folgende Fragen leiten dich durch das Kapitel:

- ***Welche Motive und Ziele waren mit dem Imperialismus verbunden?***
- ***Welche Folgen hatte die imperialistische Politik?***
- ***Was bedeutete der Erste Weltkrieg für die Menschen und die Staaten?***

1 Beschreibe die Abbildungen und nenne mögliche Zusammenhänge.

Werbepostkarte der Zentrumspartei zur Reichstagswahl 1912. Die SPD-Politiker Liebknecht und Ledebour hindern Deutschland daran, an der „Aufteilung der Erde“ teilzunehmen.

Afrikanische Kolonial-Arbeiterinnen, Postkarte aus Deutsch-Ostafrika, 1906

Erster Weltkrieg, Schlacht um Verdun, Foto, 1916

Von der Vorherrschaft Europas zum Ersten Weltkrieg

Wissen • Urteilen • Handeln • Methoden anwenden

Am Ende dieses Unterkapitels kannst du

- Ziele, Motive und Methoden imperialistischer Politik an Beispielen darstellen und vergleichen
- am Beispiel Ruandas Folgen des Kolonialismus in Afrika erklären und bewerten
- Ursachen und Folgen des Ersten Weltkrieges erläutern und bewerten
- **Methode** Sachtexte exzerpieren
- **Methode** Kriegerdenkmäler erkunden

Die Kolonialmächte der Welt um 1914

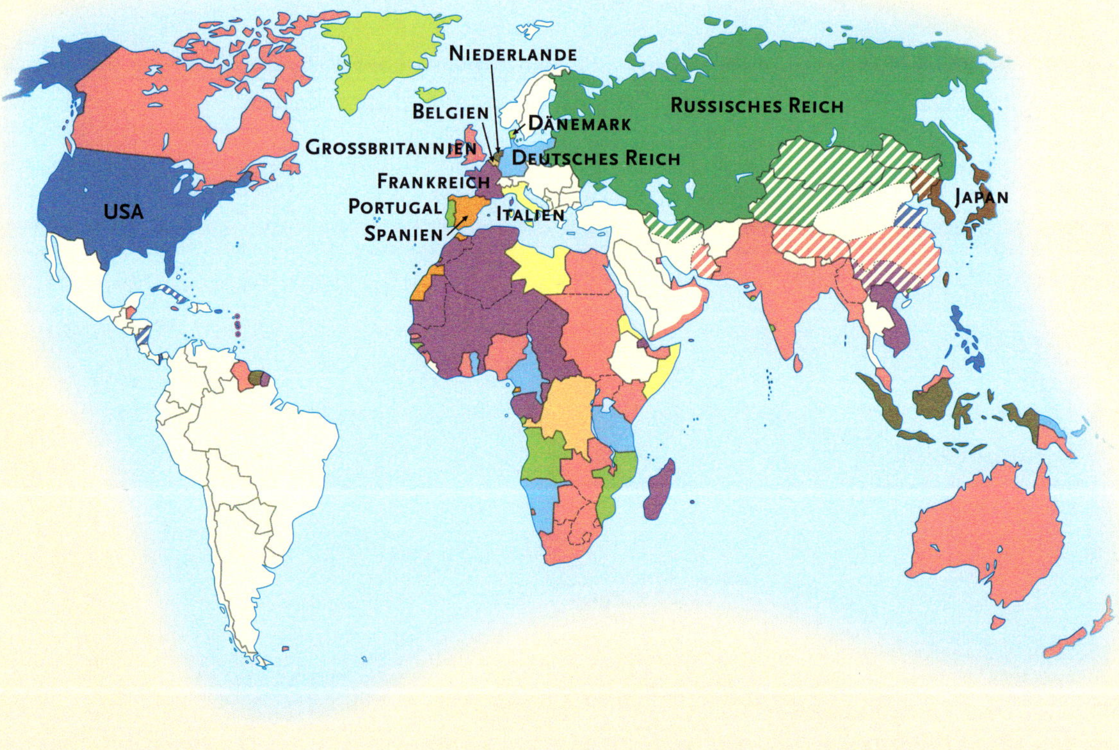

Imperialismus
1880 bis 1918

Erster Weltkrieg
1914 bis 1918

Der Imperialismus – Lernen an Stationen

Imperialismus am Ende des 19. Jahrhunderts

Bereits seit Ende des 15. Jahrhunderts hatten Spanien, Portugal, Holland, Frankreich und England Kolonien in Übersee erworben, um sie Gewinn bringend auszubeuten. Bis in die 1870er-Jahre hinein beschränkten sich diese Besitznahmen in Asien und Afrika allerdings auf die Küstenregionen und erfolgten meist durch Handelsgesellschaften, nicht durch die Regierungen. Dies änderte sich zu Beginn der 1880er-Jahre: Die europäischen Staaten erklärten es zum offiziellen politischen Ziel, ihre Kolonialgebiete auszudehnen. Mit allen Mitteln konkurrierten sie um die noch „unverteilten" Gebiete der Welt.

Was waren ihre Motive und mit welchen Mitteln setzten sie ihre imperialistische Politik durch? Diese Fragen kannst du auf den folgenden Seiten anhand von acht Stationen erarbeiten.

Lernen an Stationen

1. Schritt: Vorbereitung und Planung

- Überblick über das Thema, Problemstellung
- Entscheidung über die Arbeitsform (z. B. Einzel-, Partner-, Gruppenarbeit)
- Aufbau der Stationen, evtl. von Zusatzstationen
- Vorbereiten der „Laufzettel"

2. Schritt: Durchführung

- selbstständige Arbeit an den Stationen
- eventuell Zwischenberichte oder -auswertungen
- Festhalten der Arbeitsergebnisse und Erfahrungen mit eigenen Worten (paraphrasieren)

3. Schritt: Auswertung

- Ergebnisse zusammentragen, vergleichen, bewerten
- Erfahrungen vortragen, Probleme klären
- Erkenntnisse für die Weiterarbeit austauschen

„Laufzettel" mit Arbeitsaufträgen

Station 1: Was ist imperialistische Politik?
- Nenne Ursachen und Motive, die imperialistischer Politik zugrunde lagen.
- Erkläre, welche Rolle der Sozialdarwinismus im Imperialismus spielte.

Station 2: Britische Kolonialherrschaft
- Nenne Ziele und Methoden britischer Kolonialherrschaft.
- Bewerte das Vorgehen der britischen Regierung.

Station 3: Französische Kolonialherrschaft
- Nenne die Ziele, die die Regierung mit der Kolonialpolitik verfolgte.
- Erkläre, welche Rolle das „Konkurrenzprinzip" spielte.

Station 4: Russische Kolonialherrschaft
- Beschreibe die zeitliche und räumliche Ausdehnung der russischen Kolonialherrschaft.
- Nenne die Gründe, die die russische Regierung für ihr Auftreten in Kleinasien angab.
- Erläutere, welche Motive die Regierung leiteten.

Station 5: Kolonialherrschaft der USA
- Erkläre das „Prinzip der offenen Tür".
- Nenne mögliche Probleme, die sich aus dieser Politik ergeben konnten.

Station 6: Deutsche Kolonialherrschaft
- Nenne die Gründe, warum Deutschland eine Weltpolitik betrieb.
- Liste mögliche Probleme auf, die die Flottenrüstung nach sich ziehen konnte.
- Beurteile die Ziele der kaiserlichen Regierung im Hinblick auf ihr Verhältnis zu den anderen europäischen Kolonialmächten.

Station 7: Konflikte in Kolonien – das Beispiel China
- Erkläre, inwiefern der „Boxer"-Aufstand den Grundkonflikt zwischen Kolonie und Kolonialmacht widerspiegelt.
- Formuliere zur Rede Wilhelms II. eine Gegenrede.

Station 8: Folgen der Kolonialherrschaft in Afrika – das Beispiel Ruanda
- Erkläre den Ausdruck „Gegenwart des Vergangenen" am Beispiel Ruanda.

Sachtexte exzerpieren

Texte erfassen: Lesen – Markieren – Exzerpieren

Zur Anfertigung eines Referates oder ähnlicher Arbeiten ist es notwendig, Fachbücher zu lesen und auszuwerten. Die Texte in solchen Büchern und Zeitschriften werden Sachtexte genannt. Bevor du an Sachtexte herangehst, solltest du dir einen Überblick über das Buch verschaffen (z. B. das Inhaltsverzeichnis ansehen), um herauszufinden,

- mit welchem Thema sich das Buch beschäftigt,
- wer der Autor / die Autorin ist,
- welcher Fragestellung (Leitfrage) er/sie nachgeht und
- zu welchem Ergebnis er/sie kommt.

Wenn du beim Lesen Begriffe, Zitate, Beispiele, Argumente und Gedankengänge herausschreibst, wird das „Exzerpieren“ genannt.

Du solltest nach dem Lesen eines Absatzes oder eines Kapitels mit dem Exzerpieren beginnen. Dafür sind Karteikarten (z. B. im Format A5 oder A6) besonders geeignet, denn sie ermöglichen es, für jeden neuen Gedanken oder Begriff eine neue Karte anzulegen. Diese kann an geeigneter Stelle eingeordnet und bei Bedarf wieder umsortiert werden. Längere, durchgehende Exzerpte geben den Gedankengang eines Textes geschlossen wieder, haben aber den Nachteil, nicht umgruppiert werden zu können. Fotokopien können gute Dienste leisten, wenn Leihbücher durchgearbeitet werden sollen.

Vorschläge für Randzeichen und Markierungen

wichtig: !
zentraler Gedanke: |
unverständlich: ?
unklarer Gedanke: ⦚
nachschlagen: Lex.
Literaturangabe: Lit.
Verweis: S. xx

Definitionen (Def), Argumente (Arg) und Thesen (T) können z. B. durch Unterstreichungen (Linie, Schlangenlinie, doppelte Unterstreichung) im Text hervorgehoben, am Rand markiert und dann herausgeschrieben werden.

1 Arbeite die zu M1 angebotenen Elemente eines Exzerpts, das unter der Frage nach Anfängen und Motiven eines deutschen Imperialismus angelegt ist, durch.

2 Fertige mithilfe der Arbeitsschritte ein Exzerpt vom Darstellungstext S. 170 an.

Arbeitsschritte

1. Schritt: Überblick gewinnen

- Bibliographische Angaben des Textes (Buches) festhalten: Autor/Herausgeber, Titel, Erscheinungsort, Erscheinungsjahr, ggf. Auflage, Fundort (Bibliothek und Signatur). Angaben auch auf Kopien notieren!
- In einem ersten Leseschritt klären, ob der Text für die eigenen Zwecke geeignet ist.
- Das Thema des Textes (Absatzes) feststellen – gegebenenfalls den Text ein zweites Mal lesen.

2. Schritt: Textstellen markieren

- Zentrale Begriffe
- Gedanken und Ideen
- Zusammenhänge
- Widersprüche
- Sprachliche Auffälligkeiten, z. B. Schlagwörter, Metaphern, Ironie
- Verweise auf andere Texte (Textstellen)

3. Schritt: Exzerpieren

- Die markierten Textstellen und Notizen am Textrand oder auf einem Extrablatt festhalten. Unterscheide dabei:
- a) wörtliches Zitat (auf wörtlich genaue Übernahme achten, da später das Original oft nicht mehr zur Verfügung steht),
- b) sinngemäßer Auszug (Paraphrase), bei dem du den Inhalt (Gedanke) in knapper Form festhältst.

M1 Deutscher Imperialismus?

Der folgende Sachtext ist ein Auszug aus dem Buch „Über alles in der Welt. Deutscher Imperialismus im 19. und 20. Jahrhundert“ des Historikers Dirk van Laak, erschienen 2005:

Das „größere Deutschland“

Schon in der Mitte des 19. Jahrhunderts waren die Elemente des deutschen Imperialismus fast vollständig vorgezeichnet. Manches spricht dafür, dass eine 1848/49 vollzogene Reichseinigung auch bereits eine begleitende deutsche „Weltpolitik“ in Gang gesetzt hätte. Die in der Nationalversammlung vorgebrachten Argumentationen stimmten mit der Kolonialpropaganda der 1870er-/80er-Jahre weitgehend überein. Auch die Argumente für den Aufbau der deutschen Flotte waren schon präsent. Möglicherweise hätte eine deutsche Kolonialpolitik also schon ein Menschenalter früher begonnen. Nach dem Scheitern der bürgerlichen Revolution war die Reichseinigung jedoch vorerst noch einmal vertagt … Der Zusammenhang von weltpolitischem und sozialimperialistischem* Denken war in diesen Debatten stets mit Händen zu greifen. Meist übertrug man die in der Heimat gemachten Erfahrungen recht schematisch auf die Fremde. So bildete etwa der Deutsche Zollverein das Muster für Versuche, darüber hinausgehende, „großdeutsche“ Kooperationseinheiten zu etablieren. Preußen und Österreich als die am stärksten industrialisierten Länder sollten dabei in einem Zollverband die Hegemonie über ein Gebiet übernehmen, das in seiner weitesten Ausdehnung von der Nordsee bis zum Schwarzen Meer oder, wie es gelegentlich hieß, von der Elbe bis zum Euphrat reichte. Den Ländern Ost- und Südosteuropas wurde der Status von Agrar- und Rohstoffproduzenten zugeschrieben. Gleichzeitig sollten sie als deutsche Absatzmärkte und als Handelsbrücken in den Nahen Osten dienen. Als Grundlage der wirtschaftlichen Durchdringung weiter Teile Ost- und Südosteuropas galt – neben der Kontrolle der Donau – der Bau von Eisenbahnlinien, den preußische und österreichische Kapitalgeber in dieser Periode bereits vorantrieben … Solche Konstruktionen eines „Großraums“ bzw. „Großwirtschaftsraums“, in denen sich eine gleichsam natürliche Arbeitsteilung zwischen „führenden“ und „rückständigen“, industriellen und agrarischen Ökonomien herausbilden sollten, wurden zu einer der prägenden Zukunftsvisionen für eine künftige Weltordnung.

Dirk van Laak, Über alles in der Welt. Deutscher Imperialismus im 19. und 20. Jahrhundert, München (C. H. Beck) 2005, S. 53–55.

Markierungen/Randnotizen

These (T)

Begriff klären

T

Vermutung

Lex.

Lex.

Beispiele für das Vorgehen

zentraler Gedanke der imperialen Ansätze

Elemente eines Exzerpts

Wörtliches Zitat: „Schon in der Mitte des 19. Jahrhunderts waren die Elemente des deutschen Imperialismus fast vollständig vorgezeichnet.“ (van Laak, S. 53)

Paraphrase I (ausführliche Umschreibung):
Der Autor vertritt die Auffassung, dass bereits in der Mitte des 19. Jh. die Elemente eines deutschen Imperialismus und Argumente für den Aufbau einer Flotte (gemeint: Kriegsflotte) vorhanden waren. Verantwortlich für die Verzögerung sei das Scheitern der deutschen Einheit 1848/49.
Nach dem Muster des Deutschen Zollvereins sollten Preußen und Österreich die Hegemonie über Gebiete in Ost- und Südosteuropa übernehmen, denen lediglich der Status von Agrar- und Rohstoffproduzenten zugedacht war und die zugleich als deutsche Absatzmärkte und Handelsbrücken (Naher Osten) dienen sollten. Grundmodell in der Vorstellung war ein „Großwirtschaftsraum“ (Z. 36 f.) mit einer als natürlich angesehenen Arbeitsteilung zwischen „führenden“ und „rückständigen“ Ökonomien (Volkswirtschaften).

Paraphrase II (Stichworte):
- deutscher Imperialismus und Kriegsflotte bereits Mitte des 19. Jh. möglich gewesen
- verhindert durch gescheiterte Einheit 1848/49
- Zusammenhang imperialistisches und sozialimperialistisches* Denken
- gemeinsame Hegemonie Preußens u. Österreichs in Ost- u. Südosteuropa (Großwirtschaftsraum nach Dt. Zollverein)
- „natürliche“ Arbeitsteilung: industrielle agrarische Volkwirtschaften als künftiges Modell einer Weltordnung

Eigene Anmerkungen zum Text:
- Autor spielt den Gedanken „Was wäre gewesen, wenn …“ durch. Belegt seine Darstellung mit Beispielen.
- Die Darstellung bleibt im Bereich der Hypothesen (begründete Vermutungen).
- Einsichtig ist, dass es offensichtlich Vorstellungen und Pläne für eine frühere Weltmachtrolle Preußens/Österreichs gegeben hat.

Station 1: Ziele und Methoden imperialistischer Politik

Das „Imperium" als globales Ziel

Seit der Gründung des Deutschen Reiches 1871 wuchs der neue Staat schnell zum Konkurrenten der anderen europäischen Mächte heran. Das beunruhigte vor allem Großbritannien und Frankreich, denn politische Kräfte in beiden Ländern hatten sich zum Ziel gesetzt, die eigene Macht zu vergrößern: „Greater Britain", „Empire Français", so lauteten die häufigsten Schlagwörter. Begründet durch den Sozialdarwinismus, wurden in politischen Debatten jener Zeit die Begriffe „Imperialismus" und „imperialistische Politik" wie selbstverständlich und wertneutral verwendet. In unserer Zeit haben sie eine negative Bedeutung, weil sie mit Eroberung und Herrschaft eines stärkeren über einen schwächeren Staat verbunden werden.

Der „Wettlauf" um Kolonien

Der Kolonialismus*, der sich seit dem 16. Jahrhundert herausgebildet hatte, änderte sich zu Beginn der 1880er-Jahre so massiv, dass die Zeitgenossen die neue Politik als „Scramble", als Wettlauf um die noch unverteilten Gebiete auf der Welt, bezeichneten. Die Kolonialmächte nutzten ihre alten Handelsstützpunkte und Kolonien als Ausgangspunkte für viel umfangreichere Eroberungen. Im Vergleich zum alten Kolonialismus* hatte der neue „Imperialismus" eine wesentliche Triebkraft in der Industrialisierung. Diese bewirkte eine dynamisch steigende Wirtschaftskraft, eine technische und militärische Überlegenheit der europäischen Staaten gegenüber den nicht industrialisierten Ländern. Aber auch Staaten wie Japan und die USA und das noch wenig industrialisierte Russland machten seit etwa 1880 eine imperialistische Ausdehnung zum Ziel ihrer Außenpolitik. Deutschland begann erst 1890 unter Kaiser Wilhelm II., Ansprüche auf Kolonien zu erheben.

Begriffe und Daten

Imperialismus

Die Epoche des Imperialismus umfasst den Zeitraum zwischen 1880 und 1918. Während dieser Zeit betrieben die Großmächte eine Politik des aggressiven Nationalismus und der Expansion. Als Imperialismus wird die Herrschaft eines weiterentwickelten, industrialisierten Staates über weniger entwickelte Länder bezeichnet. Imperiale Herrschaft wurde „direkt" (Besetzung und Einrichtung einer Kolonialregierung) oder „indirekt" (Kontrolle über die eingesetzte einheimische Regierung) ausgeübt.

Sozialdarwinismus

Der britische Naturforscher Charles Darwin (1809 bis 1882) lehrte, dass die natürliche Auslese im „Kampf um das Dasein" Entstehung und Entwicklung der Arten verursacht (Evolutionstheorie). Die vereinfachte Übertragung dieser Theorie auf die menschliche Gesellschaft nennt man Sozialdarwinismus. Er wird dazu benutzt, um soziale Ungleichheit und Rassismus* zu rechtfertigen. Aus dieser Theorie wird auch abgeleitet, dass ein Volk untergehen müsse, wenn es nicht in der Lage sei, erfolgreich Kriege zu führen.

M1 Triebkräfte der imperialistischen Expansion

Station 2: Großbritannien – Handel und indirekte Herrschaft

M1

Gründe für eine Kolonialpolitik Großbritanniens

Der konservative Politiker Benjamin Disraeli (britischer Premierminister 1874–1880) in einer Rede in London (1874):

1A Wenn ich „konservativ“ sage, so gebrauche ich das Wort in seinem reinsten und erhabensten Sinn. Ich will damit sagen, dass das englische Volk und besonders die arbeitenden Schichten Englands stolz ... sind, zu einem Imperium zu gehören, und entschlossen sind, ihr Imperium, wenn sie können, aufrechtzuerhalten – dass sie überhaupt glauben, dass die Größe und das Weltreich Englands den altehrwürdigen Institutionen des Landes zuzuschreiben sind.

Wenn es das erste Ziel ist, die Institutionen des Landes aufrechtzuerhalten, so ist es meiner Meinung nach das zweite, das englische Empire zu stützen. Wenn Sie auf die Geschichte dieses Landes seit dem Aufstieg des Liberalismus – vor vierzig Jahren – blicken, so werden Sie finden, dass keine Bemühung ... von so viel Energie unterstützt und mit so viel Fähigkeit und Scharfsinn vorangetrieben worden ist, wie die Versuche des Liberalismus, die Desintegration [Auflösung] des englischen Empire zu erreichen ...

Nun, was war das Ergebnis dieses Versuchs ...? Er ist gänzlich gescheitert. Aber warum ist er gescheitert? Dank der Sympathien der Kolonien mit dem Mutterland. Sie haben entschieden, dass das Empire nicht zerstört werden soll, und meiner Meinung nach wird kein Minister in diesem Land seine Pflicht tun, der eine Gelegenheit versäumt, so weit wie möglich unser koloniales Weltreich wieder aufzubauen und jenen Sympathiebekundungen aus der Ferne zu entsprechen, die die Quelle unschätzbarer Stärke und Beglückung für dieses Land werden können.

Der britische Außenminister Lord Robert Salisbury wies den Generalkonsul von Ägypten folgendermaßen an (1879):

1B Das Hauptziel unserer ägyptischen Politik ist die Erhaltung der Neutralität dieses Landes, d.h. die Erhaltung einer Situation, in der dort keine Großmacht mächtiger sein kann als Großbritannien ... Wir haben ... keinen Anlass, eine formelle Änderung des Status und der politischen Institutionen Ägyptens zu wünschen ... Unsere Repräsentanten in Ägypten sollen deshalb alles in ihrer Macht Stehende tun, um die einheimische Regierung ... zu unterstützen ... Es hat sich bereits zur Genüge gezeigt, dass die Muselmanen nicht bereit sind, einer Regierung zu gehorchen, die nominell europäisch ist bzw. deren maßgebende und herausragende Elemente europäisch sind ... Es ist deshalb von besonderer Bedeutung, der einheimischen Regierung zum Erfolg zu verhelfen. Aus diesem Grund sollte sie in ihrem eigenen Interesse weitgehend Europäer beschäftigen bzw. dazu gezwungen werden, wenn sie in dieser Beziehung ihre eigenen Interessen verkennt. Allerdings sollten die Europäer so weit wie möglich im Hintergrund bleiben ... Um die Stellungen, die den größten Einfluss ausüben und den geringsten Neid erwecken, sollten sich die Europäer bemühen.

M1A und M1B zit. nach Wolfgang Mommsen, Imperialismus, Hamburg (Hoffmann und Campe) 1977, S. 47 ff.

M2

„So kolonisiert der Engländer“, Karikatur von Th. Th. Heine in der deutschen satirischen Zeitschrift „Simplicissimus“, 1905

Station 3: Frankreich – Kolonialismus als „Zivilisierung“

M1

Die Bedeutung von Kolonien für Frankreich

Jules Ferry (Ministerpräsident Frankreichs 1883–1885) äußerte sich 1882 folgendermaßen:

1 A Wenn die Republik nicht darauf verzichten kann, in Europa, im Orient und im Mittelmeerraum politisch wirksam zu werden, dann bedarf sie auch ... einer Kolonialpolitik: Das bedeutet, dass man in dieser Hinsicht weder vergesslich noch unaufmerksam sein darf, sei es aus Geringschätzung oder aus Trägheit; man muss wachsam, aktiv und dazu bereit sein, alle notwendigen Opfer für die Bewahrung alter und neuer Besitzungen zu bringen, welche in unterschiedlichem Maße und in den verschiedenen Teilen der Erde dazu beitragen, den Namen Frankreichs in der Welt zu verbreiten ... Die Konkurrenz zwischen den europäischen Nationen wird immer heftiger im Streit um diese weit entfernten Absatzmärkte, diese Niederlassungen an den Toren zur Barbarei, welche ein sicherer Instinkt dem alten Europa als Brückenköpfe der Zivilisation und als Wege in die Zukunft anweist. Die Bedürfnisse einer ständig wachsenden industriellen Produktion, ... die Suche nach unerschlossenen Märkten, ... die durch das moderne Leben so rasch entwickelten Tendenzen, die einzelne Völker veranlassen, ihren Blick über die Heimat hinauszurichten; die Wissenschaft, welche die äußersten Enden der Erde in wenige Stunden Entfernung von London, Berlin oder Paris rückt; die sichtbaren Fortschritte der europäischen Gesellschaft und der Friedensidee; all dies drängt die zivilisierten Nationen dazu, ihre alten Rivalitäten auf das ausgedehntere und fruchtbare Feld weit entfernter Unternehmungen zu verlagern.

M1A und M1B zit. nach Wolfgang Mommsen, Imperialismus, Hamburg (Hoffmann und Campe) 1977, S. 84 ff.

Eugène Etienne, Vorsitzender der französischen „Kolonialpartei“, auf einem Empfang der „Vereinigung französischer Industrieller in Indochina“ in Rouen (1889):

1 B Frankreich kann stolz darauf sein, dass es in der Vergangenheit seine Tore weit geöffnet hat, ... dass es den Reichtum seiner Nachbarn geschaffen hat. Heute aber darf es nicht ignorieren, was in seinem Umkreis geschieht ... Amerika, das seine Industrie hinter sorgsam verschlossenen Toren aufgebaut hat, plant nunmehr die Errichtung eines „Zollvereins“, der allein für amerikanische Erzeugnisse geöffnet ist. Heute also muss Frankreich darum besorgt sein, sich seinen eigenen Markt zu bewahren ... Es gibt ein Land, das wir als Erste erforscht und kolonisiert haben, nämlich Afrika. Alle europäischen Nationen stürzen sich auf dieses Land, sogar diejenigen, die sich noch vor kurzer Zeit verachtungsvoll gegen koloniale Unternehmungen aussprachen ... Frankreich muss nach Afrika und nach Indien gehen ... Wir müssen von dort aus nach China vorstoßen und verhindern, dass uns ein Volk zuvorkommt, das niemals zögert und niemals pausiert, nämlich die Engländer, welche mit Siam und Burma über zwei Zugänge nach China verfügen.

M2

Frankreich wird Marokko Kultur, Wohlstand und Frieden bringen können, Titelseite der französischen Zeitschrift „Le Petit Journal“, 19. November 1911

Station 4: Russland – Kolonialismus als kontinentale Expansion

M1

Russlands Rolle in Zentralasien

Der Außenminister Russlands, A. M. Gortschakow (1798–1883), schrieb über die Motive russischer Expansionspolitik am 3. Dezember 1864 an die europäischen Großmächte:

1 A Die Situation Russlands in Zentralasien ist die aller zivilisierten Staaten, welche sich in Kontakt mit nomadisierenden, halbwilden Völkerschaften ohne feste Organisation befinden. Die Sicherheit der Grenzen und des Handels verlangt in solchem Falle, dass der zivilisierte Staat ein gewisses Übergewicht über seine Nachbarn ausübe. Zunächst sind ihre Einfälle und Plünderungen zurückzuweisen. Um denselben ein Ende zu machen, ist man genötigt, die Grenzbevölkerung zu einer mehr oder minder direkten Unterwerfung zu zwingen. Ist dies Resultat erreicht, so nehmen die Grenzbewohner ruhigere und sesshaftere Gewohnheiten an, dafür werden sie nunmehr von ferner lebenden Stämmen beunruhigt. Der Staat ist verpflichtet, jene zu schützen, diese zu züchtigen.

M1A und M1B zit. nach Peter Alter, Der Imperialismus, Stuttgart (Klett) 1989, S. 40 ff.

Motive russischer imperialer Politik

Der russische Politiker Sergej Witte (1849–1915), Finanzminister und Initiator der transsibirischen Eisenbahn, schrieb 1893 an Zar Alexander III. (1845 bis 1894):

1B Wenn Russland im Besitz der Länder zwischen den Ufern des Pazifik und des Himalaja ist, wird es nicht nur die Geschichte Asiens, sondern auch die Europas bestimmen. Russland steht am Rande dieser beiden so verschiedenen Welten und verkörpert deshalb eine Welt für sich … Diese Entwicklung ist das Ergebnis der lebendigen gegenseitigen Beeinflussung und der harmonischen Verbindung von drei Elementen, die ihre volle schöpferische Kraft nur in Russland entfaltet haben. Diese Elemente sind: erstens, die Rechtgläubigkeit, die den wahren Geist des Christentums rein erhält und die Grundlage aller Erziehung ist; zweitens, die Autokratie[1] als die Grundlage des staatlichen Lebens; drittens, das russische Nationalgefühl als Grundlage für den inneren Zusammenhalt des Staates.

[1] Alleinherrschaft

M2

Das russische Imperium

Station 5: USA – Kolonialismus als Prinzip der „offenen Tür“

M1

Welthandelsmacht USA?

Der amerikanische Politikwissenschaftler Albert J. Beveridge (1899–1911 US-Senator) sprach im April 1889 bei einer politischen Veranstaltung in Boston über die Zukunft der USA:

1 A Amerikanische Fabriken stellen mehr her, als für die Versorgung des amerikanischen Volkes notwendig ist. Die amerikanische Erde erzeugt mehr, als es verzehren kann. Das Schicksal hat uns unsere Politik vorgeschrieben: Der Handel der Welt muss und wird unser sein. Und wir werden ihn bekommen, da unser Mutterland England uns den Weg dazu gewiesen hat. Wir werden in der ganzen Welt Handelsniederlassungen als Umschlagplätze für amerikanische Waren gründen. Unsere Handelsflotte wird bald über den ganzen Ozean fahren. Wir werden eine Kriegsmarine aufbauen, die unserer Größe entspricht. Aus unseren Handelsniederlassungen werden Kolonien erwachsen, die sich selbst regieren, unsere Flagge führen und mit uns Handel treiben ... Und das amerikanische Recht, die amerikanische Ordnung, die amerikanische Zivilisation und die amerikanische Flagge werden an bis dahin blutigen und unkultivierten Ufern Fuß fassen, Ufern, die ... von nun an schöner und zivilisierter werden ... Im Pazifik liegt das eigentliche Feld unserer nächsten Aufgaben.

Nach der Eroberung Kubas, Puerto Ricos und der Philippinen im spanisch-amerikanischen Krieg schrieb der amerikanische Präsident Wilhelm McKinley 1898 den Gesandten, die die USA bei den Friedensverhandlungen in Paris vertreten sollten:

1 B Der Verzicht Spaniens auf die westliche Hemisphäre war eine unerlässliche Notwendigkeit. Indem wir diese Forderung aufstellten, erfüllten wir nur eine allgemein anerkannte Pflicht ... Mit den Philippinen verhält es sich jedoch anders ... Wenn wir uns auch nach wie vor zu den Zielsetzungen bekennen, die unsere Bemühungen geleitet haben, ... so dürfen wir dennoch nicht vergessen, dass der Krieg uns gegen unseren Wunsch und unsere Absichten neue Pflichten und Verantwortlichkeiten auferlegt hat, denen wir uns stellen müssen, wie es einer großen Nation geziemt ... Zudem eröffnet der Besitz der Philippinen uns neue wirtschaftliche Möglichkeiten ... Es ist nur billig, jedes legitime Mittel zur Erweiterung des amerikanischen Handels zu ergreifen; jedoch suchen wir im Fernen Osten keine Vorteile, die nicht allen Nationen gleichermaßen zugänglich sein sollen. Da wir für uns nur eine Politik der „offenen Tür“ verlangen, sind wir auch bereit, diese anderen ebenfalls zuzugestehen.

M1A und M1B zit. nach Wolfgang Mommsen, Imperialismus, Hamburg (Hoffmann und Campe) 1977, S. 211 f.

M2

„Der Schutzmann der Welt“, amerikanische Karikatur auf Theodor Roosevelts imperialistische Außenpolitik („Big-Stick-Policy“), 1905

Station 6: Deutschland – Streben nach Weltmacht

Deutschland betreibt Weltpolitik

Hatte sich die Außenpolitik Bismarcks im Wesentlichen auf Europa beschränkt und sein Engagement in der Kolonialpolitik darauf, das Vorgehen privater Kolonialgesellschaften zu unterstützen, so wurden nach Bismarcks Rücktritt (1890) die Forderungen lauter, das Deutsche Reich müsse Weltmacht werden und Kolonien haben. Wichtigster und engagiertester Förderer der Weltmachtidee war der Kaiser selbst: Wilhelm II. (1888–1918). Das Deutsche Reich hatte seiner Meinung nach Anspruch auf einen „Platz an der Sonne“ und damit das Recht bzw. die Pflicht, imperialistische Politik zu betreiben. Diese Auffassung fand in den Parolen des neu gegründeten „Alldeutschen Verbands“ besonderen Ausdruck. Der deutsche Flottenbau wurde öffentlichkeitswirksam vermarktet. Allerdings führte diese Politik zu erheblichen Spannungen mit den anderen Großmächten. Im deutschen Volk selbst traf sie – bis auf wenige Ausnahmen, z. B. die Anhänger der Sozialdemokratischen Partei – auf breite Zustimmung.

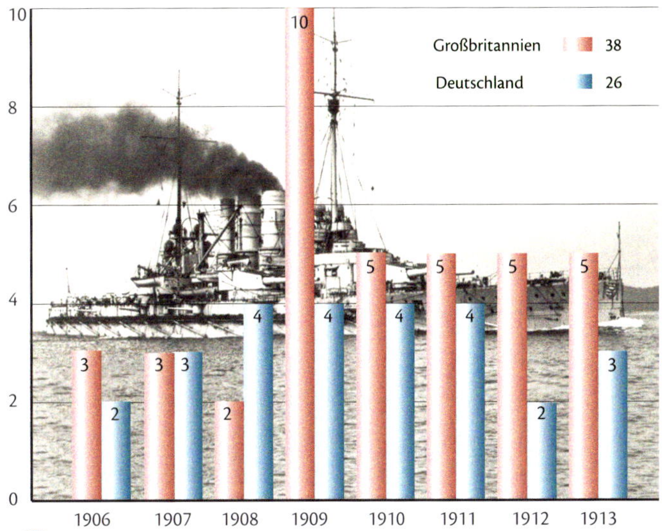

M2 **Bau von Großkampfschiffen 1906 bis 1913**

M1 Aus einer Rede Wilhelms II.

Kaiser Wilhelm II. sagte anlässlich des Stapellaufs des Kriegsschiffes „Kaiser Karl der Große“ in Hamburg am 18. Oktober 1899:

Es ist ein feierlicher Akt, dem wir soeben beigewohnt, als wir ein neues Stück schwimmender Wehrkraft des Vaterlandes seinem Element übergeben konnten ... Blicken wir um uns her, wie hat seit einigen Jahren die Welt ihr Antlitz verändert. Alte Weltreiche vergehen und neue sind im Entstehen begriffen. Nationen sind plötzlich im Gesichtskreis der Völker erschienen und treten in ihren Wettbewerb mit ein ... Dadurch sind die Aufgaben fur unser Deutsches Reich und Volk in mächtigem Umfange gewachsen und erheischen für Mich und Meine Regierung ungewöhnliche und schwere Anstrengungen, die nur dann von Erfolg gekrönt sein können, wenn einheitlich und fest, den Parteiungen entsagend, die Deutschen hinter uns stehen. Es muss dazu aber unser Volk sich entschließen, Opfer zu bringen.

Zit. nach Ernst Johann (Hg.), Reden des Kaisers, München (dtv) 1966, S. 82 ff.

M3 Die Stimme eines Diplomaten

Friedrich von Holstein, 1876–1906 Vortragender Rat im Auswärtigen Amt, schrieb an den ehemaligen Gesandten in Peking, Maximilian von Brandt (1906):

Ich glaube mich zu erinnern, dass wir in der Flottenfrage einer und derselben Ansicht waren, nämlich 1. je [mehr] wir zur See rüsten, desto fester drücken wir England an Frankreich heran; 2. wir können, selbst wenn wir die Steuern verdreifachen, niemals eine Flotte herstellen, die der englisch-französischen, ja auch nur der englischen allein gewachsen ist; 3. in einem Krieg gegen Frankreich allein spielt, wie das Jahr 70 zeigt, die Flotte eine Nebenrolle; 4. es ist eine Bedrohung und Herausforderung Englands, dass der Flottenverein es seit Jahren bei jeder neuen Flottenforderung offen ausspricht, die Rüstungen seien gegen England gerichtet ...
Die Gefahr wird dadurch vergrößert, dass beim Schiffbau (Panzerplatten etc.) ungezählte Millionen zu verdienen sind, viel mehr als bei den Kolonien ... Die Flotte vermehrt die Zahl unserer Feinde, wird aber niemals stark genug sein, um sie zu besiegen.

Werner Frauendienst (Hg.), Friedrich von Holstein. Die geheimen Papiere, Bd. 4, Göttingen (Musterschmidt) 1961, S. 401.

Station 7: Konflikte in Kolonien – das Beispiel China

Der „Boxer“-Aufstand

Das chinesische Kaiserreich hatte aufgrund seines Bevölkerungsreichtums, seiner Größe und seiner unsicheren politischen Lage seit Mitte des 19. Jahrhunderts das Interesse der europäischen Großmächte auf sich gezogen und Gebiete an sie verloren. Die Forderung der USA (1899), dass alle Mächte das Recht haben sollten, China wirtschaftlich zu nutzen (Politik der „offenen Tür“), führte zu heftigen Rivalitäten zwischen den Kolonialmächten. Dies führte dazu, dass China – im Netz von Verträgen gefangen – auch politisch abhängig wurde. Gegen Ende des Jahrhunderts versuchten politische Kräfte in China, durch eine Modernisierung einen höheren Wirtschaftsstandard zu erreichen, um den Ansprüchen der Kolonialmächte Europas besser widerstehen zu können. In den politischen Wirren gewann der chinesische Geheimbund der „Boxer“, der die Rückkehr zu alten Traditionen forderte und sich gegen die europäisch orientierte Modernisierung wandte, an Einfluss. Im Sommer 1900 kam es zu Mordanschlägen auf Europäer und auch zu Militäraktionen des Kaiserhofs. Die Großmächte schlugen gemeinsam – unter der selbsternannten Führung Wilhelms II. – den Aufstand nieder und forderten von China hohe Entschädigungszahlungen.

M2

Die Haltung Kaiser Wilhelms II.

Im Juni wurde der deutsche Gesandte von Ketteler vom Geheimbund der „Boxer“ ermordet. Das Gesandtschaftsviertel in Peking wurde anschließend 55 Tage lang durch chinesische Aufständische belagert. Eine internationale Truppe sollte Peking befreien und „die Ordnung“ wiederherstellen. Kaiser Wilhelm II. verabschiedete am 27. Juli 1900 die Truppen, die nach China geschickt wurden:

Das Deutsche Reich hat seinem Charakter nach die Verpflichtung, seinen Bürgern, wofern diese im Ausland bedrängt werden, beizustehen ... Das Mittel, das ihm dies ermöglicht, ist unser Heer ... Eine große Aufgabe harrt eurer: Ihr sollt das schwere Unrecht, das geschehen ist, sühnen ... Pardon wird nicht gegeben, Gefangene werden nicht gemacht ... Wahrt die Manneszucht, der Segen Gottes sei mit euch, die Gebete eines ganzen Volkes, meine Wünsche begleiten euch, jeden Einzelnen: Öffnet der Kultur den Weg ein für alle Mal!

Zit. nach Michael Balfour, Kaiser Wilhelm II. und seine Zeit, Berlin (Ullstein) 1973, S. 240.

M1

China und Japan von der Mitte des 17. Jahrhunderts bis 1912

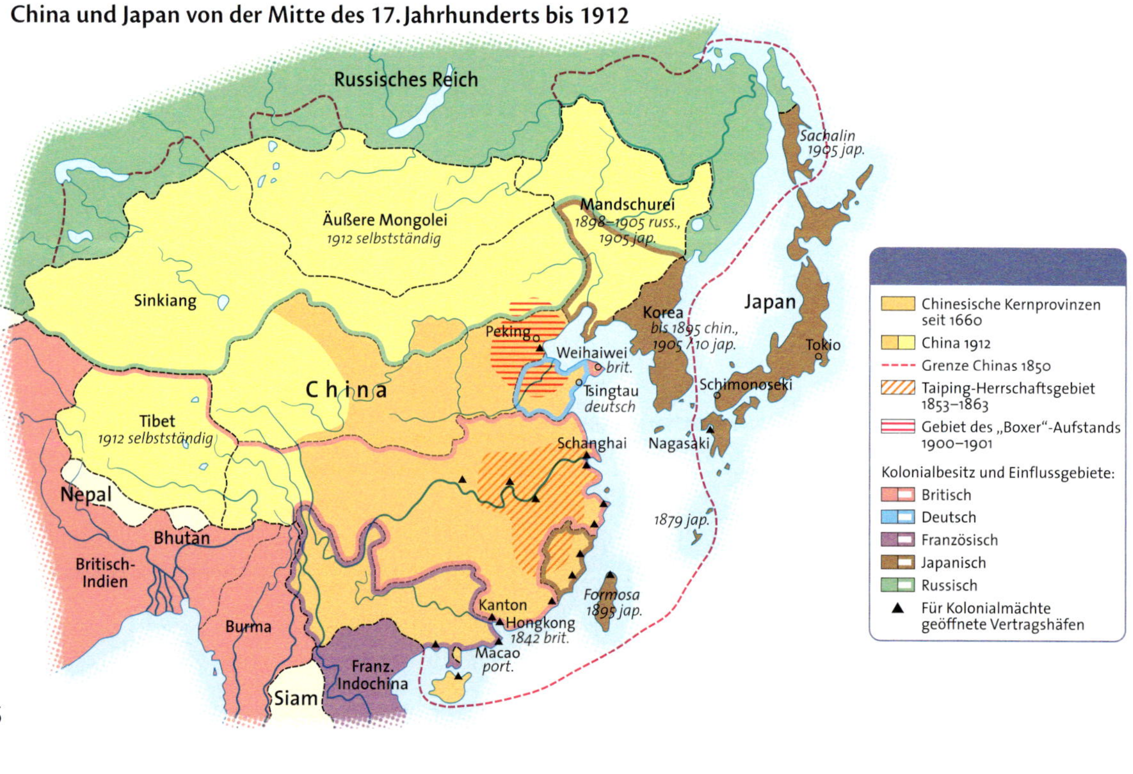

Station 8: Folgen der Kolonialherrschaft in Afrika – das Beispiel Ruanda

Die Gegenwart des Vergangenen

Ruanda (Rwanda), ein Binnenstaat in Ostafrika, war 1885 bis 1919 unter deutscher und belgischer Kolonialherrschaft, danach unter belgischem Völkerbundmandat und wurde 1962 unabhängig. Nach dreijährigem Bürgerkrieg zwischen den Bevölkerungsguppen der Hutu und der Tutsi verübten Hutu-Milizen 1994 unvorstellbare Massaker an den Tutsi. In der Folge kamen mehr als 800 000 Menschen auf beiden Seiten ums Leben und die Hälfte der Bevölkerung war auf der Flucht. Bis heute ist umstritten, welche Rolle die Kolonialzeit als „Wurzel" des Völkermordes spielt.

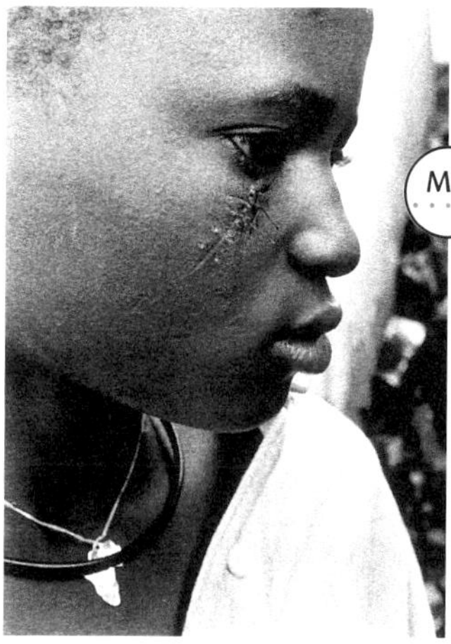

M2 **Narben prägen die Menschen nach dem Krieg.** Matias Costas Foto von einem etwa zehnjährigen Kriegswaisen in Kigali, der Hauptstadt Ruandas, wurde zum Unicef-Kinderfoto 2000 gewählt.

M1

War der Völkermord eine Folge der Kolonialzeit?

Der ruandische Historiker Célestin Muyombano (1995):

1 A Vor der Kolonisation gab es keine ethnischen Konflikte in Ruanda. Die drei Volksgruppen – Hutu, Tutsi, Twa (Pygmäen) – verwalteten das Land gemeinsam, jede in dem wirtschaftlich-sozialen Bereich, in dem sie vorwiegend tätig war: in der Landwirtschaft, der Viehzucht, der Metallverarbeitung oder der Töpferei.
Die Keime des ruandischen Konflikts sind schon lange vor der Unabhängigkeit gesät worden. Maßgebend war der Einfluss des belgischen Kolonialherrn auf die politische Entwicklung des Landes. Die Deutschen hatten die vorgefundenen sozial-politischen Einrichtungen nicht angetastet. Um ihre Autorität zu behaupten, beeilten sich aber ihre Nachfolger, die Belgier, die dreifache Verwaltung aufzulösen, indem sie die ethnischen Gruppen gegeneinander ausspielten.
Die belgische Kolonialverwaltung betrachtete die Tutsi als Menschen mit großem Organisationstalent. Sie wurden als Instrument der belgischen Machthaber verwendet und dienten als Treibriemen zwischen dem Volk und den Kolonialherren, indem sie deren Befehle ausführten, Strafen verteilten etc.
Später trennte sich der belgische Kolonialherr von seinem „befehlsausführenden" Organisationstalent – den Tutsi – und erhob das „ausgebeutete Kind" – die Hutu – auf den Thron.

Célestin Muyombano, Ruanda. Die historischen Ursachen des Bürgerkriegs, Stuttgart (S. Naglschmid) 1995, S. 75 ff.

Die deutsche Völkerkundlerin Anna Kreuzer (1997):

1 B Das Gemisch aus vermeintlich wissenschaftlichen Erkenntnissen, der ruandischen höfischen Geschichtsschreibung und der (gegen Ende des 19. Jahrhunderts) am Königshof herrschenden Machtverhältnisse führte dazu, den unterschiedlichen Gruppen auch unterschiedliche ... Eigenschaften zuzuschreiben. Dementsprechend galten die Tutsi als die „intelligentesten", Hutus galten als „arbeitswillig" und „mäßig intelligent". Auf unterster Stufe wurden die Twa, „eine alte, müde Menschenrasse, die dem baldigen Untergang entgegengeht ..." angesiedelt ...
In der Folgezeit wurden die angeblichen Unterschiede der Bevölkerungsgruppen durch den eingeschränkten Zugang zu Schulen, Verwaltungs- und Regierungsposten usw. verfestigt. Das in den ruandischen Schulen vermittelte Geschichtsbild entsprach der Betrachtungsweise der europäischen Kolonialmächte.
Dementsprechend fanden und finden sich von Ruandern geäußerte ethnische Vorurteile vor allem in Bevölkerungsschichten, die während der belgischen Kolonialzeit westliche Schulbildung erhalten haben ... Die Bezeichnungen „Hutu", „Tutsi" und „Twa" waren in vorkolonialer Zeit eher soziale denn ethnische Zuordnungen. So konnten Hutu durch Heirat, Viehbesitz usw. Tutsi werden und umgekehrt Tutsi zu Hutu. Die Twa waren am ehesten eine in sich geschlossene Gruppe.

Anna Kreuzer, Landwirtschaft und Sozialstruktur in Ruanda, Pfaffenweiler (Centaurus) 1997, S. 27 f. Bearb. d. Verf.

Stimmen zum Imperialismus – gestern und heute

M1

Standpunkt eines Zeitgenossen

August Bebel, Führer der Sozialdemokraten im Kaiserreich, sagte am 28. Januar 1889 im Reichstag:

Nun, wer ist denn diese Ostafrikanische Gesellschaft? Ein kleiner Kreis von Großkapitalisten, Bankiers, Kaufleuten und Fabrikanten, d. h. ein kleiner Kreis von sehr reichen Leuten, deren Interessen mit den Interessen des deutschen Volks gar nichts zu tun haben, die bei dieser Kolonialpolitik nichts als ihr eigenes persönliches Interesse im Auge haben, die … nur den Zweck hatten, aufgrund größerer Mittel gegenüber einer schwächeren Bevölkerung sich auf alle mögliche Weise zu bereichern. Einer solchen Kolonialpolitik werden wir nie unsere Zustimmung geben. Im Grunde genommen ist das Wesen aller Kolonialpolitik die Ausbeutung einer fremden Bevölkerung in der höchsten Potenz[1]. Wo immer wir die Geschichte der Kolonialpolitik in den letzten drei Jahrhunderten aufschlagen, überall begegnen wir Gewalttätigkeiten und der Unterdrückung der betreffenden Völkerschaften, die nicht selten schließlich mit deren vollständiger Ausrottung endet. Und das treibende Motiv ist immer, Gold, Gold und wieder nur Gold zu erwerben. Und um die Ausbeutung der afrikanischen Bevölkerung im vollen Umfange und möglichst ungestört betreiben zu können, sollen aus den Taschen des Reichs, aus den Taschen der Steuerzahler Millionen verwendet werden, soll die Ostafrikanische Gesellschaft mit den Mitteln des Reichs unterstützt werden, damit ihr das Ausbeutegeschäft gesichert wird. Dass wir von unserm Standpunkt aus als Gegner jeder Unterdrückung nicht die Hand dazu bieten, werden Sie begreifen.

Stenographische Berichte über die Verhandlungen des Reichstags. VII. Leg. Per. IV. Sess. 1888/89, Erster Band, Druck und Verlag der Norddeutschen Buchdruckerei und Verlags-Anstalt Berlin, 1889, S. 628.

[1] Leistungsfähigkeit

M2

Europäische Kolonien und antikoloniale Aufstände in Afrika vor 1914

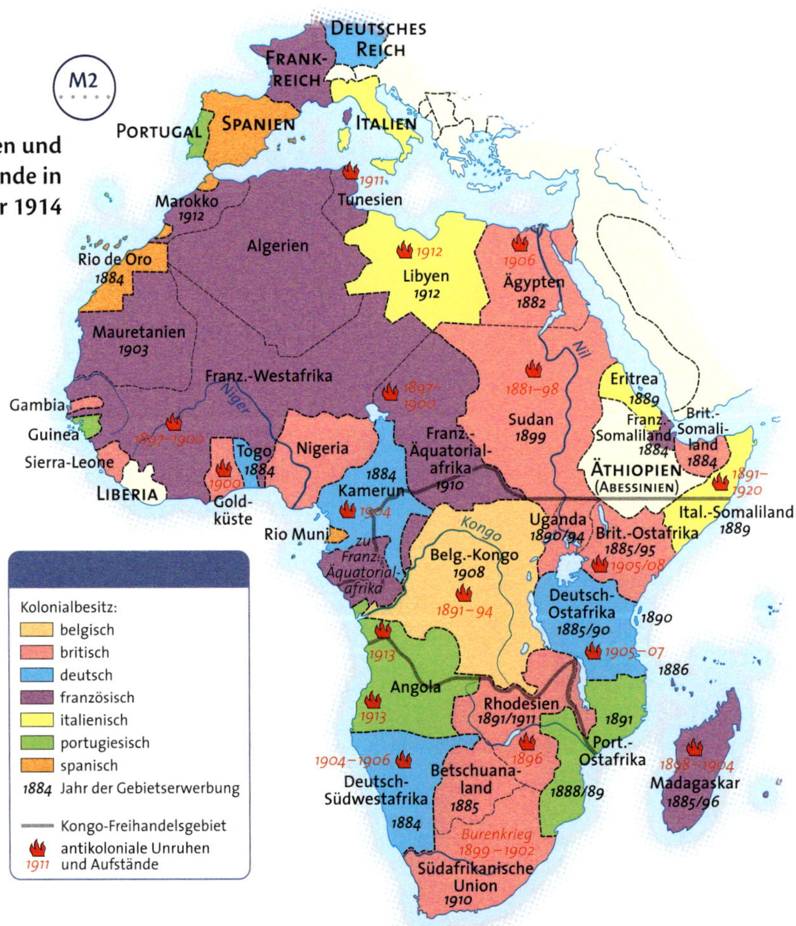

M3

Eine ökonomische Theorie

Der englische Ökonom und Publizist John A. Hobson (1858–1940) formulierte seine Thesen 1902:

Der neue Imperialismus ist für die Nation ein schlechtes Geschäft; er ist aber ein gutes Geschäft für bestimmte Klassen und Gewerbe innerhalb der Nation. Die riesigen Rüstungsausgaben, die kostspieligen Kriege, die schweren Risiken und Störungen für unsere Außenpolitik, die Behinderung sozialer Reformen in Großbritannien selbst sind von großem Schaden für die Gesamtheit ... Die ökonomische Sachlage bildet die Hauptwurzel des Imperialismus. Doch wenn das konsumierende Publikum in unserem Lande seinen Konsumtionsstandard derartig steigern würde, dass er mit jeder Steigerung der Produktivkräfte Schritt hielte, dann könnte es gar keinen Überschuss an Waren, könnte es gar kein Kapital geben, das laut nach dem Imperialismus ruft, damit er ihm Absatzgebiete verschaffe ... Imperialismus ist das Bestreben der großen Industriekapitäne, ... für Waren und Kapitalien, die sie zu Hause nicht absetzen oder anlegen können, Märkte und Anlagemöglichkeiten im Ausland [zu] suchen.

John A. Hobson, Imperialism; dt.: Der Imperialismus, hg. v. Hans-Christian Schröder, Köln/Berlin, 1968, S. 67 ff.

M4

Eine politische Theorie

Der Historiker Wolfgang J. Mommsen (1930–2004) schrieb 1969:

Schon in den diplomatischen Krisensituationen der Achtzigerjahre [des 19. Jh.] trat die explosive Kraft dieses Nationalismus deutlich zutage. Entscheidend für die geschichtliche Entwicklung Europas aber wurde es, dass sich dieser Nationalismus binnen weniger Jahre zum Imperialismus steigerte. Nationale Geltung nur im Rahmen des europäischen Staatensystems war den Völkern nun nicht mehr genug; man wollte auch in Übersee eine Macht werden ... Die politische und wirtschaftliche Durchdringung der noch unentwickelten Gebiete des Erdballs galt als die große nationale Aufgabe des Zeitalters.

Wolfgang J. Mommsen, Das Zeitalter des Imperialismus, Frankfurt a. M., 1969, S. 15 ff.

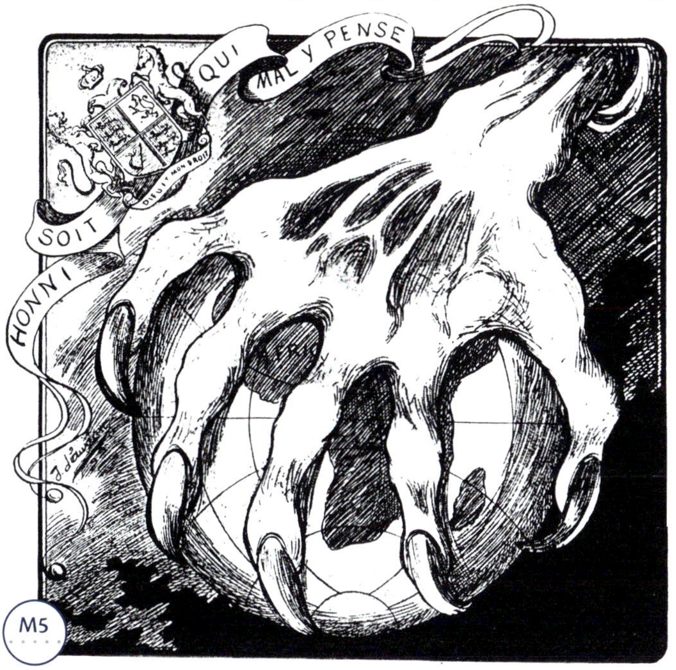

M5

Französische Karikatur von Laurian, 1899. Auf dem Spruchband die französische Inschrift des englischen Hosenbandordens: „Ein Schuft, wer Böses dabei denkt."

M6

Eine pluralistische[1] Theorie

Der englische Historiker James Joll (1918–1994) vertrat 1973 die folgende Auffassung:

Keine einzige der bekannten Imperialismustheorien vermag alle Fälle imperialistischer Expansion erklären, und allein mit wirtschaftlichen Faktoren lässt sich kein Beispiel ausreichend verständlich machen ... In der imperialistischen Expansion lassen sich neben den ökonomischen Motiven eine ganze Reihe anderer Motive nachweisen. Der Drang nach wissenschaftlichen Entdeckungen und der Erforschung unbekannter Länder trug zur Erschließung Afrikas bei. Der Wunsch christlicher Missionare, die Heiden zu bekehren, führte zur Errichtung von Stützpunkten ... Alle diese Motive vermischen sich miteinander und auch mit weniger ehrenwerten Motiven ... Handel, missionarische Tätigkeit und wissenschaftliche Erforschung waren untrennbar miteinander verquickt.

Zit. nach Peter Alter, Der Imperialismus, Stuttgart (Klett) 1989, S. 102 f.

[1] (lat. plures = mehrere), vielfältig

1 Erkläre, welche Prinzipien der Kritik Bebels (M1) zugrunde liegen.

2 a) Nenne Merkmale der drei Imperialismustheorien (M3, M4, M6).

b) Diskutiert: Welche der Theorien ist am überzeugendsten?

Imperialismus multiperspektivisch gesehen

Ein Rollenspiel organisieren

Das Rollenspiel stellt eine Möglichkeit dar, eine Situation oder Positionen von Menschen oder Gruppen spielerisch zu verdeutlichen. In Bezug auf die Geschichte kann z. B. eine vergangene Begebenheit oder eine Situation durch ein erfundenes Nachspielen veranschaulicht werden. Andererseits kann durch eine lebendige Darstellung eine wesentlich größere Aufmerksamkeit erreicht werden als durch „tote" Quellen. Das Rollenspiel bleibt jedoch immer nur der Versuch einer Annäherung an die Wirklichkeit.
Im Gegensatz zum Stegreifspiel, in dem die Spieler spontan Dinge erfinden, muss ein Rollenspiel gut vorbereitet werden, damit man der Wirklichkeit möglichst nahekommt. An folgenden Hinweisen könnt ihr euch orientieren:

1. Um welches Thema geht es?
- Welche Sachzusammenhänge sollen verdeutlicht werden?
- Welche Einzelinformationen wollt ihr vermitteln?
- Welche Materialien sollen die Grundlage sein: historische Quellen oder eigene Formulierungen? Wer besorgt sie? Wer wählt sie aus?

2. Wie soll das Spielkonzept aussehen?
- Wer tritt in Erscheinung? Welche Texte werden den einzelnen Darstellern zugeteilt? (Rollenkarten: s. unten)
- In welchem Rahmen soll das Spiel ablaufen?
- Welche dramaturgischen Möglichkeiten bieten sich an, um das Spiel interessant zu machen?

3. Probenarbeit und Aufführung
- Wer ist für welche Rolle geeignet? Welche Voraussetzungen müssen erfüllt werden, um eine Rolle zu übernehmen?
- Welche Belastungen kommen durch die Vorbereitung auf euch zu?
- Unter welchen Umständen werdet ihr vorspielen? Welche Vorbereitungen müssen getroffen werden?

Ein Rollenspiel zum Thema „Imperialismus" organisieren

Orientiert euch bei der Vorbereitung und Durchführung an den oben formulierten Hinweisen. Was die inhaltliche Ausgestaltung betrifft, könnt ihr durch die Herausstellung klarer Positionen gute Voraussetzungen für ein interessantes Spiel schaffen. Sinnvoll ist die Anfertigung von Rollenkarten wie rechts als Beispiele abgebildet.
Denkbar wäre eine Konferenz, auf der Vertreter der imperialen Mächte auftreten, dazu Kritiker und Theoretiker des Imperialismus.
Alle Materialien dieses Kapitels könnt ihr als Fundgrube für euer Spiel nutzen. Lasst euch z. B. von den Karikaturen auf der Auftaktdoppelseite inspirieren.

Rollenkarte 1

Wilhelm II.
Er will das Deutsche Reich zu einer Weltmacht machen, weil auch die Deutschen das Recht auf einen „Platz an der Sonne" hätten und damit die Pflicht, imperialistische Politik zu betreiben. Deshalb will er den Flottenbau verstärken und öffentlichkeitswirksam „vermarkten".
Weitere Informationen: siehe S. 175 f.

Rollenkarte 2

August Bebel
Der Führer der Sozialdemokraten ist gegen eine imperialistische Politik, da sie lediglich der Bereicherung der Großkapitalisten, Bankiers und Fabrikanten diene. Er will diese Ausbeutung der afrikanischen Völker nicht unterstützen.
Weitere Informationen: siehe S. 178.

Europa – noch im Gleichgewicht?

Militärische Aufrüstung und politische Krise

Die Machtkämpfe der imperialistischen Staaten um Gebiete in Afrika und Asien belasteten das politische Klima in Europa. Die Finanzhaushalte der Staaten litten erheblich unter dem Wettrüsten. Vor allem zwischen dem Deutschen Reich und Großbritannien entwickelte sich ein verbitterter Rüstungswettlauf um die Vorherrschaft auf den Weltmeeren. 1913 hatte die deutsche Kriegsmarine fast das angestrebte Verhältnis von zwei Schiffen seiner Flotte zu drei der britischen erreicht.

Großbritannien empfand den Aufbau der deutschen Seestreitmacht als direkte Bedrohung und Beweis für den Versuch, die britische Überlegenheit zur See infrage zu stellen. Tiefes Misstrauen gegenüber der deutschen Politik war die Folge. Auch die Stärke der Landstreitkräfte wurde von einem Land nach dem anderen hochgeschraubt. Rüstungsprogramme und -ausgaben stießen in den Parlamenten kaum auf nennenswerten Widerstand. Allerdings gab es kritische Zeitgenossen, die den Rüstungswettlauf als gefährlich und sinnlos anklagten. Als 1889 das Buch „Die Waffen nieder!" der Österreicherin Bertha von Suttner erschien, verbreitete sich der Titel weltweit wie ein Lauffeuer. Dass das Wettrüsten den Frieden gefährden könnte, fühlten offenbar viele Menschen. Die Mehrheit der Politiker blieb jedoch dem durch Nationalismus und Imperialismus bestimmten Denken verhaftet.

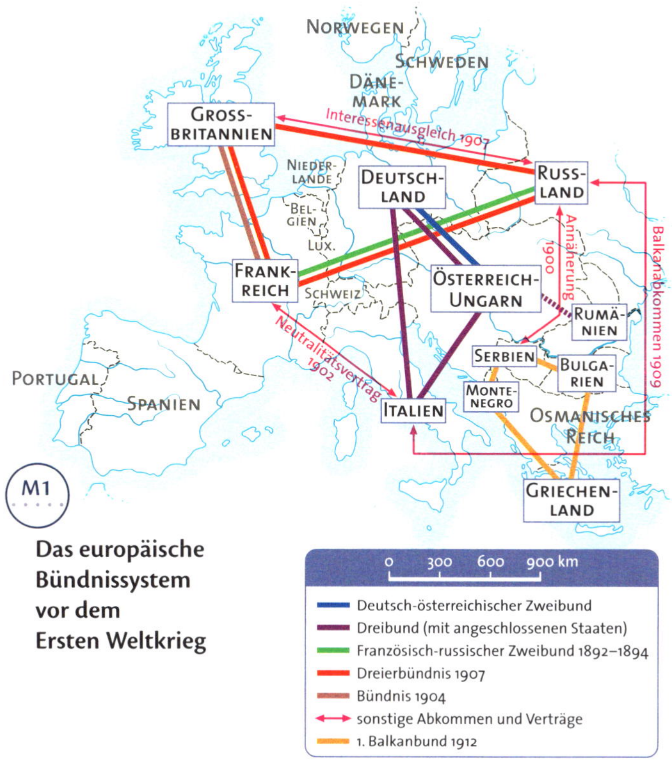

M1 **Das europäische Bündnissystem vor dem Ersten Weltkrieg**

1 Erarbeite anhand von M1 die Bündnisstruktur vor dem Ersten Weltkrieg. Lege eine Liste an und stelle einen Zusammenhang zu M2 her.

2 Prüfe, welche Informationen der Darstellungstext zusätzlich zu M1 und M2 enthält.

M2 **„Deutschland im europäischen Gleichgewicht".** Die Postkarte von 1914 zeigt Personen, die jeweils ein Land vertreten: auf der linken Waagschale Österreich und Deutschland, auf der rechten Frankreich, England, Russland und Belgien, Japan und China (hängend), auf dem Balken Serbien, in der Mitte Türkei, USA und Italien.

Der Weg in den Weltkrieg

Der Balkan als „Pulverfass“

Das von Nationalismus und Imperialismus bestimmte Denken in Europa führte auf dem Balkan zu großen Problemen. Zum einen, weil in dieser Region eine einzigartige Vielzahl von Völkern und Sprachen anzutreffen war. Zum anderen, weil drei Großmächte vorherrschten, die als „Schutzpatrone“ kleinerer Völker hier ihre Herrschaftsinteressen verfolgten: Österreich-Ungarn, Russland und das Osmanische Reich. Österreich und Russland wiederum waren in verschiedene Bündnissysteme eingebunden.

Mit der nationalen Bewegung Serbiens, die seit dem 19. Jahrhundert unter dem Schlagwort „Großserbien“ auftrat, spitzte sich die Lage zu. Denn die Nationalbewegung richtete sich auf der einen Seite gegen Österreich-Ungarn und das Osmanische Reich und wurde auf der anderen Seite von Russland unterstützt. Zwei Balkankriege, 1912/13 und 1913, zeigten deutlich die Gefahren.

Der Anlass des Ersten Weltkriegs

Als am 28. Juni 1914 das österreichische Thronfolgerpaar, Erzherzog Ferdinand und seine Frau, Sarajewo besuchten – die Hauptstadt des 1908 von Österreich gewaltsam angeeigneten Bosnien-Herzegowinas – wurden sie bei einem Anschlag ermordet. Österreich verdächtigte sofort serbische Nationalisten. Der deutsche Kaiser Wilhelm II. schrieb an den Rand des ersten offiziellen Berichts aus Wien vom 30. Juni 1914: „Mit den Serben muss aufgeräumt werden, und zwar bald.“ Deutschland sicherte Österreich-Ungarn bedingungslose Unterstützung zu, Russland stellte sich hinter Serbien und Frankreich stand zu seinem Bündnis mit Russland. Zwar erfüllte Serbien weitgehend die Forderungen Österreichs, sodass in Europa viele überzeugt waren, dass der Kriegsgrund damit entfallen sei. Doch Österreich hielt an seiner kriegerischen Absicht fest und erklärte Serbien am 28. Juli 1914 den Krieg. Als Russland seine Truppen mobil machte, griffen die Bündnisverpflichtungen und es gab kein Halten mehr: Am 1. August erklärte Deutschland Russland den Krieg, am 3. August Frankreich. Großbritannien folgte am 4. August mit Kriegserklärungen an Deutschland und Österreich. Aus der „Balkankrise“ wurde ein „europäischer Krieg“.

M1

Attentat auf den österreichischen Erzherzog Franz Ferdinand, Lithographie vom Juni 1914, Collage mit Zeitungsschlagzeilen. Täter waren serbische Nationalisten; die serbische Regierung wusste von den Plänen.

M2

Die Haltung Deutschlands

Graf von Szögyényi, 1892 bis 1914 österreichisch-ungarischer Gesandter in Berlin, telegraphierte am 5. Juli 1914 an seinen Außenminister über eine Unterredung mit Wilhelm II.:

Als ich nochmals den Ernst der Situation mit großem Nachdruck betonte, ermächtigte mich Seine Majestät, unserem Allergnädigsten Herrn zu melden, dass wir … auf die volle Unterstützung Deutschlands rechnen können … Russlands Haltung werde jedenfalls feindselig sein, doch sei er hierauf schon seit Jahren vorbereitet, und sollte es sogar zu einem Krieg zwischen Österreich-Ungarn und Russland kommen, so könnten wir davon überzeugt sein, dass Deutschland in gewohnter Bündnistreue an unserer Seite stehen werde. Russland sei übrigens … noch keineswegs kriegsbereit und werde sich noch sehr überlegen, an die Waffen zu appellieren. Doch werde es bei den anderen Mächten der Tripelentente[1] gegen uns hetzen … Er begreife sehr gut, dass es Seiner Majestät bei seiner bekannten Friedensliebe schwerfallen würde, in Serbien einzumarschieren; wenn wir aber die Notwendigkeit einer kriegerischen Aktion gegen Serbien erkannt hätten, so würde er es bedauern, wenn wir den jetzigen, für uns so günstigen Moment unbenützt ließen.

Zit. nach Asmut Brückmann, Die europäische Expansion, Stuttgart (Klett) 1993, S. 143.

[1] Großbritannien, Frankreich, Russland

M3

Mächtegruppen im Ersten Weltkrieg

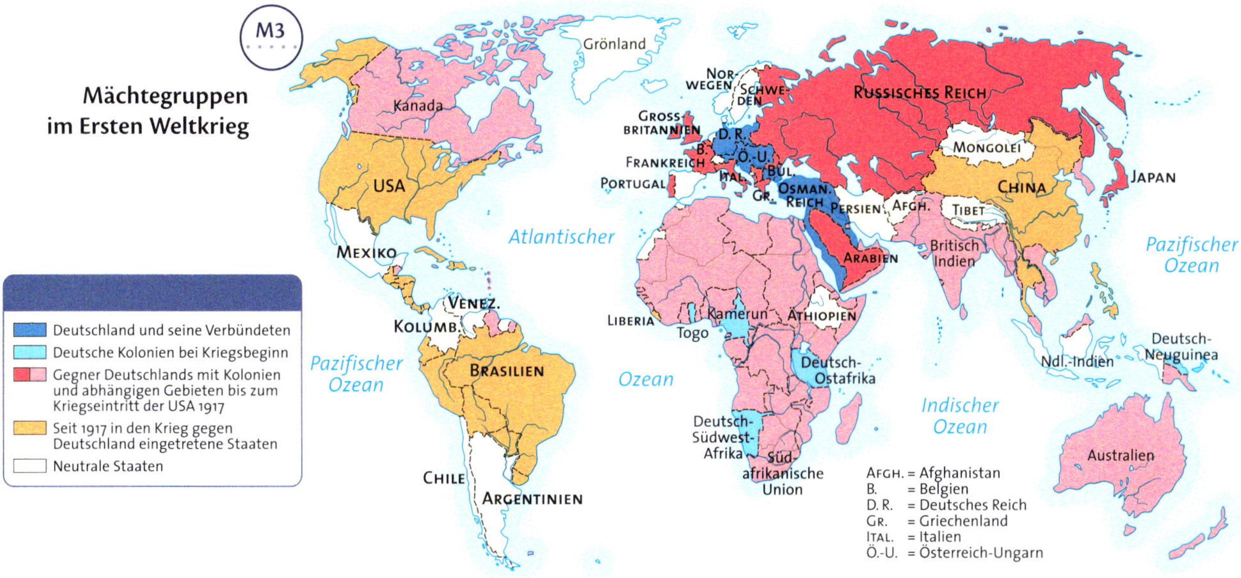

M4

Die Haltung Großbritanniens

Der britische Staatssekretär im Außenministerium, E. A. Crowe, schrieb im Juli 1914:

Worauf es ankommt, ist, ob Deutschland zu diesem Krieg jetzt absolut entschlossen ist oder nicht ... Wenn Seiner Majestät Regierung in dem Augenblick, wo entweder Österreich oder Russland zu mobilisieren beginnen, Befehl erteilt, unsere ganze Flotte unverzüglich auf Kriegsfuß zu setzen, so mag dies ... Deutschland die Augen über den Ernst der Gefahr öffnen, der es ausgesetzt wäre, wenn England am Kriege teilnähme ... Sollte der Krieg ausbrechen und England unbeteiligt bleiben, dann muss sich Folgendes ergeben:
a.) Entweder siegen Deutschland und Österreich, sie erdrücken Frankreich und demütigen Russland.
b.) Oder Frankreich und Russland siegen. Wie werden sie sich dann gegen England verhalten? ... In diesem Kampf, der nicht um den Besitz Serbiens geht, sondern bei dem es sich um das Ziel Deutschlands, seine politische Vorherrschaft in Europa zu errichten, und um den Wunsch der Mächte handelt, ihre individuelle Freiheit zu erhalten – in diesem Kampf sind unsere Interessen mit denen Frankreichs und Russlands verknüpft. Wenn wir dazu beitragen können, den Konflikt zu verhüten, ... dann wäre es falsch, diesen Versuch nicht zu machen.

Zit. nach Asmut Brückmann, Die europäische Expansion, Stuttgart (Klett) 1993, S. 147.

Begriffe und Daten

Kriegsziele (September 1914)

Deutschland

- Sicherung des Reiches nach Ost und West
- Schwächung Frankreichs durch Gebietsabtretungen
- Belgien wird „Vasallenstaat“ (d. h.: abhängig); militärische Nutzung von Hafenplätzen

Frankreich und Verbündete

- Herrschaft Deutschlands brechen
- territoriale Veränderungen nach Nationalitäten
- Gebietsabtretungen Polens an Russland, Entschädigung Polens mit deutschen Gebieten
- Elsass-Lothringen und eventuell weitere Teile des Reiches an Frankreich, Gebietszuwachs für Belgien
- Kriegsentschädigung von Deutschland und Österreich

1 Erarbeitet in Partnerarbeit anhand der Informationen auf dieser Doppelseite:
a) Ursachen, Anlass und Folgen des Attentats von Sarajewo,
b) die deutsche und die britische Position zur Krise,
c) die Mächtegruppen und deren Kriegsziele am Beispiel Deutschlands und Großbritanniens.

Der Krieg des Industriezeitalters

Die Front – Materialschlachten prägen den Krieg

„Ein merkwürdiger Krieg: ... Flieger, Autos spielen eine ungeahnte Rolle, wie überhaupt die Technik, Brücken und Tunnels, deren Bau sonst Jahre gedauert hat, werden in vierzehn Tagen hergestellt."

Diese Beobachtungen schrieb Großadmiral von Tirpitz am 11. Oktober 1914 in sein Tagebuch. Der Krieg, der erst gut zwei Monate gedauert hatte, war offenbar ein ganz neuer, so nicht erwarteter Krieg. Im 19. Jahrhundert hatten nur selten Heere von mehr als 500 000 Mann gegeneinander gekämpft, nun waren es mehrere Millionen. Mit modernen Waffen (Maschinengewehren, Hand- und Giftgasgranaten, Flammenwerfern, Minen, Panzern und Flugzeugen) setzte eine beispiellose Materialschlacht ein. Die Industrie machte sie mit ihrer nahezu ununterbrochenen Waffenproduktion möglich.

Die „Hölle von Verdun" wurde zum Inbegriff dieses Materialkrieges. Bei der französischen Festung Verdun sollte nach den Plänen der deutschen Obersten Heeresleitung die Hauptmacht des französischen Heeres vernichtet werden. Die Schlacht wurde mit gewaltigen Opfern bezahlt: 240 000 Deutsche und 275 000 Franzosen sind vom Februar bis Juni 1916 hier gefallen, wurden verwundet oder blieben vermisst. Der Krieg wurde dabei nicht entschieden.

Die „Heimatfront" – Der Krieg bestimmt den Alltag

Der anhaltende Stellungskrieg führte zu Versorgungsproblemen: Zum einen musste der Nachschub für die Truppen an den Fronten bewerkstelligt werden, zum anderen wurde durch die „Hungerblockade" (Blockade der Nordsee durch Großbritannien) die Situation der Zivilbevölkerung im Reich verschärft. Seit 1915 schränkte die Regierung zunehmend den freien Lebensmittelverkauf ein und regelte vor allem die Brot- und Getreideversorgung über Lebensmittelkarten. Da die Mengenzuweisungen nicht ausreichten, versuchten sich die Menschen selbst zu versorgen: So legten sich viele Städter Kleingärten oder „Fensterplantagen" zu, hielten (zum Teil in Wohnungen!) Hühner, Kaninchen oder Schweine. Auch die Versorgung der Truppen mit Waffen bereitete zunehmend Schwierigkeiten, da in den Rüstungsbetrieben Arbeitskräfte fehlten. Um dieses Problem zu lösen, wurden immer mehr Arbeiterinnen eingesetzt. Viele Frauen waren auf solche Verdienstmöglichkeiten angewiesen. Sie mussten, da ihre Männer an der Front kämpften, ihre Familien allein ernähren. Im „Kohlrübenwinter" 1916/17 verhungerten in Deutschland Hunderttausende. 1917 betrug die Getreideernte nur noch 50 Prozent der Vorkriegsjahre. Trotzdem hielten die kriegführenden Staaten an ihren Zielen fest.

M1

Frauen müssen ihren Lebensunterhalt verdienen, Postkarte, 1917

M2

Die Realität des Krieges

In dem Roman „Im Westen nichts Neues" schilderte der Schriftsteller und Kriegsfreiwillige Erich Maria Remarque 1929 die Situation in den Schützengräben:

Unsere Gesichter sind verkrustet, unser Denken ist verwüstet, wir sind todmüde: Wenn der Angriff kommt, müssen manche mit den Fäusten geschlagen werden, damit sie erwachen und mitgehen: Die Augen sind entzündet, die Hände zerrissen, die Knie bluten, die Ellbogen sind zerschlagen. Vergehen Wochen – Monate – Jahre? Es sind nur Tage …

Haie Westhus wird mit abgerissenem Rücken fortgeschleppt; bei jedem Atemzug pulst die Lunge durch die Wunde. Ich kann ihm noch die Hand drücken: „Is alle, Paul", stöhnt er und beißt sich vor Schmerz in die Arme. Wir sehen Menschen leben, denen der Schädel fehlt; wir sehen Soldaten laufen, denen beide Füße weggefetzt sind; sie stolpern auf den splitternden Stümpfen bis zum nächsten Loch.

Erich Maria Remarque, Im Westen nichts Neues, Berlin (Ullstein) 1972, S. 98 ff.

M3

In Gedenken an den 4. August 1914

1917 fand im Reichstag eine Gedenkveranstaltung statt, bei der Reichskanzler Georg Michaelis eine Rede hielt:

Wir stehen unter dem Eindruck der Größe des Tages, an dem vor drei Jahren das Volk aufstand, um in begeisterter Einmütigkeit den Riesenkampf aufzunehmen, der uns aufgezwungen worden war. Der 4. August wird in der Geschichte des deutschen Volkes zu allen Zeiten sein der Tag höchster vaterländischer, todesmutiger und siegesgewisser, entschlussfreudiger Bereitwilligkeit gegenüber der größten Gefahr, die je auf ein Volk hereinbrach … Heute kommt es darauf an, die Leuchtfeuer hell auflodern zu lassen, ein Ziel, ein Wille, ein Vaterland! Und dieses Vaterland ist größer und wichtiger als unser Einzelleben! Je größer die Opfer, desto herrlicher der Lohn. Wir geloben dem Kaiser und dem Reiche die Treue und was uns das Herz frei macht, das rufen wir aus: Vaterland, Kaiser und Reich hurra, hurra, hurra!

Zit. nach Jeffrey Verhey, Der „Geist von 1914", Hamburg (Hamburger Edition HIS) 2000, S. 287. Übers. v. J. Bauer / E. Nerke.

M4

Kriegsverletzte des Ersten Weltkriegs, Foto, um 1918. Zur erschütternden Bilanz des Krieges gehören Millionen von Verwundeten und Kriegskrüppeln, deren Verletzungen meist durch Granatsplitter verursacht wurden.

Lesetipp

Erich-Maria Remarque, Im Westen nichts Neues, Berlin (KiWi), 1998. Der Autor erzählt aus der Perspektive eines Soldaten, der von der Schule direkt auf das Schlachtfeld geschickt wird.

1 Vergleicht in Partnerarbeit den Alltag an der Front mit dem der „Heimatfront", indem ihr arbeitsteilig
a) anhand des Darstellungstextes links und M4 einen Brief eines Soldaten an seine Familie schreibt und
b) anhand des Darstellungstextes rechts und M1 einen Brief einer Ehefrau an ihren Mann an der Front schreibt.

2 Untersuche, wie Remarque (M2) seine Kriegserlebnisse literarisch umsetzte, und stelle einen Bezug zu M4 her.

3 Setze dich unter dem Aspekt des „Kriegsalltags" kritisch mit den Behauptungen des Redners von M3 auseinander.

4 Beurteile: Erster Weltkrieg – „Schrittmacher" der Frauenemanzipation?

Das Ende des Ersten Weltkriegs

Kriegseintritt der USA

Die Vereinigten Staaten von Amerika hatten sich bei Kriegsbeginn für militärisch neutral erklärt, lieferten jedoch kriegswichtige Güter an die Alliierten Großbritannien und Frankreich. Um den amerikanischen Nachschub zu unterbinden, setzte die deutsche Militärführung eine neuartige Waffe ein: U-Boote. Nach scharfem Protest der USA wurden die U-Bootangriffe 1916 aber beendet. Nach der Stagnation im Landkrieg und dem Fehlschlag in der Skagerrak-Schlacht wurde am 1. Februar 1917 – durch Entscheidung der Obersten Heeresleitung (OHL) – der „uneingeschränkte" U-Bootkrieg wieder aufgenommen. Die USA brachen daraufhin am 3. Februar ihre diplomatischen Beziehungen zum Reich ab und erklärten am 6. April Deutschland den Krieg. Als Motive für das Verhalten der US-Regierung werden in der Geschichtsforschung gesehen:

- die Verletzung des Völkerrechts und der militärischen Neutralität der USA durch Deutschland,
- die Gefahr einer deutschen Hegemonie in Europa,
- die Vermeidung einer Niederlage der Alliierten, um die Kriegskredite später wiederzubekommen, und
- die Durchsetzung der amerikanischen Grundüberzeugung, für Freiheit und Demokratie zu kämpfen.

M1 **Allegorie* auf den gemeinsamen Kampf der Alliierten gegen Deutschland,** Zeichnung, 1917

Alliierte Überlegenheit und Waffenstillstand

Der Eintritt der USA in den Krieg und von den Briten eingesetzte Panzer („Tanks") verschoben die Gewichte eindeutig zugunsten der Alliierten. Die neue weltpolitische Rolle der USA zeigte sich, als der amerikanische Präsident Wilson im Januar 1918 ein 14-Punkte-Programm verkündete, das künftig den Weltfrieden sichern sollte. Gefordert wurden u. a.: Demokratie, Achtung des Selbstbestimmungsrechtes der Völker und ein Völkerbund, der zugleich Schlichter in Konflikten zwischen den Nationen sein sollte.

Angesichts des bevorstehenden militärischen Zusammenbruchs forderte die OHL am 29. September 1918 sofortige Waffenstillstandsverhandlungen. Die deutsche Regierung setzte große Hoffnungen in die Initiative Wilsons, der einen gegenseitigen Verzicht auf Gebietsabtretungen und Kriegskostenentschädigungen vorgeschlagen hatte. Wilson wollte damit künftig gewaltsame, durch Rache motivierte Auseinandersetzungen verhindern.

Misserfolge an der Front und Forderungen des US-Präsidenten führten im Oktober 1918 im Deutschen Reich zur Änderung der Verfassung. Auch die OHL sprach sich für eine Regierung aus, die nicht dem Kaiser, sondern dem Parlament verantwortlich sein sollte. Der Regierung gehörten der neue Reichskanzler Max von Baden und Vertreter mehrerer Parteien an. Als die Vertreter der deutschen Übergangsregierung in Nordfrankreich am 11. November 1918 das Waffenstillstandsabkommen unterschrieben, wurden die harten Bedingungen der Alliierten bereits erkennbar: sofortige Räumung der besetzten Gebiete, Abgabe des größten Teils der Kriegswaffen und der gesamten Hochseeflotte. Dass man den Waffenstillstand als Atempause nutzen könnte, um die Kämpfe wieder aufzunehmen, erwies sich schnell als Illusion. Enttäuschung und Selbstzweifel bestimmten das Klima in Deutschland. Im Herbst 1918 war klar: Deutschland und seine Verbündeten hatten den Krieg verloren. Das Kaiserreich war am Ende.

M2

Die Beweggründe der USA

Aus der Rede des US-Präsidenten Wilson vor dem Kongress am 2. April 1917:

Der gegenwärtige deutsche Unterseebootkrieg gegen den Handelsverkehr ist ein Krieg gegen die Menschheit. Er ist ein Krieg gegen alle Nationen … Unser Beweggrund soll nicht Rachsucht … sein, sondern allein die Vertretung des Menschenrechtes, für das wir nur ein einzelner Streiter sind … Unser Ziel ist, die Grundsätze des Friedens und der Gerechtigkeit im Leben der Welt gegen selbstsüchtige und autokratische Macht zu verteidigen … Wir haben keinen Streit mit dem deutschen Volke. Wir haben gegen dieses nur ein Gefühl der Sympathie und der Freundschaft. Seine Regierung hat nicht auf sein Betreiben gehandelt, als sie in den Krieg eintrat … [Wir werden kämpfen] … für Demokratie, für das Recht derer, die einer Obrigkeit untertan sind, … für die Rechte und Freiheiten der kleinen Nationen.

Zit. nach Geschichte in Quellen, Bd. 6, bearb. v. Günter Schönbrunn, München (bsv) 1961, S. 57 f.

M3

Die so genannte Friedensresolution

Am 19. Juli 1917 verabschiedete der Reichstag mit 212 gegen 126 Stimmen bei 17 Enthaltungen die so genannte Friedensresolution. Dafür stimmten Zentrum, Mehrheitssozialdemokratie, Fortschrittliche Volkspartei, dagegen waren Konservative, Nationalliberale, Unabhängige Sozialdemokratie.

Wie am 4. August 1914 gilt für das deutsche Volk auch an der Schwelle des vierten Kriegsjahres das Wort der Thronrede: „Uns treibt nicht Eroberungssucht." Zur Verteidigung seiner Freiheit und Selbstständigkeit, für die Unversehrtheit seines territorialen Besitzstandes hat Deutschland die Waffen ergriffen. Der Reichstag erstrebt einen Frieden der Verständigung und der dauernden Versöhnung der Völker. Mit einem solchen Frieden sind erzwungene Gebietserwerbungen und politische, wirtschaftliche oder finanzielle Vergewaltigungen unvereinbar … Der Reichstag wird die Schaffung internationaler Rechtsorganisationen tatkräftig fördern … Solange jedoch die feindlichen Regierungen auf einen solchen Frieden nicht eingehen, solange sie Deutschland und seine Verbündeten mit Eroberung und Vergewaltigung bedrohen, wird das deutsche Volk wie ein Mann zusammenstehen.

Zit. nach Geschichte in Quellen, Bd. 5, bearb. v. Günter Schönbrunn, München (bsv) 1961, S. 93 f.

M4

Der Moloch spuckt Kriegsmaterial aus,
Karikatur aus dem „Simplicissimus", 1917

Begriffe und Daten

Erster Weltkrieg 1914 bis 1918

Der Erste Weltkrieg unterschied sich grundlegend von bisherigen Kriegen durch: die Zahl seiner Opfer (etwa 10 Millionen Tote, 20 Millionen Verwundete und Invaliden), das Ausmaß der Zerstörung, die militärisch-territoriale Ausdehnung, den Einsatz von Millionenheeren und einer gewaltigen Militärmaschinerie mit Luft- und Panzerwaffen. Unmittelbarer Kriegsanlass war das Attentat von Sarajewo. Ursachen des Krieges liegen in machtpolitischen Gegensätzen und Interessenkonflikten im europäischen Staatensystem und Rivalitäten, die sich aus der imperialistischen Politik jener Zeit ergaben.

1 Erarbeite die Bildaussage von M1.
2 Skizziere anhand des Darstellungstextes stichwortartig den Eintritt der USA in den Krieg.
3 Nimm zu den Motiven der USA für den Kriegseintritt Stellung. Ziehe M2 und M4 mit heran.
4 Bewerte die Aussage von M4. Berücksichtige deine bisherigen Ergebnisse zur Rolle der USA in der Zeit des Imperialismus (siehe S. 174).
5 Untersuche M3 und beurteile die Ziele und die Argumentation der Resolution.

Kriegerdenkmäler erkunden

An Opfer erinnern

Ausdruck des ungeheuren Schocks, den der Erste Weltkrieg für alle Beteiligten bedeutete, ist die große Zahl der Totendenkmäler, die in allen Ländern nach Kriegsende errichtet wurden. Allein in Frankreich entstanden 30 000 Kriegsdenkmäler.

Neben großen Gedenkstätten wie z. B. in Verdun sind es vor allem kleinere dörfliche Erinnerungsstätten, die zumeist auf Initiative der Gemeindevertretungen errichtet wurden. Auch in Deutschland gibt es zahlreiche Kriegerdenkmäler aus der Zeit, die bis heute an die Opfer erinnern, die aber damals auch die Betrachter auffordern sollten, dem Beispiel der „Helden für das Vaterland" zu folgen.

1 Finde heraus, ob es in deiner Heimatstadt oder in der Nähe ein Kriegerdenkmal gibt und untersuche es mithilfe der Arbeitsschritte. Präsentiere deine Ergebnisse in der Klasse.

M1 **Langemarck-Denkmal in Rheine,** Schülerinnen vor dem Kriegsdenkmal, das zu Ehren der Gefallenen in der Schlacht bei Langemarck (Belgien) im Ersten Weltkrieg errichtet wurde, Foto, 1998

Arbeitsschritte

1. Schritt: Die Bedeutung klären und Einzelheiten beschreiben

- Stellt fest, warum das Denkmal errichtet wurde: zur Mahnung, als Aufforderung zur Nachahmung, zur Verherrlichung der „Kriegshelden"?
- Schreibt dazu die Inschriften auf dem Denkmal ab oder fotografiert sie. Beachtet, aus welchem Material das Denkmal ist und welche Symbole verwendet wurden (Adler, Stahlhelme, Waffen, Ölzweig, Taube etc.).
- Beachtet ferner, wie die Figuren dargestellt wurden: sterbend, in aufrechter Haltung usw.
- Klärt, ob das Denkmal nach seiner Aufstellung verändert wurde (Restaurierung, Umsetzung, Verunstaltung usw.).
- In welchem Zustand befindet sich das Denkmal? Wird die unmittelbare Umgebung gepflegt oder bepflanzt? Wenn ja, durch wen?

2. Schritt: Details festhalten

Häufig findet sich auf diesen Denkmälern auch ein Verzeichnis aller Gefallenen dieses Ortes. Dann könnt ihr zusätzlich noch folgende Fragen beantworten:

- Wie viele Männer dieses Ortes starben als Soldaten im Krieg?
- Wie alt war der Jüngste, wie alt der Älteste?
- Wenn auf dem Denkmal angegeben ist, wo die Soldaten gefallen sind, fertigt eine Karte an und tragt die Orte ein.

Von der Vorherrschaft Europas zum Ersten Weltkrieg

M1

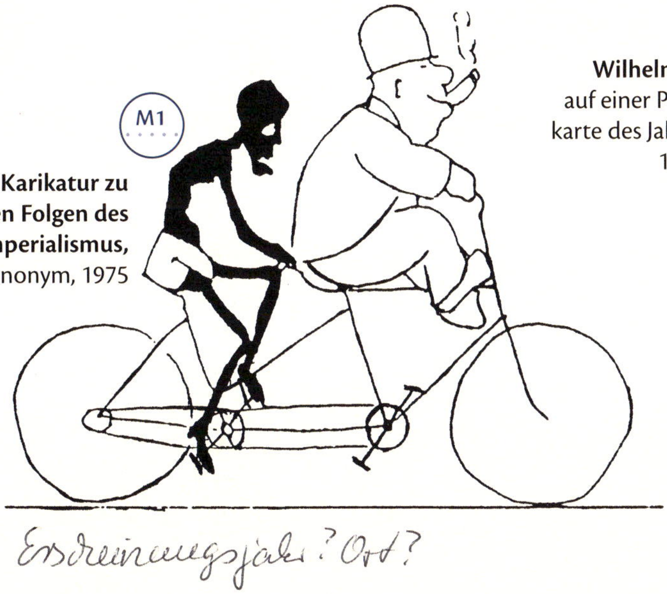

Karikatur zu den Folgen des Imperialismus, anonym, 1975

M2

Wilhelm II. auf einer Postkarte des Jahres 1914

Überprüfe, was du kannst

Sachkompetenz

1 Kläre die folgenden Begriffe: Imperialismus (S. 170), Sozialdarwinismus (S. 170), Erster Weltkrieg 1914 bis 1918 (S. 187).

2 Unterscheide beispielhaft verschiedene Motive, Ziele und Methoden imperialistischer Politik (S. 170–175).

Urteilskompetenz

3 Untersuche und beurteile M2 auf der Grundlage deiner Kenntnisse aus dem Kapitel.

Handlungskompetenz

4 a) Erschließe die Aussage von M1.
b) Zeichne – ausgehend von M1 – eine eigene Karikatur zum Thema „Folgen des Imperialismus“.
c) Organisiert eine kleine Ausstellung eurer Entwürfe.

1880 bis 1918
Imperialismus

1884/85 bis 1890
Das Deutsche Reich erwirbt Kolonien

1890
Beginn des Wettrüstens zwischen dem Deutschen Reich, Großbritannien und anderen europäischen Großmächten

1900
„Boxer“-Aufstand in China

1914 bis 1918
Erster Weltkrieg

1914
Attentat auf das österreichische Thronfolgerpaar in Sarajewo

1916
Schlacht von Verdun

1917
Kriegseintritt der USA

1880 1890 1900 1910 1920

Imperialismus und Erster Weltkrieg

In der Geschichtsforschung wird die Industrialisierung als wesentliche Grundlage für eine imperialistische Politik gesehen, die seit der zweiten Hälfte des 19. Jahrhunderts bis zum Ersten Weltkrieg 1914 die Politik der Großmächte bestimmte. Ideologische, politische, militärische und wirtschaftliche Interessen trieben den Imperialismus an.

Triebkräfte des Imperialismus

Als „Antrieb“ des Imperialismus gelten folgende Faktoren:

- Industrieunternehmen suchten nach Rohstoffen und Absatzmärkten.
- Die Kolonien boten Siedlungsraum für die schnell wachsende Bevölkerung in Europa.
- Militärische Interessen und Sicherheitsbedürfnisse gegenüber den anderen Großmächten verstärkten den Eroberungsdrang.
- Innenpolitische Spannungen wurden in nationalistische und imperiale Ziele „nach außen“ abgeleitet.
- Die Behauptung von der Überlegenheit der „weißen Rasse“ verstärkte die Einstellung der Europäer, die „armen Wilden“ religiös missionieren und von der „Höherwertigkeit“ der Kultur der Europäer überzeugen zu müssen.
- Staatliche, militärische und wirtschaftliche Schwächen der außereuropäischen Länder bzw. Völker verstärkten die Herrschaftsansprüche der Europäer.

Imperialismus und Erster Weltkrieg

Imperialismus

Triebkräfte

- Ideologische, politische, militärische und wirtschaftliche Motive und Interessen liegen dem Imperialismus zugrunde.

Methoden der Kolonialherrschaft

- Formen direkter und indirekter Herrschaft
- europäische Verwaltungs- und Leitungstrukturen in den Kolonialgebieten
- folgenreiche Eingriffe der Europäer in die Lebensbedingungen und Lebensräume der einheimischen Völker

Folgen des Imperialismus

- Bürgerkriege, u. a. durch künstliche Grenzziehungen der Kolonialmächte
- Eingriffe in kulturelle und politische Traditionen und wirtschaftliche Lebensbedingungen

Erster Weltkrieg

Ursachen

- äußerer Anlass: Attentat auf das österreichisch-ungarische Thronfolgerehepaar (Juni 1914)
- globale Rivalitäten der imperialistischen Großmächte
- verschärfte Spannungen in Europa (z. B. Nationalitätenkonflikte)
- Rüstungswettlauf

Verlauf

- erster „industrieller Krieg“
- Materialschlacht ohne schnelle militärische Enscheidung
- negative Auswirkungen auf die „Heimatfront“
- Auswirkungen auf den Kriegsverlauf und das Ende des Krieges durch den Kriegseintritt der USA

Ergebnisse und Folgen

- Große Menschenverluste und hohe Kriegskosten für alle Beteiligten
- Niederlage Deutschlands und seiner Verbündeten (November 1918)
- Gründung des Völkerbundes

Herrschaft in den Kolonien

Die Grenzen der eroberten Gebiete wurden zumeist nicht mit den Einheimischen abgestimmt, sondern in Verhandlungen der Kolonialmächte untereinander festgelegt. Traditionelle Rechte, Besitzungen von Volksgruppen und Großfamilien sowie kulturelle Bindungen blieben unberücksichtigt. Aufstände, z. B. der „Boxer"-Aufstand, wurden mit militärischer Gewalt niedergeschlagen.

Sowohl Formen direkter als auch indirekter Herrschaft zielten auf eine „effektive Nutzung" der Kolonien und ihrer Bewohner ab. Verwaltungsapparate wurden von europäischen Beamten geleitet, die zum Teil von Einheimischen, die Achtung und Ansehen in der Bevölkerung genossen, unterstützt wurden.

Die Folgen der massiven Eingriffe in Gesellschaft, Kultur, Wirtschaft, Lebens- und Naturräume waren so schwerwiegend, dass sie die ehemaligen Kolonien teilweise noch heute prägen, z. B. durch Bürgerkriege infolge „künstlicher" Grenzziehungen.

Konflikt- und Schlachtfeld Europa

Die Rivalitäten der imperialistischen Staaten um Gebiete in Afrika und Asien verstärkten die Spannungen in Europa. Vor allem Großbritannien und das Deutsche Reich sahen sich als direkte Konkurrenten und begannen einen erbitterten Rüstungswettlauf. Dazu kam das durch den Krieg von 1870/71 schwer belastete deutsch-französische Verhältnis. Die Politik Kaiser Wilhelms II. führte Deutschland immer mehr in die Isolation und die anderen Großmächte – in wechselnden Partnerschaften – enger zusammen.

Die Lage in Europa verschärfte sich außerdem durch die Nationalitätenkonflikte auf dem Balkan. Als im Juni 1914 das österreichisch-ungarische Thronfolgerehepaar in Sarajewo einem Attentat zum Opfer fiel und Österreich Serbien am 28. Juli den Krieg erklärte, schloss sich sein Bündnispartner, das Deutsche Reich, an. Machtpolitische Gegensätze und Interessenkonflikte im europäischen Staatensystem führten im August 1914 zum Ersten Weltkrieg.

Der Krieg verändert die Welt

Bald zeichnete sich ab, dass der Krieg zu einer langwierigen, mörderischen Materialschlacht werden würde, die keiner schnell gewinnen konnte. Auch die verlustreichen Schlachten im Westen (1916) brachten kaum Geländegewinne und keine militärische Entscheidung. An der „Heimatfront" forderte die katastrophale Versorgungslage große Opfer.

Der Kriegseintritt der USA am 6. April und die Oktoberrevolution in Russland machten das Jahr 1917 zu einem „Epochenjahr". Beide Ereignisse veränderten die Kräfteverhältnisse in Europa und der Welt grundlegend. Die USA, durch deren wirtschaftliche und militärische Überlegenheit der Krieg entschieden wurde, beanspruchten nun, bei politischen Entscheidungen in Europa mitzubestimmen. Bereits im Januar 1918 hatte der amerikanische Präsident Wilson in 14 Punkten ein Programm verkündet, das nach Kriegsende verwirklicht werden und einen Verständigungsfrieden auf der Basis des Selbstbestimmungsrechts der Völker ermöglichen sollte. Ein „Völkerbund" sollte zur Befriedung der Staatenbeziehungen beitragen.

Im November 1918 musste Deutschland, das der militärischen Übermacht der Kriegsgegner im Westen nicht mehr widerstehen konnte, die Kapitulationsurkunde unterschreiben.

Im Lexikon werden Fremdwörter, Ereignisse und historische Begriffe erläutert. Sie sind in den Darstellungstexten dieses Buches mit einem * versehen. Die Begriffe, die auf den Themenseiten in Kästen erklärt sind, haben einen Verweis auf die jeweilige Seite.

A

Absolutismus, siehe S. 85
Allegorie, bildliche Darstellung eines ganzen Gedankenganges
Arbeiterbewegung, siehe S. 159
Aufklärung, siehe S. 91

B

Bourgeoisie, frz. Bürger, in Frankreich entstandene Bezeichnung für die soziale Schicht zwischen Adel und Bauernschaft; bezeichnet besonders im Marxismus eine Schicht des Bürgertums, die über die entscheidenden Produktionsmittel und das Finanzkapital verfügt.
Bundesstaat, bezeichnet den Zusammenschluss mehrerer Staaten zu einem übergeordneten Gesamtstaat.

D

Demokraten, siehe S. 128
Deutsche Ostsiedlung, siehe S. 27
Deutscher Bund, siehe S. 119
Deutscher Orden, 1190 in Jerusalem als Krankenpflegerorden gegründet, wurde er 1198 in einen Ritterorden umgewandelt. 1225 rief Herzog Konrad von Masowien die Deutschherren gegen die heidnischen Preußen zu Hilfe. Bis 1402 eroberten sie das Land der Pruzzen über Danzig bis Estland und gründeten den Deutschen Ordensstaat. Dann kamen in Kriegen gegen die Litauen und Polen Niederlagen wie in der Schlacht bei Tannenberg 1410. 1525 schloss sich der letzte Hochmeister des Ordens der Reformation an und verwandelte den Ordensstaat in das weltliche Herzogtum Preußen.

E

Emanzipation, der Begriff bezeichnet die Befreiung von Gruppen, die aufgrund ihrer Rasse, Ethnie, Geschlecht, Klassenzugehörigkeit usw. diskriminiert und von politischen Entscheidungsprozessen ausgeschlossen waren.
Entdeckungen, siehe S. 57
Erster Weltkrieg, siehe S. 187

F

Französische Revolution, siehe S. 105
Frühkapitalismus, siehe S. 47

G

Generalstände, in Frankreich vor 1789 die ständige Vertretung des Königreichs durch Geistliche, Lehnsfürsten und Abgeordnete königlicher Städte. Die wichtigsten Aufgaben waren Steuerbewilligung und Vorlage von Beschwerden. Nach 1614 wurden sie erst wieder 1789 einberufen.
Gewaltenteilung, siehe S. 93

H

Humanismus, siehe S. 49

I

Ideologie, der Begriff bezeichnet eine Weltanschauung oder ein System von Wertvorstellungen.
Imperialismus, siehe S. 170
Industrialisierung, siehe S. 143

K

Kolonialismus, Errichtung von Handelsstützpunkten und Siedlungskolonien in militärisch und politisch schwächeren Ländern (vor allem Asien, Afrika und Amerika) sowie die Inbesitznahme durch überlegene Staaten (insbesondere Europas) seit dem 16. Jahrhundert.
Kommunismus, von Marx begründete Lehre eines revolutionären Sozialismus, der auf eine kollektive Herrschaft des Proletariats durch Umsturz der bürgerlich-kapitalistischen Gesellschaftsordnung zielt.
Konzil von Trient, siehe S. 72
Kreuzzug, siehe S. 23

L

Liberalismus, Liberale, siehe S. 125

M

Manufaktur, lat. manus – Hand, factura – das Machen, sie ist eine Übergangsform von einem Handwerksbetrieb zu einer Fabrik.
Menschenrechte, siehe S. 106
Merkantilismus, siehe S. 89
Mittelalterliche Weltbilder, siehe S. 11
Monarchie, konstitutionelle, in einer konstitutionellen Monarchie ist die Macht des Monarchen nicht mehr absolut, also uneingeschränkt, sondern von der Verfassung geregelt. Die Regierung wird aber weiterhin vom Monarchen und nicht von einer Volksvertretung gelenkt.

P

Pauperismus, lat. pauper – arm, bezeichnet die katastrophale Massenarmut zur Zeit der Frühindustrialisierung, und hier besonders die Situation in Deutschland in den 30er- und 40er-Jahren des 19. Jahrhunderts.
Proletariat, nach marxistischer Lehre Angehörige einer sozialen Schicht, die nichts als ihre Arbeitskraft besitzen und diese gegen Lohn zur Verfügung stellen müssen.

R

Rassismus, der Rassismus teilt die Menschheit in Gruppen oder Rassen ein, die als gleichartig betrachtet werden, und unterstellt diesen unveränderliche Merkmale. Anhand dieser Einteilung bewertet der Rassismus die Menschen, stellt sie als miteinander unvereinbar und konkurrierend dar. Die Menschen werden nicht als Individuen beurteilt und behandelt, sondern als Stellvertreter der Gruppe. Dabei werden die jeweiligen Eigenschaften ihnen zugeschrieben. Rassistische Theorien dienen der Rechtfertigung von Ausgrenzung und Feindseligkeit. Sie fördern das Überlegenheitsgefühl von Mitgliedern einer Gruppe.
Reformation, siehe S. 70

Reichsacht, die Verhängung der Reichsacht im Mittelalter durch den Kaiser bedeutete, dass der Geächtete im ganzen Reich aus der Gemeinschaft ausgeschlossen war, weder unterstützt noch aufgenommen und von jedem straflos getötet werden durfte. Verhängt wurde die Strafe bei Landfriedensbruch, Nichtbefolgung einer Vorladung oder Nichtzahlung von Steuern. Meist ging die Acht mit dem Kirchenbann einher.
Renaissance, siehe S. 39
Revolution von 1848/49, siehe S. 131

S

Sozialdarwinismus, siehe S. 170
Soziale Frage, siehe S. 159
Sozialismus, siehe S. 159
Staatenbund, ein Zusammenschluss souveräner Staaten (Mitgliedsstaaten, Bundesglieder) mit eigener Organisation auf Bundesebene.
Stände, im Mittelalter und in der Frühen Neuzeit bestimmte die Geburt, zu welchem gesellschaftlichen Stand ein Mensch gehörte. Während sich im frühen Mittelalter die Gesellschaft in Adlige sowie Freie und Unfreie teilte, setzte sich die Kirche seit dem 11. Jahrhundert mit ihrer „Dreiständelehre“ (Klerus, Adel und Bauern) durch. Im Laufe des Mittelalters kamen die Bürger in den entstehenden Städten zum dritten Stand hinzu. Zu keinem Stand gehörten z. B. Arme, Tagelöhner und die Minderheit der Juden. Die Zugehörigkeit zu einem Stand galt als gottgewollt. Sie bestimmte den Zugang zu Berufen, Rechten und Bildungsmöglichkeiten, aber auch die Möglichkeiten politischer Macht. Nur in seltenen Ausnahmefällen konnte man in einen anderen Stand wechseln. Ein wichtiges Merkmal einer ständischen Gesellschaft ist die große politische und soziale Ungleichheit zwischen den einzelnen Ständen.

V

Verlag, im Verlag leitet ein Händler (Verleger) oder eine Handelsgesellschaft die Herstellung eines Produkts und dessen Verkauf. Er „legt“ die Materialien und Arbeitsgeräte „vor“, die für die Produktion einer Ware notwendig sind, und beauftragt Handwerker oder Heimarbeiter (oft ganze Familien) mit der Anfertigung der Waren. Für ihre Arbeit bekommen die Familien nur sehr wenig Geld.
Verleger → Verlag

W

Westfälischer Friede, siehe S. 73
Wiener Kongress, siehe S. 119

Z

Zensur, historisch leitet sich der Begriff Zensur vom Amt des römischen Zensors ab. Der Zensor überprüfte im Auftrag des Staates oder der Kirche, ob eine Druckschrift den politischen oder moralischen Vorstellungen derer entsprach, die die Macht ausübten. Aufgrund der Zensur wurden missliebige Bücher verboten oder ihre Verbreitung eingeschränkt. Die Zensur steht im Gegensatz zur Pressefreiheit. Ihre Beseitigung war ein wichtiges Ziel der liberalen, demokratischen und sozialistischen Kräfte seit der Aufklärung.
Zollverein, Deutscher, gegen den Widerstand Österreichs gelang es ab 1834 mit dem Deutschen Zollverein, ein Wirtschaftsgebiet ohne Handelsschranken zwischen den deutschen Bundesstaaten aufzubauen. Über den Zollverein konnte Preußen seine Vormachtstellung ausbauen und Österreich als Konkurrenten zurückdrängen. Der Zollverein war damit eine wichtige Weichenstellung für die Reichsgründung 1871.

Inhalt der Methodenübersicht

194 **Informationen beschaffen**
194 Eine Internet-Recherche durchführen
195 Eine Umfrage durchführen

195 **Orte erkunden**
195 Kriegerdenkmäler erkunden
195 Eine Exkursion durchführen
196 Ein Museum besuchen

196 **Interviews führen**
196 Experten befragen

197 **Texte, Bilder, Karten, Kunstwerke untersuchen**
197 Eine Textquelle analysieren
197 Bilder vergleichen
197 Historiengemälde deuten
197 Fotos analysieren
197 Karikaturen entschlüsseln
197 Historische Karten vergleichen
197 Politische Dichtung deuten
197 Textquellen vergleichen
197 Publizistische Texte hinterfragen
198 Eine Bildquelle entschlüsseln
198 Symbole und Gesten deuten
198 Eine Geschichtskarte lesen
199 Kunstwerke entschlüsseln
199 Politische Aussagen untersuchen

200 **Informationen auswerten und darstellen**
200 Sachtexte exzerpieren
200 Statistiken auswerten und graphisch umsetzen
200 Ein Verfassungsmodell interpretieren
200 Informationen präsentieren
200 Einen Dokumentarfilm analysieren

201 **Sich mit anderen auseinandersetzen**
201 Eine Diskussion führen

Informationen beschaffen

Die Methoden aus Band 1:

Eine Internet-Recherche durchführen

1. Schritt: Suchziel festlegen und Adressen bereitstellen
Formuliere das Suchziel nicht zu breit. Ein Suchbegriff wie „Europa" führt zu einer Fülle von Adressen, deren Auswahl und Sichtung viel Zeit kostet. Eine Kombination der Begriffe „Europa" und „Schule" grenzt die Möglichkeiten schon ein. Eine weitere Beschränkung wäre z. B. die Suche nach Projekten an Europa-Schulen.

2. Schritt: Suche durchführen und Informationen auswählen
Am besten wählst du vor der Online-Recherche eine Suchmaschine aus. Grenze die Suchbegriffe ein und bilde Wortfelder zum Thema. Oft hilft auch die fremdsprachige Schreibweise eines Suchbegriffs weiter (Europa – europe). Notiere die „abgehakten" Adressen, um eine unnötige Mehrfachsuche zu vermeiden. Kläre, wie du die Informationen sichern willst (z. B. sofort ausdrucken, speichern, über E-Mail schicken lassen, handschriftliche Notizen anfertigen).

3. Schritt: Ergebnisse ordnen und auswerten
Nicht alle Informationen, die du erhältst, sind auf dem neuesten Stand. Achte auf das Datum der letzten Bearbeitung der Webseiten („Infomüll" aussortieren!). Entscheide, wie du die wichtigsten Informationen ordnen willst.

4. Schritt: Ergebnisse bewerten und präsentieren
Die Ergebnisse der Recherche können im Austausch mit den anderen in der Klasse bewertet werden. Was war ergiebig? Wo lagen die Probleme (Zeitaufwand/Ergebnis)? Formen der Präsentation: Dokumentation erstellen (Broschüre, Intranet); Wandzeitung gestalten; Referat halten.

Eine Umfrage durchführen

1. Schritt: Thema eingrenzen und Fragen sammeln
Klärt, worüber ihr etwas erfahren möchtet. Beispiel für eine Grundfrage: Welche Empfindungen sind mit dem ... (Datum, Ereignis) verbunden? Grenzt die Personen-(Ziel-)gruppe ein und sammelt „vorläufige" Fragen.

2. Schritt: Fragebogen erstellen
Legt die Anzahl der Fragen fest. (Beachtet den Zeitaufwand!) Entscheidet: mündliche oder schriftliche Befragung? Legt die Frageformen fest. Gestaltet den Fragebogen.

3. Schritt: Befragung durchführen
Welche Zielgruppe wird wann, wo und von wem befragt? (Beispiele: zuerst Mitschülerinnen, Mitschüler; dann Bürgerinnen und Bürger am Schul- oder Wohnort) Vermeidet Doppelbefragungen!

4. Schritt: Daten auswerten, interpretieren und Ergebnisse kritisch reflektieren
Auszählung und Kontrolle (Computereinsatz?) – Was kann aus den Ergebnissen gefolgert werden? Gibt es Probleme bei der Interpretation?

5. Schritt: Aufbereitung und Präsentation der Daten
Bearbeitet die Daten in Kleingruppen und/oder teilt sie nach Themen auf. Entscheidet euch für die graphische Darstellung (z. B. Computergraphik; Wandzeitung, Broschüre, Schülerzeitung, regionale Presse).

Orte erkunden

Die Methoden aus diesem Band:

Kriegerdenkmäler erkunden S. 188

Die Methoden aus Band 1:

Eine Exkursion durchführen

1. Schritt: Informationen besorgen
Beschafft euch zunächst Übersichtspläne und Informationsmaterial von der Einrichtung, die ihr besuchen wollt.

2. Schritt: Organisation
Klärt, welcher Termin infrage kommt und ermittelt Fahrzeiten und Fahrpreise der günstigsten Verkehrsmittel. Stellt vor der endgültigen Entscheidung fest, was die Fahrt wohl insgesamt kosten wird.

3. Schritt: Themen in der Schule vorbereiten
Sichtet das Informationsmaterial, entscheidet über die Arbeitsschwerpunkte, teilt euch in Gruppen ein. Jede Gruppe bereitet ein Teilthema vor und bearbeitet es vor Ort. Formuliert Einzelfragen, die ihr bearbeiten wollt. Bleibt aber auch offen für Unbekanntes.

4. Schritt: Orientierung und Entdeckungen
Verschafft euch vor Ort gemeinsam bei einem Rundgang einen ersten Überblick. Die einzelnen Gruppen können als Experten schon Informationen geben.
Anschließend gehen die Gruppen an die Arbeit: Notizen, Skizzen, Fotos (Video?) anfertigen.

5. Schritt: Befunde auswerten und dokumentieren
Wertet eure Arbeitsergebnisse in der Schule aus. Jede Gruppe berichtet. Entscheidet, wie ihr eure Ergebnisse dokumentieren wollt. Einige Anregungen:
- ein Exkursionsbuch anlegen,
- eine Wandzeitung erstellen,
- Spielszenen/Hörspiel produzieren,
- eine Reportage für die Schülerzeitung erstellen.

Ein Museum besuchen

1. Schritt: Museumsbesuch vorbereiten
Klärt zunächst die organisatorischen Fragen:
- Wann wollt ihr fahren, wie lange soll der Ausflug dauern (halber Tag, ganzer Tag, im Rahmen einer mehrtägigen Klassenfahrt)?
- Lasst euch vom Museum Informationsmaterial schicken und informiert euch über Verkehrsverbindungen, Öffnungszeiten, Eintrittspreise, Arbeitsräume, Verpflegungsmöglichkeiten, Übersichtspläne oder Arbeitsblätter des Museums. Gibt es Tage mit besonderen Vorführungen?

2. Schritt: Vorerfahrungen und Erwartungen aufschreiben
Schreibe deine Erwartungen an das Museum auf: Welche Museen hast du schon einmal besucht? Was hat dir dabei (nicht) gefallen? Was müsste ein Museum bieten, damit es dir gefällt?

3. Schritt: Themen festlegen und „Expertengruppen" einteilen
Sucht euch Themen, über die ihr euch im Museum informieren wollt (Vorschläge siehe unten). Teilt euch in Gruppen ein und bereitet euer Thema vor (Schulbuch, Lexika). Formuliert Fragen.

4. Schritt: Museumsbesuch durchführen
Verschafft euch einen Überblick über die Ausstellungsstücke (einzeln oder mit einer Führung). Bildet anschließend Gruppen und untersucht die Ausstellungsstücke nach Arbeitsschwerpunkten.

5. Schritt: Ergebnisse präsentieren
Eure Ergebnisse könnt ihr entweder mündlich im Museum präsentieren oder anschließend in der Schule (kleine Ausstellung, Beitrag für die Schülerzeitung).

6. Schritt: Museumsbesuch in der Kritik
Diskutiert darüber, was euch der Museumsbesuch gebracht hat.
War er geeignet, um neue Informationen zu sammeln, oder vielleicht eher, um Bekanntes zu veranschaulichen?

Interviews führen

Die Methoden aus Band 1:

Experten befragen

1. Schritt: Fragen sammeln
- Notiert alle Fragen, die euch einfallen.
- Stellt sie zu einem Fragenkatalog zusammen. Überlegt dabei, welche sich einem gemeinsamen Thema zuordnen lassen (z. B. Motive für den Klostereintritt, Tagesablauf, Zusammenleben im Kloster usw.).

2. Schritt: Kontakt aufnehmen
- Besprecht, wen und wie viele Personen ihr einladen wollt (z. B. Mönch oder Nonne, junges Ordensmitglied oder Äbtissin).
- Nehmt telefonisch oder brieflich Kontakt auf und übergebt euren Fragenkatalog, damit die Experten sich vorbereiten können.

3. Schritt: Befragung vorbereiten
- Einigt euch mit den Experten auf Termin und zeitlichen Rahmen des Treffens (eine Befragung sollte nicht länger als zwei Stunden dauern!).
- Legt vorher fest, wer die Gesprächsführung übernimmt (Schüler/-in oder Lehrkraft).
- Bereitet den Raum vor (Stuhlkreis, Anordnung der Tische in U-Form).

4. Schritt: Befragung durchführen
- Die Gesprächsleitung begrüßt die Gäste und stellt sie vor. Jeder von euch stellt ein Namensschild vor sich oder nennt seinen Namen, wenn er sich zum ersten Mal meldet.
- Die Gesprächsleitung achtet darauf, dass der Fragenkatalog beantwortet wird. Wenn etwas unklar bleibt, könnt ihr nachfragen.
- Am Ende dankt ihr dem Experten (evtl. mit einem kleinen Geschenk).
- Wenn der Gast einverstanden ist, könnt ihr das Gespräch auf Tonband oder Video aufzeichnen. Für die Auswertung genügt es allerdings, wenn zwei von euch Protokoll führen.

5. Schritt: Antworten auswerten
Überprüft anhand des Fragenkatalogs, welche Antworten ihr erhalten habt. Sind Lücken geblieben? Warum? Diskutiert anschließend in der Klasse, ob sich der Expertenbesuch gelohnt hat.

Texte, Bilder, Karten, Kunstwerke untersuchen

Die Methoden aus diesem Band:

Historische Karten vergleichen	S. 12 f.
Bilder vergleichen	S. 40 f.
Karikaturen entschlüsseln	S. 100 f.
Eine Textquelle analysieren	S. 112 f.
Politische Dichtung deuten	S. 122 f.
Historiengemälde deuten	S. 134 f.
Fotos analysieren	S. 154 f.

Die Methoden aus Band 1:

Textquellen vergleichen

1. Schritt: Jede Quelle einzeln erschließen
Siehe Methode S. 112.

2. Schritt: Glaubwürdigkeit der Texte überprüfen
Kläre folgende Fragen:
- Wann sind die Texte geschrieben worden? Wie groß ist der zeitliche Abstand zwischen Ereignis und Bericht? Waren die Autoren Augenzeugen? Wenn nicht: Wen geben sie als Informanten an?
- Ist eine Wertung (durch die Autoren oder deren Informanten) zu erkennen?

3. Schritt: Inhalte vergleichen
Stelle fest,
- welche Informationen übereinstimmen,
- ob es Einzelheiten gibt, die nicht in allen Texten erscheinen bzw. unterschiedlich genau oder ausführlich wiedergegeben werden,
- ob das, was berichtet wird, logisch ist oder Unstimmigkeiten enthält.

4. Schritt: Weitere Informationen sammeln
Um die Aussagen der Texte zu überprüfen bzw. Fragen zu klären, musst du weitere Quellen und wissenschaftliche Informationen (z. B. Lexika, Sachbücher) heranziehen.

5. Schritt: Ergebnisse formulieren
Vergleiche die Notizen aus den einzelnen Arbeitsschritten miteinander. Ergänze dann die Ergebnisse durch Sachinformationen. Nenne die Widersprüche und Unklarheiten, die du bei der Textarbeit festgestellt hast und nicht beseitigen konntest. Prüfe, ob sie für die Wertung der Ergebnisse von Bedeutung sind.

Publizistische Texte hinterfragen

1. Schritt: Den Text analysieren
Lies zunächst den Text und kläre unbekannte Begriffe. Erarbeite dann den Text mithilfe des Modells zur Analyse von Textquellen (siehe Umschlag). Beachte, dass sich nicht alle Fragen des Modells anwenden bzw. beantworten lassen.

2. Schritt: Die Textaussage beurteilen
Prüfe anhand der folgenden Fragen, welche Erkenntnisse sich aus dem Text gewinnen lassen:
- Welchen Standort lässt die Argumentation des Autors erkennen? Vertritt er eine bestimmte politische, gesellschaftliche Position? Wenn ja, woran lässt sich diese festmachen (Textbelege)?
- Versucht der Text, die Meinung der Leser zu beeinflussen? Wenn ja, wie? Ist die Beeinflussung auffällig oder versteckt?
- Spiegelt die Textaussage die Meinung vieler oder nur weniger Leser? Wie und wo kann dies überprüft werden?

Eine Bildquelle entschlüsseln

1. Schritt: Einzelne Bildelemente erfassen
- Welche Personen und Gegenstände sind dargestellt? Wie sind sie dargestellt (Gestaltung, Größe, Kleidung, Farben)?
- Wo befinden sich die Personen und Gegenstände?

2. Schritt: Bildelemente zusammenfügen
- Lassen sich die Bildelemente in einen sinnvollen Zusammenhang bringen?
- Welche erste Deutung ergibt sich beim Zusammenfügen der Elemente?
- Welche Fragen bleiben offen?

3. Schritt: Zusätzliche Informationen heranziehen
- Wo gibt es weitere Informationen (z. B. Bildunterschrift, weitere Abbildungen, schriftliche Quellen, wissenschaftliche Darstellungen)?
- Was lässt sich über den Künstler bzw. Auftraggeber und seine Absicht herausfinden?

4. Schritt: Gesamtdeutung des Bildes formulieren
- Formuliere mithilfe der Bildelemente und Zusatzinformationen eine zusammenfassende Aussage.
- Bleiben Fragen in der Gesamtdeutung offen?

Symbole und Gesten deuten

1. Schritt: Einzelne Elemente beschreiben
- Was ist dargestellt (Personen, Gegenstände)? Wie sind sie dargestellt?
- Wie lässt sich die Situation beschreiben?

2. Schritt: Zusätzliche Informationen heranziehen
- Welche Hinweise gibt die Bildunterschrift?
- Evtl. Symbollexikon heranziehen.

3. Schritt: Symbolische Bedeutung der Bildelemente klären
- Welche Gegenstände und Handlungen lassen sich symbolisch deuten? Was sollen sie bedeuten?

4. Schritt: Eine Gesamtdeutung formulieren
- Welche Gesamtaussage lässt sich formulieren? Gibt es mehrere Deutungen?

Eine Geschichtskarte lesen

1. Schritt: Grundelemente erkennen
Orientiere dich über den dargestellten Raum und das Thema der Karte. Beachte den Maßstab!
Kläre mithilfe der Legende, welche Farben und Symbole verwendet werden und welche Bedeutung sie haben.

2. Schritt: Veränderungen untersuchen
Prüfe, welcher Zeitraum dargestellt und in welche Phasen er gegliedert ist. Werden Gründe für die Veränderung deutlich (z. B. Kriege, Katastrophen, Wanderungen, Stadtgründungen o. Ä.)?

3. Schritt: Glaubwürdigkeit prüfen
Wie Textquellen oder Bilder sind auch Karten mit einer bestimmten Absicht verfasst. Prüfe mithilfe ergänzender Informationen, ob die verwendeten Symbole, Farben, Ortsbezeichnungen oder Begriffe geeignet sind, die geschichtliche Entwicklung deutlich zu machen.

4. Schritt: Ergänzende Informationen beschaffen
Sammle Informationen über die abgebildete Region (Lexika, Schul- und Sachbücher, Internet).
Du kannst dir auch eine moderne Karte von dem Gebiet beschaffen und z. B. Vermutungen anstellen, wie die Vergangenheit sich auf die Gegenwart auswirkt.

Kunstwerke entschlüsseln

1. Schritt: Künstlerische Auswertung
- Was ist dargestellt? Aus welchem Material wurde es geschaffen?
- Wie wirkt das Dargestellte auf dich? Warum gefällt es dir (nicht)?
- Was wirkt fremd, was kommt dir bekannt vor?
- Wie bildet der Künstler die Natur ab? Achte auf Einzelheiten des menschlichen Körpers und der abgebildeten Gegenstände.

2. Schritt: Historische Auswertung
- Wann, wo und für welchen Zweck ist das Kunstwerk entstanden? Beachte die Bildlegende.
- Welche Informationen vermittelt das Dargestellte über den Allltag, die Wirtschaft oder die Politik der damaligen Zeit? Beachte die Kleidung, Frisur, Einrichtungsgegenstände, Waffen, Tiere usw.
- In welcher Beziehung stehen die dargestellten Personen zueinander?

Politische Aussagen untersuchen

1. Schritt: Fragen zum Verfasser (Auftraggeber)
- Von wem und wann wurde die Quelle verfasst bzw. gezeichnet?
- Welche Perspektive nimmt der Autor bzw. Künstler ein?
- Welche Absicht ist zu erkennen?

2. Schritt: Fragen zum Material
- Welche Quellenart liegt vor?
- Welches sind die „Schlüsselbegriffe"?
- Worin besteht die Kernaussage?
- Wird sachlich oder einseitig dargestellt?
- Werden Argumente gebracht?

3. Schritt: Fragen zum Adressaten
- Wer soll erreicht werden (Privatperson, Öffentlichkeit, Nachwelt)?
- Welche Wirkung auf den Adressaten könnte erzielt werden?

4. Schritt: Ergebnisse beurteilen und reflektieren
- Wie können Interessen und Position zusammenfassend formuliert werden?
- Welche Bewertung der Position ist möglich?
- Welche Rolle spielt der eigene Standpunkt bei der Bewertung?
- Sind weitere Informationen heranzuziehen?

Informationen auswerten und darstellen

Die Methoden aus diesem Band:

Informationen präsentieren	S. 76
Ein Verfassungsmodell interpretieren	S. 109
Statistiken auswerten und graphisch umsetzen	S. 144 f.
Sachtexte exzerpieren	S. 168 f.

Die Methoden aus Band 1:

Einen Dokumentarfilm analysieren

1. Schritt: Thema und Inhalt des Filmes erfassen
Schau dir den Film mindestens einmal aufmerksam an und mache dir anschließend Notizen. Schreibe auch auf, von wem und wann der Film produziert worden ist.

2. Schritt: Schwerpunkte finden
Überlege, welche inhaltlichen Schwerpunkte der Film hat und wie dir, dem Zuschauer, das deutlich gemacht wird.

3. Schritt: Einen Filmausschnitt analysieren
Untersuche eine Sequenz aus dem Film genauer, indem du das Zusammenspiel von Bildinhalt, Kameraeinsatz und akustischen Mitteln mithilfe eines Beobachtungsbogens protokollierst.

4. Schritt: Wertungen untersuchen
Prüfe, inwiefern durch den Einsatz der filmischen Gestaltungsmittel Wertungen getroffen werden. Wer profitiert davon?

Tipp: Untersuche dazu die Sequenz dreimal: 1. indem du nur die Bilder anschaust, den Ton abdrehst, 2. indem du nur zuhörst, 3. indem du Bild und Ton auf dich wirken lässt. Vergleiche die Aussagen und deine Eindrücke.

Achte darauf, ob bzw. wie der Kommentar die Bildaussagen unterstützt, abschwächt oder infrage stellt.

5. Schritt: Die Filmaussage kritisch bewerten
Erörtere anhand deiner Ergebnisse abschließend, welche Rolle du dem Film zuweist: Zeuge, Berichterstatter, Ankläger, Agitator usw. Überlege bzw. informiere dich, ob dies der Absicht des Produzenten entsprach.

6. Schritt: Den Film als Zeitdokument beurteilen
Vergleiche den Film mit weiteren Filmen, die das Thema behandeln und zur gleichen Zeit entstanden sind. Wo gibt es Übereinstimmungen, wo Unterschiede? Wie erklärst du dir dies im Einzelnen?

Sich mit anderen auseinandersetzen

Die Methoden aus Band 1:

Eine Diskussion führen

1. Schritt: Gruppen bilden für verschiedene Positionen
Stellt das Thema vor und teilt die Klasse in mehrere Gruppen (mindestens zwei), die gegensätzliche Ansichten (pro – kontra) haben oder unterschiedliche Interessen vortragen.

2. Schritt: Argumente/Gegenargumente
Die Gruppen stellen mithilfe von Quellen und Informationsmaterial Argumente und Gegenargumente zusammen. Letztere sind wichtig, um auf die Argumente des Diskussionspartners angemessen zu reagieren.

3. Schritt: Gruppensprecher bestimmen
Bestimmt für jede Gruppe mindestens einen Gruppensprecher und setzt Beobachter ein, die die Diskussion verfolgen. Legt gemeinsam fest, welcher Gruppensprecher was und wie vorträgt. Schreibt die einzelnen Argumente auf Karteikarten, sodass sie bei Bedarf schnell zur Hand sind.

4. Schritt: Die „Talkrunde" durchführen
Platziert nach einer festgelegten Vorbereitungszeit im Klassenzimmer die Diskussionsgruppe und die Beobachter. Legt den Zeitrahmen für die Diskussionsrunde fest (ca. 20 Minuten). Sie kann entweder moderiert werden (Schüler, Lehrer) oder ohne Moderation stattfinden.

5. Schritt: Beobachter/Publikum einweisen
Es gibt zwei Varianten der Diskussionsrunde, die sich in der Aufgabenstellung für die Beobachter unterscheiden:
Variante A: Die Beobachter haben die Aufgabe, je ein Mitglied der „Talkrunde" zu beobachten und sein Gesprächsverhalten anhand eines vorher vereinbarten Rasters zu bewerten (z. B. beteiligt sich gut – beteiligt sich kaum; ist bei der Sache – hört nicht zu; redet überzeugend – macht unverständliche Aussagen).
Variante B: Die Beobachter schreiben die Argumente auf, die sie für wichtig halten (von allen Gesprächsteilnehmern).

6. Schritt: Die Diskussionsrunde öffnen
Nach Ende der „Talkrunde" dürfen alle Schüler mitdiskutieren bzw. Fragen stellen.

7. Schritt: Diskussion und Beobachtungen auswerten
Bei Variante A teilen die Beobachter ihrem jeweiligen „Talkrunden"-Mitglied ihre Ergebnisse mit; er bzw. sie nimmt dazu Stellung.

Hier findest du Anregungen und Hilfen, wie du bei der Bearbeitung der Arbeitsaufträge historische Sachverhalte angemessen darstellen kannst.

Beschreiben/Darstellen eines Vorgangs

- Die Sprache ist knapp und sachlich. Die einzelnen Schritte werden in ihrer Reihenfolge genau wiedergegeben.
- Das Tempus ist bei Vorgängen in der Vergangenheit das Präteritum.

Sprachliche Hilfen

Präteritum:

z. B.

- Er trug ein Gewand aus Samt und saß auf einem Thron.
- Sie überlegten lange, bevor sie sich entschieden.

Konjunktionen:

Sie leiten einen Nebensatz ein, der

- einen Grund formuliert: weil; da; zumal
- eine Absicht formuliert: damit; auf dass
- eine Folge formuliert: sodass; so..., dass; als dass
- eine Art und Weise formuliert: indem; wie; (anders) als; ohne dass; als ob; je..., desto
- eine zeitliche Abfolge formuliert: als; während; nachdem; bevor; ehe; seitdem; sobald; wenn; bis

Berichten

- Beim Berichten gibt man Antworten auf die W-Fragen: Wer? Was? Wo? Wann? Wie? Warum? Welche Folgen?
- Man gibt nur Tatsachen wieder, keine Vermutungen.
- Tempus ist meist das Präteritum.
- Persönliche Berichte, die an einen bestimmten Adressaten gerichtet sind, können auch Eindrücke und Reaktionen einbeziehen.

Sprachliche Hilfen

Präteritum:

z. B.

- Ich zeichnete die Figur ab und übertrug den Text in meinen Hefter.
- Sie recherchierten in der Bibliothek und fanden mehrere Bücher über die Französische Revolution.

Konjunktionen:

Sie leiten einen Nebensatz ein, der

- einen Grund formuliert: weil; da; zumal
- eine Absicht formuliert: damit; auf dass
- eine Folge formuliert: sodass; so..., dass; als dass
- eine Art und Weise formuliert: indem; wie; (anders) als; ohne dass; als ob; je..., desto
- eine zeitliche Abfolge formuliert: als; während; nachdem; bevor; ehe; seitdem; sobald; wenn; bis

Eindrücke und Reaktionen schildern

- Unser Eindruck war ...
- Meiner Ansicht / Meinung nach ...
- Es schien, als ob ...
- Wir waren überrascht / verwundert / beeindruckt / enttäuscht ...

Wiedergeben einer wörtlichen in indirekter Rede

Eine wörtliche Rede kann in der indirekten Rede wiedergegeben werden als:

- indirekte Rede im Konjunktiv: „Der Kaiser sagte, dass er die Steuern anheben werde, weil die Ausgaben höher seien als geplant."
- geraffte Redewiedergabe (der Inhalt wird in eigenen Worten zusammengefasst): „Der Kaiser wollte die Steuern anheben."
- Umschreibung (Paraphrase): „Nach Aussage des Kaisers werden die Steuern angehoben."
- dass-Satz im Indikativ oder Konjunktiv: „Der Kaiser teilte mit, dass er die Steuern anheben werde/wird."

Sprachliche Hilfen

Indikativ:

- Befehlen – Er schrie, dass er den Angriff befehlen werde.
- Raten – Er sagte, dass du ihm dazu rätst.

Konjunktiv:

- Befehlen – Er schrie, dass er den Angriff befehle.
- Raten – Er sagte, dass du ihm dazu rietest.

Erörtern einer These (Behauptung)

- Alle Gesichtspunkte, die wichtig erscheinen, notieren und sortieren.

Eine Erörterung besteht aus Einleitung, Haupt- und Schlussteil:

- Einleitung: Bedeutung der These aufzeigen.
- Hauptteil: Argumente in eine Reihenfolge bringen, sodass das stärkste am Ende steht.
- Schlussteil: Hier werden die Argumente abgewogen und ein eigenes Urteil gefällt. Man kann einen Ausblick auf künftige Fragen geben und auf offene hinweisen.

Sprachliche Hilfen

Argumentation:

Sie besteht aus zwei Teilen:

- These (Behauptung): „Unsere Vergangenheit geht uns alle an ..." und
- Argument (Begründung): „..., weil ihre Folgen bis heute nachwirken."

Konjunktionen:

Sie leiten einen Nebensatz ein, der

- eine Bedingung formuliert: wenn; falls; sofern; unter der Bedingung, dass
- einen Grund formuliert: weil; da; zumal
- eine Absicht formuliert: damit; auf dass
- eine Folge formuliert: sodass; so..., dass; als dass
- eine Art und Weise formuliert: indem; wie; (anders) als; ohne dass; als ob; je..., desto
- eine Zugeständnis formuliert: obwohl; obgleich; obschon; wenngleich; wenn auch
- einen Gegensatz formuliert: außer dass; wohingegen; während
- eine zeitliche Abfolge formuliert: als; während; nachdem; bevor; ehe; seitdem

Formulieren einer begründeten Stellungnahme

- Sich bewusst machen, an wen sich die Stellungnahme richtet (Adressat).
- Die eigene Meinung als These (Behauptung) in einem Satz formulieren.
- Argumente sammeln, die die These stützen.
- Die Argumente in eine Reihenfolge bringen, sodass das stärkste Argument am Ende steht.

Sprachliche Hilfen

Argumentation:

Sie besteht aus zwei Teilen:

- These (Behauptung): „Unsere Vergangenheit geht uns alle an ..." und
- Argument (Begründung): „..., weil ihre Folgen bis heute nachwirken."

Konjunktionen:

Sie leiten einen Nebensatz ein, der

- eine Bedingung formuliert: wenn; falls; sofern; unter der Bedingung, dass
- einen Grund formuliert: weil; da; zumal
- eine Absicht formuliert: damit; auf dass
- eine Folge formuliert: sodass; so..., dass; als dass
- eine Art und Weise formuliert: indem; wie; (anders) als; ohne dass; als ob; je..., desto
- ein Zugeständnis formuliert: obwohl; obgleich; obschon; wenngleich; wenn auch
- einen Gegensatz formuliert: außer dass; wohingegen; während
- eine zeitliche Abfolge formuliert: als; während; nachdem; bevor; ehe; seitdem; sobald; wenn; bis

Schreiben eines Essays

- Bezeichnung für einen kürzeren Text, in dem Fragen aus verschiedenen kulturellen und gesellschaftlichen Bereichen behandelt werden.
- Der Schreiber teilt darin seine persönliche Ansicht mit, spielt Denkmöglichkeiten durch (z. B. provokante Behauptungen).
- Ziel ist kein konkretes Ergebnis, sondern vielmehr, dem/der Leser/in Denkanstöße zu geben.
- Um den Text interessant und unterhaltsam zu gestalten, können verschiedene sprachliche Mittel verwendet werden: z. B. Vergleiche, Verharmlosung, Übertreibung, Ironie usw.

Sprachliche Hilfen

Sprachliche Mittel:

- Vergleich: „So stark wie ein Löwe"
- Metapher (ein Vergleich ohne „wie"): „Welle der Empörung"
- Personifikation (Vermenschlichung eines Gegenstandes): „die Stadt trauert"
- Anapher (mehrere Sätze beginnen mit gleichem Wort/gleicher Wortgruppe: „Wir werden kämpfen wie ... Wir werden siegen, weil ... Wir werden heimkehren als ..."
- Klimax (Steigerung): „Sie waren berühmt für ihre Großzügigkeit, ihre Opferbereitschaft, ihre Selbstaufgabe ..."
- Akkumulation (Anhäufung): „Als Vater, als Politiker, als denkender Mensch erachte ich es als richtig ..."
- Rhetorische Frage (Scheinfrage, deren Antwort bereits feststeht): „Muss denn ein Volk so leiden?"

Die mit einem * versehenen Begriffe werden im Lexikon näher erklärt.

A

Ablasshandel 69 f.
Absolutismus 84 ff.
ADAV (Allgemeiner Deutscher Arbeiterverein) 159
Adel, Aristokratie 73, 83 ff., 90, 98 ff., 110, 129, 136
Al-Andalus 20 f.
Alldeutscher Verband 175
Allegorie* 186
Amerikanische Revolution 97
Ämterhandel 88
Arbeiter, Arbeiterbewegung 127, 152, 156 ff., 184
Aufgeklärter Absolutismus 88, 92
Aufklärung 90 ff., 98, 100, 105 f.
Augsburger Religionsfriede 72 f.
Autokratie 84
Azteken 58 ff.

B

Balkankriege 182
Ballhausschwur 103, 105
Bastillesturm 102, 105
Bauernkrieg 71
Bebel, August (1840–1913) 133, 159, 178
Befreiungskriege 119
Bergbau 46
Bevölkerungsentwicklung 141
Bill of Rights 95
Bismarck, Otto von (1815–1898) 132, 135, 156, 175
Böhmen 73
Bourgeoisie* 158
Boxer-Aufstand 176
Bolschewiki 191
Brest-Litowsk, Friede von 191
Büchner, Georg (1813–1837) 123
Bundesstaat* 132
Bürgerrechte 97
Bürgertum 86, 88
Burschenschaften 119 f.

C

Calvin, Jean (1509–1564) 70
Calvinismus/Calvinisten 72 f.
China 16, 66, 176
Christentum 8 ff., 20 ff., 32, 34, 173
Code civil 114 f.
Colbert, Jean Baptiste (1619–1683) 88 f.

D

Dampfmaschine 81, 139, 142, 148
Darwin, Charles (1809–1882) 170
Demokraten, Demokratie 97, 128 ff.
Deutsche Ostsiedlung 27
Deutscher Bund 119 f., 146
Deutscher Orden* 26 f., 33
Deutscher Zollverein* 132, 146
Deutsch-Französischer Krieg 132
Diktatur 163
Dreißigjähriger Krieg 73
Dritter Stand 86, 98 f., 102, 105

E

Edikt von Nantes 72
Eisenbahn 146 f.
Elsass-Lothringen 183
Emanzipation* 157
Encomenderos 62
Engels, Friedrich (1820–1895) 139
England 94 ff., 106, 119, 139 ff., 171, 178 ff.
Entdeckungen 52 f., 57

F

Fabriken 124 f., 143, 152, 156, 159
Familie 152, 157, 184
Feudalgesellschaft 85
Flottenbau 175
Frankreich 83 ff., 198 ff., 120, 126, 172, 182, 186
Französische Revolution 100, 105, 119
Frauen 21, 49, 74, 91, 97, 104 ff., 127, 152, 157 ff.
Frauenbewegung 127
Frauenklubs 108
Friedrich II. von Preußen (1712–1786) 92
Friedrich Wilhelm IV. von Preußen (1795–1861) 126, 128, 130
Frondienste 71, 104
Frühkapitalismus 47
Fugger, Jakob (1459–1525) 41, 46 f.

G

Galilei, Galileo (1564–1642) 53
Gegenreformation 72
Generalstände* 84, 98, 102, 105
Gesellschaftsvertrag 93
Gewaltenteilung 93
Gewerkschaften 157, 159
Girondisten 110
Gleichgewichtspolitik 119, 181
Glorious Revolution 94
Gottesgnadentum 84, 90, 92
Gouges, Olympe de (1748–1793) 108
Großdeutsche Lösung 128, 132

H

Habsburger 128
Hambacher Fest 120 f.
Handel 20, 30 f., 39, 59, 64, 88 f., 141, 171
Handelsgesellschaft 46 f., 167
Handwerk(er) 59, 124, 127, 156 f.
Heer, stehendes 83, 85
Heilige Allianz 119, 131
Heiliges Römisches Reich Deutscher Nation 116
Heine, Heinrich (1797–1856) 122 f.
Heinrich IV. von Frankreich (1553–1610) 72
Hexenverfolgung 74 f.
Hugenotten 72, 83
Humanismus 48 f.
Hutu 177

I

Ideologien* 114
Imperialismus 167, 169 ff., 190 f.
Indianer 56, 98
Industrialisierung 124, 139 ff., 156, 170
Industrielle Revolution 80, 163
Inka 58 f.
Islam 10 f., 15, 19, 34

J

Jakobiner 110
Juden 20, 24 f., 32
Julikrise 1914 182
Julirevolution Frankreich (1930) 126
Junges Deutschland 122

K

Kant, Immanuel (1724–1804) 90, 92
Karl V. (1519–1556) 46 f.
Karlsbader Beschlüsse 120
Katholizismus 72 f.
Ketzer 72
Kinderarbeit 152
Kleindeutsche Lösung 128
Klerus 86 f., 104 f., 163
Kolonialisierung 65
Kolonialismus* 170 ff., 191

Kolumbus, Christoph (1451–1506) 56 f.
Kommunismus* 159
Kommunistisches Manifest 158
Konfessionalisierung 72
Kontinentalkongress 97
Konquistadoren 58
Konzil von Trient 72
Kopernikus, Nikolaus (1473–1573) 54 f.
Kreuzzüge 20, 22 f.

L
Landesherr 70, 72
Lehnswesen 84
Leibeigenschaft 94, 104 f.
Leipzig, Völkerschlacht bei 119
Lenin, Wladimir Iljitsch (1870–1924) 191
Lesegesellschaften 91
Liberale, Liberalismus 124 f., 128, 131, 141, 171
Liebknecht, Karl (1826–1900) 159
Liga, katholische 73
Locke, John (1632–1704) 92
Ludwig XIV. von Frankreich (1638–1715) 83 ff., 98
Ludwig XVI. von Frankreich (1754–1793) 102, 108
Luther, Martin (1483–1546) 37, 69 ff.

M
Manufakturen* 88, 162
Marx, Karl (1818–1883) 158
Märzforderungen 126 ff.
Maya 58
Mediatisierung 116
Medici, Lorenzo de (1449–1492) 44 f.
Menschen- und Bürgerrechte 105 ff.
Merkantilismus 88 f., 98
Metternich, Clemens von (1773–1859) 119, 124, 126, 131
Monarchie, absolute 84
Monarchie, konstitutionelle* 94, 108, 131
Montesquieu, Charles de (1689–1755) 92 f.
Münzer, Thomas (1490–1525) 71
Muslime 20, 22, 32

N
Napoleon Bonaparte (1769–1821) 114 ff., 119 f.
Nation, Nationalismus 170, 179 ff.
Nationalitätenkonflikt 177
Nationalsozialismus 26
Nationalversammlung, französische 102, 104 f.
Norddeutscher Bund 132

O
Obrigkeitsstaat 132, 163
OHL (Oberste Heeresleitung) 186
Österreich 108, 116, 119, 126, 132, 146, 183
Österreich-Ungarn 182

P
Papsttum 69
Parlamentarismus 124
Paulskirche 128, 130 f.
Pauperismus* 124 f.
Pest 24, 48
Plebiszit 114
Polen 26, 183
Preußen 92, 108, 126, 132 f., 146, 148
Proletariat* 158, 196

R
Rassismus* 170
Rechts- und Verfassungsstaat 108
Reformation 70
Reichsacht* 69
Reichsfürsten 73, 128, 130
Reichsgründung (1871) 132 f., 170
Reichstag 129, 185, 187
Reichsverfassung 132 f.
Renaissance 39, 42 ff.
Reparationen 176, 191
Republik 108, 111, 126, 128
Restauration 119
Revolution (1848/49) 126 f., 131
Revolutionskriege 110
Rheinbund 116, 163
Rheinland-Westfalen 148
Robespierre, Maximilien de (1758–1794) 111
Rousseau, Jean-Jacques (1712–1778) 92 f.
Ruanda 177
Ruhrgebiet 148 ff.
Russland, Sowjetunion, UdSSR 119, 170 ff., 182

S
Säkularisation 116
Sansculotten 110 f.
Sarajewo, Attentat von 187, 191
Schlüsseltechnologien 142
Schmalkaldischer Bund 72
SDAP (Sozialdemokratische Arbeiterpartei) 159
Selbstbestimmungsrecht 186
Serbien 182
Siedler 26 f., 64
Sklaverei 64
Smith, Adam (1723–1790) 141
Sozialdarwinismus 170
Sozialdemokratie 159
Soziale Frage 156 ff.
Sozialgesetze 156
Sozialismus 158 f.
Sozialpolitik 156
Spanien 20, 174
SPD (Sozialdemokratische Partei Deutschlands) 159, 175
Spee, Friedrich (1591–1635) 75
Staatenbund* 132
Stadt 39, 44, 86
Stände* 84, 94
Ständegesellschaft 90, 99
Suttner, Bertha von (1843–1914) 181

T
Tirpitz, Alfred von (1849–1930) 184
Tordesillas, Vertrag von 57
Tutu 177
Twa 177

U
Unabhängigkeitserklärung (USA) 97
Union, potestantische 73
Urbanisierung 86
USA 174, 176, 186 f.

V
Verdun, Schlacht von 184
Verfassung, frz. 109
Verfassung, preuß. 126, 129
Verlag* 88
Verlagssystem 79, 148
Verleger* 47
Versailler Vertrag 190 f.
Vertreibung 20
Vierzehn-Punkte-Programm 189, 191
Vinci, Leonardo da (1452–1519) 42 f., 50
Völkerbund 177, 187
Völkermord 177
Völkermord, nationalsozialistischer 104

Vormärz 119 ff.
Voltaire (1694–1778) 92

W

Wahlrecht 108, 111, 126, 129
Wartburgfest 120
Weltbild 8 ff., 34 f., 54 f.
Weltkrieg, Erster 182, 185 ff.
Weltkrieg, Zweiter 106
Westfälischer Friede 73
Wettrüsten 181
Wiener Kongress 119, 125, 146, 148
Wilhelm I. von Preußen (1862–1888) 132, 134 f.
Wilhelm II. von Preußen (1859–1941) 170, 176, 182
Wilson, Woodrow (1856–1924) 186 f., 189, 191
„Wohlfahrtsausschuss" 111

Z

Zensur* 114, 121
Zwölf Artikel 71

akg-images: 3, 4, 19, 23, 33, 37 o., u., 40, 42/M1, o. r., 47, 49, 53/M1, 54, 55/M4, 57, 74, 81 o., u., 83, 86 (Erich Lessing), 87 (Erich Lessing), 91, 92 o. l., o. r., u. l., 105, 106, 110, 111 u., 114, 117 (1), 120, 122, 134, 135, 137, 176, 182; Archiv der sozialen Demokratie der Friedrich-Ebert-Stiftung, Bonn: 159; Artothek: 29; Badisches Landesmuseum, Karlsruhe: 129; Bayerische Staatsbibliothek München: 32; Bergbaumuseum Bochum: 150/M3 o., M.; Biblioteca Estense Modena/Scala: 13; bpk: 9 u. (RMN/Thierry Ollivier), 16 (Kartenabteilung), 36/37, 48, 53 o., 55/M5, 60, 64, 63, 90, 92 M. l. (Gerard Le Galle), M. r., r. u., 94, 103, 126, 127, 132 r., 179, 180 u., 186, 187; Bridgemanart.com: 115, 117 (1); Bridgeman Giraudon: 101/M4, 102, 104, 107, 108, 111/M2, 117 (3); Cliché Bibliothèque nationale de France, Paris: 27, 80/81, 84, 101/M2, 117 (1), 172; Corbis: 31/M2 (© Bettmann); Daniels-Bootmann: 150/M3 u.; Deutsches Museum, München: 140 (Hintergrund), 152; DHM, Berlin: 5 (© VG Bild-Kunst, Bonn 2008), 158, 171 (© VG Bild-Kunst, Bonn 2008), 184; DTM Bochum: 148, 151/M4; Focus, Hamburg: 50/M1 l.; Friedrich Verlag, Velber: 67; Fürstlich und Gräflich Fuggersches Familien- und Stiftungs-Archiv, Privatbesitz: 41; Germanisches Nationalmuseum, Nürnberg: 131, 132/M1; Getty Images: 66/M3; Foto: Franz Hafner, Berlin: 97; Foto: Dietrich Hecht, Aschaffenburg: 128; Heimatmuseum Crimmitschau: 161; Heinemann Education, Oxford: 142/M1; Historisches Archiv Krupp: 155; Historisches Museum Frankfurt am Main: 121, 130; Hoesch-Archiv, Außenstelle Stiftung Westfälisches Wirtschaftsarchiv: 149; Imperial War Museum, London: 185; Interfoto: 15/M1; Fotos: Volker Junker: 25; Karger-Decker/INTERFOTO: 50/M1 r.; Prof. Dr. Peter Kaupp: 119; Körber-Stiftung, Hamburg: 188; Landesbibliothek, Mecklenburg-Vorpommern, Schwerin: 70; aus: Leonardo da Vinci, Belzer, Stuttgart 1985: 42/M2; Mairie de Paris: 100; aus: Manuel Salmoral, Amerika 1492, Südwest-Verlag, München 1990: 58; NASA: 9 o.; Nationalmuseum Stockholm: 69; Opera della Metropolitana – Foto Lensini, Archivio di Opere d'Arte: 51; Pallaske: 20; picture-alliance/akg-images: 8/9, 45/M2, M5, 75; picture-alliance/dpa: 31 r., 177; picture-alliance//EPA/ Olivier Matthys: 31/M4; Picture Library, Robert Harding: 21; Scala, Florenz: 14, 43; Schirmer & Moser, München: 153/M5; Sebastian Seibel/pz-news: Umschlagbild l.; Karl Stehle, München: 181; Wilhelm Stöckle, Filderstadt: 164/165, 165 o.; SV-Bilderdienst: 165 u.; Terra Vista/Look-foto: Umschlagbild Hintergrund; The art Archive: 12, 17, 28; The Bridgeman Art Library: 44, 89; ullstein – Archiv Gerstenberg: 124, 151/M6; ullstein bild: 153/M6, 154, 157; ullstein bild – Granger Collection: 72; Wilhelmshavener Zeitung, Bilderdienst: 175 (Hintergrund)

Vor- und Frühgeschichte (2 Mio. bis 3000 v. Chr.)

150 000 v. Chr.	Jetztzeitmensch in Afrika
40 000 v. Chr.	Jetztzeitmensch in Europa
9000 v. Chr.	Neolithische Revolution: Beginn der Sesshaftigkeit

Antike (um 3000 v. Chr. bis 500 n. Chr.)

seit 3000 v. Chr.	Hochkultur in Ägypten
753 v. Chr.	sagenhafte Gründung Roms
510 v. Chr.	Rom wird Republik
5. Jh. v. Chr.	Blütezeit der Demokratie in Athen
336 bis 323 v. Chr.	Regierungszeit Alexanders des Großen
27 v. Chr. bis 14 n. Chr.	Alleinherrschaft des Augustus, Beginn der römischen Kaiserzeit
391	Christentum wird römische Staatsreligion

Mittelalter (um 500 bis 1500)

7. Jh.	Ausbreitung des Islam
800	Frankenreich: Karl der Große wird Kaiser
962	Heiliges Römisches Reich: Otto I. wird Kaiser
seit 12. Jh.	Städtegründungen in Europa
1075 bis 1122	Investiturstreit zwischen Papst und Kaiser
1095 bis 1291	Kreuzzüge
1455	Gutenberg erfindet den Buchdruck

Frühe Neuzeit (um 1500 bis um 1800)

um 1300 bis 1600	Renaissance und Humanismus
1492	Kolumbus entdeckt Amerika
1517	95 Thesen Luthers: Beginn der Reformation
1618 bis 1648	Dreißigjähriger Krieg
17. und 18. Jh.	Absolutismus und Aufklärung
1688/89	England: Glorious Revolution und Bill of Rights

Neueste Zeit (um 1800 bis zur Gegenwart)

1776	Amerikanische Revolution
1789	Französische Revolution
1806	Ende des Heiligen Römischen Reiches
1814/15	Wiener Kongress
1835	erste Eisenbahn in deutschen Ländern
seit 1840	Industrielle Revolution in deutschen Ländern
1848/49	Revolutionen in Europa
1871 bis 1918	Deutsches Kaiserreich
1880 bis 1918	Imperialismus
1914 bis 1918	Erster Weltkrieg
1917	Russische Revolution
1919 bis 1933	Weimarer Republik
1933 bis 1945	Nationalsozialismus
1939 bis 1945	Zweiter Weltkrieg
1945	Gründung der Vereinten Nationen (UNO)
1947 bis 1991	Kalter Krieg
1949	Gründung der Bundesrepublik und der DDR
1958	Europäische Wirtschaftsgemeinschaft (EWG)
um 1990	Globalisierung, digitale Revolution
1990	Deutsche Einheit
1993	Europäische Union (EU; vorher: Europäische Gemeinschaft/EG)